Impressum

Ingrid und Wolfgang Boorberg
Zwei Spuren im Meer – Mit der Destiny unter Segeln um die Welt

© 2011 Palstek Verlag, Hamburg
Palstek Verlag, Eppendorfer Weg 57a, 20259 Hamburg
Telefon 040 - 40 19 63 40, Fax 040 - 40 19 63 41
E-Mail: info@palstek.de, Internet: www.palstek.de

Umschlaggestaltung, Layout und Satz: Annelie Rüttinger

ISBN: 978-3-931617-45-5

Dieses Werk ist einschließlich aller seiner Teile urheberrechtlich geschützt.
Jede weitere Verwertung ist ohne Zustimmung des Verlages unzulässig und
strafbar. Das gilt insbesondere für Teilnachdrucke, Vervielfältigungen jeglicher Art,
Übersetzungen und Einspeicherungen in elektronische Systeme.

Westermann Druck GmbH,
www.westermann-druck.de

Ingrid und Wolfgang Boorberg

Zwei Spuren im Meer

Mit der DESTINY unter Segeln um die Welt

Palstek Verlag Hamburg
www.palstek.de

Inhalt

Vorwort	7
Geschafft!	9
Wie alles begann	10
Januar 2010	19
Up, up and away!	20
Im Land der Kuna-Indianer	23
Im Panamakanal	35
Es geht aufwärts	39
Ricueldo und seine „Mama"	52
Bus fahren – aber einmal anders	57
Von Perlen und Buchhaltern	58
Von Fischen und Vögeln	63
Fischer, Netze und Haken	68
Schwere Prüfungen	72
Eine ungastliche Marina	91
Delfine, Wale und anderes Getier	93
Im Reich der Seelöwen	96
Wassersport	101
Tsunami-Alarm	108
Henning	111
Galápagos – Tahiti	113
Notalarm von der DESTINY	118
Tahiti	133
Weiter geht´s mit neuer Mannschaft	138
Huahine	144
Flussfahrt mit James	148
Dinner bei Leo	152
Teuer, laut, geschäftig – und dennoch ein Südseetraum: Bora Bora	156
Die Piraten von der DESTINY	158
Adieu Französisch-Polynesien!	161

Erster und zweiter Sieger	164
Nächtliches Spektakel	168
Ein Mini-Staat in der Südsee	170
Partynacht in Niue	176
Im Königreich Tonga	179
Starten oder nicht starten?	188
Henning zum zweiten	195
In Fidschi	198
Die DESTINY unter Palmen an Land	202
Wo die Glücklichsten leben	204
Durchs Great Barrier Reef	206
In den Whitsundays	209
In der Coral Sea	213
Segelpause in Cairns	216
Mrs. Watsons Insel	220
Weißt du wie viel Sternlein stehen …?	223
In der Torres-Straße	226
Smiley Thomas	236
Logistisches	241
Die Kokosinseln	243
Sturm, Regen und eine Sanduhr	246
Etappenziel Mauritius	251
The Best Yacht Club of the World	261
Von Afrika nach Südamerika	275
Karneval in Brasilien	285
Mayday, Mayday	294
Hochzeit auf Mayreau	300
Rolling Home	303
Kleines Glossar seemännischer Ausdrücke	314

Vorwort

Bücher von Weltumseglern gibt es zuhauf, angefangen bei Joshua Slocums „Sailing Alone Around The World", Erstauflage 1899. Auch in deutscher Sprache sind Dutzende von Büchern zu diesem Thema erschienen, einige von prominenten Seglern wie Rollo Gebhard, Wilfried Erdmann oder Bobby Schenk, andere von weniger bekannten, die aber dennoch nicht weniger lesenswert sind. Warum dann noch ein weiteres Buch?

Das hat seinen Grund. Dieses Buch handelt nicht von Monsterwellen, gefahrvollen Stürmen und Entbehrungen, die die Mannschaft auf sich nehmen musste, denn die Reise der Destiny verlief auf der sogenannten Barfußroute, geprägt von zumeist schönem Wetter und überwiegend beständigem Passatwind. Und, es war ein organisierter Törn um die Welt, sozusagen „betreutes Segeln", mit all seinen vielen Vorteilen, vor allem in puncto Sicherheit, und nicht zu unterschätzenden Annehmlichkeiten (und dem – wirklich einzigen – Nachteil, dass dafür ein Obolus an den World Cruising Club zu bezahlen war). Im Gegensatz zu den Reisen vieler anderer Weltumsegler, Aussteiger auf Zeit oder auf Dauer, die sich im allgemeinen Jahre auf den Weltmeeren herumtreiben, dauerte der Törn der WorldARC-Flotte nur 15 Monate – genug Zeit, um Land und Leute und die Schönheiten fremder Länder kennenzulernen. Und weil fast jede Etappe eine Wettfahrt war, kam auch der sportliche Aspekt nicht zu kurz. Natürlich: Wer als Segler Jahre in der Südsee und anderswo zubringt, hat einen ganz anderen Einblick in die Lebensgewohnheiten anderer Völker. Für jemand aber, dem nur begrenzte Zeit zur Verfügung steht, der sich vielleicht noch um Beruf oder Geschäft kümmern muss, ist so ein Törn eigentlich die einzige Möglichkeit, sich seinen Lebenstraum einer Weltumsegelung zu erfüllen.

Dieses Buch ist in erster Linie ein Erinnerungsbuch – für uns und für die 34 Segler und Seglerinnen, die mehr oder weniger lang zu Gast auf der Destiny waren und uns auf dieser Reise zeitweise begleitet haben, und nicht zuletzt für die nahezu 150 Teilnehmer der WorldARC 2010-2011, deren Kameradschaft dazu beitrug, diesen Segeltörn zu einem einzigartigen Erlebnis zu machen.

Wenn es uns gelänge, den einen oder anderen, der davon träumt, die Welt unter Segeln zu umrunden, für dieses Vorhaben zu begeistern und, angeregt durch dieses Buch, das Vorhaben in die Tat umzusetzen, würden wir uns glücklich schätzen.

Fair winds!

Stuttgart, im Oktober 2011

Ingrid und Wolfgang Boorberg

Geschafft!

Wir schreiben den 16. April 2011. Welch erhebender Moment, welch glückliches Gefühl, welch unbändige Freude: 17 von den 29 Yachten, die vor 15 Monaten zur Weltumsegelung aufgebrochen sind, ziehen, über die Toppen geflaggt und geschmückt, eskortiert von unzähligen mitfeiernden Booten und Schiffen entlang der Küste von St. Lucia in Richtung Rodney Bay. Früh am Morgen in der Marigot Bay gestartet, steht die letzte 10 Seemeilen lange „Etappe" zur Rodney Bay an, zur Ziellinie. Aus den Lautsprechern der UKW-Sprechfunkgeräte dröhnen Nationalhymnen, Seemannslieder und Freudengesänge: Wir haben es wirklich geschafft!!! Wir sind zurück in der Rodney Bay, wo das große Abenteuer der Weltumrundung auf der Destiny begonnen hatte.

Glücklich zurück in der Rodney Bay, St. Lucia.

Wie alles begann

Im Jahr 2003 kauften wir in Dubrovnik die Destiny, einen Katamaran des Typs Privilège 435 „Easy Cruise", den wir eine Zeitlang in den kroatischen Gewässern segelten und nach und nach für längere Hochseetörns ausrüsteten. Dass die Wahl auf einen Katamaran fiel und nicht einer Einrumpfyacht galt, geht auf die Erfahrungen von Wolfgang zurück, der 2001 den Atlantik mit einem gecharterten Katamaran überquert hatte und 2002 noch einmal, diesmal aber mit einer Einrumpfyacht. Im Vergleich zu der bequemen Reise auf dem Katamaran war der Törn mit dem Monohull ein wahres Kontrastprogramm. Schon bald streikte der Smutje, nachdem ihm der Kaffee zum zweiten Mal ins Gesicht geflogen war. So stand der Entschluss fest: Für unsere künftigen Reisen auf den Weltmeeren brauchen wir einen Katamaran!

Wenn es um Katamarane geht, scheiden sich die Geister der Segler. Während eine Fraktion Katamarane für eine potentielle Ertränkungshilfe hält, weil sie sich nach einer Kenterung nicht mehr aufrichten, loben die Befürworter die Schnelligkeit und Bequemlichkeit. Wie immer liegt die Wahrheit in der Mitte. Es stimmt, wenn ein Katamaran kentert, dann bleibt er zwar kopfüber in der See liegen – aber immerhin schwimmfähig. Aber in welchen Seegebieten und zu welchen Zeiten kommen schon die berüchtigten Orkane und Monsterwellen vor, die einen Hochseekatamaran umschmeißen können? Auf den üblichen Routen der Weltumsegler, die ja bewusst jene Zeiten nutzen, wo mit großer Wahrscheinlichkeit der Passat bläst, ist die Gefahr einer Kenterung gleich null – gute Seemannschaft vorausgesetzt. Eher bricht der Mast, wenn man im Sturm zuviel Segelfläche stehen lässt, weil ein Katamaran dem Wind eben nicht durch Krängung weniger Widerstand bieten kann.

Andererseits: Ein Fahrtenkatamaran ist nicht schneller als eine vergleichbar große Einrumpfyacht, das muss man ehrlicherweise einräumen. Eine Kielyacht mit viel Bleiballast, ein „Bleitransporter", kann mehr Segelfläche (ver)tragen.

Unterm Strich bleibt die Bequemlichkeit auf einem Katamaran, zum einen durch das unbestreitbar größere Raumangebot, zum zweiten infolge der Tatsache, dass ein Katamaran kaum krängt und so das Leben auf See deutlich komfortabler ist als an Bord eines Monohulls.

Die Diskussion über Vor- und Nachteile eines Katamarans wird nie enden, wie das bei Weltanschauungen eben so ist. Vor einigen Jahren kamen wir in der Karibik mit einem Segler aus Deutschland ins Gespräch, der seine Einrumpfyacht nach Australien überführen wollte. Bald kam die bekannte Diskussion auf und spöttisch meinte Wolfgang, dass sein „halbes Schiff" dafür eigentlich nicht ideal sei. Seine Antwort: Wenn ich mal älter bin, dann kaufe ich mir auch ein Boot mit Stützrädern. Da hat es Wolfgang, was selten vorkommt, doch glatt die Sprache verschlagen! Die DESTINY segelte ab dem Jahr 2004 zwei Mal von den Kanarischen Inseln nach St. Lucia in der Karibik und zurück, einmal im Rahmen der ARC 2004, beim zweiten Mal allein. Irgendwann erwachte der Wunsch, die Nase über den Atlantik hinauszustrecken, und was lag näher, als an der WorldARC 2010-2011 teilzunehmen? Zunächst aber musste die DESTINY zum Startort gebracht werden, in die Rodney Bay auf St. Lucia. Wolfgang entschloss sich, seinen lang gehegten Traum zu verwirklichen und eine Atlantiküberquerung solo zu wagen.

Die DESTINY 2003 in kroatischen Gewässern.

> *Die Reaktion im Freundes- und Bekanntenkreis auf meine Absicht war zumeist ungläubiges Staunen. Die Unbedarften erkundigten sich im Allgemeinen, wo man denn wohl nachts anlegen oder ankern könne, nicht wenige meinten, es müsse entsetzlich langweilig sein, so lange und so ganz allein auf dem Wasser. Manchmal fragte ich mich selbst, warum ich mir so etwas zumutete, wo es doch mit einer netten Crew viel lustiger und natürlich auch weitaus sicherer wäre, die ungefähr 2.900 Seemeilen von den Kanaren in die Karibik zu segeln.*
> *Warum also solo? Was waren die Gründe? Wieso ließ ich mich von anderen, mehr oder weniger versteckt, wenn schon nicht für verrückt, so doch für gehörig spleenig erklären? Zum einen war es sicherlich pure Abenteuerlust, die mich dazu trieb, etwas Außergewöhnliches zu unternehmen, etwas das weit entfernt war von meinem gutbürgerlichen, geregelten und geordneten Dasein, etwas das mit einer gewissen Gefahr verbunden seinen besonderen Reiz ausübte. Aber das allein erklärt es noch nicht ganz: Hinzu kam die Neugier darauf, wie ich zum ersten Mal in meinem Leben damit zurechtkommen würde, fast drei Wochen lang alle Probleme, die auf mich zukommen würden, völlig allein und auf mich selbst gestellt zu lösen. Das Wort Probleme ist eigentlich schon eine Übertreibung, denn in erster Linie geht es um die Dinge des täglichen Lebens wie Kochen, Saubermachen und ähnliches – Dinge, um die ich mich zu Hause Gott sei*

Dank nicht kümmern muss. Schon die Frage, ob und wie ich mit dem Alleinsein fertig werden würde, machte mich neugierig. Daneben galt es natürlich auch, die seglerische Herausforderung zu bestehen, dass heißt auch in dieser Hinsicht mit allen Schwierigkeiten fertig zu werden. Zwar war ich schon des Öfteren längere Seestrecken mit kleiner Mannschaft gesegelt oder auch tageweise allein auf dem Bodensee. Aber zwei bis drei Wochen mutterseelenallein auf dem Atlantik, ohne rasche Hilfe im Notfall, das ist doch zweifelsfrei eine andere Herausforderung. Da ich weder lebensmüde noch masochistisch veranlagt bin, hatte ich mich auf den Törn gründlich vorbereitet und die DESTINY mit allem ausgerüstet, was zum Erfolg des Unternehmens Atlantiküberquerung beitragen konnte. Dazu gehörte natürlich eine ausreichende Menge guter Proviant, bei dessen Beschaffung mir Ingrid half – besser gesagt, sie führte dabei Regie.

So wäre alles in schönster Ordnung gewesen, wenn wir nicht wenige Tage vor dem Auslaufen eine böse Überraschung erlebt hätten. Eines Nachts machten sich Diebe ans Werk und stahlen das Dingi mitsamt Außenborder. Sie waren sogar so frech, dass sie auch die Schlösser der Backskisten knackten und die beiden Benzintanks, die wir erst kurz zuvor an der Tankstelle aufgefüllt und schwitzend an Bord geschleppt hatten, mitnahmen. Und das, obwohl die Marina Puerto Calero bei Tag und bei Nacht bewacht wird! Ein Blick in die Bedingungen unseres Versicherungsvertrags belehrte uns, dass der Schaden von rund 5.000 Euro von der Versicherung nicht ersetzt werden musste – er lag natürlich unterhalb des Selbstbehalts. Pech gehabt! In jeder Marina und in jeder Ankerbucht hielten wir später Ausschau nach unserem schönen Dingi. Bis heute ist es aber nicht wieder aufgetaucht.

Am 10. Januar 2009, nach zwei langen Tagen des Wartens, als der Südwestwind auf Nord drehte, der Abschied in Puerto Calero: Henning, der die DESTINY auf Lanzarote betreute (von dem später noch viel die Rede sein wird), bringt noch einige Reserveschäkel und -karabinerhaken und verabschiedet sich hastig. Ingrid ist nun allein am Steg, hält noch die Vorleine, mit der die DESTINY festgemacht ist. Ein bewegender Abschied. Ingrid wirft die Leine los und ich drehe die DESTINY langsam mit der Backbordmaschine im Rückwärtsgang und der Steuerbordmaschine voraus weg vom Steg, fahre zu einer Stelle im Hafen, wo genügend Platz zum Wenden ist und tuckere dann gemächlich, Ingrid zuwinkend, aus dem Hafen. Draußen hole ich die Fender ein und stelle fest, dass an einer Fenderleine der zugehörige Fender fehlt. Der Knoten hat nicht gehalten – es war offenbar kein

Letzte Riggkontrolle vor dem Start über den Atlantik.

perfekter Palstek! Ich schaue mich um und tatsächlich sehe ich den Fender in 50 Metern Entfernung achteraus schwimmen. Also gleich gewendet und zurück. Der erste Versuch, den Fender einzufangen, scheitert, wie auch der zweite und dritte. Zwar gelingt es mir, den Fender zwischen den Rümpfen einzufangen, aber entweder treibt die Destiny *zu schnell ab oder der Fender, denn in der Zwischenzeit hat der Wind aufgefrischt. Außerdem lässt sich der Bootshaken nirgends am Fender einhaken und rutscht immer wieder ab. Endlich,*

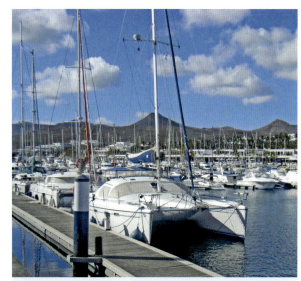

Bereit zum Auslaufen in Puerto Calero, Lanzarote.

beim vierten Anlauf schwimmt der Fender ganz nahe am Steuerbordrumpf vorbei, so dass ich ihn mit der Hand packen kann. Ich nehme den Erfolg, auch wenn er mich gut eine Stunde gekostet hat, als gutes Omen für die Atlantiküberquerung.

Nachdem ich den verlorenen Fender wieder an Bord hatte, drehte ich den Bug der Destiny *in den Wind und heißte das Großsegel, dreifach gerefft, auf. Das dritte Reff im Groß erwies sich als gute Entscheidung, ersparte es mir doch, bei Starkwind das Cockpit verlassen zu müssen, um zu reffen. Andererseits brachte es zusammen mit der Genua genügend Vortrieb, um im Durchschnitt mit circa sieben Knoten vorwärts zu kommen. Durchschnittsgeschwindigkeit bedeutet, dass ich bei schwächerem Wind zwischen fünf und sechs Knoten Fahrt machte, bei stärkerem Wind lief die* Destiny *trotz gereffter Genua acht bis neun Knoten, wobei die langen Atlantikwellen ihren Teil dazu beitrugen, dass es im Geschwindeschritt vorwärts ging. Mehrmals bei Starkwind von über 40 Knoten, was gute acht Windstärken oder mehr bedeutet, übertraf die* Destiny *ihren bisherigen Geschwindigkeitsrekord von 14,6 Knoten und am Schluss zeigte das Speedometer eine maximale Geschwindigkeit von 19,6 Knoten(!), die bis heute nie wieder übertroffen wurde. Anfangs wehte der Wind günstig aus Nord, was mir einen schnellen Raumschotkurs bescherte, der mich durch den Estrecho de la Bocayna, die Meerenge zwischen Lanzarote und Fuerteventura brachte, vorbei an den Papagayostränden, an den Islas de los Lobos und an Playa Blanca. An Steuerbord tauchte die Fähre von Playa Blanca nach Corralejo auf und dann eine weitere Fähre, dem Kurs nach zu urteilen vermutlich von Arrecife kommend mit dem Ziel Las Palmas auf Gran Canaria. Zuletzt grüßte der Leuchtturm von Pechiguera, dann versank Lanzarote, das fast zwei Jahre die Heimat der* Destiny *gewesen war, hinter dem Horizont. Der Kompass zeigte Kurs 250 Grad an und führte mich lange Zeit parallel zur Westküste von Fuerteventura, eine Insel, die immerhin mehr als einhundert Kilometer lang ist. Eine helle Vollmondnacht brach an, ebenso schön wie kühl, was mich daran erinnerte, dass die Kanaren den kältesten Winter seit Jahrzehnten erlebten mit Tiefsttemperaturen von 12 Grad. Es half alles nichts, erst musste ein Pullover her und dann das gesamte Ölzeug. Gegen Mitternacht stand die* DESTINY *zwischen der Südspitze von Fuerteventura und Gran Canaria und kurz vor der Dämmerung versanken die*

Ein Tief jagt das andere und bringt Wind, mehr als genug.

Lichter des Faro von Maspalomas und des wunderschönen Puerto Mogan. Als es hell wurde, sah ich ringsum nur noch den weiten Atlantik.

Aus Sicherheitsgründen hatte ich die Kommunikation mit den Lieben zu Hause so organisiert, dass ich täglich mindestens drei Mal von mir hören ließ, und zwar durch E-Mails, die ich im Laufe des Tages per Kurzwellensender mittels eines Pactor-Modems über Kielradio versandte, und durch einen Anruf zu Hause, für den ich mein Iridium-Satelliten-Mobiltelefon verwendete. Zusätzlich gab ich jeden Morgen eine OK-Meldung über ein kleines Gerät namens „Spot Personal Satellite Tracker" aus, ein automatischer Sender, der Signale über einen Satelliten entweder auf ein oder mehrere Mobiltelefone oder auf einen oder mehrere Computer, die vorher bestimmt wurden, sendet. Familie und Freunde, die im Besitz des Passwortes mit der Zugangsberechtigung waren, konnten so zu jeder beliebigen Zeit meinen Standort und die von mir gesegelte Route einsehen.

Mit jedem Tag, der verging, wuchs meine Hochachtung vor den Leistungen der Einhandsegler, die den Atlantik vor mir bezwungen hatten, insbesondere vor der Leistung eines Franz Romer, der schon 1928 in einem Klepper-Faltboot von den Kanaren in die Karibik gesegelt war, und ebenso vor der Leistung eines Hannes Lindemann, der diese waghalsige Tour 1956 wiederholt hatte, nicht zu vergessen Rollo Gebhard, Wilfried Erdmann und andere Einhandsegler, die sich mit minimaler Ausrüstung, wie das eben so war in vergangenen Zeiten, mit kleinen Booten auf den Weg machten, ohne Kartenplotter und Kühlschrank, ohne Wetterkarten, Laptop, Funkempfang, Dieselmotor und all den anderen Dingen, die auf modernen Yachten nicht nur für Sicherheit, sondern auch für ein gewisses Maß an Komfort sorgen. Größte Bewunderung hege ich auch für jene sportliche Engländerin, die in drei Monaten allein über den Atlantik gerudert war. Und die zahlreichen Segler, die in Mini-Booten von oft nicht einmal drei Meter Länge das Abenteuer einer Atlantiküberquerung gewagt hatten. Sie alle nötigen mir allergrößten Respekt ab. Im Vergleich dazu erwies sich mein Törn geradezu als komfortable Kreuzfahrt!

Ganz im Gegensatz zu den üblichen Wetterbedingungen in den Monaten Januar und Februar gab es lediglich einen einzigen Tag, der mir richtigen Passatwind bescherte mit den jedem

Hochseesegler bekannten Passatwolken, die aussehen, als ob sie von einer Dampflokomotive ausgestoßen worden wären, und mit Sonnenschein. Auf meiner Reise zeigte sich der Himmel die meiste Zeit bewölkt und häufig regnete es sogar. Die Windstärken lagen generell oberhalb von 25 Knoten, zumeist um die sieben Beaufort, nicht selten aber kletterte der Windmesser auf 40 Knoten und darüber. Mit meiner Besegelung war ich gut vorbereitet auf Starkwind, denn dadurch, dass ich das Großsegel bereits beim Start dreifach gerefft hatte, brauchte ich nur die Genua mehr oder weniger einzurollen, um die Segelfläche den Windverhältnissen anzupassen. Als besonders nützlich erwies sich der auf Katamaranen eher selten anzutreffende Spinnakerbaum, denn er sorgte dafür, dass die Genua einen guten Stand hatte, auch und insbesondere auf Vorwindkursen. Dank des exzellent arbeitenden Autopiloten, der jeden menschlichen Rudergänger in den Schatten stellt, lief die DESTINY selbst bei Starkwind und hohem Wellengang auf dem per Windfahne oder Kompass vorgegebenen Kurs. Wenn der Wind zunahm, wurde die See binnen

Die Innenansicht der DESTINY

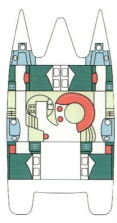

Die Kombüse.

Blick in den Backbordrumpf.

Der Salon.

kürzester Zeit grob. Beängstigende Wellenberge von fünf oder gar sechs Metern verfolgten mich, aber sie hoben das Heck der Destiny nur sanft an, ganz selten dass ein Spritzer Wasser ins Cockpit kam. Dann aber begann eine rasante Schlittenfahrt, anders kann man das nicht bezeichnen, wenn es den Wellenberg hinunterging, und die Destiny beschleunigte sprunghaft auf 10, 15 oder noch mehr Knoten, so dass es einem angst und bange werden konnte. Dazu rauschte und dröhnte es gewaltig unter dem Salonboden, wenn brechende Wellen dagegen schlugen oder die Rümpfe trafen. Nicht selten erzitterte die brave Yacht unter diesen harten Schlägen, so dass ich mich mitunter fragte, wie lange die Destiny diese Tortur wohl noch aushalten könne.

Einsamkeit verspürte ich eigentlich nie, oder nur ganz selten. Durch den Empfang und Versand meiner zahlreichen E-Mails war ich mit den Lieben zu Hause und mit Freunden in der Heimat und rund um den Globus ständig in Kontakt. Außerdem telefonierte ich jeden Abend um 20 Uhr über das Satellitentelefon mit Ingrid. Ein einziges Mal vielleicht wurde mir ein wenig schwer ums Herz, als Ingrid mit Sohn, Schwiegertochter und Hund in meinem Lieblingsrestaurant in vergnügter Runde zu Abend speisten. Im Hintergrund war Lachen zu hören, Geklapper von Geschirr, Musik und Unterhaltung. Und ich war ganz alleine. Im übrigen aber war ich an Bord der Destiny ständig mit irgendetwas beschäftigt, sei es, dass ich Logbuch führte, Segel trimmte, schlief, E-Mails abrief oder schrieb, kochte, las oder einfach vor mich hin döste, so dass ich gar keine Zeit hatte, über Einsamkeit nachzudenken.

Langweilig wurde es nie. Wenn tatsächlich einmal nichts zu tun war und ich auch keinen Schlaf der vergangenen Nacht nachzuholen hatte, dann griff ich mir ein Buch und schmökerte. Nur zwei Bücher schaffte ich während des Törns. Ein Kriminalroman von Charlotte Link, der so grauenhafte Verbrechen an Frauen zum Gegenstand hatte, dass ich mich fragte, wie ausgerechnet eine Frau so etwas zu Papier bringen konnte. Vergnüglicher war da der „Baudolino" von Umberto Eco, eine Art Baron Münchhausen des Mittelalters, an dem ich fast eine Woche las.

Am 25. Januar sehe ich erstmals gegen 5 Uhr morgens im Süden klar und deutlich das Kreuz des Südens. Um sicher zu gehen, schalte ich meinen Laptop ein und rufe das Sternkartenprogramm Celestron's TheSky auf. Tatsächlich, tief über dem Horizont stehend sehe ich die vier markanten Sterne des Sternbildes, das die Südrichtung anzeigt. Von jetzt an beobachte ich jeden Morgen das Kreuz des Südens, während ich den Abend und die Nacht über der im Westen stehenden Venus folge.

Immer wieder fand ich morgens an Deck einzelne Exemplare fliegender Fische, die aber deutlich kleiner waren als auf früheren Törns. Die meisten der fliegenden Fische waren sehr klein, teilweise keine drei Zentimeter lang. Einmal liegen sieben Exemplare an Deck und dazu ein weiteres in meinem Bad. Jedes Mal, wenn ich einen der Burschen über Bord warf, musste ich mit einem gewissen Schauder an Joshua Slocum denken, der in seinem Buch schrieb, dass er sich wochenlang nur von fliegenden Fischen mit Bratkartoffeln ernährte. Den letzten fliegenden Fisch entdeckte ich, nachdem ich schon zwei Tage in der Rodney-Bay-Marina lag, dem strengen Geruch folgend, der aus dem Beiboot zu kommen schien. Tatsächlich, dort lag noch einer der Kameraden und stank still vor sich hin!

In der Nacht vom 25. auf den 26. Januar sah ich weit voraus schwache Positionslichter, die nur von einer Segelyacht stammen konnten. Da ich schneller war, kam ich den Lichtern langsam näher und rief die Yacht über UKW-Funk an. Es war die Venus *aus Dänemark, eine Yacht vom Typ Beaufort 36, deren Skipper mir antwortete und berichtete, dass er mit Ehefrau, Schwägerin und zwei kleinen Kindern auf dem Weg von Las Palmas auf Gran Canaria nach Barbados war. Als es hell wurde, konnte ich erkennen, dass die Yacht nur die Genua gesetzt hatte und im Seegang heftig rollte. Wie mögen die kleinen und großen Segelkameraden dort wohl gegessen, getrunken und geschlafen haben? Ich beglückwünschte mich zu meiner komfortablen* Destiny*, die sich zwar auch im Seegang bewegte, aber doch vergleichsweise wenig. Ansonsten sah ich wenige Schiffe, seitdem ich die Gewässer um die Kanaren verlassen hatte. Einmal begegnete mir ein Öltanker, ein andermal ein Frachter, oder es waren in weiter Ferne schwache Positionslichter anderer Segelyachten zu sehen, die ich aber bald aus den Augen verlor. Das war aber auch schon alles bis auf die* Venus *und die Fischerboote vor St. Lucia gegen Ende der Reise. Mag sein, dass ich weiteren Schiffsverkehr, während ich schlief, verpasste, denn obwohl ich auch tagsüber fast jede Minute, in der nichts zu tun war, zum Schlafen nutzte, war ich bei Einbruch der Dunkelheit meistens so müde, dass ich mich bald in meine Salonkoje zurückzog, den Wecker stellte und schlief. Jede Stunde riss mich der Wecker aus dem Schlaf, meistens aus dem Tiefschlaf, aber ich überwand mich und stand auf, um wenigstens einen ausgedehnten Blick rundum auf den Horizont zu werfen, nach Kurs und Segeln zu schauen und die Eintragungen im Logbuch zu machen, bevor ich wieder in meine Koje kroch.*

Am 27. Januar näherte sich die Destiny *Barbados. Aus Bequemlichkeit hatte ich in den Tagen zuvor versäumt, den Spinnakerbaum rechtzeitig zu schiften und so hatte mich der Wind ein wenig zu weit nach Süden getrieben, was einen Umweg von 50 oder 60 Seemeilen bedeutete. Aber ich hatte ja mehr als genug Zeit. Im Laufe des Tages sichtete ich Barbados in etwa 20 Meilen Entfernung, aber schon bald verbargen dunkle Regenwolken die Insel. Nun waren es nur noch 70 Seemeilen bis zur Nordspitze von St. Lucia und mit Einbruch der Dämmerung sah ich schwach das Ziel meiner Reise auftauchen, natürlich, wie könnte es auch anders sein, regenverhangen. Das schlechte Wetter verfolgte mich. Als sich die* Destiny *der Nordspitze von St. Lucia näherte, ging es auf Mitternacht zu und die Lichter einer Reihe von Fischerbooten irritierten mich nicht wenig, aber der Kartenplotter wies mir unfehlbar den Weg. So rundete ich kurz nach Mitternacht das nördliche Ende von St. Lucia, sorgfältig die gefährlichen Burgot Rocks auf Distanz haltend, und wenig später öffnete sich die weite Rodney Bay, nachdem ich Pigeon Island, das alte Piratennest, passiert hatte. Dies war der Moment, die Segel zu bergen und die Maschinen anzulassen, um einen Ankerplatz zu suchen. Verstreut über die Bucht lagen 50 oder 60 Yachten vor Anker, mit Mühe wegen der starken Lichter von Land erkennbar an den Topplichtern. Ich fand ohne Probleme einen geeigneten Platz, um den Anker auszubringen. Rasselnd ließ ich 30 Meter Ankerkette auslaufen, befestigte dann den Hahnepot mit dem Ankerhaken an der Kette, gab noch etwas Kette nach und um 3:30 Uhr schwojte die* Destiny *friedlich in der Bucht. Jetzt war es an der Zeit, eine kleine Flasche Sekt zu öffnen und eine E-Mail an die Lieben zu Hause abzusenden. Das große Abenteuer war zu Ende! Eine seltsame Stimmung überkam mich in dieser warmen Tropennacht, eine verhaltene Befriedigung, weit entfernt von der überschäumenden Freude, die ich 2001 am Ende meiner ersten Atlantiküberquerung mit Crew verspürt hatte. Es war ein leiser Stolz, dass ich das Gleiche nun allein und ohne Probleme geschafft hatte. Aber darin mischte sich gleichzeitig ein leises Bedauern darüber, dass mein Segelabenteuer zu Ende war.*

Nach einigen Stunden Schlaf wachte Wolfgang im Sonnenschein erfrischt auf und beschloss, nicht gleich in die Marina einzulaufen, sondern noch einen Tag vor Anker in der Rodney Bay zu verbringen, stand er doch nicht unter Zeitdruck. So bereitete er sich ein ausgiebiges Frühstück zu, schwamm eine Runde um die Destiny, klarte seine Yacht auf und ließ es sich gut gehen. Nicht lange, und ein erster der fliegenden Händler, die mit ihren Booten in der Bucht unterwegs sind, brachte ihm herrlich schmeckende Bananen, Apfelsinen, Avocados, und auch Gurken und Tomaten für einen Salat, den er schon seit Längerem entbehrt hatte. Mittlerweile war wieder Regen aufgezogen und binnen kürzester Zeit gingen Schauer nieder, so stark, dass man noch nicht einmal mehr den nächsten Ankerlieger erkennen konnte, geschweige denn die vor Pigeon Island liegende Wind Surf, den Fünfmaster, ein wohl jedem Karibiksegler bekanntes Kreuzfahrtschiff, das regelmäßig in der Rodney Bay auftaucht.

Eine letzte Nacht noch verbrachte Wolfgang in der Rodney Bay und am Morgen tauchte dann absprachegemäß Uli auf, der in der Rodney-Bay-Marina eine Yachtvercharterung betreibt und auch etliche Eignyachten betreut. Mit zwei jungen Helfern im Schlauchboot lotsten sie Wolfgang in die Marina. Vorbei an den vor Anker liegenden zahlreichen Yachten ging es durch den schmalen Kanal, der die Marina von der offenen See trennt, in den seit Wolfgangs letztem Besuch umgebauten Yachthafen, der mittlerweile über moderne Schwimmstege verfügt und einen komfortablen Aufenthalt ermöglicht. Uli hatte er gerne das Ruder der Destiny überlassen, kannte der doch den reservierten Liegeplatz und hatte deshalb keine Probleme, ihn anzusteuern und die Destiny zentimetergenau in der Box zu stoppen. Fender und Leinen hatte Wolfgang bereits vorbereitet, so dass die Destiny wenig später sauber vertäut am Liegeplatz schwamm. Nachdem er unerwartet schnell in weniger als 18 Tagen die Strecke über den Atlantik bewältigt hatte, hatte er nun Zeit genug, um die letzten Tage in St. Lucia ausklingen zu lassen mit Touren über die wunderschöne Insel, mit Faulenzen am Strand, Schwimmen und Spaziergängen nach Pigeon Island.

Und nun wartet die Destiny also auf den Beginn eines neuen Abenteuers: eine Weltumsegelung.

Januar 2010

29 Segelyachten aus 16 Ländern liegen an den Stegen der Rodney-Bay-Marina in St. Lucia. Alle Yachten sind über die Toppen geflaggt, alle haben die blau-weiß-rote WorldARC-Flagge gehisst und an Bord herrscht geschäftiges Treiben: Proviant wird gebunkert, letzte Reparaturen ausgeführt, Kurzwellenfunk, UKW-Sprechfunkgerät und E-Mail-Versand werden zum wiederholten Mal getestet. Jede Yacht wird vom Veranstalter, dem World Cruising Club (WCC) aus Cowes, England (www.worldcruising.com), auf Herz und Nieren geprüft. Erste Bekanntschaften werden geschlossen, viele Informationen ausgetauscht und von dem Meteorologen Chris letzte Wetterberichte eingeholt. Alle Crews der Yachten warten begierig darauf, dass es endlich los geht. Jeder der rund 100 Segler sieht mit gespannter Erwartung den Abenteuern und Herausforderungen entgegen, die die nächsten Monate bringen werden,.

Die DESTINY vor dem Start in der Rodney Bay.

Nicht wenige der Teilnehmer sind erst im Spätherbst mit der Atlantic Rallye for Cruisers (ARC) über den Atlantik gekommen. Diese Regatta für Fahrtensegler wird ebenfalls vom World Cruising Club veranstaltet und ist den Segelenthusiasten seit über 25 Jahren bekannt. Jedes Jahr starten Ende November mehr als 200 Yachten von Gran Canaria nach St. Lucia in der Karibik, wo sie im Dezember ankommen. Diese Veranstaltung bringt viele Segler auf den Geschmack für das Blauwassersegeln, sei es auf eigenem Kiel, auf einer gecharterten Yacht oder als Mitsegler. Die Strecke von rund 2.800 Seemeilen dauert in der Regel drei Wochen, passables Wetter und guter Wind vorausgesetzt. Lässt der Passatwind auf sich warten oder fällt er gar ganz aus, dann kann die Überfahrt auch schon mal vier oder gar fünf Wochen dauern.

Und nun soll es also 15 Monate lang unter Segeln rund um den ganzen Erdball gehen. Bereits in den Jahren 2008/2009 hatte der World Cruising Club eine solche Veranstaltung, genannt WorldARC, organisiert, die jetzt in die zweite Auflage geht.

Up, up and away!

Mittwoch, 6. Januar 2010: Nach und nach treffen am späten Vormittag alle Yachten in der weiten Bucht vor der Marina ein und kreuzen vor der Startlinie. Der Raum ist knapp und man muss höllisch aufpassen, um den anderen Yachten nicht zu nahe zu kommen. Und auf keinen Fall zu früh die Startlinie passieren, die aus dem WorldARC-Startschiff mit dem bedeutungsvollen Namen Heimkehr VI und einer circa 100 Meter entfernt platzierten Boje besteht. Ein Frühstart kostet drei Strafstunden in der Wertung für die erste Wettfahrt zu den San-Blas-Inseln vor Panama. Kurz vor 12 Uhr kommt Freund Uli in einem Boot längsseits, kurze Verabschiedung – wir sehen uns wieder!
11:40 Uhr: Uhrenvergleich über Funk mit der Rallyeleitung. Die Destiny trägt inzwischen volle Besegelung.
11:59:55 Uhr: *Four, three, two, one, zeroooo* – der Startschuss ertönt und Andrew schickt die 29 Yachten auf die Reise um die Welt. Als erste geht Crazy Horse über die Startlinie, eine Sundeer 60 aus den USA mit Bill, Rosemary und Matt an Bord, unmittelbar gefolgt von der Sweden Yacht Ciao mit Srečko und Olga aus Slowenien, der Swan 76 Wild Tigris und der Amel Super Maramu Brown Eyed Girl. Mit lautem Hupen aus den Nebelhörnern verabschieden sich die Teilnehmer von den vor Anker liegenden Yachten und dem Startschiff und ziehen im strahlenden Sonnenschein bei leichter Brise davon. Die Weltumsegelung hat begonnen – was erwartet die Teilnehmer in den kommenden Wochen und Monaten?

Start der WorldARC 2010 - 2011 in St. Lucia.

Die Wetterbedingungen sind günstig – Wind aus Ost, 10 bis 15 Knoten und glattes Wasser. 1.100 Seemeilen bis zu den San-Blas-Inseln liegen als erste Etappe vor den Seglern. Entlang der Küste von St. Lucia wird die Flotte von dem Patrouillenboot Defender der St. Lucian Defence Force und einer Flottille aus privaten Yachten begleitet. Um 12:28 Uhr passiert die Destiny die letzte Tonne vor Castries und von hier geht es hinaus auf die offene See. Der Code Zero, eine Leichtwind-Genua, und das volle Groß lassen die Yacht flott in Richtung Panama laufen. An Bord sind der Eigner und Skipper Wolfgang, als Crew Katrin, Henning und Udo. Später werden Groß und Genua geborgen und der Parasailor, ein spezieller Spinnaker, gesetzt. Die Destiny läuft wie auf Schienen – es geht in die Nacht und die ersten Nachtwachen werden im Drei-Stunden-Rhythmus eingeteilt.

Donnerstag, 7. Januar, morgens 5 Uhr, Henning ist auf Wache. Es hat aufgefrischt. Eine Böe fällt ein, ein böses Zischen und der Parasailor explodiert bei 22 Knoten Wind. Es hilft nichts, das Groß muss sofort gerefft werden und anstelle des 135 Quadratmeter großen Parasailors geht der Ersatz-Spinnaker vom Bodensee mit 100 Quadratmetern hoch. Doch auch der steht nicht lange: 6 Uhr, er zerreißt in tausend Fetzen. Das fängt ja gut an! Jimmy Cornell hatte wohl Recht, als er in seinem Buch „Segelrouten der Welt" die Passage von den Antillen nach Panama als „very rough" bezeichnete. Dafür aber Petri Heil an Bord! Eine Dorade hat an der ausgebrachten Angel angebissen – so ist wenigstens das Abendessen gesichert. Konstanter Wind von achtern, das Groß zweimal gerefft und die Genua ausgebaumt, wie ein Schmetterling fliegt die Yacht Panama entgegen. Frachter kreuzen den Kurs, andere überholen, und in der Nacht ist reger Flugverkehr am Himmel zu beobachten.

Am Montag, den 11. Januar, kommt gegen Mittag von achtern eine Segelyacht auf, die sich stetig nähert. Von der Sonnenterrasse, sprich Cockpit, aus sieht die Crew, wie sie sich durch die hoch gehende See müht, rollend und stampfend. Spontan meint Katrin: „Das könnte die Lady Lisa sein!" Kaum ausgesprochen kommt ein Anruf über UKW-Funk in deutlich schwyzerdütschem Dialekt: „Ship nearby starboard, this is Lady Lisa, please come in!" Es ist eine Schweizer Yacht aus der WorldARC-Flotte, die in circa 250 Metern Entfernung zum Überholen ansetzt. Die Lady Lisa steigt die Wellenberge hinauf, um dann wieder ins Wellental zu stürzen, gesteuert von Sandro, einem Schweizer Gynäkologen. Sie kämpft tapfer mit den Wellen, verschwindet oftmals weit über die Aufbauten hinaus in den Wellentälern, bis nur noch der obere Teil der Segel zu sehen ist, rollt schwer in grober See. Dann arbei-

Sieben Windstärken im Karibischen Meer.

Begegnung mit der Lady Lisa auf hoher See.

tet sie sich aus dem Wellental, wird von der nächsten Welle erfasst, nach oben getragen, um erneut ins Tal zu stürzen. Mit einem Glas Bier in der Hand von der Sonnenterrasse der Destiny aus ein herrliches Schauspiel. Doch die Miene des Skippers der Destiny verfinstert sich schnell. Lady Lisa, eine Amel Super Maramu mit 15,97 Meter Länge, ist glatt an der Destiny vorbeigezogen! Nach Einbruch der Dunkelheit funkt Henning die Lady Lisa an: „Es wäre nicht verkehrt, wenn Ihr die Navigationslichter an Bord anmacht, bevor wir Euch über den Haufen segeln!" Lady Lisa: „Wir haben Kanonen an Bord und schießen hinten raus! OK, wir machen die Lichter an! Wir bergen in der Nacht das Groß ein und segeln sicherheitshalber nur mit der Genua. Gute Nacht und over." Hurra! Die Destiny holt wieder auf und zieht an der Lady Lisa vorbei und unter zweifach gerefftem Groß in die dunkle Nacht hinein.

Aus der kleinen Schweiz nehmen drei Yachten an der WorldARC 2010-2011 teil, fast so viele wie aus Deutschland. Aber spätestens seit der Alinghi wissen wir ja, dass die Schweizer erfolgreiche Seefahrer sind.

Im Land der Kuna-Indianer

Am Montag, den 11. Januar um 18:25:46 Uhr, schneidet die 1+1, ein schneller französischer Katamaran des Typs Catana 581, als erste Yacht die Ziellinie, die vor den San-Blas-Inseln ausgelegt ist. Am nächsten Morgen folgen die Crazy Horse und die spanische Kalliope III. Um 14:40:29 Uhr passiert die Destiny die Ziellinie, nach wenig mehr als fünf Tagen auf See. Das Etappenziel San-Blas-Inseln ist erreicht. Ein Paradies tut sich vor den Augen der Segler auf: Viele kleine Inseln, alle nicht mehr als ein paar hundert Meter lang, vielleicht 50 bis 100 Meter breit, ragen nur wenig mehr als einen Meter über den Wasserspiegel. Jede ist mit schlanken geraden Palmen bewachsen, wie Kerzen auf einem Geburtstagskuchen – umgeben von kristallklarem Wasser in den Farben jadegrün bis türkisblau, gesprenkelt mit weißen Schaumkronen, ein unglaublich schöner Anblick.

Die Segel sind geborgen, unter Motor geht es vorsichtig mit langsamer Fahrt in den Archipel der San-Blas-Inseln. 18 Meter Tiefe, 14, 12 zeigt das Echolot, nebenan Korallenriffe, vor der Destiny eine kleine Sandbank – also ausweichen, 10 Meter, 5 Meter, der Anker fällt und die Mannschaft hechtet ins herrlich warme Wasser.

> Das Wort **Archipel** stammt aus dem Altgriechischen arché (Beginn) pelagos (Meer) oder aus dem Lateinischen Aegaeus pelagus. Früher wurde damit nur die Ägäis mit den griechischen Inseln gemeint. Heute bedeutet der Begriff Archipel nach dem Seerechtsübereinkommen der Vereinten Nationen (UNCLOS) von 1982 „eine Gruppe von Inseln einschließlich Teilen von Inseln, dazwischenliegende Gewässer und andere natürliche Gebilde, die so eng miteinander in Beziehung stehen, dass diese Inseln, Gewässer und anderen natürlichen Gebilde eine wirkliche geographische, wirtschaftliche und politische Einheit bilden".

Der San-Blas-Archipel, von den Einheimischen Kuna Yala genannt, liegt im Karibischen Meer an der Ostküste von Panama. Er gehört zu Panama, ist ein halb-autonomes Gebiet und die Heimat der Kuna-Indianer. Die meisten der Inseln sind von Korallenriffen umgeben. Die Unterwasserwelt scheint noch völlig intakt. Überall zeigen sich Korallen, Krabben, Muscheln und bunte Fische in irrsinniger Vielfalt. Es krabbelt, kriecht und schwimmt. Der größte Teil der Kuna lebt auf 50 der insgesamt 357 Inseln, einige wenige in Siedlungen im Regenwald des nahen Festlandes. Die Kuna betreiben traditionell ein wenig Landwirtschaft, gehen auf Fischfang und beschäftigen sich mit der Herstellung der weit über die Grenzen von Panama hinaus bekannten, bunten Molas – dazu jedoch später.

Die Kuna sind eine indigene Ethnie in Panama, die sich eine weitgehende Unabhängigkeit erhalten konnte. Wie kaum eine andere Volksgruppe in Südamerika konnten die Kuna – vor allem durch den von ihnen hart erkämpften Autonomiestatus – ihre Kultur und Identität bewahren. Einen besonderen Bezug haben die Kuna zu Landbesitz. Land kann nicht gekauft, verkauft oder verpachtet werden. Die Kuna sehen es als das Erbe ihres Volkes an und der Erwerb, die Ausbeutung und Nutzung muss mit diesem Status vereinbar sein. US-amerikanische Investoren zeigten bereits starkes Interesse an einigen Inselgruppen, konnten aber – zum Glück – von den Kuna abgewehrt werden.

Im San-Blas-Archipel.

Mittwoch, 13. Januar, ein herrlicher Segeltag beginnt. Die DESTINY zieht an vielen kleinen Inseln, Inselchen und Klippen vorbei, alle mit Palmen bewachsen. Die Inseln reichen gerade mal ein, zwei Meter aus dem Wasser heraus. An Korallenriffen brechen sich schäumend die Wellen und das Wasser spritzt etliche Meter hoch. Manche der Inseln sind keine 50 Meter lang, oftmals schimmert die See von der gegenüberliegenden Seite durch die Palmen. Unbewohnte Inseln mit 10, 20 Palmen tauchen auf und dann eine Insel mit wenigen Holzhäusern, in denen die Kuna wohnen. Zwischendurch sieht man einzelne Häuser mitten im Meer, die nur von ein paar Meter Sand umgeben sind. Das sind wohl die ersten, die bei weiterem Ansteigen des Meeresspiegels verschwinden werden – wie lange wird es dieses Paradies noch geben?
Die Sonne steht hoch am Himmel und die Farben des Meeres werden immer intensiver. Sie wechseln von tiefem Blau über Türkis bis zu einem hellen Grün, oft liegen kleine Lagunen unmittelbar vor den Inseln in Farben, wie man sie unmöglich beschreiben kann.
Die DESTINY nähert sich der kleinen Insel Isla Porvenir, auch nur ein paar hundert Meter lang,

mit dem einzigen Flugplatz der San-Blas-Inseln. Hier wird Ingrid morgen früh landen. Unter Genua zieht die Yacht durch das Korallenriff, kurz vor der Insel wird das Segel eingerollt und unter Motor geht es die letzten Meter auf den „Flughafen" zu. Komfortabel sieht es hier aus: Ein roter Windsack, eine baufällige Hütte als Tower und eine Landebahn, die keine 500 Meter lang ist. Hier soll ein Flugzeug landen können? 100 Meter vor der Landebahn fällt der Anker und die Mannschaft stürzt sich hinterher ins glasklare Wasser. Gegenüber der Flughafeninsel liegt die eigentliche Ortschaft namens El Porvenir, bestehend aus etwa 20 bis 30 Häusern. Am Rande des Dorfes steht, ins Meer hinaus gebaut, ein Häuschen auf Stelzen, ist das das Örtchen vom Ort? Natürlich, mit ständiger kostenloser Wasserspülung! Die San-Blas-Inseln liegen abseits vom Touristenstrom, nur auf der Flugplatzinsel gibt es ein kleines Hotel, aber keinen Strom, kein fließend Wasser, kein Telefon und die Hotelbetten sind Hängematten. Katrin meint, dass sich hier seit ihrem letzten Besuch vor über 15 Jahren nur wenig verändert hat – von wie vielen so unendlich schönen Gegenden der Welt kann man das sagen?!

Ein Einbaum kommt auf die DESTINY zugepaddelt, darin eine Frau mit zwei Mädchen. Sie kämpfen sich durch die Wellen und machen am Heck fest. Ein Eimer und eine Tasche werden ausgeladen, die Damenmannschaft kommt an Bord und präsentiert ihre Kollektion Molas, farbenprächtige Textilkunstwerke der Kunafrauen. Normalerweise zieren sie als Mieder ihre Kleider, aber die Kuna haben zwischenzeitlich herausgefunden, dass ihre Kunstwerke auch

Mola-Verkäuferinnen.

von den Touristen hoch geschätzt (und teuer bezahlt) werden. Die Herstellungstechnik der Molas basiert auf der sogenannten umgekehrten Applikation. In mehreren kontrastreichen und übereinanderliegenden dünnen Baumwolltüchern werden durch Ausschneiden und zierliches Umsäumen dekorative Muster geschaffen. In diesem farbigen Linienspiel lassen sich Tiere aus der Umwelt der Kuna, Fische, Schildkröten oder Papageien erkennen. Der Fantasie sind keine Grenzen gesetzt.

Die Kunstwerke sind etwa 45 mal 45 Zentimeter groß und werden später zu Hause Sofakissen zieren, als dekorative Bilder an der Wand hängen, als Tischläufer dienen oder in anderer Form an die Kuna erinnern. Neben US-Dollar nehmen die Frauen auch gerne Cola und Kekse, die sie besonders schätzen; dann steigen sie wieder in ihren Einbaum und paddeln davon. Als einige Tage später Venancio Restrepo, Master of the Mola Maker, mit seinen besonders schönen Mola-Kunstwerken an Bord kommt, kann keiner mehr widerstehen – die Mannschaft kauft und kauft. Es wird zwar gehandelt, aber Venancio ist ein hervorragender Verkäufer – der Kuna siegt immer!

Am nächsten Morgen paddeln Wolfgang und Udo mit dem Dingi an Land. Es wird ans Ufer gezogen, damit es von den Wellen nicht ins Meer geschwemmt wird; dann gehen sie zur Landebahn. 300, 400, höchstens 500 Meter lang ist die Piste. Hier kann, so die einhellige Meinung, nie und nimmer ein Flugzeug landen! Denkste. Motorengeräusch aus der Ferne, langsam anschwellend, und dann kommt sie schon: eine zweimotorige Maschine, rasch auf die Insel zuschwebend, direkt beim Übergang vom Wasser zur Sandpiste setzt sie auf, der Pilot haut den Umkehrschub rein, dreht kurz, bevor das Wasser auf der anderen Seite der Insel wieder beginnt und lässt die Maschine ausrollen. Die Spannung wächst: Die Tür wird geöffnet, eine kleine Leiter herabgelassen und 15 bis 20 Fluggäste steigen aus, zuletzt Ingrid im leuchtend blauen DESTINY-T-Shirt. Kaum festen Boden unter den Füßen, muss sie sich zuerst um ihr Gepäck kümmern. Hier gibt es kein Förderband, das Koffer und Taschen bis vor die Füße transportiert, hier muss sich jeder Fluggast sein Gepäck selbst suchen. Zollformalitäten gibt es auch nicht, man betritt weder ein Flughafengebäude noch muss man sich an irgendwelchen Schaltern ausweisen. Man läuft einfach quer über die Landepiste, Ingrid direkt in Wolfgangs Arme und dann zur Yacht.

Die DESTINY zieht später mit verstärkter Mannschaft durch kristallklares Wasser. Wechselbäder von Azurblau bis Türkisgrün und immer wieder als Kulisse ein kleines Eiland mit

Vor Anker in den San-Blas-Inseln.

einer oder zwei Palmen. Das Wasser ist teilweise sehr flach und die unzähligen Korallenriffe erfordern aufmerksames Navigieren, es gilt, die unterschiedliche Färbung des Wassers genau zu beobachten. Vor einer der kleinen Inseln fällt der Anker und Sekunden später tummelt sich die Mannschaft wieder im warmen Wasser.

Der arbeitsreiche Tag an Bord der Destiny besteht aus Essen (dazu gehören natürlich auch die Zubereitung und der Abwasch, von der langen Diskussion darüber, was gekocht werden soll, ganz zu schweigen), Schwimmen, Schnorcheln, Lesen, viel, viel Flüssigkeit trinken und zwischendurch ein verdientes Nickerchen machen. Es wird hier, wie in tropischen Breitengraden üblich, früh dunkel und bereits um acht Uhr liegt die Crew völlig ermattet in den Kojen. Von wegen Schlafen! In der Nacht heißt es, besonders wachsam zu sein: Es beginnt mit einem leisen Klopfen *poch, poch, poch* und wenn man dann nicht in Windeseile die Luken schließt, ist man von dem kurzen, aber heftigen tropischen Regenschauer klatschnass.

Das erste Treffen der WorldARC-Segler nach dem Start in St. Lucia ist auf Chichime Island, einer Insel mit einer Handvoll Hütten und einem kleinen Palmenhain, von wenigen Kunafamilien bewohnt. Vorbei geht es an einem winzigen Eiland wie aus dem Ferienprospekt, auf dem nur eine einzige Palme steht, umgeben von ein paar Metern Sand und rundherum tiefblaues Wasser – ein Postkartenbild! Chichime Island taucht voraus auf, umgeben von Korallenriffen. Backbord ein Wrack im Riff, sehr ermutigend! Vom Ufer etwas zurückgesetzt sind vereinzelt die Hütten der Kuna zu sehen. Natürlich steht die ganze Mannschaft an Deck und sucht die schmale Durchfahrt durchs Riff, das die Lagune umgibt. Seezeichen oder andere Fahrwassermarkierungen gibt es hier wie überall in den Gewässern der San-Blas-Inseln nicht, und so heißt es aufmerksam steuern. Wolfgang lenkt die Destiny in langsamer Fahrt in die Lagune und gekonnt zwischen die zahlreichen bereits vor Anker liegenden Yachten der WorldARC-Flotte, wo auch der Anker der Destiny bei 11 Metern Tiefe fällt.

Chichime Island, erster Treffpunkt der WorldARC-Flotte.

Über UKW-Funk auf Kanal 77 kommen von Paul die letzten Instruktionen seitens Rally Control an die WorldARC-Teilnehmer für das Treffen auf der Insel. Paul aus England ist einer der drei Helfer, die der World Cruising Club für die Tour um die Welt einsetzt, neben Nick, der ebenfalls aus England stammt, und Suzana aus Portugal. Ihre Aufgabe war es, an jedem Etappenziel Liegeplätze in den Marinas zu reservieren oder, wenn es keine Marina gab, sich um geeignete Ankerplätze zu kümmern, das oft umständliche Einklarieren bei den Behörden zu organisieren, die Preisverteilung nach jeder Etappe vorzunehmen und Tipps für Landausflüge und für die nächste Etappe zu geben. Und noch viel, viel mehr: Es galt, schon im Voraus den Behörden des nächsten Landes Kopien der Pässe zu übersenden, um den bürokratischen Aufwand so gering wie möglich zu halten, die Ankunft der Teilnehmer zu avisieren, nach Reparaturmöglichkeiten Ausschau zu halten, Ersatzteile zu beschaffen, das tägliche Funknetz über Kurzwelle zu organisieren, Fotos ins Internet zu stellen, Crewwechsel abzustimmen und, und, und …

Zurück nach Chichime Island: Zur Strandparty der WorldARC-Yachten steuert jede Yachtcrew etwas aus ihrem Bordproviant bei. Schüsseln und Platten mit köstlichem Essen, meist noch hübsch dekoriert, werden an Land gebracht und auf einem langen Tisch aufgebaut. Auf dieser Tafel steht alles, was die Crews zum „Pot Luck Dinner" beisteuern. Salate überwiegen, aber auch Kuchen und Süßspeisen fehlen nicht. Die Kuna haben für die Teilnehmer zwei Bankreihen aufgebaut, darüber eine Plane aus vergilbtem Segeltuch gespannt, von Bambusstangen getragen. In der Mitte hängt eine moderne, gewundene Sparlampe an einem Kabel herab, dessen Stecker an einem Bambus befestigt ist. Ob diese Lampe wohl jemals mit Strom versorgt worden ist und geleuchtet hat?

Pot Luck Party.

Auch die Destiny-Besatzung hat sich alle Mühe gegeben. Die größte Schüssel an Bord ist mit leckerem schwäbischem Kartoffelsalat gefüllt, außen herum mit frischem Krautsalat dekoriert, auf dem ein paar Stückchen leuchtend roter Tomaten zur Dekoration aufgesetzt sind. Zur Krönung thronen mittendrauf goldbraun gebratene Hähnchenbeine, mit einer Aluminiumschleife geschmückt. Mit dieser Delikatesse beladen setzt die Crew im Dingi zur Insel über.

Die Kuna haben ihren von Palmen gesäumten Dorfplatz für das Treffen zur Verfügung gestellt. Gegen die mittägliche Hitze schützt ein kleines Zeltdach, das zwischen den Palmen gespannt ist. Ein übermannshoher Kühlschrank mit Tiefkühlfach ist auch vorhanden, aber leider gibt es zurzeit keine Stromversorgung, nur stundenweise rattert ein kleiner Generator, wohl um den Einheimischen ein bisschen Fernsehen zu ermöglichen. Also werden Cola, Saft und Bier warm serviert. Zuvor öffnen Nick und der Inselhäuptling Kokosnüsse mit furchterregend langen Macheten. Auch die Segler der Destiny werden mit Kokosnüssen empfangen, deren Inhalt Nick mit einem ordentlichen Schuss weißen Rums genießbar gemacht hat.

Die kleinen Kuna – neben den Pygmäen die kleinste Menschenrasse der Welt – sind schlank und drahtig gebaut und – hört her! – es herrscht Matriarchat. Nach der Hochzeit zieht der Mann in die Hütte der Frau – allerdings, wenn er sich von ihr trennen will, zieht er einfach wieder aus und verlässt die Insel. Die Kuna heiraten nur innerhalb ihrer eigenen Rasse, so verwundert es nicht, dass immer wieder Albinos geboren werden. Die Albinos werden aber von den Kuna verehrt und

Ein kleiner Schuss Rum darf nicht fehlen.

ganz besonders behütet. Die Inselbewohner, etwa zwei Handvoll Kuna, haben sich unter die Segler gemischt. Die Hälfte davon Kinder, alles kleinwüchsige, schlanke Gestalten, kurze Beine mit kräftigem Oberkörper und einem übergroßen Kopf mit scharfkantigem Gesicht und mittendrin die typische Adlernase. Die Erwachsenen werden nicht größer als 1,50 Meter. Zwei Frauen in bunten Molatüchern und farbenprächtigen Beinbekleidungen, um die Waden bunte Perlenketten geschlungen, halten sich am Rand der Gruppe auf. Eine sitzt in einer Hängematte und stickt an einer Mola, die andere stillt ein wenige Monate altes Baby. Das Alter der Frauen ist fast nicht einzuschätzen – sie sehen sicher bedeutend älter aus, als sie tatsächlich sind.

Für die Kinder der Insel hat die Destiny-Crew kleine Geschenke mitgebracht, aber zuerst bekommt der Häuptling eine leuchtend orangefarbene Destiny-Mütze und ist ganz stolz darauf! Flummibälle erfreuen die Buben und die schüchternen Mädchen lassen sich das Spiel der auf- und abtanzenden Jo-Jo-Kugeln mehrfach zeigen, ehe sie sich in ihre Hütten zurückziehen, um es selbst zu probieren.

Ein Spaziergang entlang des Ufers der Insel vermittelt unbeschreiblich schöne Ein- und Ausblicke. Palmen stehen im feinen Sand, umspült von türkisfarbenem Meereswasser, die unzähligen schwarzen Wurzeln haltsuchend im Sand. Etwas weiter, nahe einer Feuerstelle, steht ein schwarzes Schwein und schaut den Betrachter mit großen Augen an. Es ist an einer Palme angebunden und sicher der Festtagsbraten für die große Feier im August, wenn die Kuna des Tages gedenken, an dem sie einst ihre Unabhängigkeit erfolgreich verteidigt haben. Ein paar Schritte weiter steht eine Hütte. Vorsichtig nähert sich Udo, Schritt für Schritt, niemand ist da. Er wirft einen Blick in das Innere. Auf ein paar Bierkästen liegt eine Luftmatratze: das französische Bett einer Kunafamilie. Draußen auf einem mit Schnüren aufgehängten Brett Seife und eine kleine Schüssel für die Morgentoilette. Daneben eine

Bambushütte als Vorratskammer mit einer Kochstelle. Es ist für uns als sogenannte zivilisierte Menschen, umgeben von vergleichsweise unglaublich großem Luxus, unvorstellbar, wie man so leben kann: Kein Tisch, kein Stuhl, kein Kleiderschrank, die Wäsche wird auf Holzstangen unter dem Dach aufgehängt. In unseren Augen leben diese Menschen mit fast nichts und dennoch sehen sie glücklich und zufrieden aus.

Paul, Suzana und Nick von der Rallyeleitung bedanken sich im Namen aller beim Inselhäuptling für die Gastfreundschaft und übergeben ihm ein Bild mit den Flaggen der Nationen, die an der WorldARC teilnehmen. Danach wird ein kurzes Briefing für die nächste Etappe in die Shelter Bay Marina in Colon abgehalten. Die Yachten sind in zwei Gruppen eingeteilt, die an zwei verschiedenen Tagen im Panamakanal geschleust werden. Die DESTINY ist in der Gruppe 1 und die Schleusung soll am 23. Januar stattfinden. Die Miraflores-Schleuse als letzte der drei Schleusen, so teilt Paul mit, besitzt eine Webcam und so kann man die Flotte bequem im PC beobachten; diese für die Daheimgebliebenen bestimmte Information wird sofort per E-Mail nach Hause gesandt.

Das Treffen ist eine sehr gute Gelegenheit, um Kontakte zu anderen Seglern zu knüpfen, vor allem natürlich zu der deutschsprachigen Gruppe, die immerhin gut ein Viertel aller Teilnehmer ausmacht. So lernt die DESTINY-Mannschaft Rainer kennen, der auf seiner Yacht SUNRISE Chartergäste mitnimmt, die er über das Internet anwirbt. 50 Euro zahlt ein Mitsegler pro Tag, Verpflegung inklusive. Peter, ein Engländer, erzählt, wie er während der letzten WorldARC vor Australien auf ein Riff gelaufen ist und dabei sein Schiff verloren hat. Das konnte ihn jedoch nicht davon abhalten, eine neue Amel Super Maramu (800.000 Euro!) zu kaufen und wieder mit dabei zu sein.

Am nächsten Morgen heißt es, frühzeitig aufzustehen, um den Sonnenaufgang über Chichime zu erleben. Ein traumhaftes Farbenspiel. Begleitet von einer Symphonie: das gewaltige Tosen der Karibischen See am Riff. Die Brandung erzeugt einen durchdringenden Ton, wie der eines riesigen Wasserfalls in den Bergen. Welche Energie durch das Auflaufen und Brechen der Wellen frei wird, ist unvorstellbar! Neben der DESTINY schaukelt eine kleine vergammelte Yacht in der Lagune, ein typisches Aussteigerboot, wie man es fast überall in den Häfen und an Ankerplätzen findet. An Backbord bewegt sich etwas Schwarzes. Man muss zweimal hinschauen: es ist ein Huhn! Es steht in Lee und bewegt sich vorsichtig, damit es nicht ins Wasser geweht wird. Jeden Tag ein frisches Ei an Bord, das ist doch richtig pfiffig! Daran hätten die Wikinger auch denken können, als sie seinerzeit als Proviant nur Meerschweinchen mitnahmen. Kann ein Huhn eigentlich schwimmen?

Zum Frühstück gibt es frisch gebackenes Brot – ein Lob an Henning. Es riecht verdammt gut, und wie es erst schmeckt, noch warm, mit etwas Butter, aaahhh!! Kein Wunder, stammt Henning doch aus einer Bäckerfamilie. So einfach kann ein Hochgenuss sein – sind wir nicht eigentlich genauso genügsam wie die Kuna? Baden, Schnorcheln, Tagebuch schreiben, das sind die ersten Aktivitäten nach dem Frühstück. Danach wird der Anker gelichtet und die DESTINY verlässt Chichime mit seinen freundlichen Kuna.

Unter Genua läuft die Yacht mit drei bis vier Knoten Fahrt durchs Wasser zur nächsten Inselgruppe, etwa vier Seemeilen weiter westlich. Wieder muss eine Passage durch die Korallenriffe gefunden werden. Dabei helfen die unterschiedlichen Farben des Wassers, die Untiefen zu erkennen. Auf der Seekarte hat Wolfgang Cayos Limón ausgesucht. Hier müssten gute, vor Wind und Wellen geschützte Buchten liegen, in denen sicher geankert werden kann.

Bei 3,5 Meter Wassertiefe fällt der Anker. 30 Meter Kette werden ausgebracht und die Destiny treibt gemächlich durch den Wind getrieben nach achteraus. Schnell noch einen Hahnepot mit dem Kettenhaken an der Kette befestigt und als Entlastung zwei lose durchhängende Meter Kette dazu, damit kein Druck auf die Rolle am Bug kommt, über die die Kette läuft. Die Destiny ist jetzt über den Hahnepot mit der Ankerkette verbunden. Also zwei kurze Leinen, die vom Steuerbordbug und vom Backbordbug aus zur Ankerkette verlaufen und mittels eines Hakens in die auf Zug stehende Ankerkette eingehakt werden. Dadurch wird der Zug der Ankerkette in beide Rümpfe eingeleitet und die Yacht mittig zur Ankerkette gehalten. Ohne einen solchen Hahnepot würde ein Katamaran wie die Destiny ständig durch Wind und Strömung im Winkel von bis zu 120 Grad nach jeder Seite schwojen. Wehe, wenn Sturm aufkommt: Dann kann sogar der Anker ausbrechen und es wird gefährlich für Crew und Yacht!

Nebenan liegt die Chessie mit Jutta und Jochem an Bord. Sie kommen mit dem Dingi herüber und nach einem Begrüßungsschluck werden die Erlebnisse der vergangenen Tage ausgetauscht. Auch die Portugiesen von der Thor VI haben sich hier eingefunden und liegen im Abstand von zwei, drei Schiffslängen neben der Destiny. Nach einem gemütlichen Plausch geht es mit Jutta und Jochem im Beiboot zu der 200 Meter entfernten kleinen Insel, die nur etwa 100 Meter lang und 50

Vor Anker im Paradies.

Meter breit ist. Es ist eine „Hotelinsel" mit drei Bambushütten, jede mit einer überdachten Sitzgelegenheit und einigen Liegestühlen. Alle werfen einen Blick in die Gästehäuser. Über eine kurze, breite Treppe erreicht man den Schlafraum, der gerade ausreichend groß ist für ein französisches Bett. Neben dem Bett hinter einer Bambuswand sind Toilette und Dusche. Vom Schlafraum tritt man hinaus auf einen kleinen Balkon und kann den Blick auf Palmen, Strand und Meer genießen. Durch das auf Stelzen stehende Bambushäuschen pfeift immer ein frischer Wind – eine Klimaanlage ist absolut überflüssig! Einige wenige Schritte weiter befindet sich die „Bar", nicht mehr als eine kleine Theke, dahinter der gleiche

Kühlschrank, wie er schon auf Chichime zu sehen war. Auch dieser hier hatte sicher noch nie Stromkontakt! Davor sitzen drei Kuna an einem Tisch, auf dem ein schläfriger Hund liegt. So sind hier die Rollen verteilt! Das lauwarme Bier kostet einen US-Dollar und passend dazu fällt Wolfgang gleich der alte Kalauer ein: „Herr Ober, haben Sie außer warmer Cola noch andere kalte Getränke?!" Trotz Hitze und warmen Getränken ist es ein Genuss, in den Liegestühlen unter den Palmen im weißen Sand mit dem weiten Blick aufs Meer zu liegen. Zuhauf könnte man Bilderbuchfotos für Ferienreiseprospekte machen!

Um 21 Uhr – außergewöhnlich spät! – gehen auf der DESTINY die Lichter aus mit Ausnahme des vorschriftsgemäßen Ankerlichts in der Mastspitze. Es herrscht strikte Nachtruhe nach dem so überaus „harten" Tag! Über dem Boot breitet sich ein herrlicher Sternhimmel aus. Es sind so viele Sterne, dass man lange braucht, um einzelne Sternbilder zu erkennen. Erschwerend ist: Sie stehen hier schon fast auf dem Kopf. Mittendurch läuft das leuchtend helle Band der Milchstraße. Ganz tief am nördlichen Horizont steht der Große Wagen und der bekannte Polarstern liegt unsichtbar verborgen hinter dem Horizont. Beherrschendes Sternbild am Firmament direkt über der DESTINY ist der Orion. Der rötliche Beteigeuze (die Hand des Jägers) und Rigel mit dem kalten blauweißen Licht sind deutlich zu erkennen. Die Sicht ist so klar, dass man sogar den Nebel (eigentlich sind es zwei Sterne) unter dem Gürtel des Orion ausmachen kann.

Am nächsten Tag verlockt die herrlich ruhige Bucht zum Bleiben. Die Mannschaft schwimmt zur Insel und vertreibt sich die Zeit im klaren, warmen Wasser. Ein Einbaum der Kuna legt an, dieses Mal sind Fische im Angebot. Die Kuna wollen deutsche Magazine (!) – um Bilder anzuschauen?? – und eine Plastiktüte, damit die Zeitschriften nicht nass werden. Kurz danach legt der nächste schlanke Einbaum an, wieder mit Fisch! Immer wenn der Preis ausgehandelt und bezahlt wird, haben die Kuna kein Wechselgeld – so ein Zufall –, dadurch wird der Fischkauf jedes Mal recht teuer. Was soll's?

Am Nachmittag geht erneut ein Kanu längsseits, dieses Mal sogar mit Außenborder – eine ganze Reihe Kuna mit Kindern sitzen drin. Der Älteste, wahrscheinlich der Familienvater – keine 140 Zentimeter groß – übergibt einen kleinen blauen Plastikbeutel mit der Bitte, den Akku seines Mobiltelefons aufzuladen, er käme um 18 Uhr wieder vorbei! Was dann auch pünktlich geschieht. Es ist schon erstaunlich, hier treffen urtümliche Lebensformen und modernste Technik der Wohlstandsgesellschaft zusammen, und völlig unbefangen und ganz selbstverständlich bedient man sich der modernen Kommunikationsmöglichkeiten. Henning bereitet den Fisch für das Abendessen mit allerlei Gewürzen vor, dann schiebt er ihn in den Backofen. Katrin kocht im Wok ein köstliches Gemüse-Potpourri aus Möhren, Ingwer und Zucchini. Auf der Sonnenterrasse der DESTINY genießt die Mannschaft ein fürstliches Abendmahl und verkostet zwei Flaschen Weißwein. Der Fisch schmeckt herrlich, aber die Menge hätte auch für die doppelte Zahl von Personen ausgereicht. Aber da Schwaben an Bord sind, zwingt sich jeder, alles bis auf den letzten Rest aufzuessen – ein großer Fehler, wie sich später herausstellt!

Nachts fängt es schon an: Udo bekommt Schweißausbrüche, obwohl er nur mit dem leichten Bettbezug schläft. Kann ja mal vorkommen – die Wechseljahre? Beim Frühstück hat er keinen Appetit. Um 8 Uhr heißt es: Anker auf Cayós Limon. Unter Motor geht es ein letztes Mal in der Nähe von El Porvenir durch das Korallenriff der San-Blas-Inseln hinaus aufs offene Meer, Richtung Portobelo und Panamakanal. Die Destiny gleitet dem Festland von Mittelamerika entgegen und die Mannschaft hängt wehmütig dem Gedanken nach, dieses Paradies nun verlassen zu müssen. Doch neue Abenteuer warten und andere Segler wie die kleine Marguerite von der Noeluna freuen sich sogar: „Endlich wieder in eine zivilisierte Stadt mit einem Chinarestaurant!"

Nur 45 Seemeilen beträgt die heutige Strecke. Lange Wellen von Steuerbord achtern schieben die Destiny. Die Dünung der etwa 1,5 Meter hohen Wellen wirkt sich auf die ganze Mannschaft aus, nur Wolfgang steht wie eine Eins hinter dem Ruder. Selbst Henning lag wohl zu lange in seiner Koje, so dass auch ihm für kurze Zeit nicht gut ist. Ingrid liegt draußen flach, Katrin im Salon und beide haben vorsorglich Emesan-Tabletten genommen. Udo quält sich zwischen Toilette und Bett hin und her, alle 15 Minuten eine Kolik! Wolfgang macht sich insgeheim Sorgen wegen einer Fischvergiftung, über die er in seinen Segelmagazinen gelesen hat. Die Ciguatera, von der vor allem Tropenfische in küstennahen Gewässern befallen werden, kann beim Menschen nach dem Verzehr solcher Fische zu lebensgefährlichen Erkrankungen führen. Katrin dagegen meint, dass nur der zu reichliche Fischgenuss am gestrigen Abend die Ursache sei. Nach vier Stunden tritt zur großen Erleichterung aller ein wenig Besserung ein. Wolfgang und Henning versorgen die Ärmsten mit Tee, Cola und Keksen. Schmecken will es aber keinem so richtig!

Am späten Nachmittag erreicht die Destiny die Isla Linton, ein vorzüglicher Ankerplatz inmitten einiger dem Festland vorgelagerter Inseln, 25 Seemeilen entfernt von Colon am Eingang zum Panamakanal. Henning lässt das Beiboot zu Wasser und erkundet, wo es etwas zu essen gibt, denn keiner hat Lust zu kochen. Zurück kommt er mit der frohen Botschaft, es gäbe eine Kneipe am Ufer, die von einem Holländer betrieben wird. Na, wenn das nicht einen Versuch wert ist! Udo bleibt an Bord, er muss jede halbe Stunde die Bordtoilette aufsuchen und fühlt sich noch zu schlapp. Vorsorglich schaltet er aber das Topplicht ein, damit die Mannschaft bei Dunkelheit zurückfindet. Doch jetzt hat es Ingrid schlimm erwischt. Auf der Rückfahrt vom Restaurant zur Destiny füttert sie schon die Fische. Es geht ihr gar nicht gut. Im Salon wird ein Bett für sie zurechtgemacht, damit sie viel frische Luft bekommt. Mit Pütz, Tee und MCP-Tropfen versorgt, versucht sie zu schlafen, aber es gelingt ihr kaum. Immer und immer wieder rächt sich Montezuma und das ist entsetzlich erschöpfend … Am nächsten Morgen nur Tee und Zwieback, aber Montezuma hat sie fest im Griff. Erschöpft liegt sie im Salon, die Pütz in Bereitschaft. Nichts will schmecken und selbst den Tee, den sie trinkt, kann sie nicht bei sich behalten.

> Zur Vorbereitung einer Weltumsegelung auf der „Barfußroute", die ja zumeist durch tropische Gegenden führt, gehört neben einem intensiven Gesundheits-Check vor Antritt der Reise eine ganze Reihe von notwendigen oder empfehlenswerten Impfungen. Einige Länder verlangen sogar bei der Einreise den Nachweis bestimmter Schutzimpfungen. Der Veranstalter der WorldARC empfiehlt unter anderem, sich gegen Gelbfieber, Hepatitis, Meningitis, Tollwut, Typhus, Diphtherie, Tetanus und Kinderlähmung impfen zu lassen. Es ist ratsam, die Impfungen rechtzeitig, also nicht erst kurz vor der Abreise vornehmen zu lassen, zum einen, weil Komplikationen auftreten können, zum anderen, weil es sich teilweise um Mehrfachimpfungen handelt. Gelbfieberimpfungen dürfen übrigens nur von speziell zugelassenen Ärzten verabreicht werden. Gegen Malariaerkrankungen gibt es noch keinen Impfschutz. Im akuten Fall sind deshalb Medikamente zur Malariaprophylaxe unerlässlich, die in jeder Bordapotheke zu finden sein müssen.

Nachts sind markerschütternde Schreie zu hören, es klingt wie wütendes Gebrüll – sind wir im Jurassic Park? Doch das sind nur die Brüllaffen, die hier die halbe Nacht lang ihr Revier verteidigen.
Um 9:15 Uhr am nächsten Morgen wird der Anker gelichtet. Unter Motor geht es dicht unter der Küste, zwischen Inseln und Felsklippen, an Untiefen vorbei hinaus aufs offene Meer. Die Segel werden gesetzt und der Kurs in Richtung Colon, dem nördlichen Zugang zum Panamakanal, abgesetzt. Entgegen der landläufigen Vorstellung liegt der Kanal nämlich nicht in Ost-West-Richtung, vom Atlantik aus gesehen, sondern verläuft von Norden nach Süden. Das Wetter ist diesig, die See ruhig und von achtern weht eine leichte Brise. Wolfgang kann es nicht lassen und angelt, mehr aus Langeweile, einen kleinen Fisch mit einem selbst gebastelten Köder, bestehend nur aus einem Haken und einigen Streifen Spinnakertuch. Petri Heil! Den Fisch lässt er aber gleich wieder schwimmen, denn die Mannschaft hat nicht das geringste Interesse an einem neuerlichen Fischmenü. In allen Gesichtern zeigt sich eher Abscheu bei dem Gedanken an ein Fischmahl.

Im Panamakanal

Mit Motorunterstützung bringt die Destiny die letzten 25 Seemeilen auf dem Weg zur Kanaleinfahrt hinter sich. Zwei Seemeilen vor den riesigen Wellenbrechern, die circa 2,5 Seemeilen in den Atlantik hinausgebaut wurden, nimmt Wolfgang Funkkontakt mit Cristobal Signal Station auf: „Cristobal Signal Station, Cristobal Signal Station, this is sailing yacht Destiny, Destiny, Zulu Delta Golf Golf Six, please come in." Wolfgang sitzt am UKW-Sprechfunkgerät, um für die Destiny vorschriftsmäßig die Einfahrt in den Panamakanal zu erbitten. Sofort meldet sich Cristobal Signal Station, grüßt höflich den Skipper, und die Destiny erhält die Erlaubnis, in den Kanal einzusteuern. Sie soll sich nördlich halten, so die weiteren Anweisungen, und 45 Minuten hat sie dafür Zeit, denn dann wird ein großer Tanker die letzte Schleuse passiert haben und den Kanal Richtung Atlantik verlassen.

Kurze Zeit später motort die Destiny durch die Einfahrt, wendet nach Steuerbord und läuft entlang des westlichen Wellenbrechers zur Shelter Bay Marina, wo sich Wolfgang abermals per Funk anmeldet. Dort wird die Destiny von Paul, im gelben T-Shirt leicht zu erkennen, am Eingang der Marina begrüßt. Die erste Nacht darf die Destiny an ihrem Schwesterschiff, der Jeannius, einer baugleichen Privilège 435, die unter englischer Flagge fährt, längsseits im Päckchen anlegen. Der Eigner Mike, seine Frau Jean und ihre Mitsegler helfen beim Anlegemanöver. Es ist das erste Mal, dass das Anlegen entgegen altem Seemannsbrauch ohne einen Schluck aus der Flasche beendet wird. Das gibt einen Eintrag im Logbuch! Am nächsten Tag stellt Wolfgang fest: Gestern war der erste Tag in der Geschichte der Destiny, an dem nur ein einziges Bier an Bord vertilgt wurde, und das musste der Kapitän auch noch selbst trinken!

Die Destiny wird gut mit der Jeannius vertäut und mit einer Vor- und Achterspring gesichert. Wolfgang geht zum Einklarieren: Papierkrieg ohne Ende. Zwei Stunden dauert die Prozedur! Jutta von der Chessie, eine Ärztin, kommt an Bord und versorgt Ingrid mit Tropfen, Zäpfchen und Fencheltee. Mit nassen Tüchern und Kühlelementen aus dem Tiefkühlschrank trotzt sie der Rache Montezumas. Am Abend endlich tritt Besserung ein und die übrige Mannschaft macht sich auf zum ersten Landgang auf dem Festland! Ingrid bleibt an Bord und schläft. Die Shelter Bay Marina ist eine moderne und komfortable Marina mit Preisen, die sich auf hohem Niveau bewegen. Die Liegegebühren reißen ein großes Loch in die Bordkasse, denn die 13,45 Meter lange und 7,07 Meter breite Destiny kostet wie üblich 150 Prozent der Liegegebühren, die von einer Einrumpfyacht gefordert werden. Was soll's, Boot und Mannschaft sind jedenfalls in der Shelter Bay Marina gut aufgehoben und das zur Marina gehörende Schwimmbad wird ebenso wie die Duschen stark frequentiert.

Die Shelter Bay Marina ist sehr gepflegt, die Wasch- und Duschgelegenheiten sind außergewöhnlich komfortabel gegenüber all dem, was die Segler von der DESTINY bislang gesehen haben – sei es in der Karibik, auf den Kanaren oder auch am Bodensee. Luxus pur: große Kabinen, rundum deckenhohe Spiegel, Sprudelbadewanne, Duschen mit Wasser von oben und von allen Seiten, Schwimmbad, Jacuzzi – darf's noch etwas mehr sein? Natürlich, auch eine Sauna gibt's, unter freiem Himmel wegen der extremen Luftfeuchtigkeit.

Am nächsten Tag ist Waschtag. Henning hat freie Waschmaschinen entdeckt, also werden in Windeseile die Betten abgezogen und alle gebrauchten Wäschestücke in zwei große Plastiksäcke gepackt; damit ziehen Wolfgang und Udo los, die nächsten freien Waschmaschinen zu beladen. Alles auf amerikanische Weise: bunt, weiß, total durcheinander, Waschmittel rein und Start. Es gibt nur „hot" und „cold", also „hot" – wird schon gut gehen. Nebenan eine Engländerin, die die beiden Männer mit mitleidiger Miene betrachtet: „Are you only guys on board?" „Nein, nein, nur meine Schwester ist krank!" „Oh, Ingrid with the fish poison!" So wird man bekannt, ohne je an Land gewesen zu sein!

Gleich nach dem Frühstück wandert die ganze Wäsche in den Trockner. Die Powerwaschgänge dauern nur 30 Minuten und den Trocknungsprozess verbringen Udo und Wolfgang beim Swimmingpool gleich nebenan. Sie ziehen einige Runden in dem warmen Wasser, bis die Wäsche trocken ist. Das Leben kann so schön sein! Ingrid geht es auch schon viel besser – heute noch ein wenig Ruhe – dann ist sie wieder fit.

Die Shelter Bay Marina ist völlig isoliert und liegt sehr weit außerhalb von Colon. Eine halbe Stunde Fahrzeit muss man in Kauf nehmen, um in die Außenbezirke der Stadt und damit in das nächste Einkaufszentrum zu gelangen. Wolfgang und Udo fahren mit dem Bus zum nächsten Supermarkt. Allein sollte man selbst am Tag nicht durch Colon gehen, denn diese Stadt hat den traurigen Ruf, die höchste Kriminalitätsrate der Welt zu haben. Entlang zerfallener Häuser und über eine alte Rollbahn – sie stammt sicher noch aus der Zeit, als die Amerikaner hier das Sagen hatten – geht es hinaus aus dem großflächig abgezäunten Hafengelände. Eine holprige Straße führt durch tropische Wälder. Das Grün ist satt und kräftig. Die Blätter, die Bäume, die Farne: alles ist viel größer als zu Hause. Vorbei an Sumpfgelände, Wolfgang hat sogar einen Alligator abtauchen sehen, geht es in Richtung Gatún-Schleuse. Die ersten Schiffe sind zu sehen, dann ein kurzer Blick beim Überqueren auf die Schleusenkammer und schon ist das andere Ufer erreicht.

Beim Supermarkt angekommen, weist der Busfahrer ausdrücklich darauf hin: Rückfahrt 15:30 Uhr. Also gerade mal eineinhalb Stunden Zeit! Die beiden Antipoden Wolfgang (Einkaufen: ein Graus für mich!) und Udo (ich liebe Einkaufen!) stürmen mit zwei Einkaufswagen und der Einkaufsliste bewaffnet in den Supermarkt. Es ist ein reichliches Angebot vorhanden, nicht anders als bei uns. Schon nach etlichen Flaschen Wein, Bier, Wasser, Sekt, nicht zu vergessen ein Likörchen und ein paar Flaschen mit Extravagantem, ist der erste Wagen voll. Nun sind zwar die „Grundnahrungsmittel" beschafft, aber die Einkaufsliste ist bei Weitem noch nicht abgearbeitet! Wo sind die Filtertüten, wo ist Fencheltee, wo H-Milch, wo Zwieback, wo, wo, wo … Udo und Wolfgang laufen durch alle Gänge, der zweite Wagen ist auch schon voll, mit Dingen, die gut aussehen, aber nicht auf der Liste stehen, und die Einkaufsliste zeigt immer noch jede Menge unerledigte Posten. Fleisch und Gemüse fehlen noch. Das Fleisch sieht nicht schlecht aus, verliert aber, kaum aus der Kühltruhe genommen, schon an Farbe. Endlich an der Kasse angelangt, legt der eine die Berge an Vorräten aufs Band, der andere packt ein und die Rechnung, die die Kasse ausspuckt, wird lang und länger! Pünktlich sind die beiden Einkäufer am Bus zurück, wo Wolfgang von einer karibischen Schönheit angesprochen wird: „Can I have a beer? … and another one for my girlfrind?" Wolfgang kann dem bezaubernden Lächeln nicht widerstehen – der erste Schwund! Alle acht Buspassagiere haben ähnliche Mengen eingekauft und stehen nun ebenfalls mit ihren Einkaufswagen vor dem Bus. Durch Türen und Fenster landen die unzähligen Taschen, Tüten, Kisten und Kästen auf Sitzen und Gängen. Nachdem jeder auch noch einen Sitzplatz ergattern konnte, fahren alle über die unterste Kammer der Gatún-Schleuse zurück in die Shelter Bay Marina. Vor der Fahrt durch den Panamakanal müssen alle WorldARC-Yachten vermessen werden. Also kommen zwei „Measurors" an Bord und machen sich an die Arbeit. Die exakten Angaben der jeweiligen Werft in den Schiffspapieren zählen nicht, hier bestimmt das Maßband, und diese Angaben sind die Grundlage für die Kosten der Durchfahrt, für eine Yacht mittlerer Größe etwa 800 US-Dollar. Die höchste Gebühr für die Kanalpassage betrug bisher 249.165 US-Dollar, die 2006 ein Containerschiff zu bezahlen hatte, die niedrigste mit 36 Cent zahlte 1928 Richard Halliburton, der den Kanal in zehn Tagen durchschwamm.

Heute ist für die WorldARC-Teilnehmer ein Grillabend in der Shelter Bay Marina organisiert. Mit 10 US-Dollar pro Kopf ist die Mannschaft der Destiny dabei. Die übergroßen, außen schwarz verbrannten und innen rohen Putenstücke kann man getrost vergessen. Der Reis, mit kleinen Linsen versetzt, ist so trocken, dass man ihn nur mit etlichen Flaschen Panama-Bier runterspülen kann. Die Hälfte des Essens geht zurück – die Segler von der Destiny sind ebenso frustriert wie alle anderen von der WorldARC-Flotte. Müde verkriechen sich die Segler in den Kojen, aber der Schlaf ist unruhig, denn das laute Schreien der Brüllaffen ist die ganze Nacht nicht zu überhören. Seit zwei Tagen liegt die Destiny nun in der Shelter Bay Marina gegenüber von Colon an der Einfahrt zum Panamakanal. Ein Stück weit dahinter hat die Johann Smidt festgemacht, ein deutsches Schulschiff im wahrsten Sinne des Wortes, denn an Bord sind normalerweise eine Vielzahl deutscher Gymnasiasten, die dort von einigen Lehrern unterrichtet werden. Die sieben Monate Aufenthalt und Unterricht auf dem Schiff kosten 17.000 Euro pro Schüler – nicht schlecht. Im Moment sind aber nur Eltern und Förderer des Trägervereins an Bord, die einen angenehmen Karibikurlaub verbringen. Der zweite Höhepunkt der Weltumsegelung nach den San-Blas-Inseln erwartet die Segler: die Passage durch den Panamakanal. Eigentlich ist es gar kein richtiger Kanal, vielmehr liegt ein großer Teil des 80 Kilometer langen Fahrwassers in einem von Menschenhand geschaffenen See, dem Gatún-See, der fast so groß ist wie der Bodensee.

Der Panamakanal

Schon kurz nach der Entdeckung des Pazifiks durch Vasco Nuñez de Balboa im Jahr 1513 kam der Gedanke auf, einen Kanal am Isthmus zu bauen, um die enormen Mengen an geraubten Schätzen aus den Beutezügen der Spanier in Süd- und Mittelamerika zu verschiffen, die in Panama Viejo (Alt-Panama) auf der Pazifikseite ankamen und die mühsam mit Maultieren an die Atlantikküste transportiert werden mussten, um von hier aus per Segelschiff nach Spanien zu gelangen.

Der erste Versuch durch Ferdinand de Lesseps, den Kanal auf Meereshöhe, also ohne Schleusen, zu bauen, endete in einem finanziellen Desaster und einem handfesten Skandal. Die Kanalbaugesellschaft geriet, nicht zuletzt durch Betrügereien, in Konkurs. Die Bauarbeiten wurden eingestellt. Mehr Erfolg war den Amerikanern beschieden, die die Unabhängigkeitsbewegung in der Provinz Panama, die sich von Kolumbien lösen wollte, tatkräftig „unterstützten" und sich damit die Rechte zum Bau des Kanals sicherten. 1904 begannen die Bauarbeiten, die sich wegen vielfacher Rückschläge bis 1914 hinzogen und – zusammen mit den Toten des ersten fehlgeschlagenen Versuchs – etwa 25.000 Menschenleben durch Unglücksfälle, Gelbfieber, Malaria und andere Tropenkrankheiten kosteten.

Die amerikanischen Ingenieure erkannten, dass ein Kanal auf Meereshöhe nicht zu verwirklichen war und wählten eine andere Lösung als de Lesseps, westlich von dessen geplantem Kanal. Hier entstand durch einen Dammbau am Rio Chagres auf 26 Metern Höhe über dem Meer ein Stausee, der Gatún-See, der von der Atlantikseite über die drei Gatún-Schleusen erreicht wird. Nach der Durchquerung des Gatún-Sees geht es über die Pedro Miguel-Schleuse und die zwei Miraflores-Schleusen in den Pazifik. Mit der Fertigstellung des 84,5 Kilometer langen Kanals, eine der größten Ingenieur- und Bauleistungen in der Menschheit, verkürzt sich der Seeweg zwischen Atlantik und Pazifik um Tausende von Kilometern. Die wirtschaftliche Bedeutung des Kanals ist enorm, was schon die Zahl von 14.000 Schiffen, die jährlich den Kanal passieren, verdeutlicht.

Alle WorldARC-Teilnehmer fiebern der Passage durch den Panamakanal entgegen. Endlich, am Samstag, den 23. Januar, kann es um 14 Uhr losgehen. Die Destiny wird im Dreierpäckchen den Panamakanal durchqueren, an Steuerbord die Chessie und an Backbord die Asolare, so ist es abgemacht. Der erste Teil der WorldARC-Flotte versammelt sich gegen Nachmittag am Ankerplatz F („Flats") in der Nähe von Colon. Jedes Boot ist mit 40 Meter langen Leinen und einer Menge an in Plastiksäcken verpackten Autoreifen ausgerüstet. Größere Schiffe müssen einen „Piloto", einen Lotsen, an Bord nehmen, bei Yachten bis zu einer Länge von 20 Metern genügt ein „Advisor". Das sind in der Regel jüngere Nachwuchsleute, die zu Lotsen ausgebildet werden.

Es geht aufwärts

Von der Atlantikseite her gesehen beginnt die Passage mit den Gatún-Schleusen, einer dreistufigen Schleusenanlage. Jede Kammer ist 305 Meter lang und 34 Meter breit. Die oberen Schleusen sind mit doppelten Schleusenkammern ausgestattet, um eine Flutkatastrophe zu verhindern. Zur Füllung der Kammern werden 197 Millionen Liter (!) Wasser aus dem Gatún-See benötigt – Süßwasser zur Schonung der Schleusenanlage vor Korrosion, das in etwa acht Minuten die Kammern füllt. Damit nicht zu starke Turbulenzen auftreten, geschieht dies über eine große Anzahl von gleichmäßig über den Boden verteilten Rohren. Das Wasser wird dann durch ein kompliziertes hydraulisches System wieder nach oben gepumpt. In den Schleusen bewegen sich die Schiffe zwar aus eigener Kraft, die großen Schiffe sind aber mit schweren Trossen an Elektro-Lokomotiven, Mulis genannt, befestigt, die die Schiffe exakt auf Kurs, das heißt in der Schleusenmitte halten. Bei kleineren Schiffen und Yachten laufen an Land Arbeiter als Leinenhalter mit. An Bord der so geschleusten Schiffe müssen mindestens vier Personen sein, um die Halteleinen zu bedienen.

Einfahrt in die Gatún-Schleuse.

Das Warten erscheint den Seglern der Flotte unendlich lang, wie immer, wenn etwas ganz Besonderes bevorsteht. Endlich, es geht schon auf den Abend zu, erscheint das Lotsenversetzboot, das auf jeder Yacht einen Advisor absetzt. An Bord der Destiny führt nun Daniel aus Panama City das Kommando. Gegen 18 Uhr wird der Anker aufgeholt und es ist beeindruckend zu sehen, wie eine Armada von Segelschiffen sich der ersten Kammer der

Gatún-Schleuse nähert. Hier werden die Päckchen gebildet, je drei Yachten, gut abgefendert und sorgfältig miteinander vertäut, in der Mitte nach Möglichkeit ein Katamaran. Danach bewegen sich die Päckchen gemächlich in die erste Schleusenkammer. Das Kommando liegt bei der mittleren Yacht, also der DESTINY, die auch für den Vortrieb zu sorgen hat. Das hört sich einfacher an, als es ist, denn das Päckchen reagiert auf das Ruder der DESTINY ungefähr so träge wie ein großer Tanker. Also müssen die außen liegenden Yachten, an Backbord die CHESSIE und an Steuerbord die ASOLARE, deren Motoren im Leerlauf mitlaufen, unterstützen. „Jutta, forward", schreit Daniel, der Advisor, zur CHESSIE hinüber, „Peter, back, back", geht das Kommando an die ASOLARE. Und so gelingt es, das Päckchen auf Kurs zu halten und langsam in der Schleusenkammer vorzurücken. Gleichzeitig werden von den Kanalarbeitern aus luftiger Höhe „heaving lines" geworfen, an deren Enden sogenannte „monkey fists" (Affenfäuste) geknotet sind, die das Leinenende beschweren, damit die Leinenläufer besser zielen können. Und das können sie tatsächlich! Man kann sagen, millimetergenau fallen die Heaving Lines herab. Daran werden dann die langen schweren Leinen, die an Bord einer jeden Yacht sind, befestigt und von den Arbeitern nach oben gezogen, um so jedes der Päckchen in der Schleusenmitte zu halten.
Hinter dem fünften Päckchen schließen sich die schweren Schleusentore. In der Zwischenzeit ist es dunkel geworden. Rechts und links ragen die schwarzen, nassen, mit Algen bedeckten Schleusenwände empor. Und plötzlich schießt das Wasser von unten in die Kammern, es kommt Bewegung in die Päckchen. Die Leinen müssen fortlaufend kürzer gefasst werden, so schnell steigt das Wasser. Trotz der straff gehaltenen Leinen bewegen sich die Päckchen in der Schleusenkammer nicht nur langsam aufwärts, sondern auch nach Backbord und nach Steuerbord, was die außen liegenden Yachten auf Kommando von Daniel zwingt, mit Motorkraft korrigierend einzugreifen. Nach wenigen Minuten ist die Oberkante der Schleusenkammer erreicht und die Mannschaft kann

Im Päckchen in der Gatún-Schleuse.

sich umschauen. Hier oben ist die ganze Anlage fast taghell erleuchtet, denn es wird rund um die Uhr geschleust. Alles sieht enorm technisch und geschäftig aus.
Von der ersten Schleusenkammer tuckert die DESTINY direkt in die zweite Kammer und wieder fühlt sich die Crew fast wie in einer dunklen Gruft. Gleicher Ablauf wie zuvor, Leinen

werden geworfen, die Tore schließen sich, Wasser schießt in die Kammer und wieder geht es aufwärts bis zur Oberkante der Kammer. Weiter in die dritte Schleusenkammer und mit Erreichen der Oberkante ist die Destiny im Gatún-See – trotz Nacht ein unglaublich schöner Anblick: Ein großer See mit kleinen Inseln, umgeben von Wald, den man aber wegen der Dunkelheit eigentlich nur erahnen kann. Getrennt von Chessie und Asolare geht es zum nahen Ankerplatz, wo sich die Mannschaft nach dem Ankermanöver einen „Schleusenschluck" genehmigt und von Daniel, der wie alle anderen Advisors von einem Motorboot abgeholt wird, verabschiedet. Der Schein der hell erleuchteten Schleusenanlage hinter einem lang gestreckten Bergrücken strahlt in den Nachthimmel und konkurriert mit der hellen Mondsichel und Millionen von funkelnden Sternen. Der Anblick ist überwältigend, man könnte stundenlang in die warme Tropennacht schauen. Aber bald stellt sich die Müdigkeit ein, denn der Tag war lang und voller Eindrücke. Also gibt es noch ein kühles Bier zum Abschluss und dann ab in die Kojen, denn frühmorgens um 6 Uhr soll es weitergehen.

Tatsächlich erscheint schon kurz nach 6 Uhr am nächsten Morgen Dalton, der neue Advisor, der die Destiny bis zum Ende des Kanals begleiten soll. Jedes Schiff ist verpflichtet, den Lotsen oder Advisor zu verpflegen, und so nimmt Dalton auf der langen Fahrt unter Motor durch den aufgestauten Gatún-See gern am Frühstück teil. Erstaunt stellt er fest, dass man auf einem Segelboot auch nicht schlechter als zu Hause frühstücken kann. Mit acht Knoten Fahrt geht es in der bestens betonnten, etwa 200 Meter breiten Fahrrinne voran. Erst später zur Pedro-Miguel-Schleuse hin wird es enger. In kurzen Abständen kommen Tanker, riesige, voll beladene Fracht- und Containerschiffe sowie Ausflugsboote jeder Größe entgegen. Die warme Luft und der große See verlocken zum Schwimmen – doch Vorsicht, hier gibt es bis zu fünf Meter lange Alligatoren. Es ist besser, nur den Fahrtwind für eine angenehme Abkühlung sorgen zu lassen. Die beschauliche Fahrt führt entlang der von dichtem Wald gesäumten Ufer und Inseln. Plötzlich, etwa 100 Meter voraus, läuft ein leerer Tanker, wohl durch einen Ruderschaden, quer durchs Fahrwasser nach Backbord und blockiert durch seine Länge von sicher 175 Metern die

Unter Motor durch den Gatún-See, 27 Meter über dem Meeresspiegel.

Viel Verkehr auf dem Panamakanal.

Fahrrinne. „She is out of control, out of control", schreit Dalton ganz aufgeregt. In weitem Bogen steuert Wolfgang außerhalb der Fahrrinne hinter der NORD EXPLORER vorbei – gut, dass die DESTINY beweglich ist und nur geringen Tiefgang hat. Auf dem Tanker rasseln an Backbord und Steuerbord die Ankerketten herab, die Ankerwinde qualmt und heult erbärmlich, ein paar Seeleute rennen auf dem Tanker nach vorn, aber es hilft alles nichts: Nahezu ungebremst schiebt sich der Bug der NORD EXPLORER auf die Uferböschung und bleibt dort, quer zum Fahrwasser, mit einem kräftigen Ruck stecken. Die Mannschaft der DESTINY schaut sich verdutzt an und wagt sich nicht auszumalen, was geschehen wäre, wenn nicht eine kleine bewegliche Yacht wie die DESTINY, sondern einer der Ozeanriesen den Weg der NORD EXPLORER gekreuzt hätte. Auch Dalton ist ob des Vorfalls zutiefst erschrocken und verständigt sofort über UKW-Funk die Kanalleitung.

Helfer in der Pedro-Miguel-Schleuse.

Im Laufe des späten Nachmittags erreicht die Flotte die Pedro-Miguel-Schleuse und wieder werden die Yachten zu Päckchen vertäut. Schon fast zur Routine geworden, geht es in die gefüllte Schleusenkammer. Wie in der vergangenen Nacht, nur umgekehrt, machen sich die Yachten nun auf den Weg bergab: Die Leinen

Abwärts geht's in der Miraflores-Schleuse.

werden geworfen, die Yachten fahren in die Schleusenkammer – jetzt sind die Segler oben und können sehen, was an Land passiert. Nachdem alle Päckchen in der Kammer sind, werden die Tore geschlossen und die Yachten sinken auf das nächst niedrigere Niveau. Weiter geht es in dem nun enger werdenden Kanalabschnitt zur zweistufigen Miraflores-

Schleuse. An Backbord kann man erkennen, dass es, parallel zum Kanal, von Colon bis Panama City eine Eisenbahnverbindung gibt. Und es gibt mächtige Hochspannungsleitungen, denn die Schleusen müssen mit Strom versorgt werden, und sie erzeugen selbst Strom, denn sie sind ja kleine Wasserkraftwerke. Zahlreiche Zuschauer verfolgen die Schleusung der WorldARC-Flotte, neben Touristen auch viele Einheimische, die einen Sonntagsausflug zur Miraflores-Schleuse gemacht haben und nun anstelle der Großschifffahrt den seltenen Anblick einer Schleusenkammer voller Segelyachten genießen.

Zur zweiten Kammer der Miraflores-Schleuse hin wächst die Spannung an Bord, denn dort ist auf einer Antenne des Schleusengebäudes eine Webcam installiert. Die meisten Segler hatten rechtzeitig Verwandte und Freunde in der Heimat davon benachrichtigt und die Uhrzeit der Schleusung bekanntgegeben. Schon bevor die DESTINY in die eigentliche Schleusenkammer einläuft, kommen von zu Hause die Anrufe: „Hallo, wir haben Euer Schiff erkannt … wir sehen Euch … wir sehen den Vereinsstander!" Die Webcams liefern präzise Aufnahmen, die auf der Homepage der Kanalgesellschaft (www.pancanal.com) zu sehen sind. Den Seglern auf der DESTINY tun schon die Arme weh vom vielen Winken in Richtung Webcam und hinauf zu den vielen Menschen auf der Zuschauerterrasse, die die Flotte jubelnd begrüßen. Über Lautsprecher wird den Zuschauern jede Yacht einzeln vorgestellt: Name, Größe, Nationalität und Verlauf der Reise. Dann läuft auch aus dieser letzten Schleusenkammer das Wasser ab und das Niveau des Meeresspiegels ist wieder erreicht. Die Päckchen lösen sich auf und hinter der gewaltigen Puente de las Americas (Brücke der beiden Amerikas), die das Fahrwasser überspannt, geht Dalton von Bord, nicht ohne das feste Versprechen mitzunehmen, ihm die Fotos und den Videofilm, den Wolfgang von der spektakulären Begegnung mit der NORD EXPLORER gedreht hat, zuzusenden. Backbord voraus liegt Panama City, deutlich sind im Hintergrund die Wolkenkratzer zu erkennen und in der Ferne das offene Meer: Es herrscht eine ausgelassene Stimmung an Bord und der

Das Tor zum Pazifik öffnet sich.

obligatorische Sektkorken fliegt in hohem Bogen in pazifisches Gewässer. „Pacific Ocean, here we are!"

Der Stille Ozean macht seinem Namen alle Ehre: Er präsentiert sich fast windstill, als die DESTINY in die Flamenco Marina auf der gleichnamigen Insel am Ende eines langen Damms

Puente de las Americas.

Der **Pazifische Ozean** (von pacificus, lat. „der Friedliche"), auch **Pazifik**, **Stiller Ozean** oder **Großer Ozean** genannt, ist der größte und tiefste Ozean der Erde. Seine Fläche beträgt mit den Nebenmeeren 181,34 Millionen Quadratkilometer, was rund 35 Prozent der gesamten Erdoberfläche oder 50 Prozent der Meeresfläche ausmacht und damit mehr als die Fläche aller Kontinente. Die tiefste Stelle liegt 11.034 Meter unter dem Meeresspiegel.

Der Ozean wurde pazifisch genannt, weil Ferdinand Magellan ihn bei ruhigem, heiterem Wetter hinter Kap Horn vorfand. Trotz dieses Namens gibt es im Pazifik heftige Stürme und Wirbelstürme, die je nach Region Taifun, Zyklon oder Hurrikan genannt werden. Die zahllosen Inseln des Pazifiks werden mehr nach ethnisch-kulturellen als nach geografischen Gesichtspunkten in die Archipele **Melanesien**, **Polynesien** und **Mikronesien** unterteilt.

Melanesien (griech. schwarze Inseln) nennt man die Inselgruppen, die von dunkelhäutigen Menschen besiedelt sind oder waren, die weder polynesische noch mikronesische Sprachen sprechen. Die Inseln liegen nordöstlich von Australien und betreffen (von West nach Ost) unter anderem Neu Guinea, Bismarck Archipel, Solomon Archipel, Vanuatu, Fidschi, Neu Kaledonien.

Polynesien (griech. poly = viel, nēsoi = Inseln) ist sowohl eine großflächige pazifische Inselregion als auch die östlichste der Kulturregionen Ozeaniens. Das polynesische Dreieck umfasst eine Fläche von rund 50 Millionen Quadratkilometern mit den Eckpunkten Hawaii, Neuseeland und Osterinsel. Die Inseln haben eine Landfläche von 294.000 Quadratkilometern, die größte Insel ist Neuseeland mit 270.534 Quadratkilometern. Die Entfernungen zwischen den Inseln und Inselgruppen betragen oft mehrere tausend Kilometer. Die enorme Weite des Ozeans ist das alles bestimmende Element. ▶

Die Inseln Polynesiens sind bis auf Neuseeland, das vor vielen Millionen Jahren Teil der Antarktis war, vulkanischen Ursprungs.

Die Gesamtbevölkerung Polynesiens wird heute auf ungefähr sechs Millionen Bewohner geschätzt, davon annähernd eine Million Polynesier. Äußerlich unterscheiden diese sich von den übrigen Ozeaniern durch hellere Hautfarbe, glatte Haare und größere Gestalt. Im 19. und im beginnenden 20. Jahrhundert kam es zu einer massiven Einwanderung fremder Siedler, Wanderarbeiter und Sklaven aus vielen Ländern. Dies führte zu einem uneinheitlichen Bild in der ethnischen Zusammensetzung der Bevölkerung Polynesiens. Auf manchen Inseln ist der Anteil der Bewohner polynesischer Abstammung äußerst gering, so etwa auf Hawaii. Auf anderen Inselgruppen hingegen sind die Polynesier noch immer in der Mehrheit, wie etwa auf Tonga, wo 98 Prozent der Bewohner polynesischer Abstammung sind.

Mikronesien ist ein Sammelbegriff für ein „Inselmeer" von über 2.000 tropischen Inseln und Atollen, die über sieben Millionen Quadratkilometer des westlichen Pazifischen Ozeans verstreut sind. Geografisch liegen fast alle Inseln nördlich des Äquators. Die Distanz von einem Ende Mikronesiens zum anderen beträgt fast 4.000 Kilometer.

Nicht nur von der geografischen Distanz her sind die mikronesischen Inseln weit voneinander entfernt, sondern auch kulturell. Die traditionellen Lebensweisen der Ureinwohner sind sehr verschieden, geprägt von der unterschiedlichen Geschichte, geografischen Größe und geologischen Beschaffung der jeweiligen Inselgruppen.

einläuft. Hier wartet bereits Andrew, der Chef des World Cruising Club, der es sich nicht nehmen ließ, die WorldARC-Flotte in Empfang zu nehmen und eigens zu diesem Zweck zu einer kurzen Stippvisite nach Panama City geflogen ist.

Oh wie schön ist Panama (wer kennt es nicht, das illustrierte Kinderbuch von Janosch?) und obwohl Tiger, Bär und Tigerente nie dort waren, es stimmt! Die Marina befindet sich auf einer kleinen Insel, die zu einer der Stadt vorgelagerten Inselkette gehört. Diese Inseln sind durch einen etwa 4,5 Kilometer langen, sehr schön angelegten Damm mit dem Festland verbunden. Der Damm wurde zum Schutz der Kanaleinfahrt vor den schlammführenden Strömungen der Gezeiten angelegt. Die Marina ist voller schnittiger, großer und noch größerer Yachten – fast alles Motoryachten, die WorldARC-Teilnehmer sind nahezu die einzigen Segler. Im Hafen gibt es ausgezeichnete Restaurants, Bars und eine Shopping Mall. Nicht ganz dazu passen die spärlichen, höchst einfachen sanitären Einrichtungen.

Entspannt und ausgeruht, beschließt die Mannschaft, Panama City zu erkunden. Für diesen Zweck wird Federico engagiert, ein Taxifahrer, der für 50 US-Dollar (circa 35 Euro) den ganzen Tag zur Verfügung steht. Am Beginn steht der Casco Viejo, die Altstadt von Panama City. Dieser Teil der Stadt ist von der UNESCO zum Weltkulturerbe erklärt worden und man ist eifrig dabei, aus dem noch recht verfallenen Stadtteil ein Schmuckstück zu machen.

Der Sitz der panamaischen Regierung.

Dalton hatte bereits anhand der Stadtpläne gezeigt, was man zu Fuß in der Altstadt unternehmen kann, wo es ungefährlich ist, und wo man besser nicht hingehen sollte. Im Casco Viejo liegt der Präsidentenpalast und dort findet sich verständlicherweise viel Polizei. Eine Reihe der verfallenen Häuser – oft steht nur noch die Fassade – ist bereits liebevoll in der wunderschönen spanisch-französischen Architektur restauriert worden. Dabei fällt auf, dass die Restaurierung oft erst im ersten Stock beginnt. Die Häuser sind pastellfarben bemalt, haben schmiedeeiserne Balkons mit vielen, vielen Pflanzen, und auch reichhaltig bepflanzte Dachgärten gibt es. Zur Information für Leser aus dem Raum Stuttgart: die berühmte und gefeierte Balletttänzerin Margot Fonteyn, die viele Jahre am Stuttgarter Staatstheater getanzt und gearbeitet hat, verbrachte hier in Panama-City ihren Lebensabend und hat viel für das hiesige Theater getan. Sie wurde dafür hoch dekoriert, eine Büste von ihr steht im Foyer des Theaters gleich neben dem Präsidentenpalast.

Die Pausen, um eine Erfrischung zu sich zu nehmen, werden häufiger. Kein Wunder angesichts der Mittagshitze! Also schnell ins nächste Restaurant, das eine Theke wie bei McDonalds besitzt, aber ansonsten eher wie ein Tante-Emma-Laden aussieht. Viele Regale an den Wänden, spärlich mit Lebensmitteln aufgefüllt. Auf den ersten Blick könnte man meinen, es sei nur Dekoration, aber die Gäste bedienen sich und bezahlen an der Kasse.

Weiter geht es zum Herzstück des Casco Viejo, der Plaza de la Independencia. Hier ist nun endlich auch wirklich südländisches Leben und Treiben.

Westlich dieses großen Platzes entsteht hinter alter Fassade ein modernes Fünf-Sterne-Hotel. Es soll innerhalb eines Jahres fertig werden, aber außer den noch erhaltenen Außenmauern sieht man nicht viel – na ja, vielleicht wird hier viel schneller als zu Hause gearbeitet?! Gegenüber steht die alte Kathedrale aus dem 18. Jahrhundert, für eine barocke Kirche sehr schlicht gehalten. Wolfgang und seine beiden Begleiter betreten gerade zum Ende des Gottesdienstes das Gotteshaus, so dass sie nur noch das Vaterunser und danach einen vielstimmigen Gospelgesang mitbekommen. Die Menschen winken zum Abschied, die Kinder bekommen Süßigkeiten geschenkt und dann ist der Gottesdienst vorüber.

Gegenüber dem Präsidentenpalast kann man über das Meer auf das moderne Panama City schauen, ein Meer von Wolkenkratzern wie in jeder anderen Millionenstadt auf der Welt. Federico bringt seine Fahrgäste zum Panama Viejo, den Überresten aus den Tagen der er-

Das alte Herz von Panama.

sten Gründung der Stadt durch die Spanier im Jahr 1518. Sie entwickelte sich schnell zur wichtigsten Hafenstadt westlich des Mutterlandes. Von hier aus führte der „camino real" (Königsweg) über den Isthmus von Panama nach Portobelo und Nombre de Dios an der Karibikküste. 1672 wurde die Stadt von dem berüchtigten Piraten Henry Morgan überfallen, ausgeraubt und zerstört. Es sind nur noch wenige Ruinen zu sehen und da Montag ist, hat das Museum leider geschlossen. Am besten erhalten ist der blockartige Kirchturm der Kathedrale. Ansonsten bedarf es viel Fantasie sich vorzustellen, was die zwischenzeitlich stark überwachsenen Steinhaufen einstmals waren. Manche Gemäuer müssen von Gerüsten gehalten werden, die aber selbst schon wieder so morsch und baufällig aussehen, dass man besser einen weiten Bogen darum macht.

Als weiteren Höhepunkt sieht das Touristikprogramm Federicos eine Fahrt zur Miraflores-Schleuse am Panamakanal vor. Seine Fahrgäste sollen sich von Land aus nochmals die beiden letzten Schleusenkammern ansehen. Als sie mit dem Mann an der Touristeninformation ins Gespräch kommen und ihm erzählen, dass sie auf einer der Segelyachten waren, die vorgestern durch die Schleuse kamen, gerät er ganz aus dem Häuschen, denn

Modernes Panama, nicht anders als jede andere Millionenstadt auf der Welt.

auch für die Besucher an Land war das ein ganz besonderes Ereignis. Normalerweise ist eine Schleusenkammer durch ein einziges großes Fracht- oder Containerschiff oder einen Tanker vollständig gefüllt, was bei Weitem nicht so spannend ist wie eine ganze Flotte von Segelyachten. Wolfgang, Ingrid und Udo werden mit ausreichend Prospektmaterial in Deutsch versorgt und informiert, von wo man den besten Blick auf die Schleusenkammern hat und was man unbedingt ansehen muss. Als sie auf der Aussichtsterrasse ankommen, geht gerade ein deutsches Containerschiff von Hapag Lloyd aus Hamburg durch die Schleuse – na, wenn das kein spezieller Service für die Besucher aus Deutschland ist! Das Schiff hat über 5.000 Container geladen, sie sehen aus wie unzählig viele übereinander gestapelte Streichholzschachteln, aber in Wirklichkeit misst jeder Standard-Container beachtliche 12,19 Meter in der Länge, 2,43 Meter in der Breite und 2,59 Meter in der Höhe.

Auf dem Rückweg fährt Federico die drei noch zu der Albrook Shopping Mall, einem riesigen Einkaufszentrum mit Hunderten von kleinen und mittelgroßen Läden. Etwas Ähnliches hat außer

Mehr blieb nicht übrig von den Bauten der Spanier, als die Piraten um Henry Morgan in die Stadt einfielen.

Ingrid, die solche Dimensionen von einer Reise mit ihrer Freundin nach Südafrika kennt, noch keiner gesehen. Ein wahres Einkaufsparadies – es gibt alles: Kleidung, Schuhe, Medikamente, Werkzeug, Bauzubehör, Schmuck, Parfüm, Sportartikel, Uhren, elektronische Geräte, Lebensmittel, Fahrräder, Kinderwagen und, und, und … Wegen der zollfreien Kanalzone ist Panama das Einkaufsparadies schlechthin. Udo hat sich in einem Computerladen umgeschaut und dort einen Acer-Laptop gesehen, der in Deutschland kürzlich bei Aldi für etwa 300 Euro angeboten wurde. Hier kostet er 300 US-Dollar, das sind umgerechnet rund 200 Euro. Den Abend beschließen die drei wieder im Restaurant „Alberto" am Hafen. Das Essen ist preiswert und ausgezeichnet, die Portionen riesig.

Für den nächsten Tag ist erneut eine Fahrt mit Federico gebucht. Er bringt Wolfgang und seine beiden Begleiter in den Parque

Im Parque Natural Metropolitano, dem Urwald direkt vor der Haustür.

Schwere Lasten auf den Rücken der Termiten.

Natural Metropolitano, den Urwald vor der Haustür von Panama City. Sie wandern fünf bis sechs Kilometern durch das hügelige Gelände. Wunderschöne Schmetterlinge sind zu sehen, besonders die königsblauen gefallen den staunenden Wanderern, vielstimmiges Zwitschern von Vögeln ist zu hören, doch die Piepserchen lassen sich nicht blicken. Beeindruckend sind die mehrere hundert Meter langen Wanderwege der Termiten, die, beladen mit Blattteilen, größer als sie selbst, auf dem Weg zu ihrem Bau sind. Viele Meter lange Lianen, wilde Bananenpflanzen, Strelitziengewächse, die unterschiedlichsten Palmen, Bäume, die an ihrer Rinde große, dicke Dornen haben, die wie Muscheln aussehen, und, und, und… Zum Schluss der Wanderung wird die kleine Schar noch von einem wolkenbruchartigen Tropenregen überrascht – sie bekommt hier wirklich alles geboten.

Am Mittwoch, den 27. Januar, muss die DESTINY ihren schönen Liegeplatz in der Marina leider verlassen, denn für den Samstag ist ein extremes Niederwasser einer Springtide angesagt. Eine Springtide kann immer dann entstehen, wenn Sonne, Mond und Erde in einer Linie stehen, also bei Vollmond oder Neumond. Es soll das niederste Niederwasser des ganzen Jahres sein. Und wieder kann die Crew nur sagen, wir bekommen hier wirklich alles geboten. Nach den Gezeitentafeln wird der Wasserspiegel am Samstag nochmals zwei Meter tiefer liegen als der Niederwasserstand am gestrigen Abend. Da hatte die Logge noch

2,10 Meter Tiefe gezeigt, das heißt wenn die Destiny bleibt, wo sie ist, wird sie am Samstag hoch und trocken auf Grund liegen wie einst die Arche Noah auf dem Berge Ararat. Es heißt also, einen Ankerplatz in der Bucht gegenüber der Marina mit ausreichender Wassertiefe zu finden, was kein Problem darstellt. Rundum liegen etliche Segelyachten vor Anker mit einem großartigen Blick auf die Einfahrt in den Panamakanal. Und die Mannschaft ist vor den Abwässern von Panama City geschützt, die sich an manchen Orten rund um die Stadt unangenehm bemerkbar machen. Zu dem nahe gelegenen Anleger, von dem aus Schiffe zu den benachbarten Inseln auslaufen und wo jeden Abend Musikschiffe ablegen, sind es nur fünf Minuten Fahrt mit dem Dingi. Von dort aus kann man bequem zu Fuß in 20 Minuten die Flamenco Marina erreichen, wo die Rallyeleitung in einem provisorischen Büro zu finden ist, gekennzeichnet wie immer mit der blau-weiß-roten WorldARC-Flagge. Heute begeben sich Wolfgang und Ingrid zu der kleinen Restaurant- und Einkaufszeile gegenüber dem Ankerplatz, um in einem Internetcafé mal wieder ausgiebig mit den Lieben in der Heimat zu sprechen. Wolfgang nimmt sein kleines Toshiba Netbook mit, damit er

Die Gezeiten
Etwa 70 Prozent der Erdoberfläche sind mit Ozeanen bedeckt. Der Meeresspiegel steigt und fällt an allen Küsten der Welt, und dies mit genau berechenbarer Regelmäßigkeit. Die Zeit, in der das Wasser steigt, nennt man Flut, die Zeit, in der das Wasser fällt, Ebbe. Den Zeitraum zwischen zwei Hochwasserständen (beziehungsweise zwischen zwei Niederwasserständen) bezeichnet man als Tide. Sie dauert etwa 12,5 Stunden, das heißt, zwei Mal am Tag ist Hochwasser bzw. Niederwasser. Durch Mond und Sonne werden Anziehungskräfte auf die Ozeane ausgeübt. Da der Mond der Erde viel näher steht als die Sonne, ist seine Anziehungskraft auf die Wassermassen erheblich größer. Auf der dem Mond zugewandten Seite der Erde ist die Anziehungskraft des Mondes so groß, dass hier ein Flutberg entsteht. Auf der dem Mond abgewandten Seite der Erde ist die Anziehungskraft des Mondes nur gering, trotzdem entsteht wegen der Drehung der Erde, also durch die Zentrifugalkraft, ebenfalls ein Flutberg. In den dazwischen liegenden Räumen herrscht Ebbe. Die Anziehungskraft der Sonne ist, wie ausgeführt, relativ gering. Stehen aber Erde, Mond und Sonne in einer Linie, so addieren sich die Anziehungskräfte und der Flutberg wird höher; man spricht dann von einer Springtide.
Stehen Sonne und Mond in einem rechten Winkel zur Erdachse, dann heben sich die Anziehungskräfte teilweise auf und wir sprechen von einer Nipptide.
Der Tidenhub ist auf der Erde unterschiedlich hoch. An der Nordsee beträgt er zwischen zwei und drei Metern. Besonders schön ist der Tidenhub an der kleinen Insel Saint-Malo in Frankreich zu sehen, dort beträgt er 12 Meter. Spitzenreiter beim Tidenhub ist die Bay of Funday in Kanada, dort kann der Tidenhub bis zu 15 Metern betragen.
Außer den Gezeiten beeinflussen natürlich auch Wind und Windrichtung den Wasserstand.

darauf Skype einrichten kann. Das funktioniert auch tatsächlich. Der Download läuft eine halbe Stunde und dann wird erst mal ausgiebig mit Axel, Wolfgangs Filius, geskypt. Ingrid versucht derweil verzweifelt, ihren Laptop mit dem Internet zu verbinden. Keine Chance. Auch bei Wolfgang bricht die Verbindung über WLAN (WiFi) zusammen. Irgendetwas hat sich der PC eingefangen. Also muss Federico wieder in Aktion treten. Er fährt Ingrid zurück zu der riesigen Shopping Mall. Ein PC-Laden ist schnell gefunden, sehr viel schwieriger ist es, einen Computerfachmann aufzutreiben. Nach zwei Stunden Warten versucht sich ein junger wilder Hacker an dem PC, aber auch ihm gelingt es nicht, ihn wieder flott zu machen. Schade! Enttäuscht fährt Ingrid zur DESTINY zurück.

Am Abend ist die DESTINY-Crew auf der CHESSIE bei Jutta und Jochem zu einem Drink eingeladen, als Dankeschön für die „Leinenhilfe" während der Kanaldurchfahrt. Danach ist ein WorldARC-Dinner bei „Alberto" im Hafen angesagt. Etwa 100 Teilnehmer treffen sich zu einem gemütlichen Büffet an zwei langen, festlich gedeckten Tischreihen. Neue Kontakte werden geknüpft und alte Bekanntschaften aufgefrischt und natürlich wird vorzüglich gespeist! Die Kosten dieser Veranstaltung sind, was selten vorkommt, nicht im Gesamtpreis der Reise enthalten, den Wolfgang für die Crew der DESTINY bezahlt hat, heute muss man selbst bezahlen. Also verkneifen sich Henning und Katrin die Teilnahme an dem Büffet.

Ricueldo und seine „Mama"

Vom World Cruising Club werden laufend mehr oder minder interessante Ausflüge organisiert. Am Freitag, den 28. Januar geht es zum Beispiel zu den Emberá-Indianern. Mit dem Bus fahren die Teilnehmer von Panama City etwa 40 Kilometer ostwärts in den Nationalpark Chagres. Panama hat eine ganze Reihe von Nationalparks; dieser ist der viertgrößte und liegt in Nord-Süd-Richtung entlang des Panamakanals. Der Park ist schwer zugänglich und kann fast nur über Wasserwege erreicht werden. Unterwegs weist eine große Tafel auf den Weg nach Cerro Azul hin, das bevorzugte Wohngebiet der High Society von Panama City. Diese Gegend ist nicht nur traumhaft schön, sondern aus topografischen Gründen herrscht hier anhaltend frühlingshaftes Wetter, im Gegensatz zu der häufig drückend heißen Innenstadt von Panama City. Der Bus benötigt für die geringe Entfernung von 40 Kilometern eineinhalb Stunden, kein Wunder, denn die Straßen, sofern man sie überhaupt noch als solche bezeichnen kann, werden zunehmend schlechter und holpriger. Am Schluss sind es nur noch unbefestigte Wege, die stetig ansteigen. Die Landschaft ist sehr abwechslungsreich: Die Fahrt geht an Gärten, kleinen Bananenfeldern und blühenden Bäumen vorbei, und von Savanne bis tropischem Regenwald ist alles zu sehen. Allerdings wird unterwegs ein riesiges Areal von einer gigantischen Zementfabrik beherrscht. Deren Produktion macht sich allenthalben bemerkbar, denn eine graue Schicht von Zementstaub überzieht alles: Bäume, Sträucher, Steppengras, Straßen und Häuser.

Der Parque Chagres ist, auch wenn er unter Naturschutz steht, nicht ganz der Natur überlassen: 30 Prozent davon werden von den Emberá-Indianern bewohnt, die wegen der Errichtung des Bayano-Stausees von Darién hierher umgesiedelt worden waren. Sie dürfen aber nur in geringem Umfang Landwirtschaft betreiben und Pflanzen nur für den eigenen Bedarf anbauen. Ihren Unterhalt müssen sie aus dem Tourismus bestreiten, wenn man vom Fischfang im Fluss absieht. Die Emberá sind, wie die Kuna, kleinwüchsig, sie sind aber muskulöser und kräftiger gebaut. Auffallend sind ihre schönen Gesichter, sie haben keine so markante, scharfe Nase wie die Kuna. Die jungen Mädchen sind ausgesprochen hübsch, von den entzückenden Kindern ganz zu schweigen. Die Busfahrt endet an einem steilen Abhang zum Alajuela-See, das letzte kurze Stück zu den Einbäumen der Indianer legt die Gruppe zu Fuß zurück. Die Boote sind etwa acht Meter lang, schmal, auf den einfachen, aus einem Brett gefertigten Sitzbänken haben, mit Ausnahme der ersten und letzten Bank, immer zwei Personen nebeneinander Platz. Etwa 15 Personen fasst ein Einbaum, vorn und hinten steht jeweils ein Indianer, bekleidet nur mit einer Art Röckchen und Ringen an Armen und Beinen.

Mit einer langen Stange stößt der am Heck stehende Indianer das Boot kräftig vom Ufer ab und los geht die Fahrt mit dem Einbaum, allerdings völlig stilwidrig, denn hinten knattert laut ein Yamaha-Außenborder. Zunächst steuert der Bootsführer quer durch den großen See zur gegenüberliegenden Seite, wo die gesamte Breite des Gewässers von einem dichten Dschungel aus Wasserhyazinthen besetzt ist. Die Pflanzen ragen nur etwa 10 bis 20 Zentimeter aus dem Wasser heraus und haben kleine weiße Blüten, aber unter Wasser ist ein dichter Mantel aus teilweise daumendicken Wurzeln. Doch die Indianer finden mühelos eine schmale Gasse durch dieses Gewirr. Weiter unten wird der See enger und die Fahrt setzt sich fort auf dem Rio Chagres, mitten durch eine wunderschöne Dschungellandschaft. Der Einbaum gleitet immer wieder ganz dicht am Ufer vorbei und hier ist ein vielstimmiges Konzert aus Zirpen, Zwitschern, Trällern, Piepsen und dumpfem Klopfen von unendlich vielen Tieren aus dem Urwald zu hören. Der Fluss hat ganz klares Wasser und wird nun enger und enger, der umliegende Urwald dunkler und dunkler.

Schließlich endet die Fahrt an einem glitschigen Morastufer und alle müssen aussteigen. Auf einem schmalen Trampelpfad geht es weiter, entlang eines plätschernden Bachs, über Stock und Stein, über Wurzeln und glitschige Felsbrocken. Sobald der Weg aber steil bergauf führt oder abschüssig wird, ist ein Emberá sofort zur Stelle und hilft, sei es, dass kleine Felswände zu überwinden oder dass Felsbrocken oder große Wurzelstöcke im Wege sind, sei es, dass der Weg durch den Bach führt, wo man von Stein zu Stein hüpfen muss. Die Wanderung ist angenehm im Schatten der dicht stehenden Bäume, unzählige Tierstimmen bilden wieder ein herrliches Konzert. Plötzlich lichtet sich der Urwald und vor den Wanderern liegt ein kleiner See mit kristallklarem Wasser. Der See wird von einem etwa 20 Meter hohen und recht breitem Wasserfall gespeist. Sofort streifen die Teilnehmer ihre Oberbekleidung ab, Badesachen hatten alle sowieso darunter an, und stürzen sich in das herrlich erfrischende Nass. Wegen der starken Strömung ist es nicht ganz einfach, bis zum Wasserfall zu schwimmen, aber jeder will natürlich genau dort einmal auf den Steinen sitzen und das Wasser auf sich herabprasseln lassen.

Viel zu schnell erscheint die nächste kleine Reisegruppe am Wasserfall und es heißt, sich auf den Rückweg zu den Einbäumen zu machen. Wieder geht es über Stock und Stein und durch den

Ricueldo und seine neuen Freunde.

Bach und wieder sind die Emberá flink dabei, bei Unwegsamkeiten zu helfen. Einer der kleinen Emberá-Männer hilft Ingrid ganz besonders fürsorglich. Das ganze Gepäck hat er sich schon aufgeladen, er ahnt schon frühzeitig, wo Hilfe gebraucht wird, wenn die Felsbrocken zu überwinden sind, und auf welche Steine im Fluss Ingrid sicher treten kann, und schließlich sagt er zu ihr auch noch „Mama"! Glücklich, wieder im richtigen Moment zur Stelle gewesen zu sein, strahlt Ricueldo sie mit seinen schwarzen Augen an.

Auf der Rückfahrt mit dem Einbaum macht die Schar Segler Halt an der Communicidad de Emberá Parará Puru, den Dörfern der Emberá. Von den zu Hause gebliebenen Männern des Dorfes wird die Gruppe mit rhythmischer Musik empfangen. Die Instrumente sind aus natürlichem Material selbst gebaut, Trommeln, Rasseln, Flöten, Pfeifen und Rätschen. Die Frauen des Dorfes in hübschen Indianertrachten, teilweise barbusig, helfen, aus den Einbäumen große Kühlbehälter zu holen, die der Veranstalter des Ausflugs im Bus mitgebracht hatte. Die Besucher werden in das große, auf circa 1,50 Meter hohen Stelzen stehende Gemeinschaftshaus des Dorfes eingeladen. Der Raum hat eine Fläche von etwa 100 Quadratmetern und dank der Tatsache, dass er nur eine einzige Wand besitzt, bläst ein angenehm erfrischender Luftzug durch das Gebäude. Das Gemeinschaftshaus verfügt über eine breite Treppe aus Brettern, so dass der Zugang niemand vor Probleme stellt. Die übrigen Häuser der Emberá aber, die ebenfalls fast zwei Meter hoch auf Pfählen über dem Boden stehen, sind nur über kräftige Baumstämme, in die Treppenstufen eingekerbt sind,

Musikalischer Empfang durch die Emberá-Indianer.

zu erklimmen. Die Stämme werden zur Sicherheit der Bewohner in der Nacht hochgezogen. Diese Vorsichtsmaßnahme ist nicht unberechtigt, denn im Dschungel leben etliche wilde Tiere, darunter auch große Wildkatzen wie der Jaguar.

Der Häuptling des Dorfes erzählt aus dem Leben der Emberá in spanischer Sprache, der panamaische Reiseleiter übersetzt ins Englische. In dem Dorf leben 19 Familien mit insgesamt 63 Personen. Die Kinder aus den Dörfern gehen in eine zentral gelegene Schule, denn auch für die Emberá besteht Schulpflicht. Die Gesundheitsfürsorge ist für sie, wie für alle Panamaer, kostenlos. Bekleidet sind die Emberá-Männer mit einem knappen Perlenschurz, die Frauen tragen kurze Röcke aus Stoff. Wie bei den Kuna ist es bei den Emberá

Na, ist das ein Angebot?

Sitte, dass der Mann nach der Hochzeit zur Familie der Frau zieht. Heiratet er eine Frau aus einem anderen Dorf, muss er sein Dorf verlassen. Nach dem Häuptling erzählt seine Frau in der Sprache der Indianer über die handwerklichen Kunstfertigkeiten der Emberá. Der Häuptling übersetzt ins Spanische, der Reiseleiter ins Englische. Aus den Blattfasern der Pitahanfpflanze werden schmale Fäden gewonnen, die zunächst mit pflanzlichen Stoffen gebleicht werden, um dann anschießend mit Hilfe von Farbstoffen aus den unterschiedlichsten Pflanzen bunt eingefärbt zu werden. Aus diesen Fäden werden filigrane, flache Korbflechtarbeiten angefertigt mit traditionellen Tiermotiven oder abstrakten Motiven aus der Kultur der Emberá. Die Motive werden mit den gefärbten Fäden eingeflochten. Gearbeitet wird am frühen Morgen oder am Abend, denn den Tag über schwitzen die kleinen Hände zu stark. Aus dem harten, schweren Holz der Taguapalme schnitzen die Emberá kunstvoll kleine Tierfiguren.

Junge Mädchen bereiten aus den mitgebrachten Früchten leckere Portionen für die Besucher zu: Honigmelonen, die wie Sahne auf der Zunge zergehen, zuckersüße kleine Bananen, Orangen, Mandarinen und Ananas, ein wahrer Hochgenuss, die Scheiben zerfließen im Mund und hinterlassen einen Schwall von süßem Saft. Alles trieft geradezu von dem Saft der Früchte. Zum Reinigen der Hände haben die Mädchen eine Schale mit Wasser auf den Tisch gestellt, darin schwimmen in kleine Stücke zerrissene Blätter, die dem Wasser einen aromatischen, erfrischenden Duft geben. Zu den Früchten werden in Tüten, die jeweils aus einem Viertel eines Bananenblatts gefaltet sind, gebratene Bananenplätzchen (Patacones) und köstlicher gebratener Süßwasserfisch namens Pilapia gereicht.

Wieder ertont rhythmische Musik, die Emberá singen und tanzen. Schließlich werden auch die Besucher zum Tanzen aufgerufen und sofort stürmt der kleine Emberá-Führer auf Ingrid zu und „Mama" und Ricueldo eröffnen den Tanz. Währenddessen räumen die Kinder alle Reste der Speisen in die Hütten der Emberá. Hier wird nichts weggeworfen. Nach dem Tanz stellt Ricueldo seine Familie, bestehend aus Ehefrau und vier Kindern, vor.

Der Nachmittag neigt sich dem Ende zu und die Emberá bringen die Besucher das letzte kurze Stück über den See zurück zum Bus. Mit herzlicher Umarmung und Küssen verabschieden sich die Emberá. Sie begeben sich zurück in die Ruhe und Stille ihrer Dörfer und die Segler in die südländisch hektische Millionenstadt Panama City.

Ricueldo und seine Familie.

Bus fahren – aber einmal anders!

Am nächsten Abend fahren Ingrid und Udo mit dem Dingi zu dem Anleger in dem nahe gelegenen Hafen, der eigentlich bloß eine kleine, kreisrunde Bucht ist und nur von Ausflugsbooten genutzt wird. Sie laufen zu Fuß in die Marina, nachdem der erstbeste Taxifahrer für den kurzen Weg bis zur Marina von nicht einmal einem Kilometer, den er sowieso zu fahren hatte, vier US-Dollar haben wollte! Wolfgang und Henning sind schon da, weil sie zum Briefing für das nächste „Leg" von Panama nach Ecuador von der Regattaleitung eingeladen waren. Nach ein paar Miniburgern mit Papas Fritas geht's los zur Night Party! Die ersten Welcome-Drinks werden im Marina-Restaurant serviert. Der Abend geht voll auf Kosten des Veranstalters, also sind alle da und es wird zugeschlagen! Mit vielen Seglern ist die Destiny-Mannschaft schon bekannt, so auch mit Jan und Vibeke von der Ronja aus Norwegen, die mit ihr am Tisch sitzen. Sie haben sich gegenüber den Schulbehörden verpflichtet, ihre Kinder Snoerre und Vilde auf der Weltumsegelung zu unterrichten, damit die beiden für die Dauer der Reise von der Schule befreit werden konnten. Gegen 21 Uhr kommen mit dröhnender Musik zwei Oldtimerbusse angerollt. Sie sehen aus wie die alten amerikanischen Schulbusse, sind aber über und über bunt bemalt und dienen als Partybusse. Anstelle von Fenstern sind nur offene Holzrahmen vorhanden, im Innern läuft ringsherum an der Außenwand eine Bank und vorn, gleich hinter dem Fahrer, ist die Bar. Rum und Gin aus Zweiliterflaschen, Cola, Wasser und Eis werden großzügig ausgeschenkt und alle bemühen sich nach Kräften, die Bar trocken zu trinken. An der Decke des Busses sind Halteleinen gespannt, damit man sich während der Fahrt sicher festhalten kann, und das ist auch nötig! Kaum losgefahren hat jeder einen vollen Becher Rum Punch in der einen Hand, mit der zweiten hält man sich an der Leine und dann geht der Tanz los. Der ganze Bus schwankt von einer Seite zur anderen, während der Busfahrer sich gähnend am Lenkrad festklammert. Mit 10 bis 20 Stundenkilometern „rasen" die Busse durch Panama City. Alle sind ausgelassen und mit ohrenbetäubender Musik geht es tanzend durch die Nacht. Überall winken die Leute, da die Busse sehr auffällig und natürlich unüberhörbar sind. Nach einer Stunde wird am Straßenrand Halt gemacht, damit die tobende Gesellschaft frische Luft schnappen kann. Und weiter geht es. Gegen 24 Uhr ist die ganze Truppe mit leichten Hörschäden zurück am Ausgangspunkt. Die 20 Minuten Fußweg zum Dingi tun gut, um wieder einen klaren Kopf zu bekommen und sich an die Stille zu gewöhnen. Ein verrückter, aber lustiger Abend, der, auf der Destiny angekommen, noch mit einem Absacker begossen wird wann hat sich die Destiny Crew zuletzt so ausgelassen amüsiert?

Von Perlen und Buchhaltern

Sonntag, 31. Januar, Tag 26 der Weltumsegelung: Sehr früh morgens ist schon Wecken, der Anker wird gelichtet und die Destiny tuckert in den kleinen Hafen, wo für 9 Uhr ein Tanktermin vereinbart ist. Wasser wird noch gebunkert und gegen 9.30 Uhr kommt das Kommando Leinen los! Das nächste Ziel ist der Archipiélago de Las Perlas.
Die ersten 15 Seemeilen müssen die Motoren für Antrieb sorgen, dann kommt Wind auf und die Segel werden gesetzt. Mit mäßigem achterlichem Schiebewind und bei Bilderbuchwetter legt die Destiny die nächsten 15 Seemeilen bis zum Ankerplatz zurück, vorbei an den schier endlosen Brutplätzen der Fregattvögel, die zu Tausenden auf den Felswänden sitzen. Scharen von Pelikanen fliegen in Formation über die Destiny hinweg. Vor der Isla Contadora (frei übersetzt: Buchhalterinsel) fällt der Anker und alle gehen baden. Das Wasser ist kühler als im Atlantik und die Strömung sehr stark, da sich der enorme Tidenhub von mehr als vier Metern bemerkbar macht. Nach dem Abendessen und einem Schlummertrunk herrscht frühzeitig Nachtruhe auf der Destiny.

Abendstimmung bei Contadora.

Berühmt geworden ist die Inselgruppe Las Perlas, wie der Name schon sagt, vor allem für den Perlenreichtum in den sie umgebenden Gewässern. Bald nach der Entdeckung der Insel begannen die Spanier, die Perlenbänke auszurauben. In großen Mengen holten sie die Perlen aus dem Wasser, natürlich nicht selbst: Für die schwere und gefährliche Arbeit setzten sie indianische und schwarze Sklaven ein. Die Perlenschätze wurden auf der Isla Contadora gezählt und ordentlich in den Büchern erfasst. Dadurch kam die Insel zu ihrem Namen.
Es ist schon 9 Uhr, ehe die Ersten am nächsten Morgen aus den Kojen krabbeln. Die Mannschaft hat sich endlich einmal richtig ausgeschlafen, denn die Nacht war teilweise unruhig wegen des starken Schwells, der sich erst gegen Morgen legte. Ein fürstliches Frühstück mit frisch aufgebackenen Brötchen und allem, was das Herz oder besser, der Magen, begehrt, weckt die Lebensgeister wieder. Wenig später kippt die Tide, das heißt, der tiefste

Wasserstand ist erreicht und keine Strömung mehr zu spüren, also macht sich die Crew auf zum Schnorcheln. Bis zum Ufer sind es etwa 200 Meter, Fische gibt es leider kaum zu sehen, dafür altes Tauwerk, große Kisten und einen verrosteten Betonmischer am Grund. Das Wasser ist so klar, dass man den Anker der Destiny auf sechs Meter Wassertiefe gut erkennen kann. Auf dem Rückweg werden die Schnorchler von bunt schillernden Quallen überfallen, von der Größe her kaum sichtbare Nesseltiere. Die ganze Haut juckt und zwickt. Ingrid bekommt an den Armen sofort einen Ausschlag mit Bläschen, bei Udo bilden sich rote Punkte, Wolfgang juckt nur das Fell. Zum Glück ist in der Bordapotheke das passende Medikament zu finden und so ist nach zwei Stunden nichts mehr zu spüren.

Mittags geht es nochmals mit dem Dingi an Land in der Hoffnung, irgendwo skypen zu können. Henning setzt Wolfgang, Ingrid und Udo in der Nähe des Hotels Romantico ab, einem schönen Hotel mit großen, geräumigen Zimmern, einer Bar, einem Speisesaal mit traumhaftem Blick aufs Meer und Internet-Anschluss. „Internet kaputt", sagt die kleine Panamaerin, hinter dem Tresen einen Teller Spaghetti Carbonara essend, und so reicht es leider nur zum Aufladen des PC. Nach dieser Enttäuschung hilft ein kühles Bier, leider wie meistens üblich im Süden nur aus der Dose. Jetzt ein schönes frisches Pils vom Fass oder gar ein schäumendes Weizenbier …! Contadora ist die am besten erschlossene Insel der Las Perlas, was schon der dortige Flughafen zeigt.

Die Insel ist einen Spaziergang wert, viele schmucke Häuser, darunter auch welche mit eigenem Strand. Man merkt, dass die Insel den Einwohnern von Panama City als Ferien- und Wochenenddomizil dient. Vor einem der Häuser steht ein Schild „Casa Helga, 9.565 Kilometer nach Austria", aha, auch Österreicher sind hier. Zwischen den Häusern finden sich immer wieder kleine Häuschen, die wohl von den dauerhaft hier ansässigen Insulanern bewohnt werden. Die Insel ist sehr trocken, jedenfalls jetzt um diese

Am Ankerplatz vor Contadora.

Jahreszeit, aber trotzdem mit dicken Bäumen und Lianen bewachsen. Rainer von der Sunrise nähert sich mit seiner Yacht und geht hinter der Destiny vor Anker, danach auch noch die Thor VI von Rui und die Ciao mit Olga und Srečko an Bord. Nachdem der schon etwas eingedellte Vollmond blutrot aus dem Meer aufsteigt, geht die Mannschaft der Destiny schlafen. Auf ihrem ersten kurzen Inselrundgang sahen die Segler von der Destiny ein paar hübsche Häuschen, die alle wohl eine Million US-Dollar aufwärts kosten. Auf dem Weg lag auch das kleine Bed-&-Breakfast-Hotel Perla Real. In einem Gespräch mit dem Inhaber stellte sich heraus, dass dieser auch Golfcarts vermietet, mit denen man über die Insel fahren kann. Und dieses Angebot lassen sich die Besucher nicht entgegen. Da jedes Cart nur zwei Personen fasst, werden zwei benötigt, die der Vermieter aber entgegenkommender Weise zum Preis von einem abgibt. Los geht das Rennen – Michael Schumacher wäre vor Neid erblasst! – mit mindestens 10 Stundenkilometern quer über die Insel zum Flugplatz. Eine Rollbahn, ein paar hundert Meter lang, dafür recht breit, das ist der ganze Flugplatz, wenn man von einem kleinen Gebäude absieht. Da die Destiny in der Einflugschneise ankert, direkt gegenüber dem Felsen, der sich etwa 25 Meter hoch aus dem Meer erhebt, wo die kleinen Flugzeuge aus Panama City landen, hat die Mannschaft den gesamten Flugverkehr gut unter Kontrolle. Am Sonntagnachmittag und -abend war viel los, gestern und heute dagegen so gut wie nichts, nur ein oder zwei Maschinen. Der Zugang zur Rollbahn ist offen, warum auch nicht? Gegenüber dem Flughafen ist eine große Hotelanlage, dort unternimmt Udo wieder einen Versuch zu skypen – erfolglos, keine Verbindung. Dafür war das anschließende Schnorcheln erfolgreich: Endlich sind wieder viele Fische zu sehen, nun auch größere, Papageienfische, Doktorfische, Picassodrücker und andere Fische. Weiter geht es mit den beiden Rennern zur nächsten Badebucht, der Cartvermieter hatte die schönsten Schnorchelbuchten in der Karte eingezeichnet. Im Schatten findet sich eine schöne breite Schaukel, Udo holt mit dem Gefährt drei dringend benötigte Cervezas (wobei nicht zu sagen ist, was attraktiver war: Cart fahren oder das Cerveza) und Wolfgang geht nochmals auf Schnorcheltour. Derweil sitzt Ingrid auf der Schaukel und ein niedliches, kleines Mädchen kommt auf sie zu, in ihren kleinen schwarzen Äuglein ist sofort zu erkennen, dass sie gerne mitschaukeln möchte. Jawohl, komm auf die Schaukel, Suzana! Ingrid und Suzana, trotz verschiedener Sprachen, sie verstehen sich! Suzana plappert drauflos – die Konversation ist ein wenig einseitig, aber das Schaukeln macht der Kleinen großen Spaß.

Am Strand hat eine Gruppe von jungen Mädchen, die gemeinsam schwimmen und Gymnastik machen, viel Spaß. Etwas entfernt sitzen erwachsene Frauen, die einige Zeit später vom Strand heraufkommen, darunter auch die Mutter von Suzana. Eine der Frauen, der ein kleineres (!) Anwesen auf der Insel gehört, ist aus Panama City und hat die Mädchen, die Freundinnen ihrer Tochter sind, und deren Mütter für zwei bis drei Tage eingeladen. Wie gesagt, man kommt hier mit allen Bewohnern ins Gespräch, die Menschen sind sehr, sehr freundlich und aufgeschlossen.

Zurück geht die Fahrt mit den knatternden Carts zum Vermieter, dort gibt es ein weiteres Cerveza! Es ist so schwül, dass man die gesamte Nahrung in flüssiger Form zu sich nehmen könnte. Auf Nachfrage von Udo, ob man bei ihm vielleicht mal skypen dürfe, meint er, dass das gesamte Netz auf der Insel zusammengebrochen ist und wohl erst wieder in ein paar Tagen funktionieren wird. Ein älteres Ehepaar aus New York stammend, mischt sich ins Gespräch ein. Sie kommen frisch von den Galápagos und schwärmen pausenlos von ihren Erlebnissen. Der Cartvermieter, ein Amerikaner aus Kalifornien, fährt Wolfgang, Ingrid und Udo mit seinem Truck in die Ankerbucht – ist doch selbstverständlich, würde doch jeder machen – und bald sind die drei zurück an Bord. Der Kapitän kocht heute höchstpersönlich: Spaghetti Bolognese mit frischem Salat und dazu gibt es – nein, kein Cerveza – einen guten chilenischen Rotwein. Für den Abend hat sich die Destiny-Crew mit der Besatzung der Ronja verabredet, der Familie aus Norwegen. Wolfgang und Ingrid hatten die Familie zufälligerweise schon im letzten Jahr auf Lanzarote kennengelernt, als Jan, der Skipper, die Ronja für die Atlantiküberquerung vorbereitete. Heute Abend soll nun gemeinsam ein Lagerfeuer am Strand angezündet werden, die Jungen hatten nachmittags schon fleißig Holz gesammelt. Doch leider steigt das Wasser am Strand so hoch, dass kein Strand mehr vorhanden ist und das ganze gesammelte Holz davon geschwemmt wird – auf ein nächstes Mal! Insbesondere auf der Ronja ist die Enttäuschung groß.

Die Islas Las Perlas unterscheiden sich topografisch grundlegend von den San-Blas-Inseln. Sie erheben sich viel höher aus dem Meer, haben teilweise felsige Küstenabschnitte und sind vollständig bewaldet, teilweise sogar dschungelartig. Es gibt die verschiedenartigsten Bäume und Sträucher, natürlich auch Palmen, aber die bilden hier die Minderheit. Merkwürdige Dinge erleben die WorldARC-Teilnehmer immer wieder: So erzählt Irene von der Tucanon, dass sie auf einem Spaziergang auf der Insel Cana einen Indianer traf, der einen Leguan am Schwanz hinter sich her schleifte. Auf ihre Frage, ob sie den Leguan einmal anfassen dürfe, schüttelte der Indianer heftig mit dem Kopf: Der Leguan sei kein Haustier, sondern auf dem Weg in den Kochtopf.

7:30 Uhr, Reise, Reise, nach einer Runde Schwimmen und dem Frühstück geht es wieder auf hohe See. Die Crew hatte mit Jan von der Ronja verabredet, die Strecke bis Ecuador gemeinsam zu segeln; nicht ganz einfach wegen des unterschiedlichen Geschwindigkeitspotenzials der Yachten. Außerdem ist der Dieseltank der Ronja kleiner als der der Destiny, folglich muss sie möglicherweise unterwegs nochmals tanken.

Um 9 Uhr geht der morgendliche „roll call" der WorldARC über Kurzwellenfunk ein: In täglichem Wechsel hat der „net controller" die Positionen der einzelnen Schiffe abzufragen, um sie dann an die Rallyeleitung weiterzugeben. Da keine Regatta, sondern freies Segeln angesagt ist, meldet sich nur ein Viertel der Schiffe! Keine Disziplin! Wo sich wohl der Rest der Flotte im Archipiélago de las Perlas aufhält? Anschließend heißt es *Anker auf* und die Destiny verlässt die schöne Isla Contadora. Mangels Wind geht es unter Motor in Richtung Südsüdwest. Anfänglich hält die Ronja noch mit, aber als die Genua ausgerollt und eine der beiden Maschinen ausgeschaltet wird, ist die Ronja nach einer Stunde nur noch fern am Horizont zu sehen. Über UKW-Funk verständigen sich die beiden Skipper darauf, am Abend wieder Funkkontakt aufzunehmen. Jan hat nämlich aus Norwegen für die gesamte Weltumrundung einen Meteorologen engagiert und ist somit immer bestens über die Wetterlage informiert (was, wie sich später noch erweisen wird, außerordentlich nützlich ist). Die Voraussage für den heutigen Tag ist nicht verheißungsvoll: mit Gewittern, heftigem Regen und starkem Gegenwind muss gerechnet werden, je mehr sich die Destiny der ITCZ (Intertropical Convergence Zone) nähert. Einige Schiffe der WorldARC-Flotte haben daher beschlossen, zunächst noch in den Las Perlas zu bleiben oder am Festland von

Panama einige Tage zu verweilen, um günstigere Wetterbedingungen abzuwarten. Die eine oder andere Yacht, so die CHESSIE und die DREAMCATCHER, ist wegen Reparaturarbeiten oder fehlender Ersatzteile in Panama zurückgeblieben. Zwar haben Jimmy Cornell und Bobby Schenk die Behauptung aufgestellt, dass Großserienyachten am wenigsten Probleme mit Dauerbelastungen auf See haben, aber gehören denn eine Hallberg Rassy oder gar eine Jeanneau nicht auch zu den Großserienyachten? Auf jeden Fall hat die DREAMCATCHER, eine nagelneue 48 Fuß lange Hallberg Rassy, schon vom Start weg allergrößte Probleme. Dass die Klimaanlage nicht funktioniert, wäre ja noch zu verschmerzen, aber nacheinander fällt der Generator aus, der Kühlschrank und am Schluss auch noch der Volvo-Penta-Dieselmotor. Bis in die Südsee hält die Yacht noch mit, allerdings wegen der Reparaturen häufig der Flotte hinterherhinkend, dann aber gibt sie auf und beendet die Rallye um die Welt fürs erste. Charles und Marie sind frustriert und mit den Nerven fertig.

Die Beanspruchung einer Yacht durchs Langzeitsegeln ist eben um ein Vielfaches größer als beim Segeln am Wochenende oder an zwei oder drei Wochen in den Ferien. Wenn Freizeityachten 1.000 oder 2.000 Seemeilen im Jahr zurücklegen, so ist das schon viel, im Vergleich zu einer Weltumsegelung von 25.000 oder 30.000 Seemeilen aber natürlich nur ein Bruchteil dessen. Hinzu kommt, dass diese Boote laufend gepflegt und instand gehalten und im Allgemeinen nicht länger als vier oder fünf Monate im Sommer gesegelt werden, so dass manches an Reparaturen in der Winterpause erledigt werden kann. Eine Segelyacht dagegen, die zügig die Erde umrundet, muss auch unterwegs mit teilweise eingeschränkten Möglichkeiten segelklar gehalten werden. Am schlimmsten erwischt es die JSEA, die, schon auf dem Weg nach Ecuador, wegen eines Schadens am Getriebe 80 Seemeilen (!) nach Panama zurückgeschleppt werden muss – für sie ist damit das Ende der Rallye besiegelt. Auch die BRISTOL ROSE hat große Probleme: der Propeller ist beschädigt, die Propellerwelle scheint verbogen zu sein, die Selbststeueranlage arbeitet nicht mehr und den Zustand des Ruders kann der Skipper überhaupt erst beurteilen, wenn die Yacht an Land steht. Auch die BRISTOL ROSE muss, wie man später hört, ihre Weltumsegelung abbrechen.

Die Intertropical Convergence Zone

Die innertropische oder intertropische Konvergenzzone (ITCZ), auch Kalmengürtel und im Atlantik Doldrums genannt, ist eine wenige 100 Kilometer breite Tiefdruckrinne in Äquatornähe im Bereich der von Norden und Süden aufeinandertreffenden Passatwinde. Sie ist durch eine in der Regel starke Quellbewölkung gekennzeichnet. Das bedeutet, dass die generelle Windstille in diesem Teil der Ozeane mehrfach am Tag durch wolkenbruchartige Schauer und Gewitter mit stürmischen und stark drehenden Böen unterbrochen wird. Die ITCZ bildet sich im Bereich der größten Erwärmung der Erdoberfläche. Daher folgt sie tendenziell dem Zenitstand der Sonne, der von der Jahreszeit abhängig ist.

Von Fischen und Vögeln

Gegen Mittag kommt Wind auf, Groß und Genua sollen gesetzt werden. Dafür muss der Rudergänger die Yacht unter Motor in den Wind drehen. So kann das Großsegel ohne Winddruck von der einen oder anderen Seite gesetzt werden. Wind und Wellen stehen dabei leider so ungünstig, jedenfalls behauptet das der Rudergänger später, dass sich die 50 Meter lange Leine der Steuerbordangel am Ruderschaft verfängt. Die Angelleine lässt sich nicht mehr einholen. Da hilft nur noch das Messer, um sie zu kappen!

Das Wasser ist fischreich, Rochen schweben gemächlich vorbei, Delfine gleiten flink vorüber und kleinere Fische, wohl Thunfische oder Doraden, tauchen verstreut dicht unter der Wasseroberfläche auf. Die Logge zeigt im Sekundentakt einen um den anderen Fisch, der unter dem Rumpf vorbeischwimmt. Immer wieder springt ein Fisch bis zu einem Meter hoch aus dem Wasser, um einem Jäger zu entgehen.

Später begleitet eine Delfinschule von sechs bis acht Tieren die DESTINY. Mal schießen sie an Steuerbord, mal an Backbord knapp unter der Wasseroberfläche vorbei, gleiten paarweise im Bogen halb aus dem Wasser, dann verschwinden sie kurzzeitig und kommen wieder. Für mindestens eine Viertelstunde ein unterhaltsames Schauspiel.

Um 14 Uhr passiert die DESTINY die letzte Insel des Las-Perlas-Archipels, bevölkert mit Tausenden von Seevögeln, die kreischend die Insel umflattern. Nicht lange und die Vögel entdecken den Köder an der nachgeschleppten Angelleine. Allerdings ist es, im Gegensatz zur Erwartung der Vögel, kein Fisch und auch kein sonstiger leckerer Happen, der zu erhaschen wäre, sondern nur einer von Wolfgangs selbstgebastelten Ködern, bestehend aus einem großen Haken und einigen kurzen Streifen Spinnakertuch. Dennoch stürzen sich

Delfine

Delfine gehören zu den Zahnwalen und sind Säugetiere. Sie sind in allen Meeren anzutreffen. Am meisten verbreitet ist der Große Tümmler, erkennbar an seiner hellgrauen Farbe. Delfine sind meist zwischen eineinhalb und vier Meter lang. Sie haben einen stromlinienförmigen Körper, der an die hohen Schwimmgeschwindigkeiten angepasst ist. So können sie eine Geschwindigkeit von bis zu 40 Knoten erreichen, das sind fast 75 Stundenkilometer. Delfine verständigen sich mit Klicklauten, Pfeifen, Schnattern und anderen Geräuschen untereinander. Sie kommunizieren aber auch durch Körperkontakt mit ihren Artgenossen. Durch hochfrequente Töne sind sie zudem in der Lage, ihre Umwelt mittels Echoortung wahrzunehmen.

die Vögel mit atemberaubender Geschwindigkeit auf den vermeintlichen Leckerbissen, wie Geschosse stoßen sie pfeilschnell vom Himmel herab, mit angelegten Flügeln, kreischend und schreiend, dem Jagdtrieb gehorchend, der sie immer wieder dazu zwingt, ihren stromlinienförmig ausgerichteten Körper auf den Köder im Wasser zu stürzen. Gute 20 Minuten geht das so, aber ehe die Insel in weite Ferne gerückt ist, ziehen die Vögel, einer nach dem anderen, ab, nicht ohne zum Abschied einige akrobatische Flüge in der Nähe der DESTINY zu absolvieren.

Die Segel stehen gut und es geht mit ausgebaumter Genua und dem weit ausgestellten, mit einem Bullenstander gesicherten Großsegel, wie ein überdimensionaler Schmetterling, Ecuador entgegen. Kurs 157 Grad und sechs bis sieben Knoten Fahrt, Traumwetter! Etwa 700 Seemeilen sind es bis Salinas, das bedeutet fünf bis sechs Tage auf hoher See, vorausgesetzt, der Wind weht stabil, wie jetzt. Es gilt, ausreichend Abstand von der Küste Südamerikas zu halten, nicht nur um der unsicheren kolumbianischen Küste fern zu bleiben, sondern auch, weil hier drei verschiedene Meeresströmungen aufeinandertreffen: der Mexikostrom von Norden, der kalte Humboldtstrom von Süden und aus Westen der Äquatorialstrom, die das Vorankommen im küstennahen Bereich erschweren. In der Nacht leuchtet das Kreuz des Südens über der DESTINY. Es mag wohl eines der kleineren und unscheinbareren Sternbilder am Himmel sein, aber es ist dennoch mit seiner markanten Form im breiten Band der Milchstraße leicht auszumachen. Dieses Sternbild wird nun für lange Zeit das Boot auf seinem weiteren Weg begleiten und hoffentlich in den langen Pazifiknächten über die DESTINY wachen. Der Tag neigt sich dem Ende zu und nach dem Abendbrot – heute kein Fisch, sondern Gulasch mit den gestern übrig gebliebenen Spaghetti – werden die Nachtwachen eingeteilt. Der Skipper und die Mannschaft haben einvernehmlich Drei-Stunden-Wachen beschlossen, weil ihnen vier Stunden auf Einzelwache am Ruder zu sitzen, zu lang erscheint. Zwar ist für die Wachhabenden nicht viel zu tun, denn der Autopilot steuert die

> **Das Kreuz des Südens (lat. crux)**
> Eigentlich hat dieses Sternbild gar nicht die Form eines Kreuzes, sondern einer Raute. Südlich davon ist ein auffällig schwarzes Loch zu sehen, der „Kohlensack". Das Kreuz des Südens ist keines der klassischen Sternbilder der Antike. Zwar war es zur Zeit des antiken Griechenlands noch am nördlichen Sternhimmel zu sehen, wurde von den Griechen aber dem Sternbild Zentaur zugerechnet. Durch die Präzessionsbewegung der Erde hat sich die sichtbare Position des Sternbildes nach Süden verschoben. Als die europäischen Seefahrer im 16. Jahrhundert die südlichen Meere durchfuhren, wurden sie wieder auf dieses Sternbild aufmerksam, wobei sie darin das Kreuz als Sinnbild des christlichen Glaubens sahen. Das Kreuz diente ihnen auch zur Orientierung, da die senkrechte Achse zum südlichen Himmelspol zeigt. Eine ganze Reihe von Staaten der südlichen Hemisphäre hat das Kreuz des Südens in seine Flagge aufgenommen, so zum Beispiel Australien, Neuseeland und Samoa.

Destiny zuverlässig, aber drei Stunden allein an Deck sind lang genug. Henning ist als erster an der Reihe mit seiner Wache, die zweite übernimmt Udo, die dritte Wolfgang und Ingrid hat die Hundewache, die um 4 Uhr morgens startet. Für viele Segler ist sie die schönste Wache. Man kann den Sonnenaufgang beobachten, den beginnenden Tag begrüßen und die wärmenden Sonnenstrahlen genießen. In dieser Nacht ist es merklich kühler und auch der achterliche Wind, der konstant mit 22 Knoten bläst, lässt den Rudergänger hin und wieder frösteln. Am Himmel steht der abnehmende Mond, die Sicht ist gut und die Destiny zieht ruhig mit sechs bis sieben Knoten Fahrt durchs Wasser. An Backbord sind in einer Entfernung von etwa fünf Seemeilen die Positionslichter eines Schiffes auf gleichem Kurs zu sehen, sicher eine Yacht aus der WorldARC-Flotte. In so einer Nacht drei Stunden allein am Ruder, da hat man viel Zeit, über sich und die Welt nachzudenken. Die Gedanken gehen spazieren, gehen in die Ferne, wandern hierhin und dorthin und verlieren sich … Vergangenes erscheint vor dem geistigen Auge, das eine oder andere Ereignis lässt man Revue passieren und die Gedanken beschäftigen sich damit, was die Zukunft wohl bringen mag und wie man sie beeinflussen kann.

Zwei Uhr morgens: Hat die Destiny-Crew Neptun verärgert? Er spielt plötzlich verrückt. Der Wind hat aufgefrischt und nimmt in Böen bis auf 30 Knoten zu. Noch immer trägt die Yacht die volle Besegelung und es gilt dringend zu reffen. Da erscheint auch schon Wolfgang, den das Schlagen der Segel im Wind geweckt hatte. Mit Hilfe der elektrischen Winsch wird zunächst die Genua eingerollt und dann muss der Rudergänger unter Motor in den Wind gehen. Henning ist durch das Motorengeräusch ebenfalls erwacht und auch schon an Deck. Mit vereinten Kräften wird das Großsegel gerefft und gleich die zweite Reffstufe gewählt. Die See ist bewegt, die Wellen haben schon eine Höhe von zwei Metern erreicht, man muss sich gut festhalten auf dem Vorschiff. Im Dunkeln ist es schwierig, die blau, rot und grün gekennzeichneten drei Reffleinen, die sogenannten Smeerreeps, zu unterscheiden. Also probieren: Die zweite von Steuerbord aus müsste von den dreien die richtige sein. Sie ist es auch, erst rot, dann blau, dann grün! Jetzt werden noch der Bullenstander am Großbaumende und der Barberhauler an der Genua angeschlagen, damit die Segel nicht schlagen, und dann liegt die Destiny wieder ausgewogen auf dem Ruder und segelt in die Nacht, Kurs 165 Grad, nach Südsüdwesten, dem Äquator entgegen.

Um 9 Uhr meldet sich wieder der Net Controller und leitet den Roll Call ein: die meisten Yachten, so ist zu vernehmen, liegen noch auf den Las-Perlas-Inseln. Drei Schiffe sind der Destiny in einer Entfernung von 60 Seemeilen voraus.

Um 10 Uhr zeigt der Kartenplotter die aktuelle Position mit 6°16´N 78°22´W an und das heißt, dass die Destiny in den letzten 24 Stunden 155 Seemeilen zurückgelegt hat, in der Sprache der Segler: ein Etmal von 155 Seemeilen. Immer noch geht es vor dem Wind nach Südsüdwesten und gegen Nachmittag muss der Kurs noch etwas nach Westen geändert werden, um der kolumbianischen Küste nicht zu nahe zu kommen. Alle erfahrenen Segler empfehlen, sich aus Sicherheitsgründen von Kolumbien fern zu halten, was auch die

Mannschaft der Destiny beherzigt. Das Wasser ist hier bereits von 3.000 bis über 4.000 Meter tief! Tagsüber, wenn das Wetter es zulässt und nachdem das tägliche Allerlei an Arbeiten erledigt ist, kehrt die Bordroutine ein. Nach dem Frühstück begibt sich der eine oder andere zu einem kurzen Schönheitsschlaf in die Koje. Der Skipper sitzt mit Anna Netrebko im Ohr am Ruder, Udo träumt von einem Apfelkuchen, den er am Nachmittag backen will, Katrin und Henning schmusen auf dem Vorschiff und Ingrid bereitet sich anhand der mitgebrachten Reiseführer auf den nächsten Landausflug vor.

Plötzlich surrt die ausgebrachte Angelleine in höchstem Ton: Ein Fisch hat angebissen! Hektik bricht aus an Bord. Vergessen sind Anna Netrebko und der Apfelkuchen! Segel runter! Dem Fisch Leine geben und wieder einholen, Leine geben und wieder einholen, er muss müde gemacht werden. Wolfgang vermutet schon aufgrund des immensen Zuges auf der Leine, dass es ein großer Fisch sein muss. Und dann sieht man ihn zum ersten Mal über dem Wasser, er springt und zappelt mit unglaublicher Kraft: ein fast ein Meter langer Mahi Mahi (Golddorade). Henning kann ihn, nachdem er bis ans Heck gezogen wurde, mit den Händen kaum fassen, so sehr springt er umher, er kämpft um sein Leben, doch ein kleiner Schluck aus der Ginflasche hinter die Kiemen setzt dem Kampf ein sofortiges Ende. Zwei riesige Stücke filetiert Henning, sie reichen für mindestens zwei Tage. Udo disponiert um: Heute gibt es statt Apfelkuchen ein herrliches Doradenfilet. Kurz in Butter, Wein, Limetten und Knoblauch gebraten, dazu Butterreis, in Butter geröstete Cashewnüsse, klein gehackter Ingwer und, das muss einfach sein, eine Flasche Weißwein. Ein Festessen, alles ist satt und zufrieden! Der Fisch war so reichlich, dass mindestens 10 Personen ohne Beilage satt geworden wären.

Schöner Fang – ein Mahi Mahi (Dorade oder Goldmakrele)

Die Hälfte der Filets wandert zurück in den Kühlschrank für eine zweite Mahlzeit. Abends flaut der Wind etwas ab, er ist ruhig und beständig, um die 20 Knoten und bläst ziemlich genau von Norden, gut für den Kurs von 218 Grad. Nach wie vor rauscht die Destiny vor dem Wind dahin, das ist die angenehmste Fahrt für die Besatzung mit den wenigsten Bewegungen des Schiffes.

Der dritte Tag auf See vergeht ohne nennenswerte Ereignisse. Der Wind ist immer noch konstant. Die Mannschaft beschäftigt sich mit Lesen, Nähen, Sonnenbaden, Tagebuch schreiben, Kochen, Essen, Schlafen, Navigation, Funk, ins Meer gucken, Seele baumeln lassen – kurzum: ein harter Segeltag. Was könnte man tun, um das harte Leben der Mannschaft zu versüßen? Endlich kommt Udo zu seinem Apfelkuchen. Teig ausrollen (Flaschen dazu sind genug an Bord), Apfelscheiben drauf und 30 Minuten später wird der Kuchen warm serviert, dazu Cappuccino, Tee, aber auch ein Glas kühler Weißwein passt durchaus. Der Roll Call um 9 Uhr zeigt, dass zwei Yachten der Flotte vor der Destiny liegen, der Rest ist entweder immer noch auf den Las-Perlas-Inseln oder hat sich inzwischen auf den Weg nach Süden gemacht. Das Etmal beträgt nach der Logge 153 Seemeilen, nach der Karte nur 143 Seemeilen. Der Humboldtstrom macht sich bemerkbar. Er schiebt rückwärts, bremst. 10 Seemeilen an Distanz sind dadurch verloren gegangen.

Am Nachmittag ist etwa die Hälfte der Strecke bis zum nächsten Etappenziel zurückgelegt. Nach dem Wetterbericht von vorgestern sollte der Wind heute aus südlichen Richtungen kommen, also von vorn, was für Schiff und Mannschaft ruppig werden könnte, wenn es gegen die Wellen geht. Noch bläst er aber wohltuend aus Norden, also achterlich. Das Wetter ist in diesen Regionen unbeständig, unkalkulierbar durch die Höhenströmungen des Windes, somit sind die Wettervorhersagen – ein wenig wie zu Hause – unzuverlässig! Im Laufe des Tages passiert die Destiny die (imaginäre) Linie drei Grad nördlicher Breite, es sind also noch etwa 180 Seemeilen bis zum Äquator. Von dieser „Mittellinie" der Weltkugel südwärts werden die Breitengrade dann mit dem Zusatz Süd benannt. Nebenbei: Vom Äquator aus gesehen gibt es 90 Breitengrade nach Norden und 90 Breitengrade nach Süden und jeder Breitengrad ist in 60 Minuten eingeteilt. Eine Minute entspricht einer Seemeile (sm), das sind 1.852 Meter. Die Distanz vom Äquator bis zum Nordpol beträgt also 90 mal 60 Seemeilen, das sind 5.400 Seemeilen oder 10.000 Kilometer, und zum Südpol natürlich ebenfalls 10.000 Kilometer. Schon vor unserer Zeitrechnung war der Erdumfang von Wissenschaftlern mit ziemlich genau 40.000 Kilometern berechnet worden.

Fischer, Netze und Haken

Gegen Abend wird der Wind schwächer und dreht langsam auf Süd. Kurs und Segelstellung müssen geändert werden, es geht nun mit 6,5 Knoten Fahrt nach Südost, Richtung Kolumbien. Dieser Kurs fordert vom Rudergänger erhöhte Aufmerksamkeit, denn erst gestern hatte Rallye Control per E-Mail eine Warnung herausgegeben. Auf 2°2´N 79°38´W hatte eine Yacht der WorldARC-Flotte eine Begegnung mit Fischern, die nachts unbeleuchtet auf die Yacht zugefahren seien, ohne auszuweichen. Und genau in diese Richtung geht es nun! Es ist stockdunkel. Der Wind hat noch weiter gedreht und weht jetzt mit 15 bis 17 Knoten genau aus Süd. Es hilft alles nichts, die DESTINY muss noch weiter in Richtung Osten laufen, also direkt auf die kolumbianische Küste zu. Eine der beiden Maschinen läuft mit, um die Batterien zu laden, weil sich die Sonne heute kaum gezeigt hatte und die fünf Solarzellen am Heck der DESTINY keinen Ladestrom erzeugt haben. Voraus tauchen Lichter auf, an Steuerbord ein Mitläufer in etwa fünf bis sechs Seemeilen Entfernung, achtern noch ein Licht! Alle 15 Minuten wird mit dem Fernglas der Horizont abgesucht.
Neue Warnungen gehen ein von den vorausfahrenden Yachten. Selbst weit draußen auf dem Meer, 100 Seemeilen vom Festland, sind Fischer an der Arbeit, die mit langen Leinen und Netzen, dicht unter der Wasseroberfläche schwimmend, fischen. Leinen und Netze, die sich leicht in den Propellern, in den Rudern und an den Kielen verfangen können. Die Gebiete der Fischer sind mit winzigen schwarzen Flaggen, wenn überhaupt, gekennzeichnet, die aber das meilenweite Revier nur recht und schlecht markieren und in der Nacht natürlich nicht zu sehen sind.
Gegen Morgen ist der Wind fast eingeschlafen und die DESTINY läuft mit etwa sechs Knoten auf Kurs 234 Grad. Plötzlich taucht an Backbord in wenigen Metern Entfernung neben dem Schiff eine kleine weiße Plastikflasche auf, und schon ist es passiert: die DESTINY hat sich in einem Fischernetz verfangen und schleppt das ganze Gewirr aus Leinen hinter sich her. Der Skipper rollt die Genua ein und gibt das Kommando, die Yacht in den Wind zu stellen, damit das Großsegel geborgen werden kann. Er hat inzwischen seine Taucherbrille geholt und springt ins Wasser, um das Netz zu entfernen – keine einfache Aufgabe, weil das Boot unter dem Einfluss des Windes immer noch leicht treibt. Unter Wasser sieht es schlimm aus: die Leinen der Fischer haben sich um Kiel, Ruder und Propeller geschlungen, alle besetzt mit großen Haken, auf die Fischbrocken aufgespießt sind. Henning hat das Ruder übernommen und rollt, zur großen Verblüffung aller, die Genua wieder ein ganzes Stück weit aus. Natürlich nimmt die DESTINY daraufhin richtig Fahrt auf und Wolfgang hält sich verzweifelt an den Wasserstagen am Bug, um nicht von der DESTINY abgehängt zu werden.

An Arbeit unter Wasser, um das Netz zu lösen, ist unter diesen Umständen nicht mehr zu denken. Verärgert lässt sich Wolfgang zum Heck treiben und erklimmt die Heckbadeleiter, nicht ohne Henning vorwurfsvoll zu fragen, was er sich denn eigentlich dabei gedacht habe, als er die Genua ausrollte. Henning rollt daraufhin beleidigt die Genua wieder ein und versucht sich gegenüber Wolfgang zu rechtfertigen: „Wenn Du keine Flossen anhast, bist Du selbst schuld, wenn Du mit dem Schiff nicht mithalten kannst ... ich habe gedacht, wenn das Schiff Fahrt macht, geht die Leine leichter weg." „Wie das??? So haben wir das Netz doch erst eingefangen!" gibt Wolfgang zurück.

Schließlich zieht Henning seine Flossen an, setzt sich die Taucherbrille auf und springt ebenfalls ins Wasser. Ingrid stellt die Yacht in den Wind und diese verliert endlich jegliche Fahrt, so dass Wolfgang und Henning Kiel und Ruder von den unzähligen Leinen des Netzes befreien können. Der Rest wird mit dem Messer gekappt und Wolfgang und Henning klettern erschöpft an Bord.

Inzwischen ist ein kleines Boot mit drei Fischern längsseits gekommen. Wolfgang radebrecht mit ihnen in spärlichem Spanisch und schließlich hat er Mitleid mit den Fischern, denen sicherlich ein Tag Arbeit verloren gegangen ist, ganz abgesehen von dem Verlust des Netzes, zückt seinen Geldbeutel und will zum großen Entsetzen von Henning die Fischer entschädigen, was aber sofort wieder eine Diskussion entstehen lässt. Henning: „Die fischen hier illegal und unbeleuchtet, denen würde ich unter keinen Umständen etwas geben." Aber Wolfgang entgegnet ihm: „Was sind schon 50 US-Dollar für uns, für die Fischer aber ist es ein kleines Vermögen und ein neues Netz benötigen sie allemal. Müssen wir denn nicht diese Männer bewundern, die mit ihren Nussschalen weit hinaus auf den offenen Pazifik fahren, um ihren kärglichen Lebensunterhalt zu verdienen? Was ist, wenn ein Sturm aufkommt oder wenn der Außenborder ausfällt? Im Vergleich zu den Fischern sind wir doch unermesslich reich und da lasse ich es mir von Dir nicht nehmen, ihnen aus meinem eigenen Geld 50 US-Dollar in die Hand zu drücken!"

Noch zwei Mal begegnet die Destiny Fischern. Beide steuern seitwärts auf den Katamaran zu und bringen Netze aus, die von einem Allerlei an Plastikflaschen getragen werden. Unter vollen Segeln und mit Unterstützung beider Maschinen fährt die Destiny stur vorbei. Fünf Meter achteraus passieren die Fischer freundlich winkend die Yacht. Solche Spinner! Oder hat es sich schon herumgesprochen, dass man für zerstörte Netze ganz ordentlich entschädigt wird?! Es bleibt spannend, denn noch zweimal heißt es, Fischern oder irgendwelchen schwimmenden Behältern auszuweichen, aber alles geht gut.

Die Sonne hat sich hinter einer Wolkendecke verkrochen, der Wind weht nur noch mit vier bis fünf Knoten aus südlicher Richtung, die Backbordmaschine muss für Fahrt sorgen. Die Segel sind inzwischen geborgen. Der Motor schiebt die Destiny und so tuckert diese mit fünf Knoten gegen den Humboldtstrom, der immer noch mit einem Knoten gegenan läuft, nach Süden, dem Äquator entgegen. Gegen Nachmittag fängt es sogar noch an zu nieseln, aber es reicht nicht aus, um die Destiny mal wieder gründlich zu reinigen, was sie bitter nötig hätte. Man glaubt nicht, welcher Staub, von Wüsten in der Nähe des Festlands aufs Wasser hinausgetragen, an Deck niedergeht. Salzwasser kann man zum Reinigen nicht benutzen, das nimmt zwar den Schmutz, aber hinterlässt eine klebrige Salzkruste. Und Süßwasser zu verwenden, verbietet sich schon deshalb, weil der Trinkwasservorrat zur Neige geht. Die beiden Außenduschen in den Niedergängen am Heck werden deshalb nur noch sparsam benutzt. Morgen spätestens muss mit der Entsalzungsanlage wieder Wasser produziert werden!

Um den Nachmittag zu versüßen, hat Katrin Apfel- und Schokoladen-Muffins gebacken, die mit Kaffee, Tee und Wein schnell ihre Abnehmer finden. Segeln macht offenbar trotz der fehlenden Bewegung hungrig, denn zum Abendessen versammelt sich die Mannschaft schon wieder erwartungsvoll im „Blauen Salon". Henning hat Curryhuhn mit Ananas, gerösteten Cashewnüssen, Ingwer, Kokosmilch und Reis gekocht. Alle sitzen um den großen runden Tisch im Salon der Destiny und genießen das tolle Essen, derweil steuert der Autopilot die Destiny durch die Nacht.

Die Wolken reißen bis zum Abend nicht auf und es ist kühl mit hoher Luftfeuchtigkeit. Draußen ist es inzwischen pechrabenschwarze Nacht, nur die Navigationsinstrumente leuchten. Die See ist kaum bewegt und still, nur das eintönige Motorgeräusch ist zu hören – aber um die Destiny herum ist ein unglaubliches Meeresleuchten, so weit das Auge blickt. Das Boot zieht mit fünf Knoten Fahrt zwei funkelnde Spuren von Tausenden leuchtender Punkte hinter sich her, wie zwei silberne Schleppen. Auch seitlich entsteht dieses Feuerwerk, wenn die beiden Rümpfe ins Meer eintauchen. Ein Lichtermeer breitet sich auf beiden Seiten aus und ist stellenweise bis zu 100 Meter hinter dem Heck sichtbar.

Phosphorescent Sea

Meeresleuchten nennt man das nächtliche Aufleuchten des Meereswassers, hervorgerufen durch Biolumineszenz einzelliger, stecknadelkopfgroßer Geißeltierchen der Arten Noctiluca miliaris und Pyrocystis noctiluca, die zu den Algen gerechnet werden. Beim Meeresleuchten scheint das Meerwasser hellblau bis hellgrün zu lumineszieren. Tatsächlich leuchtet aber nicht das Meerwasser selbst, sondern die im Wasser befindlichen Kleinstlebewesen senden nach Berührungsreiz mehr oder weniger lang andauernde Lichtsignale aus. Es ist schon erstaunlich, mit welch nüchternen Worten man ein phantastisches Naturschauspiel beschreiben kann. Übrigens: Das Meeresleuchten ist nicht nur in der Bug- und Heckwelle zu beobachten, sondern auch auf der Toilette! Wenn man im Dunkeln mit der Handpumpe Seewasser ansaugt, hat man ein Feuerwerk in der Toilette. Wie schön kann doch ein Stuhlgang sein!

Dieses fantastische Naturschauspiel hat natürlich auch in der Lyrik vielfältigen Niederschlag gefunden – Friedrich Hebbel zum Beispiel drückt das folgendermaßen aus:

Aus des Meeres dunklen Tiefen stieg die Venus still empor,
als die Nachtigallen riefen in dem Hain, den sie erkor.
Und zum Spiegel, voll Verlangen, glätteten die Wogen sich,
um ihr Bild noch aufzufangen, da sie selbst auf ewig wich.
Lächelnd gönnte sie dem feuchten Element den letzten Blick,
davon blieb dem Meer sein Leuchten bis auf diesen Tag zurück.

Schwere Prüfungen

Alles sieht am Morgen wie immer aus, doch ein neuer Höhepunkt der Weltumsegelung erwartet die Segler auf der DESTINY, hat sie doch die Position 0°00´ nördlicher und südlicher Breite, den Äquator, erreicht.
Ohrenbetäubender Lärm dringt aus der Kajüte der DESTINY, das Nebelhorn ertönt, unterstützt von den scharfen Schlägen zweier Topfdeckel! Eine tiefe Stimme beordert Kapitän und Mannschaft auf das Vorschiff. Wolfgang, Ingrid und Udo tasten sich dorthin, und plötzlich erscheint Neptun höchstpersönlich mit einer holden Meerjungfrau im Gefolge, beide eingewickelt in tausend alte Spinnakerfetzen, mit Zepter und Eimer und vielen undefinierbaren Utensilien. Unter dem unmelodischen Klang des Nebelhorns und der Topfdeckel schreitet Neptun majestätisch aufs Vorschiff. Die Täuflinge werden als unreines Gesindel beschimpft, das nicht würdig ist, die Äquatorlinie zu überqueren, ehe nicht einige Prüfungen bestanden sind. Dann spannt

Neptun erscheint mit Meerjungfrau.

Neptun eine Leine von achtern zum Backbordbug, der symbolische Äquator. Zuerst ist der Kapitän an der Reihe: Er muss sein übel aussehendes Schiff von allem Unrat befreien, mit einer Zahnbürste auf Knien das Vorschiff reinigen! Natürlich ist Neptun nicht zufrieden mit der Reinigung und Wolfgang muss erneut auf die Knie und schrubben.
Als zweite Prüfung muss er nach achtern gehen und vom Heck auf der „Äquatorlinie" zum Bug laufen – das allein wäre natürlich zu einfach – nein, rechts und links in der Hand einen Teelöffel, darauf je ein rohes Ei. Schwankend, an den Wanten vorbei leicht in die Knie gehend, balanciert der Kapitän geschickt die Eier nach vorn bis zum Bug und strahlt: Die Prüfung ist bestanden – wenn da nicht noch die zwei Eier wären! Neptun nimmt die Eier

kurzerhand von den Löffeln und zerschlägt diese über dem Haupt des verdutzten Skippers. Dann wird er mit einem Eimer Meerwasser übergossen und die Taufzeremonie beginnt. Neptun entfaltet eine Urkunde und erklärt:

Hiermit wird beurkundet, dass der unwürdige
Wolfgang Boorberg
seine Prüfung zum Überschreiten der
„Linie"
bestanden hat und würdig ist,
die südliche Halbkugel zu befahren.
Er darf sich dort fortan
„Rumpelstilzchen von der Torresstraße"
nennen.

Gez. Neptun, am 7.02.2010
auf ecuadorianischen Gewässern
0 Grad Nord/Süd

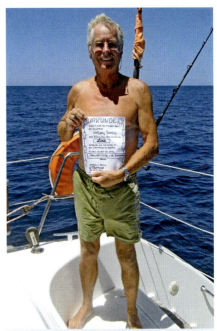

Rumpelstilzchen von der Torresstraße.

Dem Kapitän folgt der Smutje, dem ähnlich schreckliche Prüfungen auferlegt werden: Mit einer wuchtigen Machete muss Udo eine Knoblauchzehe schälen! Doch beim ersten Versuch geht schon alles schief: Die Schalen fliegen aufs Vorschiff und nicht über Bord. Udo bekommt eine ordentliche Rüge von Neptun, weil er offensichtlich nicht weiß, wo Luv und Lee auf einem Schiff sind! Nach der Abmahnung ist die Prüfung bestanden. Dann kommt auch für Udo der Eiertanz! Mit den beiden Kaffeelöffeln und den Eiern darauf geht er entlang der Linie. Für Landratten eine kleine Anmerkung: Das ist gar nicht so einfach! Die drei kleinen Stufen von der Heckplattform hinauf gehen ja noch, aber dann der hohe Schritt auf das Deck und das Vorbeischlängeln an den Wanten, alles natürlich im Seegang, und schließlich macht die DESTINY auch noch Fahrt! Da sollte man zur Beruhigung schon einen kleinen Schluck oder zwei getrunken haben, aber es ist ja noch vor dem Frühstück. Wer bekommt da nicht Gleichgewichtsprobleme?! Auf dem Vorschiff angekommen, muss Udo die gleiche Prozedur wie Wolfgang über sich ergehen lassen: Die beiden Eier werden

Schwere Prüfungen hat Neptun auferlegt.

auf seinem Kopf zertrümmert und dann wird er mit einem Eimer Meerwasser gereinigt und getauft auf den Namen

„Sargasso-Suppenkasper".

Nun ist Ingrid an der Reihe, ihre Prüfungen zu bestehen – na, wird sie das? Weil sie sich beim Abwaschen immer so vordrängt, muss sie mit zwei dicken Backhandschuhen an den Händen zwei Teller mit dem Küchentuch abtrocknen. Auch sie bekommt eine Abmahnung, weil die Teller angeblich nicht ganz trocken sind. Nachbessern, und mit Hilfe von Äolus, dem Gott der Winde – schließlich sind die Götter doch immer mit den lieblichen Frauen – ist die Prüfung bestanden! Dann der Eiertanz auf dem Schiff, aber Neptun lässt Milde walten und sie mit nur einem Löffel und einem Ei den „Äquator" beschreiten. Sie schafft es und Neptun packt mit sichtlicher Enttäuschung die noch volle Zwölferpackung Eier wieder ein. Am „Eisprung" und nachfolgender Reinigung und Taufe kommt aber auch Ingrid nicht vorbei! Auch sie erhält ihre Urkunde und darf sich fortan auf der südlichen Halbkugel

„Schneewittchen von Ozeanien"

nennen. Der Motor der DESTINY wird abgestellt und Neptun samt Meerjungfrau verschwinden im Meer, mutig über Bord springend. Um 9:47 Uhr folgt endlich die wichtigste Zeremonie bei der Überquerung der Äquatorlinie: Der Sektkorken einer Flasche „Concha y Toro Brut" fliegt mit Knall weit über den Mast der DESTINY hinaus ins Meer, der Äquator liegt achteraus!!! Ein traumhafter Segeltag folgt, Sonnenschein und endlich auch wieder Wärme.

Am Sonntag, den 7. Februar, dem 33. Tag ihrer Reise, erreicht die DESTINY nach fünf Tagen auf See La Libertad bei Salinas in Ecuador. Schon von Weitem leuchten die gelben

Nur gereinigt darf es über den Äquator gehen.

T-Shirts von Paul, Suzana und Nick, die die WorldARC-Yachten in der nahe gelegenen Marina Puerto Lucia willkommen heißen und ihnen beim Anlegen helfen. Die Marina ist von einem großzügigen und gepflegten Gelände umgeben, besitzt sogar einen Swimmingpool. Leider ist das Hafenwasser durch Öl stark verschmutzt; dazu machen sich ein bislang nicht erlebter Schwell im Hafen sowie Strömungen und Strudel bemerkbar.

Die Einreise- und Zollformalitäten sind schnell erledigt. Während sich die Offiziellen vom Zoll und von der Einwanderungsbehörde (Immigration) an Wein und Bier erfreuen, muss der Skipper 25 Formulare unterschreiben, aber damit ist dann auch schon alles getan. Eine Ungezieferbehandlung, wie sie in Panama von den Behörden verlangt worden war, muss die Destiny und deren Crew dieses Mal nicht über sich ergehen lassen; das heißt in Panama erfolgte sie auch nicht, aber bezahlt werden mussten die Beamten natürlich dafür.

Da es erst am 18. Februar weiter zu den Galápagosinseln geht, hat die Destiny-Besatzung 10 Tage lang Zeit, um Land und Leute in Ecuador kennenzulernen. Wolfgang, Ingrid und Udo machen sich gleich am nächsten Tag auf die Suche nach einem Reisebüro in Salinas, während sich Henning und Katrin ein Auto mieten und Ecuador auf eigene Faust erkunden. Der folgende Bericht stammt aus dem Tagebuch von Ingrid:

Eine Reise durch Ecuador

Auf Empfehlung des Managers der Marina Puerto Lucia suchten wir ein Reisebüro in Salinas auf, wo Madame Lourdes für uns eine Rundreise durch Ecuador organisiert und bucht. Madame Lourdes ist Bolivianerin aus La Paz und als ich ihr sagte, dass ich vor Jahren bei meiner Ausbildung zum Außenhandelskaufmann in Hamburg viele Gegenstände des täglichen Bedarfs an das Handelshaus „Hansa" in La Paz exportierte, strahlte sie. „Hansa" gibt es heute noch. Am Mittwoch, den 10. Februar 2010, ging unsere Reise durch Ecuador los. Wir wurden morgens um 8 Uhr von Leonardo abgeholt und es ging in wilder Fahrt nach Guayaquil. In Ecuador besteht außerhalb geschlossener Ortschaften – aber wo hört hier eine Ortschaft auf? – eine Geschwindigkeitsbegrenzung von 100 km/h. Da die Straßenverhältnisse, milde gesagt, schlecht sind, halten sich die Autofahrer tatsächlich oft daran. Aber sonst ist alles erlaubt. Eine doppelt durchgezogene Linie in der Mitte der Straße ist noch lange kein Grund, dass man nicht zum Überholen in der dritten oder bereits vierten Reihe nebeneinander auf die Gegenfahrbahn fährt. Voran kommt, wer frech ist und die besten Nerven hat. Wer zögerlich fährt, sollte gleich zu Hause bleiben. Leonardo brachte uns zum Flughafen von Guayaquil, ein neues, modernes und übersichtliches Flughafengebäude. Von Guayaquil flogen wir nach Quito, der Hauptstadt und zweitgrößten Stadt von Ecuador.

Quito

Quito liegt 2.850 Meter hoch, in einer Hochebene zwischen den beiden in Nord-Süd-Richtung verlaufenden Andenketten. Von gewaltigen Bergen umrahmt erstreckt sich die „Stadt des ewigen

Frühlings" über eine Breite von etwa 15 und eine Nord-Süd-Länge von 50 Kilometern (!). Quito war bereits zu Zeiten der Cara-Indianer und unter den Inka ein Machtzentrum, hiervon sind allerdings keine Überreste mehr vorhanden. Nicht nur aufgrund der Panoramalage gilt Quito als schönste Hauptstadt Südamerikas. Die großenteils exzellent restaurierten Kirchen und Klöster des 16. und 17. Jahrhunderts und zeitgenössische Architektur machen Quito in Kombination mit den glänzenden Glasfassaden zu einem Juwel. Die koloniale Altstadt wurde bereits 1978 von der UNESCO zum Weltkulturerbe erklärt.

Am Flughafen erwartete uns Carlos, unser Reiseleiter für Quito und Umgebung. Mit ihm ging die Fahrt nach Norden. Waren wir schon auf der Fahrt nach Guayaquil von der Fahrweise der Ecuadorianer überrascht, Quito gab uns den Rest. Hier wird gedrängelt und geschnitten, von rechts und links überholt bei ständigem Fahrbahnwechsel. Allerdings haben wir trotz der wilden Fahrweise während unserer gesamten Reise keinen einzigen Unfall gesehen.

Carlos brachte uns als erstes zu dem etwa 20 Kilometer nördlich von Quito liegenden Mitad del Mundo, die Mitte der Welt. Hier haben französische Wissenschaftler bereits 1736 erste Messungen zur genauen Lage des Äquators vorgenommen. Der Breitengrad 0 wird durch ein 30 Meter hohes Monument, das von einer Messingkugel gekrönt ist, dokumentiert. Unweit des Denkmals liegt das Freilichtmuseum Inti Nano. GPS-Messungen haben ergeben, dass sich dort, nur einige 100 Meter entfernt von dem Denkmal, der exakte Verlauf des Äquators befindet, was unser Führer im Museum unter anderem durch den Richtungswechsel des Wasserstrudels beim Abfluss von Wasser demonstriert. Auf der Nordhalbkugel dreht sich der Strudel abfließenden Wassers, zum Beispiel in der Badewanne, nach links, auf der Südhalbkugel nach rechts. Ausprobieren!

Genau auf der Äquatorlinie bei Quito.

[Anmerkung für den Leser: So überzeugend die Erklärung klingt, die sogenannte Corioliskraft sei für die Drehrichtung abfließenden Wassers in der Badewanne verantwortlich – das stimmt tatsächlich nur in der Theorie. Der Einfluss der Corioliskraft auf die Drehrichtung eines Wasserstrudels ist in Wirklichkeit so gering, dass sie praktisch vernachlässigt werden kann. Für die Drehrichtung des Wassers sind in erster Linie die Konstruktion und die Beschaffenheit der Badewanne ausschlaggebend. Aber immerhin: Man lernt auf nette Weise etwas über die geheimnisvolle Corioliskraft, auch wenn die Experimente des Führers im Museum – leider! – manipuliert waren.]

Nur etwa 5 Kilometer weiter steht man am Rand des Pululahua, des größten Einsturzkraters von ganz Südamerika. Der Blick über die Caldera mit 4 Kilometern Durchmesser ist beeindruckend. Der fruchtbare Kraterboden wird landwirtschaftlich genutzt. An den Steilhängen wächst der andine Niederwald. Wir sind hier auf 3.300 Meter Höhe und damit über der Baumgrenze, die in den Anden deutlich höher liegt als bei uns in Europa.

Der Pululahuakrater.

Auf den letzten Metern zum Parkplatz am Krater hat sich die Einspritzpumpe von Carlos' Auto verabschiedet und Carlos musste den Wagen den schmalen, kurvigen Steilhang wieder rückwärts runterlaufen lassen (Gänsehaut!!). Jedoch ein Anruf bei einem Freund genügte und als wir mit dem Mittagessen fertig waren, stand Patrizio schon hilfsbereit mit seinem Auto vor der Tür.

Zurück nach Quito ging es in engen Gassen Hügel rauf und Hügel runter in das Herz der Altstadt zur Plaza de la Independencia, in deren Mitte das Monumento de los Héros zum Gedenken an die Helden des Freiheitskampfes steht. Begrenzt wird der Platz im Norden vom Palacio Arzobispal, dem Sitz des Erzbischofs, mit stimmungsvollen Innenhöfen und Arkadengängen, in denen kleine Geschäfte angesiedelt sind. Im Süden des Platzes steht die große Kathedrale, die eine lange wechselvolle Geschichte hinter sich hat. Mehrmals fiel die Bischofskirche Erdbeben zum Opfer und immer wieder wurde sie in einer noch größeren und aufwändigeren Form wieder errichtet. Im Westen des Platzes steht schließlich noch der Palacio del Gobierno, der Sitz des Präsidenten von Ecuador (der erste Präsident von Ecuador, Juan Flora, war übrigens ein Venezolaner).

Weiter geht unser Weg zur Plaza San Francisco. In der Calle Cuenca, wo früher der größte Indianerstraßenmarkt stattfand, wurde 1981 eine geräumige Markthalle erbaut und gleichzeitig ein offizielles Verbot von Straßenmärkten verhängt. Trotzdem herrscht jeden Tag

Der Palacio Arzobispal in Quito.

Ein Bild wäre auch kein schlechtes Souvenir.   Wer könnte da wohl widerstehen?

reger Handel auf den Straßen und Plätzen. Auch wir machen unsere ersten Einkäufe. Die Farben der angebotenen Schals sind so prächtig und die schwarzen Augen der Verkäuferinnen – oft auch Kinder und Jugendliche – so groß und bittend, man kommt nicht daran vorbei. Die Plaza San Francisco wird beherrscht von dem Monasterio de San Francisco, ein riesiger Gebäudekomplex mit einer gewaltigen Freitreppe vor der in der Mitte stehenden Kirche. Nach einer nur kurzen Dämmerung ist es dunkel geworden und Carlos und sein Freund Patrizio bringen uns ins Hotel,

wo wir auch gleich todmüde in unsere Betten fallen.

Donnerstag, 11. Februar: Carlos holt uns früh ab und wir fahren zunächst zur Compania de Jesús, die am Vortag schon geschlossen war. Die Compania de Jesús ist der Inbegriff verschwenderischer Pracht. Neben goldenen Kuppeln und der reich geschmückten Fassade ist insbesondere das Innere ein einzigartiges barockes Meisterstück. Der Raum funkelt von Verzierungen aus angeblich sieben Tonnen Blattgold und die Deckengemälde haben der Kirche das Prädikat „Sixtinische Kapelle von Quito" eingebracht. Die atemberaubende goldene Pracht des Innenraums der Kirche lässt sich so kurz gar nicht beschreiben und leider durfte weder gefilmt noch fotografiert werden. Aber wir haben Postkarten gekauft, die all das dokumentieren. Vom Altar der Kirche aus auf das Ausgangsportal zurückblickend, sieht man rechts und links davon jeweils eine kunstvoll geschnitzte Wendeltreppe aus dunklem Holz, die zur Empore führen und symbolisch wohl von da in den Himmel. Geht man jedoch zurück zur Tür, erkennt man, dass die linke Treppe – wo die Indianer ihren Platz hatten – nur gemalt ist. Sie können nur vom Himmel träumen, einen Weg dahin gibt es für sie nicht.

Die Kirche der Compania de Jesús.

Cayambe, Otavalo und Cotacachi

Rosen im Überfluss aus Ecuador.

Der weitere Verlauf des Tages war ein Kontrastprogramm zu dem Vorausgegangenen: eine Fahrt in die Provinz Imbabura, nördlich von Quito. Eine malerische Landschaft aus Vulkanen, Seen und Tälern, dominiert von dem 5.790 Meter hohen Cayambe. Hier finden wir reichhaltigen Ackerbau von unterschiedlichen Gemüsearten und Kartoffeln und, soweit das Auge reicht, Gewächshäuser für den Rosenanbau. Die Blumenplantagen haben jetzt gerade wegen des Valentinstages Hochkonjunktur. Blumenexport ist für Ecuador die drittgrößte Einnahmequelle; an erster Stelle steht der Export von Öl aus dem Osten des Landes, das über eine Pipeline zu der Hafenstadt Esmeralda geleitet und von dort meist in die USA verschifft wird. An zweiter Stelle steht der Verkauf von Langusten. Der Tourismus ist noch in den Anfängen und kommt erst an neunter Stelle. Wie gesagt, auf Platz drei steht der Anbau von Blumen, insbesondere Rosen. Auf dem Markt kostet eine langstielige Rose umgerechnet etwa 14 Cent!!! Kein Wunder, dass wir überall – auch bei uns im Hotel – prächtige Blumengestecke finden. Für den riesigen Blumenanbau werden Kolumbianer als billige Arbeitskräfte angeheuert.

Markt in Otavalo.

Nachfahrin der Inka.

Traditionelle Webkunst der Indianer.

Carlos spricht fließend Englisch, er hat Touristik studiert und erzählt mit viel Wissen, Hintergrund, Witz, Leidenschaft und Charme. Unterwegs nach Norden sind Märchen und Legenden dran, so zum Beispiel die Liebesgeschichte von Mama Cotocachi (Vulkan, 4.939 Meter hoch) und Taika Imbabura (Vulkan, 4.609 Meter hoch) und warum es in Ecuador nur noch so wenige Kormorane gibt (natürlich sind die Frauen daran Schuld). Unser erster Halt ist in Cayambe, bekannt für seine Molkereiprodukte und die „bizcochos", ein würziges Salzgebäck. Wir sind in der kleinen, winkeligen Bäckerei. Auf einem etwa zwei Meter langen Tisch liegt ein riesiger Berg Teig und um den Tisch herum sitzen Männer und Frauen, die aus dem Teig etwa fingergroße Kräcker formen und auf ein Backblech legen. Gegenüber steht ein raumhoher, gemauerter Ofen, in den von zwei Seiten 25 oder 30 Backbleche gleichzeitig geschoben werden. Natürlich haben wir die Kräcker auch gleich ofenwarm probiert. Dazu wurde eine etwa gleichgroße Käsestange gereicht, die man mit Mozzarella vergleichen kann: sehr, sehr lecker!!! So gestärkt geht es weiter zu Ecuadors größtem Markt auf dem Marktplatz von Otavalo. Jeden Samstag ist dort Hauptmarkttag. Da gibt es neben dem üblichen wochentäglichen Angebot auch noch den Markt der einheimischen Bevölkerung mit unzähligen Kochständen, den Lebensmittelmarkt und den Markt für große Tiere. Für uns leuchtet der Markt an diesem Donnerstag in tausend Farben und Mustern, Schals, Stoffrollen, dicke Decken aus weichem Alpaka, Wollteppiche, Wandbehänge mit Bildern von Indianern, Bergen und Lamas, bestickte Blusen und Kleider, Strickpullover und -jacken und, und, und …

Nicht nur die originellen Webstoffe sind eine Augenweide. Die Verkäuferinnen stehen in ihren schönen Trachten da und oft sind die Jüngsten in einem großen Schultertuch auf dem Rücken mit dabei. Was haben wir da wohl außer Staunen und Gucken gemacht? Na, ist doch klar, schließlich kann Wolfgang handeln, bis den Verkäuferinnen die Tränen kommen.

Zur Mittagspause geht es in ein einheimisches Restaurant, wo wir – nachdem Carlos uns bereits auf der Fahrt gefragt hatte, ob wir daran interessiert wären – das traditionelle Festessen der Indigenas serviert bekommen: gegrilltes Meerschweinchen. Schmeckt ähnlich wie Huhn, wirklich nicht schlecht.

Gestärkt geht es weiter nach Cotacachi, dem Lederzentrum von Ecuador. Hier gibt es ein reichhaltiges und hochwertiges Angebot von allen möglichen Lederartikeln, meist aus Rindsleder gefertigt: Jacken, Röcke, Stiefel, Schuhe, Hand- und Reisetaschen, Sättel, Schlüsselanhänger, Geldbörsen und so weiter. Es ist schon spät am Abend, als wir uns von

Sonntagsbraten der Indianer: Cuicui (gesprochen Kwikwi) oder Meerschweinchen.

Carlos und seine Veronica.

Carlos im Hotel verabschieden. Es ist ein sehr herzlicher Abschied. Wir wollen in Verbindung bleiben. Für die weitere Reise durch Ecuador werden wir jedoch einen neuen Reiseleiter bekommen.

Freitag, 12. Februar: Jaire ist unser neuer Reiseleiter, er ist im Gegensatz zu Carlos spanischer Abstammung und man merkt den Unterschied – Meerschweinchen würde er nie essen. Von Quito geht es steil hinauf auf die Hochebene, rechts und links weitere 4.500 bis 5.100 Meter hohe Berge, meist Vulkane. Jaire erzählt uns, dass der Inhaber der Bäckerei, in der wir gestern waren und die köstlichen Bizcochos gegessen haben, der örtliche Priester ist! Was es nicht alles gibt!

Auf den Höhen der Anden

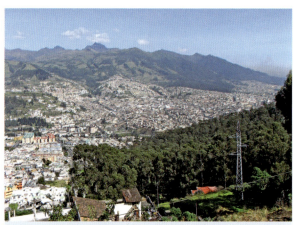
Häuser, Häuser, Häuser – auf 2.850 Metern Höhe.

Auf der Hochebene über Quito angekommen, genießen wir zum Abschied nochmals den herrlichen Blick über einen großen Teil der Hügel und Täler rund um Quito, dann fahren wir in südwestlicher Richtung weiter. Rauf und runter, links schaut manchmal der Cotopaxi (5.897 Meter) schneebedeckt aus den Wolken. Die Landschaft wechselt ständig, von sehr fruchtbarem Boden bis zu trockenen Stellen, eine riesige Hochfläche, aber fast immer mit Bewuchs. Für uns sieht das sehr heimisch aus: mal wie Allgäu, dann wie Schwäbische Alb oder Schwarzwald. Hier scheint die fruchtbarste Ecke von Ecuador zu sein. Überall riesige mit Plastikplanen überdeckte Plantagen, in denen Gemüse, Rosen und viele andere Blumen angebaut werden. Weiter rauf und runter, bis wir bei Latacunga nach Westen in die Berge abbiegen und circa 30 Kilometer fahren. Dazu brauchen wir wegen der steilen Hänge und der dürftigen Straßenverhältnisse – nein, es sind keine Straßen, meistens nur Schotterwege mit unregelmäßig verteilten Schlaglöchern – fast zwei Stunden! Wir fahren durch das Hochland der Anden. Alles wird spärlicher, auch im Bewuchs. Es ist kalt und windig. Vorbei geht es an Hütten, die aus Gras gebaut sind. An drei Seiten geht das Dach bis zum Boden und nur an der dem Wind abgewandten Seite ist ein kleiner Eingang, keine Fenster. Vereinzelt tauchen die typisch gekleideten Andenbewohner auf. Die Frauen in weiten einfarbig bunten Röcken, meist rot oder blau, eben das bekannte Inkablau, dazu ein großes Schultertuch in Kontrastfarbe und ein Hut, der wie ein Tirolerhut aussieht, aber mit Krempe und ohne Feder. Immer wieder Kinder, die uns zuwinken und die uns, wenn wir zurückwinken, mit einem strahlenden Lächeln belohnen. Wir könnten ständig anhalten, um zu fotografieren. Auf 4.000 Meter Höhe weiden Kühe, Schafe und Pferde. Es gibt auf dem kargem Boden immer noch Kartoffel- und Zwiebelanbau.

Es geht rauf und runter, eigentlich mehr rauf. Am Schluss brauchen wir auch wirklich den Vierradantrieb des Autos, um auf der Piste zurechtzukommen. Wir landen schließlich in 4.850 Meter Höhe am Rand des Kraters Quilotoa und sind überwältigt von dem Blick, der sich uns da auftut! Steil geht es vor uns in die Tiefe, vielleicht 1.000 Meter bei einem Kraterdurchmesser von drei Kilometern. Am Kraterboden sieht man über die gesamte Fläche einen See, nein, eine Lagune, die im Sonnenlicht ständig ihre Farben ändert: manchmal schwarz, manchmal alle Schattierungen von grün und am Ufer türkis. Unglaublich!

Ein paar Schritte vom Kraterrand entfernt ist ein Restaurant, in dem wir die typische lokale Kartoffelsuppe mit Avocado und gerösteten Maiskörnern essen. Danach ein 3 Millimeter dickes

Höher geht's nicht mehr – 4.800 Meter!

Steak mit Bohnen und Karotten, dazu Reis und Kartoffeln. Zum Nachtisch gibt es Ananas mit heißem Honig. Das alles für 9 US-Dollar (umgerechnet etwa 6 Euro). Wir geizen nicht mit Trinkgeld. Das Restaurant gehört der kleinen Gemeinde, die hier oben angesiedelt ist. Der gute, frische Obstsaft wirkt heftig und für Udo wird ein Gang zum stillen Örtchen fällig. Alles OK, nur kein Papier und kein Wasser in der Spülung – und nun? Er schaut mal nach draußen – Gott sei Dank, im Flur steht ein Fass mit Wasser und ein Blumentopf zum Schöpfen! Papiertaschentücher haben wir glücklicherweise auch immer dabei.

Auch hier gibt es wieder Verkaufsstände, die von Kindern betrieben werden. Da behauptet doch so ein kleiner Wicht von vielleicht 8 oder 9 Jahren, sein Name wäre Napoleon! Na ja, Napoleon Bonaparte war auch nicht viel größer.

Wir fahren zurück durch die Berge, unser Guide drückt gehörig aufs Gas. Zurück auf

Man trägt Hut.

die Panamericana, die von Alaska bis Feuerland reicht und manchmal auch nicht viel besser als ein Feldweg ist. Bei Ambato, der City of Flowers and Food (so das Schild am Ortseingang), geht es wieder ab von der Panamericana Richtung Baños. Nach einer Anzeigentafel mit der Aufschrift EN CONSTRUCCION erleben wir die bisher schlechteste Straße, nein, keine Straße, sondern eine kilometerlange Aneinanderreihung von Sand- und Steinhaufen auf beiden Seiten, die mal Fahrbahn werden sollen und in die schon viele Autos tiefe Furchen gefahren haben. Nur eine „Fahrbahn" wird benutzt, also Gegenverkehr, und da es wohl schon lange nicht mehr geregnet hat, wirbeln die Autos große und dichte Staubwolken auf, wie Nebel mit Sichtweite unter drei Meter. Vorbei am noch tätigen Vulkan Tungurahua, verschämt hüllt er sich in Wolken ein, kommen wir in Baños gegen 19:30 Uhr an und beziehen unser Hotel gegenüber einem der Wasserfälle, die Baños berühmt gemacht haben. Hier gibt es warme Quellen und der Fremdenverkehr ist eingezogen. Aber trotzdem alles noch sehr einfach!

Die Straße der Vulkane
Samstag, 13. Februar: Baños hüllt sich in Wolken, es regnet. Jaire erzählt uns, dass der Tungurahua in der Nacht während einer Eruption auch ein kleines örtliches Beben ausgelöst hätte, sein Bett habe gewackelt. Wir haben nichts davon bemerkt. Die letzte große Eruption des Tungurahua war 1989, jetzt spuckt er nur noch etwa alle 20 bis 30 Minuten eine Aschewolke aus. Nach dem Frühstück hört der Regen auf und kurz danach kommt die Sonne raus, es ist schwül und warm. Wir fahren durch die Berge zum Pailon del Diablo (Teufelstopf), einem Wasserfall, der in einen Topf aus Felsen und Steinen stürzt und sich dann in den Regenwald ergießt. Es geht durch Schluchten und unbeleuchtete Tunnel, in denen es wie in Tropfsteinhöhlen regnet. Alles ist etwas unübersichtlich, so dass Jaire beim dritten Tunnel fast in die falsche Röhre gefahren wäre. Der nächste Tunnel ist dann der Höhepunkt: eng und niedrig, keine Beleuchtung, dafür fließend Wasser von allen Seiten, keine Randbegrenzung, Fluchttunnel gibt es sowieso nicht, nur eine dichte Abgaswolke. Zum Glück sieht man nach kurzer Fahrt schon wieder Licht am Ende des Tunnels. Der ADAC hätte diesen Tunnel sofort schließen lassen, falls er sich nicht sogar geweigert hätte, überhaupt eine Prüfung durchzuführen.
Auf dem Weg zum Pailon del Diablo kommen wir noch an weiteren Wasserfällen vorbei, aber was uns dann erwartet,

Der Pailon del Diablo (Teufelstopf) bei Baños.

ist geradezu grandios. Am Eingang zum Regenwald halten wir an und besprühen uns ordentlich mit einem Mittel gegen Moskitos, und das ist auch notwendig! Wir steigen hinab durch den Regenwald, wie im Dschungel so dicht, mit wunderschönen Blumen und den herrlichsten Grünschattierungen des Waldes. Unten angekommen erwartet uns ein gigantisches Schauspiel. Der Wasserfall stürzt von weit oben in die Tiefe, alles wird von feinem Wasserstaub umgeben. Das Wasser läuft grün gefärbt aus dem Topf als reißender Bach über Felsbrocken wieder ab. Wir erklimmen eine Hängebrücke, die die Schlucht gut 100 Meter überspannt und bestaunen das Schauspiel von dort aus. Neben weiteren Hängebrücken führt auch eine wenig vertrauenerweckende Seilbahn über die Schlucht. Am Stationseingang warnt wohl deshalb ein Bild mit völlig verängstigten Menschen im Kabelkorb vor der Fahrt. Danach geht es zurück durch den Regenwald und wir fahren wieder auf der Panamericana Richtung Riobamba. Leider stehen die Vulkane in den Wolken und sind nicht zu sehen.

Wir erreichen Riobamba gegen 14 Uhr. Riobamba liegt 2.750 Meter hoch und es weht immer ein kühler Wind von den Gletschern der umliegenden Berge, insbesondere natürlich vom höchsten Berg der Anden, dem Chimborazo. Zunächst gehen wir in einem historischen Restaurant essen, hier war schon Simon Bolivar Stammgast.

In Ecuador kann man zu jeder Zeit in ein Restaurant gehen, man bekommt immer etwas zu essen, eine Nachmittagspause gibt es nicht. An dieser Stelle muss ich etwas zu der traditionellen Kartoffelsuppe sagen: Wir haben diese Köstlichkeit oft gegessen, jedes Mal war sie etwas anders zubereitet, hat aber immer hervorragend geschmeckt. Es ist eine sämige, fast dicke Suppe, mit Sahne zubereitet, darin schwimmen noch kleine Kartoffelstückchen und dekoriert wird sie mit ein paar Avocadoscheiben und als Farbtupfer ein Streifen roter Paprika darüber. Die Suppe selbst hat durch ein spezielles Gewürz, Achiote genannt, eine gelbe Farbe. Gelegentlich haben wir sie auch mit geröstetem Mais oder Graupen bekommen. Zur Feier des Tages serviert uns der Wirt noch einen Nachtisch: warme alkoholhaltige Capuligrütze. Capuli ist eine Frucht ähnlich der Kirsche, sie hat einen leicht säuerlichen Geschmack und im Unterschied zur Kirsche ist der Kern grün.

Feiertag? Was ist denn heute für ein Feiertag? Karneval! Die Menschen bemalen sich die Gesichter und besprühen sich gegenseitig mit Wasser und farbigem Schaum aus Sprühdosen. Hinterhältig sind die Wasserwerfer. Mal landet eine Wasserbombe im Genick, mal spritzt eine Wasserpistole ins Gesicht, mal wartet an der Straßenecke jemand mit einem ganzen Eimer voll Wasser oder im Hauseingang steht jemand, der den Gartenschlauch auf Passanten richtet – eine wahre Wasserschlacht!! Besonders beliebte Opfer sind die offenen Pick-Ups, auf deren hinteren Laderampen Menschen stehen, die keine Möglichkeit haben, den Attacken auszuweichen oder zu entfliehen.

Am Spätnachmittag machen wir noch einen Spaziergang zum Parque 21. April, einem etwas höher gelegenen Park, und da sehen wir sie plötzlich alle, alle aus den Wolken auftauchen: den schneebedeckten Chimborazo (6.310 Meter), den ebenfalls schneebedeckten Altar (5.315 Meter) und hier nun endlich auch den Tungurahua (5.016 Meter), der alle 20 Minuten eine dicke Rauch- und Aschewolke ausspuckt, die sich zu einem riesigen Pilz über dem Vulkan formt und dann vom Wind weggetragen wird. Ein tolles Schauspiel, das wir hier erleben!

In Ecuador gab es eine recht einfache Bahnverbindung von Quito bis Cuenca, aber Teile dieser Strecke sind nicht mehr befahrbar. Die aufregendste Strecke gibt es aber noch: von Riobamba nach Sibambe. Die Reise mit diesem Zug ist ein außergewöhnliches Erlebnis:

Der Chimborazo – 6.310 Meter hoch.

Schwindelfreiheit vorausgesetzt, geht die Fahrt mit dem Tren Mixto über die weltberühmte Narziz del Diablo (Teufelsnase). Der Bau der Bahnlinie war um die Wende des 19. Jahrhunderts eine Meisterleistung der Ingenieurkunst. Kurz nach Alausí beginnt der spektakulärste Abschnitt der Reise: Bei der Narziz del Diablo muss der Zug abwechselnd vor und zurück fahren, um den hohen, markanten Felsvorsprung zu überwinden, und das alles hoch über dem Rio Chanchán. Natürlich wollten auch wir diese Strecke befahren, sie ist aber für die Einheimischen eine wichtige Wegverbindung und für Touristen eine Attraktion und somit völlig überlaufen, da der Zug nur dreimal in der Woche fährt. Hinzu kommt, dass der eigentliche Zug momentan defekt ist und nur ein einzelner Schienenbus eingesetzt wird. Ob es für uns mit der Bahn klappt, wissen wir noch nicht. Alle arbeiten daran! Vielleicht ab Alausí?! Nein, es hat nicht geklappt, dann fahren wir halt mit dem Auto weiter, das ist mitunter auch ganz schön abwechslungsreich. Der Wagen ist klimatisiert, aber Gänsehaut kann man bei der Fahrweise auf den Straßen von Ecuador auch ohne Klimaanlage bekommen. Wir kommen an der ältesten Kirche von Ecuador vorbei, erbaut 1534. Sie ist klein und gedrungen und

Buntes Treiben auf dem Indianermarkt in Alausí.

die Mauern sind etwa 1,50 Meter dick. Die Kirche ist innen sehr schlicht und einfach, um den Altar ist aber aufwändiger Blumenschmuck. Wie sagte doch Bärbel einstmals in Malakka auf gut Schwäbisch: „se hen sich Müah gebba". Das kann man auch hier sagen. Es ist kurz nach 7 Uhr morgens und bereits Gottesdienst. In den ersten Reihen sitzen nur ein paar Gläubige, aber über Lautsprecher, der über den ganzen Marktplatz dröhnt, kann der Pfarrer noch viel mehr seiner Schäflein erreichen. Von einem älteren Ehepaar, das auch zum Gottesdienst will, werden wir freudig begrüßt, dann gehen sie in die Kirche. Dort unterbricht der Pfarrer seine Predigt und begrüßt per Handschlag die Neuankömmlinge.

Wir haben von den Menschen hier einen sehr positiven Eindruck, sie sind immer sehr freundlich, aufgeschlossen und hilfsbereit. Wir werden natürlich überall als Touristen erkannt und deshalb kommen die Menschen oft auf uns zu, um uns auf diese oder jene Sehenswürdigkeit aufmerksam zu machen, oder auch dann, wenn gerade mal ein besonderer Blick auf einen der Berge zwischen den Wolken zu erhaschen ist.

Weiter geht die Fahrt gen Süden und bei Zhud biegen wir links ab: wieder eine dieser abenteuerlichen Straßen. Wir wollen nach Ingapirca, was in der Sprache der Cañari „Steinmauer der Inka" heißt. Dort befinden sich noch Reste einer ehemaligen Inkasiedlung, der einzigen in Ecuador. Die Mauern sind aus exakt zusammengefügten großen Steinen gebaut, ohne Verwendung von Mörtel. Leider wurde ein Großteil der Gebäude über Jahrhunderte hinweg von den Einheimischen für den Bau von Häusern abgetragen und es sind nur noch Reste der Grundmauern sichtbar. Sehr gut erhalten ist aber der nach Süden ausgerichtete Sonnentempel. Es erstaunt immer wieder, wie die Menschen früher (ohne GPS!) nur durch Beobachtung der Himmelskörper die exakte Lage der Himmelsrichtungen berechnen konnten. Ganz in der Nähe erhalten wir – es ist schon kurz nach 3 Uhr – auf der gepflegten Hazienda Posada Ingapirca ein köstliches Mittagessen. Begrüßt werden wir mit einem warmen Sanguracha, einem Likör aus der Sanguracha-Blume.

Ingapirca – die einzigen Ruinen der Inka in Ecuador.

Auf der Weiterfahrt geht es mal rauf oder runter, mal verschwinden wir im Nebel der Wolken, immer so auf 2.000 bis 3.000 Meter Höhe. Die Berge kommen heute nicht so richtig raus, weil es ziemlich bewölkt ist, aber die Sonne scheint zwischendurch trotzdem intensiv! Die Straße führt durch trockenes, dann wieder sehr fruchtbares Gelände. Immer wieder auch bunte Farbtupfer der hier lebenden Indianer mit ihren unterschiedlichen Hüten und Umhängen. Hier in dieser Gegend sind es nun helle Filzhüte, deren schmale Krempe vorne hochgebogen wird. Die Frauen haben bunte Glockenröcke an, man glaubt mit 100 Unterröcken, dazu farblich im Kontrast das große Schultertuch. Auch die Frauen tragen die typischen Filzhüte. Gegen 17 Uhr erreichen wir Cuenca. Diese Stadt wurde uns von allen wärmstens ans Herz gelegt, Cuenca muss man gesehen haben.

Cuenca

Wir schlendern noch etwas durch die außergewöhnlich ruhige Stadt, die riesige Kathedrale (sie soll bis zu 10.000 Gläubigen Platz bieten) ist schon geschlossen, aber die beiden unvollendeten Glockentürme kann man trotz Einbruch der Dunkelheit gut erkennen. Der (deutsche!) Architekt hatte sich bei der Planung der Türme verrechnet, sie waren für das Gebäude viel zu schwer und konnten nie zu Ende gebaut werden. Im Restaurant „Austria" trinken wir noch ein Weizenbier – ja, tatsächlich, Erdinger Weißbier! – und gehen danach durch leere Straßen ins Hotel. Sind denn schon alle Menschen schlafen gegangen, und das um diese frühe Stunde in Südamerika? Es ist zwar Sonntag, aber das war bislang noch kein Grund, dass die Städte nicht belebt waren. Da wir wieder todmüde sind, sicher ist das die Höhenluft, die uns so schlapp macht, machen wir uns keine weiteren Gedanken und gehen auch schlafen.

Am Montag, den 15. Februar, löst Jaire das Rätsel: Heute ist der Haupttag des Karnevaltreibens in Ecuador, aber anders als bei uns. Nur mancherorts gibt es einen Umzug, doch die Gesichter der Menschen sind bemalt und die Wasserwerfer voll in Aktion. Laufend müssen wir die Straßenseite wechseln, um nicht wie begossene Pudel dazustehen. Die jungen Leute ziehen durch die Straßen oder haben Barrieren errichtet, von denen sie sich gegenseitig mit Wasserbomben bewerfen oder mit Seifenspraydosen besprühen, die man an jeder Ecke kaufen kann. Manche fahren mit einem Fass Wasser auf dem Pick-Up durch die Straßen, man muss höllisch aufpassen, aber ganz ungeschoren sind auch wir nicht davon gekommen.

Cuenca ist wirklich eine Reise wert: Eine sehr schöne Stadt mit einer wunderbar erhaltenen Altstadt. Imposante Bauten, Kirchen, Museen und vieles mehr sind zu sehen. Schwindelerregend sind die Holzbalkone der

Die Kuppeln der neuen Kathedrale in Cuenca.

Casas Colgadas (hängende Häuser). Die alten Häuser sind bis an den Rand des Felsplateaus über der Schlucht des Huecar gesetzt und die Balkone hängen in luftiger Höhe direkt über Fluss und Abgrund. Leider sind fast alle Kirchen wegen des Karnevals geschlossen, Museen sowieso (es ist Montag und daher weltweit Ruhetag für Museen) und die Geschäfte auch. Auf unserem Spaziergang durch die Altstadt, die von der UNESCO zum Weltkulturerbe erklärt wurde, kommen wir an einem absonderlich herausgeputzten Häuschen vorbei. Ein paar Kinder stehen davor und ein älterer Mann, der uns auch gleich einlädt, sein Sammelsurium im Häuschen zu bewundern. Er sammelt alles, was nicht niet- und nagelfest ist. Im Innenhof des Hauses leben neben Kanarienvögeln und Tauben auch Hühner, zwei Hunde und etliche Katzen und an der Wand finden sich die Bremer Stadtmusikanten. Jan ist Holländer und fuhr früher zur See, seine Kruschtelsammlung stammt aus dieser Zeit. Am besten hat Wolfgang das Schild an der Tür gefallen. In den vier Ecken steht: no money, no adress, no phone, no clock, und in der Mitte RETIRED. Ein paar Häuser weiter hat ein Friseur sein Geschäft geöffnet – trotz Montag. An den Wänden hängen 15 gerahmte Auszeichnungen, die sein Geschick preisen, und so nimmt Wolfgang kurzerhand auf einem Stuhl aus dem 19. Jahrhundert Platz. Kamm, Haarschneider und Scheren nimmt der Friseur aus einem elektrischen Sterilisiergerät und schon fällt die Wolle von Wolfgangs Kopf. Der Friseur lässt sich durch unser Fotografieren und Filmen nicht stören, in aller Ruhe schnippelt er an Wolfgangs Haarpracht herum. Das Ergebnis lässt sich sehen – jetzt ist Wolfgang wieder ein feiner Bubi! 3 US-Dollar verlangt der Friseur – kann das sein? Nur (umgerechnet) 2,10 Euro? Das Trinkgeld für ihn ist höher als der Arbeitslohn.

Mal was anderes als immer nur Kirchen – die hängenden Häuser von Cuenca.

Bei einigen Hotels gelingt es uns, in den zugehörigen Innenhof zu gelangen (man kann ja mal einen ganz kleinen Aperitif trinken). Herrliche Räume, heute mit einem Glasdach bedeckt, prächtige Blumengestecke und Pflanzen bis zur Decke, dazu ausgesuchtes Mobiliar – einfach schön. Besonders gut gefallen hat uns das Mansión Alcázar, wo wir kurzerhand für das Abendessen einen Tisch reservieren ließen. Neben dem geschlossenen, über mehrere Stockwerke gehenden Innenhof hat das Alcázar auch noch einen mit schmiedeeisernen Balustraden versehenen Wintergarten und einen offenen Innenhof, wunderschön bepflanzt, bunte Schmetterlinge und Kolibris sind zu sehen. Die Kultur blieb also heute etwas im Hintergrund und so sind wir fast den ganzen Tag durch Cuenca gelaufen und haben alles von außen angeschaut und die Stadt genossen. Zum Schluss gehen wir noch in eine Panamahutfabrik. Aus den jüngsten Blatttrieben der Paja-Toquilla-Palme werden einen Meter lange, feine Fasern gewonnen, die das Material für die Hüte bilden. Da diese Fasern grün sind, müssen sie zunächst gekocht und dann in der Sonne gebleicht werden, bis sie eine cremeweiße Farbe haben. Von Frauen und Jugendlichen – man braucht feingliedrige Hände für diese Flechtarbeit – werden die Rohmodelle geflochten, wobei das Material immer feucht bleiben muss. Diese Rohlinge kommen in die Hutfabrik, dort wird ihnen mit erhitzten Formwerkzeugen die dem Panamahut eigene Falte eingepresst und die letzte Form gegeben. Alle Enden der Fasern müssen in der Krempe verarbeitet werden, der Hut erhält ein dunkles Band und fertig ist ein echter Panamahut. Der ganze Prozess der Fertigung kann bis zu drei Monate dauern. Spitzenerzeugnisse dieser Hüte sollen sogar als Wasserbehälter dienen können, so dicht sind sie. Einmal einen Hut aufgesetzt, und schon sieht mich Al Capone aus dem Spiegel an. Am nächsten Tag fahren wir über Guayaquil zurück nach La Libertad. Die Fahrt geht durch einen Nationalpark und der höchste Pass, den wir erklimmen müssen, liegt auf 4.500 Meter Höhe. Es hatte die ganze Nacht über geregnet, auch jetzt nieselt es noch leicht und die Berge

Ein echter Panamahut kommt aus Ecuador.

hüllen sich weit herab in Wolken. Überall sind schroffe, vulkanische Felsen und die sonst kleinen Wasserfälle sehen wie reißende Sturzbäche aus. Die Straße ist zunächst eine gut ausgebaute Betonpiste, ändert sich dann aber schnell. Von der Betonpiste fällt man ohne Vorwarnung plötzlich runter in eine Schotterstraße, genauso plötzlich beginnt auch wieder ein Stück Betonpiste, das man mühsam erklimmen muss – gaaaaaanz langsam – und plötzlich liegen riesengroße Felsbrocken vor uns auf der Straße. Der Hang war durch den Regen in der Nacht ins Rutschen gekommen. Felsbrockenslalom nennt man das, immer mit einem Auge hoch zum Hang, ob vielleicht noch etwas nachkommt. Ein paar Kurven weiter fließt ein reißender Sturzbach quer über die Straße. Kurz anhalten und dann mit Vollgas durch, immer in der Hoffnung, dass sich noch keine allzu tiefen Schlaglöcher gebildet haben. Es geht alles gut und innerhalb von zwei Stunden fahren wir von 4.500 Meter Höhe auf das Niveau des Meeresspiegels hinab!

Guayaquil ist viel zu oft durch Erdbeben oder verheerende Brände dem Erdboden gleich gemacht worden, als dass es ein besonderes Gesicht hätte. Es ist einfach eine übliche Millionenstadt. Am Parque Bolivar steht die mächtige neugotische Kathedrale mit großen bleiverglasten Fenstern und einer schönen bleiverglasten Rosette. Für den Hauptaltar wurde Marmor aus Carrara (!) verwendet. Im Parque Bolivar macht uns ein Wärter auf große Leguane aufmerksam, die zu Dutzenden in einem Baum auf den Ästen sitzen. Sie sind völlig bewegungslos und deshalb übersieht man sie leicht.

Es ist Regenzeit – wir sehen und spüren es – und über der Stadt lastet eine drückende, schwüle Hitze. Wir verlassen die Stadt und bald geht es weiter vorbei an Reisfeldern, an Bananen- und Kakaoplantagen zurück auf die Destiny in der Marina Puerto Lucia in La Libertad.

Eine ungastliche Marina

Zurück in La Libertad stellen Wolfgang, Ingrid und Udo mit Erleichterung fest, dass auf der DESTINY alles in Ordnung ist, trotz des Schwells in der Marina. Die folgende Nacht wird sehr unruhig, obwohl Wolfgang und Henning nachts noch zwei lange Leinen ausgebracht haben, um die Yacht in ihren Bewegungen etwas einzuschränken. Außerhalb des Hafens laufen große Wellen von Norden kommend auf die Hafenmole auf, die nach Osten, wo die Einfahrt ist, offen ist. Dabei werden große Wassermengen in den Hafen gedrückt, die anschließend wieder abfließen, wodurch der Schwell im Hafen entsteht und die heftigen Schiffsbewegungen verursacht.

Neben der DESTINY liegt auf der gegenüberliegenden Seite des Steges die NOELUNA, ein Katamaran des Typs Lagoon 421 mit der französischen Familie Vermersch, die ebenfalls starken Schlingerbewegungen ausgesetzt ist. In kurzen Abständen laufen die beiden Katamarane mit heftigen Stößen gegen den gemeinsamen Steg. Zum Schutz vor Beschädigungen sind alle Fender zwischen Boot und Steg ausgebracht, die bei jeder Bewegung aufs Äußerste zusammengepresst werden.

Katrin und Henning brechen zum Großeinkauf auf, während Wolfgang und Udo die Gasflasche ausbauen und sie zum Füllen wegbringen. Dann holen sie per Kanister 100 Liter Diesel, um zum Tanken nicht vom Steg ablegen zu müssen. Der Diesel kostet im Hafen für Einheimische 1,25 US-Dollar pro Gallone (= 3,785 Liter) und für Ausländer 3,90 US-Dollar! Henning und Katrin kommen mit dem Einkauf zurück und, sparsam wie sie sind, beschließen sie, die inzwischen in den Tank der DESTINY entleerten Kanister in ein Taxi zu laden und außerhalb des Hafens zu tanken. Aber sie haben die Rechnung ohne den Wirt gemacht! Als sie auf dem Rückweg die an der Tankstelle aufgefüllten Kanister in die Marina schmuggeln wollen, werden sie an der Einfahrt angehalten und bekommen mächtig Ärger mit der Wache. Nach endlosem Disput bleibt ihnen nichts anderes übrig, als die Dieselvorräte wutentbrannt wieder zur Tankstelle zurückzuschaffen. So streng sind die Bräuche hier! Immerhin, der Tankwart nimmt den Diesel anstandslos zurück, offenbar kannte er das Thema schon. Also gehen Wolfgang und Udo nochmals zur Tankstelle im Hafen und zahlen in Gottes Namen die 3,90 US-Dollar pro Gallone.

Der Schwell im Hafen hat in der Zwischenzeit noch zugenommen. Der Längssteg entlang der Hafenmole ist gut mit 10 Meter langen beweglichen Eisenträgern zum Festland gesichert. An diesem Längssteg sind kleine, etwa 6 Meter lange „Finger" im rechten Winkel montiert, zwischen denen jeweils zwei Boote Platz haben. Diese Finger müssen die gesamten Kräfte aushalten, die die Yachten durch den Schwell verursachen, und die sind gewaltig! Mit den

Dimensionen hat sich der Konstrukteur wohl gehörig verrechnet. Der Zustand des Stegs ist bedenklich und er droht auseinanderzubrechen. Die DESTINY zieht mit ihren ruckartigen Bewegungen den Finger nach rechts und die NOELUNA nach links. Die Schweißnähte der querliegenden Eisenträger sind schon großflächig gebrochen und die Gefahr nimmt zu, dass diese Träger sich bei völligem Bruch in die Schiffsrümpfe bohren. Also beschließt die Crew, den Hafen noch vor Einbruch der Dunkelheit zu verlassen und draußen vor Anker zu gehen. Dort ist die Dünung der See weitaus angenehmer zu ertragen und es herrscht ohne die heftigen Stöße, ohne das ständige Zerren der Festmacherleinen und ohne das Donnern des Rumpfes an den Steg wieder Ruhe auf dem Schiff. Zwei weitere WorldARC-Yachten haben die Marina ebenfalls verlassen und ankern neben der DESTINY. Aber wie sehen die Festmacher aus?! Sie sind voll mit dickem, klebrigem Öl und die Mannschaft muss sich als erstes daran machen, die Leinen mit Schrubber und Bürste, Seife und Spiritus zu reinigen, ein mühseliges Geschäft! Sie sind so verschmutzt, dass am Ende nichts anderes übrig bleibt, als einen Teil davon wegzuwerfen.

Donnerstag, 18. Februar: Um 12 Uhr ist der Start zur zweiten Regatta von La Libertad zu den Galápagos. Um 11:45 Uhr gibt der Skipper das Kommando Anker auf, dann werden Segel und Genua gesetzt und die DESTINY setzt sich in Richtung der Startlinie in Bewegung. 16 weitere Konkurrenten sind mit am Start. Zwei Yachten sind noch zu Reparaturzwecken an Land aufgebockt, die CHESSIE ist nach wie vor in Panama, auf Ersatzteile wartend, und einige sind schon von Panama aus direkt zu den Galápagos aufgebrochen.

Wie bei Wolfgang üblich, ist die DESTINY unter den Ersten, die mit dreimaligem Hupen exakt mit dem Schuss über die Startlinie geht. Einen Nullstart nennt man das unter Regattaseglern.

Start vor Salinas zu den Galápagos.

Delfine, Wale und anderes Getier

Der Wind meint es gut mit der Flotte und die Destiny hält sich wacker im vorderen Drittel bei südwestlichem Wind zwischen 10 und 12 Knoten. 550 Seemeilen bis zu den Galápagos liegen vor ihr. Nachdem der Wind ein wenig raumt, wird die Genua gegen den 100 Quadratmeter großen Code Zero getauscht, ein übergroßes Vorsegel, das bei halbem oder raumem Wind zum Einsatz kommt.

Am nächsten Tag erwartet die Besatzung ein besonderes Naturschauspiel in Gestalt einer großen Herde von Delfinen. Die alten, ausgewachsenen Delfine sind direkt neben der Yacht, springen übermütig einzeln oder in Dreier- oder Viererreihen oder auch hintereinander aus dem Wasser, machen einen Bogen in der Luft, um dann wieder mit dem Kopf voraus ins Wasser einzutauchen. Weiter draußen sind Jungtiere, die in ihrem Übermut Hochsprung üben. Sie schießen drei bis vier Meter hoch aus dem Wasser, die Schwanzflosse schwingt durch die Luft und dabei drehen sie sich noch akrobatisch, als ob sie Pirouetten üben wollten. Das gelingt natürlich nicht immer und die Mannschaft hat viel zu lachen. Diese Art von Delfinen nennt man Spinner Dolphins (stenella longirostris), vom englischen „to spin", schnell drehen, herumwirbeln.

Das Gebiet zwischen dem Festland von Südamerika und den Galápagos scheint überhaupt sehr fischreich zu sein. So erzählte die Crew der Ronja, dass sie am Morgen des 20. Februar durch ein lautes *phuuuuu* geweckt wurde. Etwa zehn ausgewachsene Wale schwammen mit ihrem Nachwuchs in unmittelbarer Nähe der Yacht. Zwei der großen Wale hoben den Kopf aus dem Wasser, beäugten die Ronja und schwammen auf sie zu. Jeder der beiden war um einiges größer als die Ronja und der Crew stockte der Atem, doch kurz vor dem Zusammenstoß kehrten beide Wale um und schwammen zu ihrer Gruppe zurück. Große Erleichterung breitete sich auf der Ronja aus.

Das Seegebiet zwischen der Küste von Ecuador und den Galápagos erweist sich für die Destiny als ein Schwachwindrevier. Während anfangs noch brauchbarer Wind für ein zügiges Vorankommen sorgte, musste dann gegen Ende streckenweise motort werden. Den anderen Teilnehmern ging es ebenso, sie vermerkten in der Rallye Declaration, die am Ende einer jeden Regatta-Etappe bei der Rallyeleitung abzugeben war, teilweise 40 bis 45 Motorstunden, während die Destiny mit knapp 12 Stunden unter Motor dieses Mal noch glimpflich davonkam. Da es auf dieser Rallye rund um die Welt ganz ohne Motor nun einmal nicht geht, ist motoren erlaubt, wird aber mit einem Zeitzuschlag bestraft. Übrigens, um den unterschiedlichen Geschwindigkeitspotenzialen der Yachten Rechnung zu tragen, wurden diese nicht nur in mehrere Klassen eingeteilt, sondern jede Yacht erhielt zu Beginn der

Rallye ein individuelles Handicap, das leider die Destiny mit einem TCF (Time Correction Factor) von 1,096 nicht gerade begünstigte. Das Erlebnis der Ronja mit den Walen noch im Hinterkopf, übernimmt Udo am Abend die erste Wache. Der Wind kommt immer noch von Südwest mit 14 Knoten und die Destiny segelt mit gut sechs Knoten in die Nacht. Alles schläft, Udo ist am Ruder, als plötzlich das Echolot Tiefenalarm schlägt! Irgendetwas ist unter dem Rumpf, aber Grund kann es natürlich nicht sein, so weitab vom Land. Sechs Meter, vier Meter, 3,5 Meter, 3,1 Meter, 3,1 Meter, unverändert, unverändert, um Gottes willen, hier kann doch nichts sein! Schnell zum Kartentisch, die Karte zeigt 2.000 Meter Wassertiefe, der Kartenplotter zeigt auch nirgends Untiefen. Es kann nur ein U-Boot oder ein großer Fisch sein, der unter der Destiny mitschwimmt und das Echolot zur Anzeige bringt! Das geht weitere fünf Minuten so, dabei geht das Objekt mal auf sieben Meter runter, danach wieder auf 3,1 Meter. Langsam wird es Udo unheimlich, er fällt um 10 Grad vom Kurs ab. Der Fisch, wenn es denn einer ist, ist weg. Nein, ein paar Sekunden später ist er wieder da! Neun Meter, sieben, fünf und wieder 3,1 Meter! Langsam wird es zum Sport! Udo luvt ein Grad an, er ist weg, fünf Sekunden später wieder da. Udo fällt noch einmal ein Grad ab, er ist weg, fünf Sekunden später wieder da! Das geht ein paar Mal so, dann lässt Udo das Vieh einfach mitschwimmen in der Hoffnung, dass es kein Wal ist, der die Destiny plötzlich hochhebt! Nach 25 Minuten ist das Spektakel vorbei. Der Wind dreht und nun muss Udo 15 Grad abfallen, aber er ist weg und kommt auch nicht wieder! Irgendwie ist es Udo jetzt wieder wohler. Wolfgang, der die nächste Wache hat, erklärt ihm, dass Fische durchaus vom Strahl des Echolots in die Tiefe angezogen werden können und unter Umständen dabei aggressiv reagieren. Na ja, noch mal gut gegangen, Udo kriecht erleichtert in die Koje!
Die Tage vergehen ohne besondere Ereignisse. Äolus ist den Seglern wohl gesinnt, wenngleich er ab und zu müde wird und dann der Motor zu Hilfe genommen werden muss. Wenn nichts zu tun ist, liest oder schläft die Mannschaft, ausgenommen natürlich der Rudergänger. Wem es langweilig wird, der macht die Angeln klar und fragt nach den Fangwünschen. Dorade wäre nicht schlecht, am besten gleich filetiert. Die Sonne scheint, es ist angenehm warm, das Meer schimmert in tiefem Blau, der Passatwind schiebt mit sieben Knoten. Ein herrlicher Tag – eben Blauwassersegeln!
Nach wie vor liegt die Destiny im vorderen Drittel der Boote, wie die Positionsangaben im täglichen Roll Call erweisen. Einige Schiffe sind schon im Ziel. Achtern läuft Lady Lisa auf und voraus liegt die Thor VI, beide in Sichtweite, etwa drei bis vier Seemeilen entfernt.
Udo versucht zwischendurch, eine Locro Papa herzustellen, die köstliche ecuadorianische Kartoffelsuppe, die mit Achiote, einem Gewürz in Form von Körnern aus kleinen, roten Schoten, gelb getönt und cremig mit einem Viertel einer Avocado, gerösteten Maiskörnern und etwas zerlaufenem Käse serviert wird. Die ersten Schwierigkeiten stellen sich ein: wie verarbeitet man die roten Achiotekörnchen? Es wird beschlossen, sie einfach mit heißem Wasser aufzubrühen, mit der Gabel so weit wie möglich zu zerkleinern und durch einen Kaffeefilter abzugießen, weil sie sich nicht ganz zerkleinern lassen. Der erste Versuch geht

ganz gut, nur den Käse in der Suppe hat Udo vergessen. Das stellen die Tischgäste aber erst fest, als sie die Suppe aufgegessen haben! Der nächste Versuch gelingt besser. Nur zur Erklärung, nicht um dem Geschehen vorzugreifen: Auf der Rückreise nach Europa treffen sich Wolfgang, Ingrid und Udo in Quito nochmals mit Carlos und seiner Frau Veronica, denen sie das Problem mit dem Achiotegewürz erzählen. Beide schauen sich ganz verdutzt an: Man gibt doch einfach ein Paar Körner Achiote in etwas warmes Öl, lässt es eine Zeit stehen und das goldgelb gefärbte Öl kommt in die Suppe, ist doch klar, oder?

Gegen Abend setzt leichter Regen ein. Wolfgang übernimmt die erste Wache, danach ist Henning an der Reihe und am Schluss werden wohl alle wieder an Deck sein, denn ein Landfall (das Ankommen) ist immer spannend! Der Regen nimmt zu, ebenso der Wind und so muss kurzzeitig das zweite Reff eingebunden werden. Im Gewitter muss die Destiny vor Erreichen der Insel gegen einen Strom aus südlicher Richtung anlaufen, jetzt schiebt der Strom von hinten mit 1,5 Knoten um die Insel nach Norden. Um das letzte Stück zur Ziellinie nicht gegen den Wind aufkreuzen zu müssen, startet Wolfgang die Motoren. Um 3:11 Uhr überquert die Destiny die Ziellinie vor Baquerizo Moreno auf San Cristóbal, vorbei an der roten Tonne, die schon seit geraumer Zeit den Weg weist und alle sechs Sekunden aufleuchtet. Über UKW-Sprechfunk, Kanal 77, meldet sich niemand, die Herrschaften von der Rallyeleitung schlafen wahrscheinlich alle! Also setzt Wolfgang eine E-Mail ab, um die Ankunft und die Zeit des Zieldurchgangs zu melden.

Auf dem Weg zu den Galápagos.

Im Reich der Seelöwen

Der Anker fällt in der Wreck Bay vor Puerto Baquerizo Moreno etwa 200 Meter vom Ufer entfernt. Sieben WorldARC-Schiffe liegen schon da und viele kleine und große Fischerboote. Segel und Krimskrams sind schnell verstaut und todmüde von der Überfahrt liegt die ganze Mannschaft bald in der Koje. Undefinierbare rülpsende Geräusche kommen aus der Nacht – aber nicht von Bord!

Ingrid kann nicht einschlafen und hört Geräusche ähnlich einem *schlapp, schlapp* und *polter, polter* und dann die Stimme von Udo: „Hau ab, das ist unser Schiff, wir wollen hier keine Übernachtungsgäste ... hau ab, wir wollen dich auch nicht auf dem Cockpittisch!" Da ist doch tatsächlich ein Seelöwe an Bord gekrochen und dachte, er könne auf den Polstern der Bank oder gar auf dem Tisch gemütlich schlafen. Udo klatscht in die Hände und macht Lärm, erntet aber nur ein dumpfes Knurren von dem Seelöwen. Schließlich gelingt es ihm doch, das Tier davon zu überzeugen, wieder ins kühle Nass zu gehen. Am nächsten Tag hört die Crew von der NOELUNA, dass bei ihr acht (!) Seelöwen im Cockpit lagen. Um Ruhe vor den nicht gerade nach Chanel riechenden ungebetenen Gästen zu haben, werden die beiden Heckplattformen verbarrikadiert. So kann kein neugieriger Seelöwe mehr ins Cockpit einsteigen.

Die DESTINY liegt in einer großen Bucht mit klarem, blauem Wasser. Nach dem Frühstück muss erst auf die Erlaubnis, an Land gehen zu dürfen, gewartet werden. Ivon, eine junge ecuadorianische Agentin, die hervorragend Deutsch spricht, kommt mit einer Beamtin vom Zoll und einem Polizeibeamten an Bord. Die Einklarierungsprozedur ist wieder bestens von der Rallyeleitung vorbereitet: Der Skipper unterschreibt ein paar Formulare und die Beamtin vom Zoll besichtigt die Yacht. Die Obst- und Gemüsevorräte werden argwöhnisch kontrolliert. Wenn etwas darunter sein sollte, was den Beamten suspekt vorkommt, wird es konfisziert und vernichtet. Hätte die Mannschaft das vorher gewusst, wären natürlich die ganzen Vorräte säuberlich gewaschen worden, auch wenn frisches Obst nach dem Waschen wesentlich schneller verdirbt. Deshalb wäscht man es bekanntlich erst kurz vor dem Verzehr. Die Beamtin lässt sich auf ihrem Rundgang begleiten und alle Türen und Schubladen öffnen, damit sie ihre Kontrollen durchführen kann. Zum Glück ist nur noch ein kleiner Vorrat an Obst vorhanden und kein Fleisch mehr an Bord. Trotzdem lässt sie sich schriftlich versichern, dass, sollte doch noch etwas Verderbliches an Bord sein, alles vorschriftsgemäß entsorgt wird. Zum Schluss werden die Pässe eingesammelt, um für die Ausweise, die zum Eintritt in den Nationalpark berechtigen, Farbkopien anzufertigen. Dafür bezahlt jeder 100 US-Dollar und zehn US-Dollar „Kurtaxe". Die Agentin händigt der Crew zum Abschluss eine ganze Reihe von Prospekten aus, über Ausflüge auf der Insel, wo man Wäsche waschen lassen kann, über Restaurants und so weiter.

Endlich, erster Landausflug. Da man am Anleger mit dem Dingi nur eine halbe Stunde festmachen darf, kommt ein Wassertaxi zum Einsatz (ein halber US-Dollar am Tag und ein US-Dollar bei Dunkelheit). Die Mannschaft traut ihren Augen nicht, auf vielen Schiffen, an denen sie vorbeikommen, liegen schlafende Seelöwen. Und dann erst an Land! Es wimmelt vor Seelöwen, am Steg, auf dem Anleger, auf dem Boden, auf den Bänken, man kann kaum auftreten. Der Respekt vor diesen teilweise mehr als mannsgroßen, kompakten Tieren ist erheblich. Doch die wollen gar nichts von den Besuchern, wenn sie ihnen nur nicht auf die Zehen, besser gesagt, Flossen treten. Sie liegen herum, schlafend, mal brüllt einer, aber das kann ja auch im Schlaf sein, und stinken vor sich hin. Niedlich sind die Seelöwenbabys: Neugierig kann da schon mal eines angewatschelt kommen, aber die Seelöwenmama passt auf und bleibt immer in der Nähe.

Faulheit lass nach – Seelöwe in San Cristóbal.

Zuerst heißt es, Rallye Control aufzusuchen. Paul, Suzana und Nick empfangen die Segler wie immer freundlich und hilfsbereit. Natürlich sind die Ausweise für den Nationalpark noch nicht da, aber wenigstens eine Ersatzbescheinigung. Nun kann das Abenteuer Galápagos beginnen.

Es ist drückend schwül, also erst mal ein Cerveza. Auf dem Weg zur nächsten Kneipe wird die Crew von einem korpulenten Reiseleiter angesprochen, ob sie nicht eine Halbtagestour über die Insel buchen möchte mit anschließendem Abendessen, kostet nur 50 US-Dollar pro Person. Natürlich möchte sie das! Der Dicke lässt sie noch schnell das Cerveza austrinken und dann steht auch schon ein Taxi mit Guide bereit. Ein Taxi ist hier ein Pick-Up mit vier Sitzen im Wageninneren. Auf der Ladefläche werden Anhalter, die am Wegesrand stehen und winken, mitgenommen. Sie springen dann auf und klopfen an die Scheibe, wenn sie wieder absteigen wollen.

Zugleich mit der DESTINY-Mannschaft haben auch Casey, Holly und Heidi von der WILD TIGRIS die Halbtagestour gebucht. Beide Autos starten als Konvoi. Es fängt an zu nieseln, als die Pick-Ups den Ort verlassen. Die Bepflanzungen am Straßenrand sehen nach bewirtschafteten Plantagen aus: Bananen, Papaya, immer wieder blühende Bougainvillea, Hibiskus und Frangipani.

Es regnet. Das Gelände steigt leicht an, vorbei geht es am saftigen Grün von Büschen und Bäumen, ja fast schon einem Regenwald ähnlich. Nach kurzer Zeit hält der Fahrer an einer Schildkrötenfarm.

Der Regen wird stärker. In einer Hütte am Eingang gibt es Erläuterungen über die Schildkrötenfarm: Die Schildkröten legen ihre Eier in den Sand an der Küste. Die Nester werden bewacht, bis die kleinen Schildkröten schlüpfen, die eingesammelt und zur Farm gebracht werden, wo sie die ersten Jahre verbringen, bis sie so groß sind, dass sie nicht mehr zu einer leichten Beute für andere Tiere, insbesondere für die Vögel, werden. Dann erst werden sie ausgesetzt und in die Freiheit entlassen.

Wer sein Haus auf dem Rücken trägt, dem kann der Regen nichts anhaben.

Nun hat der Himmel seine Schleusen geöffnet: Es gießt in Strömen. Über einen breiten Holzsteg laufen die Besucher an den kleinen Schildkröten vorbei zu den großen Wasserpfützen, wo mächtige ausgewachsene, wohl schon an die 100 Jahre alte Schildkröten im Schlamm liegen. Die Schildkröten kümmern sich weder um den Regen noch darum, was um sie herum geschieht, und die Destiny-Besatzung hat eigentlich auch kein großes Interesse, die Schildkröten länger zu beobachten, denn sie ist bereits völlig durchnässt. Nur schnell ein paar Fotos schießen. Zwischenzeitlich schüttet es bereits aus Kübeln, alle stehen da wie begossene Pudel, zum Auswinden klitschnass!

Also jetzt reicht es aber mit dem Regen!

Ganz schnell zurück ins trockene Auto. Genau in diesem Augenblick hört der Regen wieder auf. Der Fahrer schlägt den Weg zur Küste ein, wo auf großen, schwarzen Lavabrocken unzählige kleine und große Echsen und Leguane liegen. Über die Steine geht es ganz, ganz nahe zu den Leguanen, die völlig starr auf den Steinen liegen und schlafen – oder haben sie vielleicht doch ihre Augen offen? Jedenfalls sind die Touristen für sie völlig uninteressant, sie blinzeln nicht mal mit den Augen. Es ist schon erstaunlich, wie nahe man auf die Tiere zugehen kann, sie haben überhaupt keine Angst. Hier, wie auch später überall auf den anderen Galápagosinseln, kann man Fotos von den Tieren in Nahaufnahme machen. Der leichte Wind und die warme Luft trocknen die Kleidung im Handumdrehen. Weiter geht es am Strand entlang zu einer Bucht, wo bereits eine Schar Menschen bis zu den Knien im Wasser steht. Um die Beine herum tummeln sich junge Seelöwen, sie spielen, springen aus dem Wasser, gleiten über die Steine und jagen sich. Auch die Segler von der DESTINY sind sehr schnell mit nackten Füßen im Wasser und beobachten die flinken Tiere aus allernächster Nähe.

Alex, der Fahrer, bringt die Gruppe auf guten Straßen ins Landesinnere. Es geht nach Norden zum höchsten Punkt der Insel, dem Punto Pitt, einem über 300 Meter hohen Vulkan. Die Vegetation erinnert an St. Lucia. Etwas enttäuschend ist der nächste Halt vor einem Vulkankegel, in dessen Krater sich ein kleiner See befinden soll. Am Fuße des Kraters hält Alex an und fragt, ob jemand Lust hat, eine Viertelstunde nach oben zu laufen. Die Heizung im Pick-Up ist so schön warm und die Fahrgäste sind gerade wieder trocken und aufgewärmt,

Sieht gefährlich aus und ist doch so harmlos.

Muntere Seelöwenkinder.

also hält sich das Interesse in Grenzen. Es wird beschlossen weiterzufahren. Jetzt geht es zum schönsten Aussichtspunkt der Insel, aber außer Regen und dichten Wolken ist nichts zu sehen! Zur Aufmunterung pflückt Alex eine Frucht von einem Baum, die nach Rosen riecht und auch so schmeckt. Gegen 17 Uhr ist die Gruppe wieder zurück in Baquerizo Moreno und genießt ein Abendessen in einem kleinen Restaurant am Hafen, Shrimps in einer Kokosnusssauce mit Reis und Gemüse, köstlich! Alle sind sich einig: trotz des Regens war es ein wunderbarer Tag.

Etwas verspätet, aber pünktlich zur Happy Hour, erreichen Wolfgang, Ingrid und Udo das Hotel, wo Paul und Suzana ihre Zelte, sprich: das WorldARC Office, aufgeschlagen haben, Was äußerlich so feucht begonnen hat, endet auch innerlich mit Feuchtigkeit, Prost!

Zurück an Bord werden alle Luken zum Schutz gegen Moskitos mit Mückengittern verschlossen und die Eingangstür mit dem von Udo gebastelten Moskitoschutz, einem leichten, winddurchlässigen Gazetuch, das mit Klettband befestigt wird, zugehängt. Henning und Katrin vergnügen sich noch an Land.

Am nächsten Morgen erzählt Udo: „Gegen 21:30 Uhr fing es an zu regnen und wenig später goss es in Strömen. Weil alle Luken verschlossen waren, wurde es unter Deck drückend heiß. Es gewitterte, von Ferne war das Grollen des Donners zu hören. Also bin ich, nachdem der Regen aufgehört hatte, aufgestanden. Ich ging nach draußen, um alle Luken wieder zu öffnen, traute aber meinen Augen kaum. Wieder saß ein Seelöwe mittlerer Größe in aller Seelenruhe auf der Bank im Cockpit! Mir schoss die Vorstellung durch den Kopf: Wenn der jetzt in den Salon kommt und womöglich die Treppen runter in einen der Rümpfe plumpst, den kriegen wir hier nie mehr raus! Also fing ich an aus Leibeskräften zu schreien und klatschte in die Hände! Erschreckt flüchtete der Seelöwe in Richtung Heckplattform. Dort angekommen schaute er mich an, ob ich mir's nicht doch noch mal überlegen würde. Ich hatte aber keine Nachsicht, erinnerte mich an die großen Haufen auf der Promenade in Baquerizo Moreno und machte so lange weiter Krach, bis er schließlich aufgab und im Meer verschwand! Ich legte mich dann in den Salon und hielt Löwenwache, bis Henning und Katrin von ihrem Landgang zurückkamen und wir wieder die beiden Badeleitern an den Heckplattformen als Absperrung hochstellten, um weitere Besuche zu verhindern."

Wie von Einheimischen zu hören ist, hat es während der letzten sieben Jahre nicht so stark geregnet wie am gestrigen Tage und in der Nacht. Weil die Sturzbäche vom Himmel enorme Mengen an Erde ins Meer gewaschen haben, ist die ganze Ankerbucht gefüllt mit einer gelbbraunen Brühe, auf der Blätter,

Ein Anfang fürs Frühstück ist gemacht.

Zweige, Plastiktüten und Unrat schwimmen. Leider hält das schlechte Wetter an, fast bis zu dem Tag an dem die Destiny die Galápagos verlässt. Der nächste Morgen ist also wieder grau. Ein Pelikan kommt an Bord, lässt sich im Bugkorb nieder und wartet darauf, dass er mit frischem Fisch gefüttert wird. Wenn man bedenkt, dass so ein Vogel mehr als 10 Kilogramm Fisch in seiner Schnabeltasche verstauen kann, wäre das ein großer Aufwand für die Mannschaft. Enttäuscht fliegt er davon, nicht ohne eine gehörige Portion seiner zuletzt verdauten Mahlzeit zurückzulassen.

Wassersport

Für heute haben Wolfgang, Ingrid und Udo eine Tour zum Kicker Rock mit Schnorcheln gebucht, organisiert von Paul, Nick und Suzana. Wieder geht es mit dem Wassertaxi zum Hafen, wo ein Dutzend weitere WorldARC-Segler auf den Ausflugskatamaran warten. Das Wetter ist ein bisschen besser geworden. Der Katamaran fährt die Küste entlang, an zahlreichen Vogelbrutstätten vorbei zum ersten Schnorchelplatz. Eine junge Ecuadorianerin erklärt die Vogel- und Fischwelt und erteilt Anweisungen für das Schnorcheln. Alle springen vom Schiff ins Wasser, eine Badeleiter gibt es nicht, die Reiseleiterin macht den Anfang und der Kapitän den Schluss. Udo nimmt seinen ganzen Mut zusammen, für ihn als Anfänger ist das Schnorcheln etwas ganz Neues. Die Schnorchler sehen Kofferfische, Schildkröten, Rochen, eine kleine Seeschlange und viele, viele Fische. Nach einer halben Stunde geht es zurück zum Boot, bloß, wie kommt man an Bord? Das geht so: Man schwimmt an das Heck, dreht sich um, streckt die Arme nach oben und wird von Kapitän und Steuermann an den Armen hochgezogen und aufs Boot gesetzt! Nach einem zweiten Schnorchelgang geht's hinaus zum Kicker Rock, dem León Durmiente oder schlafenden Löwen, einer steil aus dem Meer aufragenden Felsklippe, wo nochmals eine Schnorcheltour stattfinden soll. Eine halbe Stunde braucht das Schiff bis zu dem beeindruckenden Felsen aus Lava, der 130 Meter senkrecht aus dem Meer aufsteigt. Vorsichtig nähert sich der Katamaran der Felsklippe, um in kaum 10 Metern Entfernung den Schlafenden Löwen zu umrunden. Dabei erkennt man, dass der Felsen in drei Stücke gespalten ist. Dazwischen strömt gurgelnd und platschend, wie durch einen Kanal, das Meer hindurch. Die junge

Kicker Rock.

Führerin erklärt, dass hier der beste Platz zum Schnorcheln und vor allem zur Beobachtung von Haien sei. Sie bildet die Spitze der Formation, keiner darf ihr vorausschwimmen. Der Kapitän schwimmt am Schluss mit einem Rettungsring! Für 12 Personen nicht allzu viel, aber es wird schon nichts passieren. Auch Udo, der eigentlich mit Ingrid, dem Bootsführer und zwei weiteren Personen an Bord bleiben wollte, fasst Mut, als alle anderen ins Wasser springen und schließt sich den Schwimmern an. Das Boot fährt in der Zwischenzeit um den Felsen, um die Schwimmer auf der gegenüberliegenden Seite wieder aufnehmen.

Udo hat seine liebe Mühe und Not beim ungewohnten Schnorcheln. Mal verliert er den Schnorchel, mal dringt ihm Wasser in die Taucherbrille und immer wieder taucht er hustend, prustend und spuckend auf. Mit Mühe hält er Anschluss an die Gruppe, die sich gegen die Strömung vorankämpft. Der Strom wird immer kräftiger und Udo paddelt mit den Flossen wie ein Besessener. Unter ihm in der Tiefe sind ein oder zwei Dutzend Haie, darunter auch Hammerhaie, die träge dahingleiten, und rundum Tausende von Fischen in allen Farben. Udo rudert und paddelt, was das Zeug hält, kommt aber kaum vorwärts. Das Herz schlägt ihm bis zum Hals, eine leichte Panik ergreift ihn, er schluckt Wasser und versucht, konzentriert zu atmen. Er sagt sich selbst: „Jetzt bloß keine Panik, ruhig atmen, ruhig atmen!" Zentimeterweise kommt er vorwärts und das Schiff ist noch so weit weg, so weit. Die Fische unter, über oder neben ihm interessieren ihn schon lange nicht mehr, er will nur noch zum Boot – bloß, wo ist das Boot?!

Es ist abgetrieben und muss nun einen neuen Anlauf nehmen, um zum Sammelplatz zu kommen. Udo kämpft Meter um Meter, endlich schafft er es, in die Nähe des Schiffes zu kommen, wo ihm der Bootsführer eine Leine zuwirft. Sie schwimmt nur einen halben Meter vor ihm, aber wegen der Strömung braucht er mehr als 20 oder 30 Schwimmzüge, um sie endlich zu ergreifen. Zurück an Bord bleibt er erschöpft sitzen. Er hat zum ersten Mal in seinem Leben seine Grenzen kennengelernt! Für einen unerfahrenen Schnorchler wie ihn, mit defekter Schnorchelausrüstung, war das eine lebensgefährliche Situation. Wolfgang kommt locker an Bord, begeistert von dem, was er gesehen hat. Casey dagegen, der Amerikaner von der WILD TIGRIS sagt nur, als er wieder zu Atem gekommen ist: „Oh my god, oh my god!"

Nach dem Schnorchelausflug bringt der Katamaran die Gruppe zurück zur Küste, wo an einem Sandstrand der Anker ins Wasser geworfen und Rast gemacht wird. Es gibt zu essen und zu trinken, Udos Appetit hält sich in Grenzen. Die meisten Ausflügler machen nochmals einen Strandspaziergang. Die Wellen und der Wind haben in der Zwischenzeit enorm zugenommen. Der Katamaran treibt ab, auf das Ufer zu. Die beiden je 200 PS starken Außenbordmotoren sind hochgeklappt, einer steckt schon im Sand und das Boot treibt auf die Felsen am Strand zu. Udo und dem Kapitän gelingt es, den Katamaran an der Ankerleine ins tiefe Wasser zu ziehen. Nach einer Viertelstunde ist das Boot wieder frei. Inzwischen sind alle an Bord, aber einer der beiden Motoren lässt sich nicht mehr absenken! Unter langsamer Fahrt geht es zurück in den Hafen, dort werden die Ausflügler,

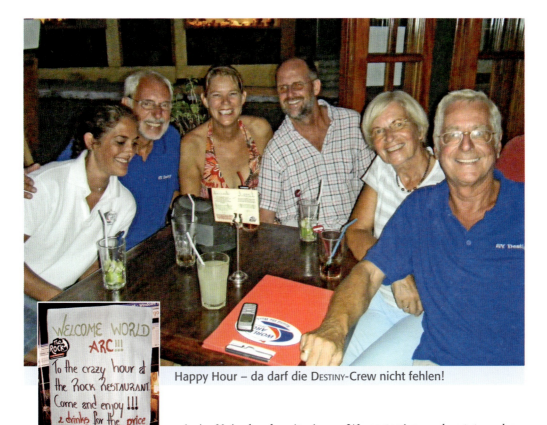

Happy Hour – da darf die DESTINY-Crew nicht fehlen!

wie in Helgoland, mit einem Wassertaxi ausgebootet und an Land gebracht. Jetzt muss erst einmal ein kräftiger Schluck her, um den Salzgeschmack aus Mund und Rachen zu spülen, also ab ins WorldARC-Hauptquartier, wo, welch glücklicher Zufall, gerade wieder Happy Hour ist! Kaum dort angekommen, taucht Jan von der RONJA auf, der sich bereitwillig der beiden Laptops von Wolfgang und Udo annimmt, um das Internet wieder einzurichten. Bei Wolfgangs PC schafft er es, bei Udos PC mit dem neuen Betriebssystem Windows 7 streicht auch er die Segel. Zusammen mit der Crew von der WILD TIGRIS, Casey, Holly und Heidi, der Crew von der CRAZY HORSE, Bill und Rosemary, und Jim von der OCEAN JASPER lassen Wolfgang und Udo den Tag ausklingen und verbringen gemeinsam einen netten Abend!

Auf dem Rückweg zum Bootsanleger geht es auf der Promenade am Strand entlang. Dort haben sich Hunderte von Seelöwen versammelt, um die Nacht an Land zu verschlafen. Sie liegen überall, kleine, große und schlafen oder dösen vor sich hin. Mal in Rücken-, mal in Seitenlage und die Jungen watscheln manchmal über die Leiber der Großen und werden dann mit gewaltigem Gebrüll zurechtgewiesen. Ständig ist Bewegung in dem Rudel, irgendeinem passt immer irgendetwas nicht und das wird dann lautstark verkündet, bevor wieder die Ruheposition eingenommen wird. Einer liegt mitten auf einer Bank und fährt

Schlafzimmer der Seelöwen.

Ach, sind wir müde ...

Wolfgang an, als der sich zu ihm setzen möchte: Hau ab, das ist meine Bank! Man könnte dem Schauspiel stundenlang zusehen und Fotos machen. Spät in der Nacht, Mitternacht ist schon vorüber, meldet sich Rallye Control über UKW-Sprechfunk mit der Bitte, der DREAMCATCHER, jener Hallberg Rassy, von der schon die Rede war, zu helfen, denn die hat einen Motorschaden und muss in den nächsten Stunden, notgedrungen unter Segel, in die Ankerbucht einlaufen und dort vor Anker gehen. Henning macht sich bereitwillig mit dem Dingi auf, um Hilfe zu leisten. Es gelingt ihm, zusammen mit der Besatzung der DREAMCATCHER, Charles und Marie, die unter Schweizer Flagge fahrende Yacht an einen Ankerplatz zu bugsieren. Am Morgen will er dann den Motor inspizieren und nach der Ursache des Motorausfalls suchen.

Das macht er dann auch, versehen mit reichlich Werkzeug von der DESTINY. Er packt auch ein bisschen Kleidung ein, denn er will bis Puerto Ayora auf Santa Cruz, dem nächsten Treffpunkt der Flotte, an Bord der DREAMCATCHER bleiben und während dieser Zeit nach dem Motor schauen. Da nicht nur der Motor ausgefallen ist, sondern auch der Generator, kann er gleichzeitig versuchen, auch diesen zu reparieren. Die Situation auf der DREAMCATCHER ist wenig angenehm, denn ohne Motor und ohne Generator kann kein Strom produziert werden und ohne Strom funktionieren natürlich die mit Lebensmitteln vollgestopften Kühlschränke nicht. Um nicht den ganzen Proviant wegwerfen zu müssen, der mangels Kühlung zu verderben droht, hilft Jan von der RONJA mit einem kleinen, benzinbetriebenen mobilen Generator aus. Die DESTINY verlässt also Puerto Baquerizo Moreno auf San Cristóbal mit verkleinerter Mannschaft, um die 40 Seemeilen nach Puerto Ayora auf Santa Cruz zurückzulegen.

Die DREAMCATCHER, eine Hallberg Rassy mit großen technischen Problemen.

Der Wind ist günstig und die Yacht liefert sich ein Rennen mit der 1+1, einem 58-Fuß-Katamaran des Typs Catana, gegen den die Destiny allerdings keine Chance hat, zumal Christian auf der 1+1 seinen Spinnaker setzt und abrauscht.

Am frühen Nachmittag fällt der Anker in der Bucht vor Puerto Ayora, die schon gut besetzt ist von zahlreichen Yachten, Motorbooten und Ausflugsschiffen. Da der Platz knapp ist und Schwell in die Bucht steht, hat die Rallyeleitung empfohlen, einen Heckanker auszubringen. Auf diese Weise wird verhindert, dass die Destiny schwojt und mit anderen Yachten in Berührung kommt. Da gerade ein Wassertaxi vorbeifährt, wird dieses mit Handzeichen herbeigerufen und der Bootsführer hilft, den zweiten Anker, mit einer langen Trosse versehen, achtern in einer Entfernung von 30 Metern ins Wasser zu werfen.

Der ganze Behördenkram war bereits in San Cristóbal erledigt worden, so kann sich die Besatzung der Destiny an Land begeben und das Hotel España aufsuchen, wo sie nach Esther Fuente fragen soll. Madame Lourdes aus Salinas hatte nämlich schon im Voraus für Wolfgang, Ingrid und Udo drei Tagestouren zu den Inseln Floreana, Isabela und Santa Cruz gebucht. Esther Fuente ist eine charmante und sympathische junge Dame, die sie im Hotel herzlich empfängt. Sie ist auf Santa Cruz geboren, ihre Eltern sind 1941 hierher gekommen, unter den ersten Siedlern vom Festland, und sie haben, als der Tourismus begann, das Hotel gebaut, das nun von der ganzen Familie bewirtschaftet wird. Esther freut sich über die deutschen Besucher, denn sie hat Deutsch gelernt und möchte gern ihre Sprachkenntnisse auffrischen. In Englisch, Spanisch und Deutsch beginnt ein lebhaftes Gespräch mit der jungen, dunkelhaarigen, gut aussehenden Ecuadorianerin. Esther macht den Vorschlag, als erstes gemeinsam die Charles Darwin Foundation zu besuchen. Gesagt, getan!

Esther Fuente, charmanter Guide in Puerto Ayora.

Die **Charles Darwin Foundation** ist nach Robert Charles Darwin (1809 – 1882) benannt, einem britschen Naturforscher. Er gilt wegen seiner wesentlichen Beiträge zur Evolutionstheorie als einer der bedeutendsten Naturwissenschaftler. Mit seiner Theorie über die Entstehung der Korallenriffe und mit weiteren Schriften erlangte er als Geologe in wissenschaftlichen Kreisen Anerkennung. Sein Hauptwerk „On the Origin of Species" (Die Entstehung der Arten) bildet einen Wendepunkt in der Geschichte der Biologie. Eine Reise mit dem Vermessungschiff „HMS Beagle" führte ihn von 1831 – 1836 rund um die Welt, unter anderem auch 1835 zu den Galápagos. Die Vermessungsarbeiten dort dauerten gut einen Monat. In dieser Zeit sammelte Darwin große Mengen von Tier- und Pflanzenproben, die später in London von ihm und anderen Wissenschaftlern ausgewertet wurden. Er teilte die damals aufkommende Theorie der Verwandschaft des Menschen mit den Affen. Die von Darwin als Erstem ausgesprochene Vermutung, der Mensch habe sich in Afrika entwickelt, sollte sich später als richtig erweisen.

Eines seiner wichtigsten Studienobjekte waren die **Darwinfinken** oder **Galápagos-Finken**, eine Gruppe von Singvogelarten, die nur auf den Galápagosinseln verbreitet sind. Nur der Kokosfink ist der einzige der zur Gruppe der Darwinfinken zählenden Art, die nicht von den Galápagosinseln stammt, sondern von den Cocos-Inseln (nordöstlich von Australien). Bei den Darwinfinken handelt es sich um 14 sehr eng verwandte Arten, die vermutlich alle von einem gemeinsamen Vorfahren abstammen. Berühmtester Einwohner der Galápagosinseln ist **Lonesome George** (auf Deutsch: der einsame Georg), das letzte Exemplar einer Riesenschildkröte der Unterart Geochelone nigra abingdoni. Lonesome George stammt von der Insel Pinta und ist heute in der Forschungsstation der Charles Darwin Foundation untergebracht. Er ist circa 100 Jahre alt und etwa 90 Kilogramm schwer. Um die Art zu erhalten, wurden verschiedene Paarungsversuche unternommen. Tatsächlich fand man im Juli 2008 sechs intakte Eier in einem Gehege, leider waren sie nicht befruchtet. Auch 2010 brütete man – wieder erfolglos – 120 Tage lang fünf Eier aus. Ob sie von Lonesome George stammten, ist ungewiss, denn er scheint nicht das geringste Interesse an den jungen Schildkrötenmädchen zu haben.

Die **Schildkröten** sind Reptilien, die erstmals vor 220 Millionen Jahren im Obertrias erschienen. Man unterscheidet heute 313 Arten mit 200 Unterarten. Die Schildkröten haben sich den unterschiedlichsten Biotopen und ökologischen Nischen angepasst. Es gibt Landschildkröten, Wüstenschildkröten, besonders zahlreich sind die Wasserschildkröten, Riesenschildkröten, Schlangenhalsschildkröten, Lederschildkröten ...

Ihre Anpassungsfähigkeit hat ihr Fortbestehen bis in die heutige Zeit sichern können, trotz der Tatsache, dass viele Schildkrötenarten lange Zeit brauchen, um geschlechtsreif zu werden – bei der Suppenschildkröte sind dies 50 Jahre!

Nur schön langsam und keine Hektik.

Die Schildkröten besiedeln alle Kontinente, mit Ausnahme der Polargebiete. Deutschland, Österreich und die Schweiz beherbergen nur eine einzige Art, die Sumpfschildkröte. Schildkröten sehen sehr gut. Sie können Farben sogar besser differenzieren als der Mensch. Die Linse der Wasserschildkröten ist so gestaltet, dass sie den Brechungswinkel des Wassers ausgleicht. Jagende Schildkröten können durch Veränderung ihrer Augenstellung sowohl räumlich als auch im Panorama sehen.

Der Geruchssinn der Schildkröten ist besonders stark ausgeprägt. Durch den Geruch erkennen sie geeignete Nahrung und die richtige Erde, in der sie ihre Eier vergraben können. Schildkröten merken sich Futterquellen und Fluchtwege. Ihre Orientierung ist ebenfalls hervorragend und scheint sich mit zunehmendem Lebensalter noch zu verstärken. Schildkröten sind größtenteils Allesfresser. Je nach Art überwiegt allerdings die pflanzliche oder fleischliche Kost. Die heutigen Schildkröten besitzen keine Zähne, sondern zu kräftigen Schneidewerkzeugen umgewandelte Kieferleisten. Wie alle Reptilien kauen Schildkröten ihre Nahrung nicht, sondern verschlingen sie unzerkleinert.

Die Eiablage erfolgt einige Wochen nach der Befruchtung und

Es gibt doch nichts Schöneres als im Schlamm zu liegen.

findet bei allen Arten an Land statt. Das trächtige Weibchen sucht dafür geeignete Stellen auf, wofür es häufig lange, gefährliche Wanderungen in Kauf nimmt. Einmal ausgewählt, wird die Eiablagestelle meist über viele Jahre beibehalten. Das Ausbrüten der Eier überlassen die allermeisten Schildkrötenweibchen der Sonne. Somit gibt es auch keine Brutpflege und das Muttertier leistet den Jungen in keinem Fall Schutz und Aufzuchthilfe. Die jungen Schildkröten sind vom Schlupf an auf sich allein gestellt und oft willkommene Beute, teilweise sogar erwachsener Artgenossen. Schildkröten können ein sehr hohes Alter erreichen. Das Alter der Galápagos-Riesenschildkröte Harriet, die in einem australischen Zoo lebte, wurde auf 176 Jahre geschätzt. Amerikanische Dosenschildkröten sollen weit über 100 Jahre alt werden, Meeresschildkröten leben etwa 75 Jahre. Die älteste bekannte Schildkröte starb 2006 mit 256 Jahren. Im Gegensatz zum möglichen Höchstalter fällt die durchschnittliche Lebenserwartung der meisten Schildkrötenarten unter natürlichen Bedingungen allerdings deutlich geringer aus.

Tsunami-Alarm

Für den nächsten Tag haben Wolfgang, Ingrid und Udo einen Ausflug zur Insel Isabela gebucht, auf den sie sich schon sehr freuen, denn dort gibt es unter anderem Flamingos zu sehen, ganz aus der Nähe, von den geplanten Schnorcheltouren und vom Schwimmen ganz zu schweigen. Aber es kommt – wie so oft – ganz anders. Weshalb, das ist dem „daily log" – das sind Berichte der WorldARC-Teilnehmer, die im Internet unter der Homepage des World Cruising Clubs erscheinen – von Ingrid zu entnehmen, das hier auszugsweise wiedergegeben wird:

> *Heute Nacht wurden wir gegen 4 Uhr durch laute, aufgeregte Rufe aus dem Schlaf gerissen. Henning und Wolfgang stürzten so schnell wie möglich ins Cockpit, noch im Schlafanzug, und sahen nebenan die 1+1 mit Christian am Ruder, der ihnen mit einem Wortschwall auf Französisch irgendetwas mitteilen wollte, was sie anfangs nicht verstanden. Leider spricht Christian so gut wie kein Englisch und das einzige, was Henning und Wolfgang aus seinen Worten heraushören konnten, war Tsunami. Jetzt dämmerte es ihnen, weshalb er so aufgeregt war und weshalb er sofort nach seiner Mitteilung die 1+1 mit hoher Fahrt aufs offene Meer hinaussteuerte.*
>
> *Erst später am Nachmittag haben wir erfahren, wie Christian zu seiner Information gekommen war. Jan von der* Ronja *hatte telefonisch um 3:30 Uhr Ortszeit, also um 10:30 Uhr MEZ, aus Norwegen die Nachricht erhalten, dass es in Conceptión, Chile, ein schweres Seebeben gegeben hatte mit einer Stärke von 8,8 auf der Richterskala, weshalb für den gesamten Pazifik eine Tsunamiwarnung ausgegeben worden war. Eine fünf Meter hohe Welle sollte gegen 7:15 Uhr die Galápagos erreichen. Jan informierte sofort Rallye Control und verließ dann fluchtartig mit Familie und zwei weiteren Kindern, die zu Gast an Bord waren, seine Yacht.*
>
> *Rallye Control versuchte daraufhin, alle Schiffe der WorldARC-Flotte per Funk zu warnen. Aber wer hat bei einem längeren Aufenthalt in einer sicheren Ankerbucht nachts schon das Funkgerät an? Nur die 1 + 1 von Christian, die direkt neben uns lag, war auf Empfang und so kam es, dass wir von ihm als einzige geweckt wurden. In der Zwischenzeit war es 4:30 Uhr. Henning und Wolfgang ließen das Dingi zu Wasser, um die Besatzungen aller WorldARC-Yachten zu wecken und zu warnen. Das war gar nicht so einfach, wie es klingt, denn zunächst mussten sie in der Dunkelheit suchen, wo die Yachten vor Anker lagen. Und dann dauerte es geraume Zeit, bis sich nach heftigem Klopfen und Hämmern an die Bordwand und nach lauten Rufen der Kopf eines verschlafenen Seglers über die Reling beugte, den sie auf Englisch in aller Kürze*

informierten. Wolfgangs Hand war noch den ganzen Tag von dem Hämmern und Klopfen rot und geschwollen. Mehrere Yachten waren aber unbesetzt, weil die Besatzungen zu mehrtägigen Ausflügen aufgebrochen waren.

Um 6 Uhr konnten wir endlich den Buganker lichten, den Heckanker ließen wir an Ort und Stelle, befestigten aber einen Fender am Ende der Trosse, um ihn wieder auffinden zu können. In voller Fahrt steuerten wir unter Motor und mit gesetzten Segeln aus der Bucht aufs offene Meer, den Horizont im Süden immer im Auge. Mit uns zusammen verließen fast alle Schiffe die Bucht, da der Hafenkapitän um 6 Uhr per UKW-Funk angeordnet hatte, dass die gesamte Bucht zu räumen sei. Wie wir später erfuhren, wurde ganz Puerto Ayora mit seinen 18.000 Einwohnern und Hotelgästen in Windeseile evakuiert und alle Personen in die höher gelegenen Gegenden gebracht. Unter den letzten, die sich zu Fuß auf den Weg ins Hinterland machten, waren Suzana und Paul von der Rallyeleitung. Es soll ein disziplinierter und geordneter Bandwurm aus Fahrzeugen aller Art, vollgestopft mit Menschen, gewesen sein, der in das höher gelegene Bellavista zog.

Puerto Ayora wird evakuiert.

Der für die Flutwelle vorhergesagte Zeitpunkt 7:15 Uhr rückte näher. Wir hatten inzwischen eine Wassertiefe von 183 Metern erreicht, mehr ging nicht. Zum ersten und einzigen Mal ordnete Wolfgang an, dass alle Crewmitglieder Schwimmwesten oder Lifebelts anlegen sollten. Henning und Katrin entschlossen sich zu Lifebelts. Gebannt schauten wir alle nach Süden, aber es passierte einfach nichts. Die Anspannung an Bord wuchs und wir warteten, warteten, warteten ... Gegen 9 Uhr hörten wir über UKW-Funk, dass nacheinander drei etwa zwei Meter

In gespannter Erwartung der Tsunami-Welle.

hohe Flutwellen die Ankerbucht erreicht hatten – und wir haben nichts davon bemerkt. Die Tsunamiwelle war einfach unter uns durchgezogen. Gegen 13:30 Uhr gab der Hafenkapitän die Ankerbucht wieder frei und langsam, aber noch mit einigem Bangen, machten wir uns auf den Rückweg, ebenso wie alle am Morgen ausgelaufenen Yachten. Den ganzen Nachmittag blieb noch eine gedrückte Stimmung an Bord, jeder beschäftigte sich mit irgendetwas. Alle waren *zwar froh, dass nichts passiert war, aber die Anspannung wirkte noch nach. Fünf Yachten der WorldARC-Flotte waren in der Ankerbucht zurückgeblieben, darunter die* Dreamcatcher *– ausgerechnet! Als ob dieses Boot nicht schon genug Probleme gehabt hätte, nun hielt auch noch der Heckanker der Tsunamiwelle nicht Stand und die Yacht trieb auf die* Ronja *zu. Erst mit der einen Seite und dann mit der anderen donnerte die* Dreamcatcher *gegen den massiven Bugbeschlag der* Ronja. *Der Schaden an der* Dreamcatcher *war erheblich. Als wir später mit dem Wassertaxi vorbeifuhren, kamen mir die Tränen. Auch die* Ronja *wurde beschädigt, aber bei Weitem nicht so stark. Mit dem in Panama gekauften Gelcoat konnten wir Jan helfen, die Schäden an seinem Schiffsrumpf provisorisch auszubessern.*

Auf der Lady Ev. VI *war Christof allein an Bord zurückgeblieben, die übrigen Crewmitglieder waren zu einem Ausflug aufgebrochen. Christof traute sich nicht zu, bei dem starken Schwell allein den Anker zu lichten. Auch er verließ die Yacht, um mit der evakuierten Bevölkerung ins Hinterland zu flüchten. Als sich dort, nachdem bekannt gegeben wurde, dass der Tsunami nur ganz geringfügige Schäden im Ort verursacht hatte, die Aufregung und Anspannung legte, bemerkte Christof, dass er immer noch seine Schwimmweste trug.*

Die von dem Tsunami verursachten Flutwellen selbst haben an den Schiffen und Yachten, die in der Ankerbucht geblieben waren, keine größeren Schäden verursacht. Da sich aber das Meer zwei Mal zurückzog, fiel die Ankerbucht trocken. Die Ankerlieger setzten auf dem felsigen Boden auf und legten sich auf die Seite, was bei einigen zu Schäden führte. So haben wir unter anderem ein Motorboot mit einem Loch in der Bordwand von gut einem Meter Durchmesser gesehen. Das einzige Opfer unter den Lebewesen war eine große Schildkröte, die von einer der Flutwellen gegen eine Uferbefestigung geschwemmt wurde und einging.

Henning

Bei der Rückkehr in die Ankerbucht vor Puerto Ayora ereignet sich etwas, das Wolfgang sehr nachdenklich werden lässt und das ihn später veranlassen wird, Henning ins Gebet zu nehmen. Aber der Reihe nach: Die Destiny sucht den gleichen Ankerplatz auf, den sie am Morgen verlassen hatte, und wirft an ungefähr der gleichen Stelle den Buganker. Nachdem der Buganker ausgebracht ist gilt es, die Trosse des Heckankers am Heck der Destiny zu belegen. Henning sitzt am Ruder, Udo hat schon das Ende der Trosse in der Hand und will es an der dafür vorgesehenen Klampe festmachen. Genau in diesem Augenblick legt Henning aus unerklärlichen Gründen den Vorwärtsgang ein und die Yacht beginnt, leichte Fahrt voraus zu machen. Die Arme von Udo werden lang und länger. Er kann die Trosse bald nicht mehr halten und ruft das Henning zu. Als Reaktion folgt ein wildes Gebrüll, bis Wolfgang sich einmischt und Henning zurechtweist. Er soll, wenn er einen Fehler mache, diesen auch eingestehen und sich nicht mit Geschrei zu rechtfertigen versuchen. Er weist Henning dann in sachlichem Ton an, den Rückwärtsgang einzulegen, damit Udo endlich die Leine des Heckankers festmachen kann. Der Vorfall zeigt einen wenig schönen Charakterzug von Henning, der es einfach nicht fertig bringt, einen Fehler zuzugeben, schon gar nicht in Gegenwart von Katrin.

Wolfgang hat den hochbezahlten Henning als Skipper für diejenigen Etappen angeheuert, während derer er selbst aus geschäftlichen Gründen nicht an Bord sein kann. Auch für die Zeit, in der Henning und seine Frau Katrin nur als Gäste an Bord sind, so zum Beispiel auf der Strecke von St. Lucia zu den Galápagos, bekommt er seine Vergütung in voller Höhe. Eine erste Unstimmigkeit war schon in St. Lucia aufgetreten, wo Henning sich anfänglich weigerte, sich an der Bordkasse, aus der die laufenden Ausgaben für Proviant, Liegegebühren und Treibstoff bezahlt werden, zu beteiligen, aber nach gutem Zureden von Katrin dann letztendlich nachgab.

Henning ist ein erfahrener Segler und kennt sich mit der Technik an Bord gut aus. Deshalb wird er von Charles, dem Skipper der Dreamcatcher noch einmal gebeten, sich in aller Ruhe der vielen Probleme auf der Yacht anzunehmen, nachdem es Henning während der Überfahrt von Cristóbal nach Santa Cruz nicht gelungen war, Motor und Generator zu reparieren. Henning ist also nun von morgens bis abends an Bord der Dreamcatcher und bemüht sich nach Kräften, die Yacht gegen gutes Geld wieder in Ordnung zu bringen, vernachlässigt aber dafür die Destiny, sehr zum Ärger von Wolfgang. Schon frühmorgens, wenn alle anderen noch schlafen, ruft er per UKW-Sprechfunk „Dreamkätschärrr, Dreamkätschärrr, this is Destiny, Destiny, please come in!" und ist dann für den Rest des Tages verschwunden. Wenn allerdings Ersatzteilbestellungen aufzugeben sind, darf Wolfgang dann seitenlange E-Mails nach Deutschland schreiben.

Zum Ausklang dieses denkwürdigen Tages treffen sich alle WorldARC-Segler zur Happy Hour in der Bar „The Rocks", wo die Rallyeleitung ihre Zelte aufgeschlagen hat. Es gibt an diesem Tag nur ein Gesprächsthema, den Tsunami. Alle, die auf YouTube das Video über die Tsunamiwoge gesehen haben, die in die Academy Bay hereinrollte, waren über die Wucht der Welle und ihren Rücksog schockiert und gleichzeitig erstaunt, dass draußen auf dem Meer fast nichts davon zu bemerken war.

Wolfgang, Ingrid, Udo und Katrin steigen auf den Galápagos aus. Wolfgang und Ingrid müssen nach Hause, um sich um ihr Büro kümmern zu können, Udo macht Segelpause bis Bora Bora und für Katrin ist die Reise, wie geplant, vorüber. Henning, nun in seiner Funktion als Skipper, soll die DESTINY nach Französisch-Polynesien bringen, zusammen mit Christian, Volkhard (Volle) und Siegfried (Sigi).

Vor der Abreise bittet Wolfgang Henning zu einem Vier-Augen-Gespräch aufs Vorschiff, um ihm Verhaltensmaßregeln für den weiteren Törn zu geben. Beide einigen sich unter anderem darauf, dass der Arbeitslohn von Charles für die Reparaturen auf der DREAMCATCHER Wolfgang zusteht, zum Ausgleich eines Teils des Honorars, das Wolfgang an Henning zahlt. Tatsächlich geht nach einigen Wochen ein geringfügiger Betrag auf dem Konto von Wolfgang ein.

Galápagos – Tahiti

Der folgende, leicht gekürzte Bericht stammt von Volle, der, auch wenn er sich in weiten Teilen mit Essen, Trinken und Preisen beschäftigt, einen guten Eindruck von dem Törn nach Tahiti vermittelt:

Am Donnerstag, den 4. März 2010, landeten wir gegen 11 Uhr auf der Isla Baltra, die durch den Canal de Itabaca von der Insel Santa Cruz getrennt ist. Auf dem Flughafen angekommen, mussten wir zum zweiten Mal den Zoll wegen der mitgebrachten Ersatzteile für die DREAMCATCHER *austricksen. Anschließend brachte uns ein bereitstehender Bus kostenlos zu dem Kanal, wo eine kleine Fähre wartete, die uns nach Santa Cruz übersetzte. Die Weiterfahrt mit einem Taxi glich einem Höllenritt, bei dem wir nicht selten fürchteten, das Ende stünde bevor, noch ehe der Törn begonnen hatte. Nach einer Irrfahrt durch Ayora fand der Taxifahrer unser Ziel, das Hotel España, nicht auf Anhieb, so dass wir erst gegen 13 Uhr ankamen. Froh, heil aussteigen zu dürfen, zahlten wir zitternd die 15 US-Dollar für die etwa 40 Kilometer. Nachdem wir zunächst den Eingang verwechselten und in der falschen Herberge landeten, konnten wir endlich unsere verschwitzen Körper auf eine Bank fallen lassen und das eine oder andere Bierchen genießen. Von Henning und der* DESTINY *allerdings keine Spur. Die Dame an der Rezeption konnte sich zwar an Wolfgang erinnern, mehr aber nicht. Doch wir hatten zum Glück unseren Sigi, der sich den Treffpunkt notiert hatte, nämlich das WorldARC-„Hauptquartier" im „The Rocks". Von dort aus gelang es Sigi, Henning telefonisch zu erreichen. Mit dem Wassertaxi transportierten wir dann uns und unser Gepäck auf die* DESTINY. *Beim Aussteigen nahm mich Sigi so herzhaft in den Arm, dass meine Brille das Zeitliche segnete, und ich die nächsten sieben Wochen meine Sehkraft testen konnte. Zum Glück konnte mir Sigi mit einer Ersatzbrille wenigstens beim Lesen aushelfen. Nach einer Einweisung durch Henning und dem Bezug unserer Kojen ging es mit dem Wassertaxi zum Preis von 80 US-Cent zurück an Land. Als erstes meldeten wir uns für den nächsten Tag zu einer Tour auf die Insel Santa Maria, auch Floreana genannt, an. Danach wanderten wir zur einen*

Ein Mini-Drachen.

Kilometer entfernten Darwin Station, deren Besuch uns von allen empfohlen worden war. Wir besichtigten die bekannten Riesenschildkröten, insbesondere Lonesome George, den letzten seiner Art, der leider kein Interesse an weiblichen Schönheiten unter den Schildkröten hat und entgegen den Hoffnungen der Zoologen wohl nicht mehr für Nachwuchs sorgen wird. Auch Galápagos-Echsen, die über einen Meter groß werden, sahen wir während unseres Spaziergangs. Nach einer Erholungspause an Bord fuhren wir mit dem Wassertaxi, das durch Pfeifen, Winken oder Lichtsignale herbeibeordert werden kann, zum Essen an Land, ehe wir dann gesättigt und todmüde in unsere Kojen krochen.

Ausflug nach Floreana

Es war abgesprochen worden, dass wir uns zu unserer Tour am Wassertaxi-Anleger treffen, wo aber niemand gekommen war, um uns abzuholen. Nach 30 Minuten des Fragens und Suchens ging Sigi zurück zum Hotel, in dem wir die Tour gebucht und bezahlt hatten. Zu unserer Erleichterung erschien er einige Minuten später mitsamt Bootsführer und Reiseleiterin. Mit einer Stunde Verspätung ging es endlich los, nachdem wir noch eine weitere Teilnehmerin, die mit einem Wassertaxi eintraf, aufgefischt hatten.

Christian und ich fanden unten in dem Motorboot einen Platz, Sigi kletterte zum Bootsführer hinauf, was er später noch bereuen sollte. Mit zwei mal 300 PS begann eine rasende Fahrt ohne Rücksicht auf Wellen oder überkommende See. Es hieß, sich festzuklammern und den ersten

---

Floreana (auch Santa Maria genannt) ist die exotischste aller Galápagosinseln, ein perfekt geformter Vulkankegel mit tropischem Bewuchs im türkisblauen Ozean mit ein paar herrlichen Badebuchten.

Neben dieser natürlichen Schönheit hat die Insel eine „menschliche Geschichte", die Stoff für gleich mehrere Hollywood-Filme liefert: Im 18. Jahrhundert lebten Piraten auf der Insel, wo im Norden in der Post Office Bay ein großes Holzfass als Poststelle aufgestellt war, das in offiziellen Seekarten geführt wurde. 1832 diente die Insel als Strafgefangenenlager – ein dunkles Kapitel, das mit Mord und Todschlag endete. 100 Jahre später kam die Rheinländerin Margret Wittmer mit Mann und Sohn auf die Insel, um dort ein neues Leben als Siedler zu beginnen. Sie suchten zunächst Schutz in einer Höhle, früher von Seeräubern benutzt. Die Wittmers mussten sich die Insel mit einem skurrilen Pärchen – ebenfalls aus Deutschland – teilen, dem Berliner Arzt Ritter (mit einem herausnehmbaren Edelstahl-Gebiss) und seiner Partnerin Dore Strauch. Später kam noch eine Revolver schwingende sogenannte Baronesse mit drei Liebhabern dazu. Es folgten Jahre mit rätselhaften Todesfällen. Wenn man von einem kleinen Militärposten und wenigen Fischern absieht, stellt die Familie Wittmer mit ihren Nachkommen die einzigen Bewohner von Floreana. Sie betreiben bis heute eine kleine Pension auf der Insel. Das Buch „Postlagernd Floreana" von Margret Wittmer, die im Jahr 2000 verstarb, erzählt von einem abenteuerlichen Frauenleben fernab jeglicher Zivilisation.

Test in puncto Seefestigkeit zu bestehen. Was das für Sigi – fünf Meter über unseren Köpfen – bedeutete, konnten wir uns lebhaft vorstellen. Zum Glück fiel unterwegs einer der beiden Motoren teilweise aus, was eine etwas gemütlichere Fahrt, aber auch eine weitere Verspätung bedeutete. An einem feinen Sandstrand wurde der Heckanker ausgebracht und, mit den Schuhen in der Hand, wateten wir an Land. Der Versuch, barfuß zu laufen, scheiterte sehr bald am immer steiniger werdenden Boden, so dass wir ganz schnell wieder in unsere Schuhe schlüpften. Von einer circa 100 Meter hohen Aussichtsplattform konnten wir uns einen Überblick über die Insel verschaffen. Nach einer Stunde

Blaufußtölpel gibt es nur auf den Galápagos.

sollte es, wie abgesprochen, weitergehen. Doch einer fehlte: Sigi war auf der Fotojagd nach den Echsen verlorengegangen. Unsere Führerin machte sich auf die Suche und beide, Führerin und Sigi, fanden sich nach weiteren 15 Minuten ein. Zur Strafe war er mit Moskitostichen übersät. Weiter ging es zu einer Ortschaft namens Puerto Valesco, wo wir am Kai von einer Kolonie Seelöwen empfangen wurden, die sich auch durch uns nicht vertreiben ließ. Nach einer kurzen Busfahrt kehrten wir in einer kleinen Wirtschaft zum Mittagessen ein. Weiter ging es ins Innere der Insel, wo sich im 2. Weltkrieg auch Deutsche vor der Internierung durch die Amerikaner versteckt hatten. Der Weg wurde gesäumt von Palmen, Bananenstauden und Kakteen.

Wieder zurück auf unserem Boot fuhren wir noch zur Corona del Diablo (Teufelskrone), einem Ring von Felsklippen, wo Gelegenheit zum Schnorcheln bestand. Als jedoch einige Seelöwen und Stachelrochen die Schnorchler erschreckten, wurde zur Weiterfahrt geblasen. Zum Glück gelang es dem Schiffsführer in der Zwischenzeit, den zweiten Motor wieder in Ordnung zu bringen. Eine Plastiktüte in der Schraube und ein dadurch gebrochener Scherbolzen war die Ursache des Defekts, und so konnten wir bald mit vollem Speed wieder zurück nach Puerto Ayora rasen.

Zur Erholung wollten wir uns noch ein kurzes Päuschen auf einer Bank am Hafen gönnen,

Die Bank gehört mir!

aber sie war schon von einem schlafenden Seelöwen besetzt. Also machten wir uns auf den Rückweg zur DESTINY. Dort lernten wir Katrin kennen, die tagsüber einen Ausflug gemacht hatte und am nächsten Morgen nach Hause fliegen wollte.

Am Samstag, den 6. März, stand Einkaufen auf dem Programm. Nach einem opulenten Frühstück an Land machten sich Henning, Sigi und ich auf den Weg zum Markt, um dort Obst und Gemüse einzukaufen. Anschließend wurde der restliche Proviant beschafft. Sehr zum Ärger von Sigi kauften wir Wein ein, sparsam wie wir waren, aber nur zwei Flaschen Weißwein und vier Flaschen Rotwein, denn der Preis für jede Flasche Wein lag um die 20 US-Dollar. Mit Rücksicht auf Christian besorgten wir Unmengen von Dosenbier. Cola in Dosen, ein Getränk, auf das ich großen Wert lege, fanden wir leider nicht. Selbst als wir uns vier Mal zu unterschiedlichsten Zeiten mit einem Taxi durch die Stadt fahren ließen, war das Ergebnis gleich null. Am Ende des Tages hatten wir für fast 900 US-Dollar eingekauft. Zusammen mit früheren Einkäufen von Henning kostete unser Vorrat rund 2.000 US-Dollar, zumal wir uns nach heftigem Protest von Sigi entschlossen hatten, nochmals zwei Flaschen Weißwein zu kaufen. Abends genossen wir ein letztes Essen in einem Restaurant an Land. Jeder der WorldARC-Teilnehmer, den wir unterwegs oder beim Essen trafen, fieberte dem Start am nächsten Morgen entgegen.

Vor dem Start war die Reinigung des Cockpits angesagt. Da uns Henning den Einsatz von Salzwasser verboten hatte, putzten wir unter der Leitung unseres Vorarbeiters Christian bei sparsamstem Einsatz von Süßwasser, aber Höchstbelastung unserer Knie. Sigi hatte sich bequemerweise die Reinigung des Tisches ausgesucht. Henning war mit unserem Werk sehr zufrieden.

Jetzt gehts los!

Pünktlich um 12 Uhr fand der Start statt. Unter Groß und Genua und mit sechs Knoten Fahrt ging es los. Dabei konnten wir unsere Seefestigkeit testen, vor allem die von Christian, da Wolfgang dessen Seefestigkeit angezweifelt hatte. Er hatte Henning aufgrund einschlägiger Erfah-

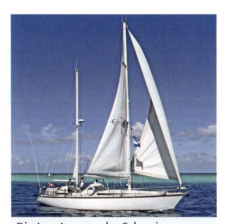

Die LADY LISA aus der Schweiz.

Die beiden kleinsten – EOWYN und THOR VI.

rungen gewarnt, dass er mit Spuckattacken von Christian zu rechnen hätte. Die Wacheinteilung wurde auf unseren Wunsch wie folgt festgelegt: Sigi von 18 Uhr bis 22 Uhr, Christian von 22 bis 2 Uhr, Volle von 2 Uhr bis 6 Uhr. Henning erklärte, dass er als Skipper keine Wache zu machen habe, dass er vielmehr nachts in seiner Koje sei, aber immer auf Stand-by. Des weiteren wurden folgende Verantwortlichkeiten festgelegt: Sauberkeit und Mithilfe beim Kochen Christian,

Navigation und Kochen Henning, Bordkasse und Seekarte Sigi, Berichte und Frühstück Volle. Der Wind blies zunächst mit 16 Knoten, ging aber dann während der Nacht auf 5 Knoten zurück, so dass wir den Motor starten mussten. Am nächsten Morgen waren keine Yachten der WorldARC-Flotte mehr zu sehen – wir waren allein und laufen unter Segel mit Motorunterstützung. Der Wind schwächelte und blies nur noch mit 4 bis 8 Knoten. Ein kleineres Problem machte sich bemerkbar: Der Großbaum quietscht ununterbrochen. Er wurde von Henning und Christian demontiert, die Gelenke wurden gereinigt und geschmiert. Danach ließ das unangenehme Geräusch etwas nach. Im Laufe des Tages nahm der Wind wieder zu und bei 12 Knoten wurde die Genua gegen den Code Zero ausgetauscht, der aber schon nach kurzer Zeit begann, an der Unterkante einzureißen. Henning und Sigi versuchten, das Unterliek durch Kleben zu reparieren, allerdings ohne Erfolg.

Abends stieg der Südsüdost-Wind auf 20 Knoten an und wir tauschten den Code Zero wieder gegen die Genua aus. Am Abend wurde das in Puerto Ayora gekaufte Hühnchen gekocht und zerteilt. Einen Teil aßen wir, aus dem Rest wollte Henning am nächsten Morgen eine exquisite Suppe kochen. Wir freuten uns schon alle auf die morgendliche Hühnersuppe. In der Nacht hatten wir allerdings eine Naschkatze an Bord. Christian konnte es nicht lassen, während seiner Wache von der Suppe zu kosten. Da sie am anderen Tag sauer war und nur noch zum Wegwerfen taugte, wurde Christian beschuldigt, seinen voluminösen Bart in die Suppe getaucht und damit das Malheur verursacht zu haben. Er wehrte sich mit dem Argument, dass nicht sein Bart, sondern Sigi und ich die Schuld daran hätten, da wir am Abend zuvor den Suppentopf zugedeckt hätten. Die Diskussion endete unentschieden und wir beschlossen, unsere Frauen zu Hause als Schiedsrichter einzusetzen. Christian blieb aber trotzdem während der ganzen Reise der Verdächtigte.

Irgendjemand montierte den Spot Tracker, einen weiteren automatischen Notrufsender, den er auf der Destiny *gefunden hatte …*

Notalarm von der DESTINY

An dieser Stelle muss der Bericht von Volle unterbrochen werden, denn die Aktion hatte Folgen, von denen die Crew auf der DESTINY nichts ahnen konnte. An Bord befand sich ein kleines Gerät namens „Spot Personal Satellite Tracker", das sich hervorragend für Trekking, Bergsteigen und Fahrtensegeln eignet (siehe „Wie alles begann"). Die Signale können einen Hilferuf bedeuten, aber auch ein Zeichen, dass alles in Ordnung ist (OK-Check). Ferner sendet das Gerät im akuten Notfall ein Signal, das eine internationale Rettungsaktion auslöst, indem die deutlich mit der in Amerika üblichen Notfallnummer 911 gekennzeichnete Taste bedient wird. Schließlich kann dem Spot Tracker der Befehl gegeben werden, fortlaufend die aktuelle Position mit Länge und Breite zu senden, und zwar alle 10 Minuten, so dass wer die Zugangsberechtigung zu den Meldungen hat, im Internet stets über die gesendeten Positionen informiert ist. Damit hat der Benutzer ein im Notfall unschätzbares Instrument in Händen, das ihm erlaubt, sich Hilfe zu verschaffen, sei es im akuten Notfall durch Einschaltung organisierter Retter, sei es durch Benachrichtigung eines vorher bestimmten Personenkreises auf dessen Mobiltelefonen oder Computern. Schon allein die Möglichkeit, bestimmten Personen eine OK-Meldung zukommen zu lassen, sorgt bei den Empfängern für Beruhigung und verhindert unnötige Such- und Rettungsaktionen.

Ein Unglücksrabe an Bord kam also auf die famose Idee, den Spot Tracker in Gang zu setzen. Zu diesem Zweck betätigte er auch die eine oder andere Taste des Geräts, darunter leider versehentlich auch die Notruftaste! Man kann sich leicht vorstellen, was dann geschah: Die Notrufzentrale in den USA fing den Notruf auf und setzte sich sofort telefonisch mit Axel, dem Sohn von Wolfgang und Ingrid, in Verbindung, denn dorthin sollte sich, wie zuvor festgelegt, die Notrufzentrale im Falle eines Alarms wenden. Axel, kurz nach 2 Uhr nachts aus dem Schlaf gerissen, alarmierte sofort Wolfgang und Ingrid, die in der Notrufzentrale anriefen und von dort die Mitteilung erhielten, dass eine internationale Rettungsaktion unter Einschaltung des MRCC (Maritime Rescue and Coordination Center) in Falmouth, England, eingeleitet würde. Auf Bitten von Wolfgang, der in der Zwischenzeit die automatischen Positionsangaben der DESTINY auf dem PC studiert hatte und sah, dass sich die Yacht ganz gleichmäßig in Richtung Südwest bewegte, stellte die Notrufzentrale die Rettungsaktion zunächst zurück, um weitere Informationen abzuwarten und auch, um Kosten in beträchtlicher Höhe zu vermeiden, die eine unnötige internationale Rettungsaktion verursacht. Alle Versuche, die DESTINY zu erreichen, blieben vergeblich. Niemand reagierte auf E-Mails noch auf Anrufe unter der Telefonnummer des an Bord befindlichen Satellitentelefons. Daraufhin riss Wolfgang den Chef des World Cruising Clubs in England,

Andrew, aus dem Schlaf, um sich mit ihm zu beraten. Beide versuchten, per E-Mail die in der Nähe befindlichen WorldARC-Yachten zu erreichen, um zu hören, was mit der Destiny los war. Wieder vergeblich. Erst viel später kam ein Kontakt mit der Grand Filou zu Stande, die daraufhin mit der Destiny per Funk und per E-Mail Verbindung aufzunehmen versuchte, aber auch das war erfolglos. Die Notrufzentrale in den USA drängte darauf, den Notalarm auszulösen, Andrew und Wolfgang jedoch waren aufgrund der stetigen, in südwestlicher Richtung verlaufenden weiteren Positionsangaben der Destiny

Grand Filou, eine der ganz schnellen Yachten.

der Meinung, dass an Bord nichts Ernstliches passiert sein könne. Also wurde nach vielen Telefonaten zwischen Deutschland, England und den USA beschlossen, vorerst keinen Notalarm auszulösen und die weitere Entwicklung abzuwarten. Mittlerweile war es 6 Uhr morgens geworden und die Destiny sendete immer noch Notrufe, bis in den Mittag hinein! Erst im Zuge des täglichen Roll Calls wurde die Crew der Destiny von den anderen WorldARC-Yachten auf den Fehlalarm aufmerksam gemacht und Henning versuchte, Wolfgang mittels E-Mail zu beruhigen, scheiterte aber. Obwohl ihm Wolfgang auf den Galápagos ausführlich die Bedienung des Laptops erklärt hatte, war er nicht in der Lage, eine einzige E-Mail zu versenden (später stellte sich heraus, dass er bei seinen hilflosen Versuchen versehentlich auch noch das Passwort verändert hatte!). Erst das Iridium-Satellitentelefon versetzte ihn später in die Lage, Wolfgang anzurufen und ihm mitzuteilen, dass an Bord der Destiny alles in Ordnung sei. Lassen wir nach dieser Unterbrechung wieder Volle zu Wort kommen:

Mittwoch, den 10. März: beim Roll Call um 12:00 Uhr erfuhren wir von anderen Teilnehmern, dass von der Destiny ein Notruf ausgelöst worden sei. Da der Notruf in den USA empfangen wurde, ist von dort aus sofort der Eigner, Wolfgang, informiert worden, und es hat ihn nicht nur Bauchschmerzen, sondern auch mindestens eine schlaflose Nacht und einiges an Telefongebühren gekostet.

Auch heute schafften wir es nicht, ein Etmal von 200 Seemeilen zu segeln. Wir kamen nur auf 180 Seemeilen. Im Laufe des Tages nahm der Südsüdost-Wind auf 30 Knoten zu und wir mussten zum ersten Mal reffen. Am Nachmittag stieg eine Riesenwelle ins Cockpit ein. Zum „Glück" wurden nur Christian am Ruder und das Bettzeug von Henning nass. Wir anderen bekamen nur Spritzer ab.

Christian an Steuerbord und Sigi an Backbord versuchten, mit zwei Angeln ein Abendbrot an Bord zu holen. Mit Spannung warteten wir stundenlang auf ein Ergebnis. Als unsere beiden

Helden am Abend die Angelleinen einrollten, mussten sie feststellen, dass sich die beiden Angelhaken ineinander verhakt und die Leinen verfangen hatten. Der Spott war ihnen gewiss. Zum ersten Mal tauchten auf unserem Kartenplotter die Maquesas auf.

Endlich, am Freitag, den 12. März, hatten wir den Passatwind achterlicher als querab mit Stärke vier bis fünf und wir konnten alle Luken wieder öffnen. Bei meist nur schwacher Bewölkung, Südsüdost-Wind um die 15 Knoten und schwachem, mitlaufendem Strom machten wir wieder ein Etmal von 180 Seemeilen. Herrlich waren die Nachtwachen, man konnte den südlichen Sternenhimmel betrachten, der viel mehr Sterne hat als der nördliche. Besonders das Kreuz des Südens hatte es uns angetan. Auf jeder Wache stand es anders am Firmament. Beim Wachwechsel um 2 Uhr, vor allem, wenn es gut gelaufen war, holte sich Christian zum Abschluss seiner Wache noch ein Bier und brachte mir zum Wachbeginn auch gleich eines mit.

Die CRAZY HORSE, eine der schnellen Sundeer 60.

Anglerglück

Zum zweiten Mal hat am nächsten Tag, einem Sonntag, ein Fisch angebissen, aber auch er konnte sich wieder losreißen. Man hätte glauben können, dass die Fische unsere beiden „alten Angler" auslachten. Henning hatte zur Feier des Tages einen Apfelkuchen gebacken. Wir wollten ihn mit einem Glas Rotwein genießen, doch der Wind machte uns einen Strich durch

Eine der Schönsten, die A LADY, eine Oyster.

die Rechnung. Durch eine kräftige Böe wurde die leere Weinflasche umgeworfen und traf dabei unglücklicherweise ein volles Weinglas. Die Folge war, dass Christians und meine Hose mit Rotwein getauft wurden, ebenso unsere Bücher, die auf dem Tisch lagen. Statt einer gemütlichen Siesta stand nun Cockpit putzen und Rotweinflecken entfernen auf dem Programm.

Montag, den 15. März: Am Morgen rauschte eine der beiden Angeln mit pfeifendem Geräusch aus, die Yacht verlangsamte die Fahrt und ich sauste, nur mit der Schlafanzughose bekleidet, ins Cockpit. Schon am frühen Morgen hatte Sigi die Angel ausgeworfen, auf Rat von Henning mit Stahldrahtvorlauf und Doppelhaken. Tatsächlich, ein Fisch hing an der Angel und wehrte sich verbissen. Alle kamen ins Schwitzen, Christian an der Angel, ich am Ruder, da ich unter voller Besegelung den Katamaran zwischen zwei und drei Knoten Fahrt halten sollte, Sigi fegte wie ein Rumpelstilzchen hin und her. Er musste Christian an der Angel helfen, im nächsten

Augenblick mich am Ruder ablösen. Henning wartete, nur mit der Badehose bekleidet, auf der Heckplattform auf das Einholen des Fisches. Als der endlich nach langem Kampf an Bord war, entpuppte sich der Fang als Thunfisch von beachtlichen 12 Kilogramm Gewicht mit fast einem Meter Länge. Henning gab ihm den Gnadenstoß und befreite ihn vom Haken. Alle waren wir so happy, dass ich vor Freude beim Kaffeetrinken die volle Tasse umriss, so dass schon wieder putzen angesagt war.

Henning nahm den Fisch aus, filetierte ihn und am Abend gab es Röstkartoffeln mit Speck und gebratenen Thunfischstückchen in Sojasoße mit Sesam und Sahne. Ein richtiges Festessen, passend zu der Tatsache, dass wir mit 1.500 Seemeilen die Hälfte der Strecke zwischen den Galápagos und den Marquesas zurückgelegt hatten!

Da unser Brot aufgebraucht war, machte Henning am nächsten Morgen den Vorschlag, zum Frühstück Pfannkuchen zu backen, einige mit und die anderen ohne Speck, letztere zwecks Füllung mit Nutella, Marmelade und Zimtzucker. Ehe wir jedoch zum Frühstück kamen, sorgte Sigi für Stimmung, indem er eine riesige Welle einfing mit der Folge, dass die bereitgestellten Tassen samt Hennings Tee über die Polster entsorgt wurden. Sigi war anscheinend am Vorabend beim Schluck für Rasmus zu geizig gewesen. Von nun an sollte vor diffizilen Aufgaben immer darauf geachtet werden, dass Sigi nicht am Ruder stand. Da wir immer noch keine E-Mail-Verbindung mit unseren Lieben zu Hause hatten, nahm Christian über das (sehr teure) Satellitentelefon mit seiner Rose Verbindung auf, mit der Bitte, auch die anderen Frauen über unser Befinden zu informieren.

Bei schönem, warmem Wetter und 25 Knoten Ostsüdost-Wind machten wir am Donnerstag, den 18. März, gute acht bis neun Knoten Fahrt und hatten bereits zwei Drittel des Weges bis zu den Marquesas zurückgelegt. Wir konnten, während der Generator lief, alle unsere elektrischen Geräte wieder aufladen. Da gleichzeitig die Entsalzungsanlage in Betrieb genommen wurde, nutzte ich diese Gelegenheit zu einem Waschtag. Ansonsten stand Lesen auf dem Programm. Am Abend gab es Fischsuppe mit viel Zwiebeln und nachfolgendem Darmkrümmen. Die Blähungen waren so stark, dass es uns nachts den Wind verblies.

Am folgenden Tag hatten wir nach der Definition von Henning einen „Schwiegermutter-Regatta-Gedenktag", wenig Wind und kaum Wellen. Am Abend gab es nochmals Reste vom Fisch mit Röstkartoffeln und Speck, dazu eine Flasche Rotwein und als Schnapsersatz Cola mit Rum und Limonen. In der Nacht machte sich der Wind von dannen und wir mussten motoren, um weiterzukommen. Sigi wurde zum „Chef der Sundowner für untere Dienstgrade" ernannt. Wir schafften leider nur ein Etmal von 145 Seemeilen.

Die Tage sind vergangen, ohne dass wir einen weiteren Fisch gefangen haben, obwohl wir sie mit Ködern – und Haken! – gefüttert haben. Sie haben auch die dicken Vorläufer aus Stahldraht glatt durchgebissen. Nach 3.000 Seemeilen auf 09°51´S und 135°52´W sind wir unserem ersten Ziel recht nahe gekommen und helle Vorfreude auf den ersten Landgang kam auf. Sigi hatte sich am gestrigen Abend angeboten, am nächsten Tag einen echten schwäbischen Kartoffelsalat zu machen. Dazu sollte es Gurkensalat und Würstchen geben. Auf Vorschlag von Christian rührten wir aus Olivenöl und Eigelb eine Mayonnaise an. Christian musste sie schlagen und ich durfte nach Bedarf Olivenöl zugießen. Leider waren unsere Kartoffeln nicht festkochend und es gab, anstelle von Kartoffelsalat, eine Art von gewürztem Kartoffelbrei. Schmeckte aber auch nicht schlecht.

Erster Landfall
Kurz vor unserem ersten Ziel dachte abends niemand so recht an Schlafen. Jeder wollte nach drei Wochen ohne Landsicht die Marquesas als Erster sehen. Doch es dauerte noch bis zum Morgen, ehe wir unser Ziel endlich erreicht hatten. Um 2:49 Uhr Ortszeit überquerten wir die Ziellinie vor der Bucht von Hiva Oa. Die Einfahrt war in der Dämmerung schlecht zu erkennen. In der Bucht lagen viele Boote und die meisten hatten, wenn überhaupt, nur das Ankerlicht im Topp. Man konnte deshalb erst recht spät sehen, in welcher Position die Yachten vor Anker lagen. Nach einer Runde in der Bucht fanden wir einen Platz zum Ankern und konnten uns nach einem Zielschluck endlich entspannt in unsere Kojen legen, dachte ich jedenfalls. Zu meinem Pech wurde aber Ankerwache angeordnet und ich war mit der ersten Wache an der Reihe, so dass ich bis 7 Uhr dazu verdammt war, im Cockpit zu bleiben. Da mich aber schon am

Nach dem großen Schlag – die Destiny hat die Marquesas erreicht.

frühen Morgen die Hähne an Land lautstark begrüßten und außerdem die in der Dünung stark schwankende Yacht meine ganze Aufmerksamkeit in Anspruch nahm, fiel mir das Wachbleiben leicht. Vor uns waren schon andere Yachten der WorldARC durchs Ziel gegangen. Es ist schon erstaunlich, dass nach fast 3.000 Seemeilen oder drei Wochen auf See die ersten fast im Stundentakt das Ziel erreichen. Mit Küsschen und Blumenkränzen wurden wir am Morgen von einem attraktiven weiblichen Empfangskomitee herzlich begrüßt. Meine Mitsegler hatten beim ersten Landgang überhaupt keine Probleme, während bei mir der Boden so schwankte, dass ich festgehalten werden musste.

Hiva Oa

Die wie ein Seepferdchen geformte, 387 Quadratkilometer große Insel ist vulkanischen Ursprungs und hat, im Gegensatz zu vielen anderen Inseln in der Südsee, kein Riff, das die Küste schützen könnte, so dass die häufig starke Brandung die Uferbereiche unmittelbar erreicht. Die Insel erhebt sich steil aus dem Meer, die höchsten Ebenen sind nur schmal und die wenigen, oft nur kleinen Strände bestehen aus einem schwarz-grauen, vulkanischen Sand. Die Südküste wird dominiert von der großen Taaoa-Bucht, die einen Durchmesser von rund 10 Kilometern hat. Vor dieser Bucht lag die Ziellinie der WorldARC. In der Bucht liegt das kleine, nur niedrige Motu Hanakee, das die Einfahrt in die Baie d'Atuona markiert.

Hiva Oa ist die zweitgrößte Insel des Marquesas Archipels und der erste Stopp auf der weiten Seereise von Südamerika in die Südsee. Sie gehört mit einigen anderen Inseln zur südlichen Gruppe der Marquesas, während die größte Insel der Marquesas, Nuku Hiva, zu der nordwestlich liegenden Gruppe von Inseln zählt.

Entdeckt wurde Hiva Oa im Jahr 1595 durch den spanischen Seefahrer Alvaro de Mendaña de Neyra. Seine Versuche, die Insel zu kolonisieren, scheiterten am heftigen Widerstand der kriegerischen Einwohner. Später nahm Frankreich die Marquesas in Besitz, die zu Französisch-Polynesien gehören, das sich von den Marquesas im Nordosten über etwa 2.000 Kilometer bis zu den Australinseln im Südwesten erstreckt. Sie sind also französisches Territorium und man könnte meinen, dass der Euro die Landeswährung ist. Dies stimmt aber nicht, denn in Französisch-Polynesien gilt der CFP (Franc des Colonies françaises du Pacifique). In früheren Zeiten war Hiva Oa von mehreren Stämmen besiedelt, die sich ständig untereinander im Kriegszustand befanden. Häufig dienten die Auseinandersetzungen zur Beschaffung von Menschenopfern, denn die Bewohner der Insel waren Kannibalen und verzehrten bei ihren Festen Menschenfleisch.

Im Jahr 1901 ließ sich der französische Maler Paul Gauguin (1848 – 1903) auf Hiva Oa nieder, aus Tahiti kommend, wo es ihm wegen der zunehmenden Europäi-

Paul Gauguin, wer denn sonst.

sierung – und vielleicht auch wegen seiner Schulden! – nicht mehr gefiel. Er baute sich ein Haus, das er Maison du Jouir nannte, was auf Deutsch „Haus der Freude" bedeutet oder auch, vulgärer ausgedrückt, „Haus des Orgasmus". Hier lebte er bis zu seinem Tode mit seiner anfänglich vierzehnjährigen einheimischen Geliebten. Seine Ruhestätte ist, von den Einheimischen liebevoll gepflegt, auf dem Calvert-Friedhof von Atuona zu finden.

Ein weiterer berühmter Europäer, der einige Jahre auf Hiva Oa lebte, war der belgische Chansonnier Jacques Brel (1929 – 1978). Er war ein passionierter Sportflieger und besaß ein Flugzeug, mit dem er gelegentlich Kranke nach Tahiti transportierte, weshalb er bei den Insulanern sehr beliebt war. Auch sein Grab befindet sich auf dem Friedhof von Atuona. Unweit von Atuona ist in Richtung Flughafen ein Denkmal für Jacques Brel errichtet worden. Auf dem Flugplatz findet sich noch heute sein Flugzeug, eine Beachcraft Bonanza namens „JoJo".

Die Polynesier hinterließen etliche sehenswerte große Steinstatuen und -köpfe, die von Aussehen und Größe her an die Statuen auf der Osterinsel erinnern. Das interessanteste Kunstwerk ist die in der gesamten Südsee einzigartige liegende oder schwebende Figur, Maki i Taua Pepe, genannt, die eine Priesterin oder Göttin während der Geburtswehen zeigen soll, wenn man den Forschungen glauben will.

Siamesische Zwillinge – in Polynesien!

Steinstaue in Marae Takii.

Zurück zum nunmehr stark gekürzten Bericht von Volle:

Nachdem wir für den nächsten Tag einen Mietwagen bestellt hatten, fand die – ganz und gar unproblematische – Einklarierung in Französisch-Polynesien, zu denen die Marquesas gehören, statt. Na ja, ist ja auch französisches Territorium. Am Nachmittag ließen sich Christian, Sigi und ich in die Stadt fahren, um Geld zu tauschen und nach Einkaufsmöglichkeiten zu schauen. Das Geldwechseln dauerte fast eine Stunde, zum Glück in einer mit Klimaanlage versehenen

Bank. Christian schwitzte derweil draußen, später gesellte sich auch Henning zu uns. Nachdem wir uns etwas umgesehen hatten und wieder zurück zur Yacht wollten, war kein Taxi aufzutreiben. Wir mussten also 40 Minuten zu Fuß zurückgehen, mit unangenehmen Folgen für Sigi und mich, denn wir wurden in der Nacht durch die ungewohnte Muskelbelastung von Krämpfen und Muskelschmerzen wach gehalten.

Am Abend wurden wir von einem Gastwirt zu einer abenteuerlichen Fahrt eingeladen, die in seine Kneipe führte. Da sein Fahrzeug nicht alle fassen konnte, musste Christian hinten auf der Pritsche Platz nehmen. Auf ungeschotterten Wegen ging es steil nach oben. Die Kurven waren so eng, dass der Fahrer mehrmals zurücksetzen musste. Da vor dem Restaurant keine Wendemöglichkeit bestand, fuhren wir die letzten 200 Meter rückwärts hinauf. Wir waren durch unseren Törn eine ganze Menge Schaukelei gewohnt, aber diese Fahrt setzte dem Ganzen die Krone auf. Zu fünft hatten wir dann für Bier und ein recht gutes Essen 12.500 CFP, umgerechnet etwa 100 Euro, zu bezahlen. Dafür durften wir die Fahrt zurück wieder in vollen Zügen genießen.

Das angemietete Auto sollte uns am nächsten Morgen zunächst zum Einkaufen dienen. Es war dringend erforderlich, unsere Vorräte zu ergänzen. Die hohen Preise ließen uns jedoch vorsichtig werden, die Waren konnten – überspitzt ausgedrückt – fast mit Gold aufgewogen werden. Etwas frisches Gemüse gab es, aber kaum Obst, und vor allem die Ergänzung unserer Alkoholvorräte hatte darunter zu leiden. Wie die Bewohner von Hiva Oa mit diesen Preisen zurechtkommen, war uns ein Rätsel, da wir kaum Verdienstmöglichkeiten ausmachen konnten. Auf Nachfragen erhielten wir nur ausweichende Antworten, die meisten seien beim Gouvernement beschäftigt, in der Verwaltung tätig, was dies auch immer bedeuten sollte.

Am Abend entschlossen wir uns, zu einem Dinner mit Empfang für die WorldARC-Segler zu gehen. Das Besondere war, dass wir nur einen Drink zu bezahlen hatten und zwei bekamen. Für Sigi war das kein Problem, da er sich sofort bei der Bedienung angebiedert hatte, und auch Henning bekam seine zwei Drinks. Christian und ich hatten dagegen Probleme, das erste Getränk bekamen wir zwar sofort, für das zweite mussten wir uns jedoch mehrmals auf den Weg an die Theke machen, bis wir es endlich auch hatten. Anschließend fanden sich fast alle in Hiva Oa eingetroffenen Crews ein. Eine kleine Kapelle spielte. Wir mussten Christian zuvor überreden, auch wenn es etwas teurer sei, doch an diesem Dinner teilzunehmen. Für ein gutes Essen – Steaks oder Ziegenfleisch mit Beilagen – hatten wir circa 150 Euro zu bezahlen. Damit war dann auch wieder Christian versöhnt. Die Damen hinter der Theke bedienten teilweise barfuß. Sigi war der King und im Nu bei allen bekannt. Eine der Damen hatte ihn sogar nach seiner Zimmernummer gefragt. Man könnte richtig neidisch werden! Dafür hat Sigi jetzt den Spitznamen „Zimmer 7" weg.

Nach einigen Tagen hatten wir genug von Hiva Oa und den über 30 rund um uns ankernden Yachten. Wir entschlossen uns, den Anker zu lichten und fuhren in südwestlicher Richtung zur Insel Tahuata, um dort eine einsame Bucht zu suchen. In der ersten Bucht, die wir erreichten, ankerten bereits zwei Schiffe und so motorten wir weiter zur nächsten Bucht, wo wir allein waren. Wir ankerten vor einem herrlichen Sandstrand, umsäumt von Palmen. Die einzigen

Lebewesen, die wir dort trafen, war eine Rotte Schweine, die ein Bad im Meer nahm und sich anschließend im Sand suhlte. Wir tauften die Bucht deshalb um in „Schweinebucht". Der einzige Nachteil war, dass wir bis zu 30 Knoten starke Fallwinde hatten, die zwar eine herrliche Abkühlung brachten, aber auch unsere Yacht in ständiger Bewegung hielten. Hier genossen wir ein ums andere Mal ein erfrischendes Bad im Meer.

Strandparty mit Folgen

Die tropischen Abende, wenn die Hitze nachgelassen und der Himmel alle denkbaren Farben angenommen hatte, sind unvergesslich. Kurz nach Einbruch der Dunkelheit stieg noch der Vollmond hinter den Bergen auf und tauchte alles in ein silbernes Licht. An einem dieser Abende war schwer was los am Strand, wo die Segler von den WorldARC-Yachten feierten. Ein Unglücksfall besonderer Art, woran der genossene Alkohol wohl nicht ganz schuldlos war, sorgte für große Aufregung: Ein junges Crewmitglied der THETIS hackte sich beim Versuch, eine Kokosnuss mit der Machete zu öffnen, ein Fingerglied vollständig ab. Zum Glück gab es einige Ärzte unter den Seglern, die ihn sofort versorgen konnten. Trotzdem musste er umgehend nach Tahiti ins Krankenhaus, wohin er noch im Laufe des Abends geflogen wurde.

Für ihn war die WorldARC zu Ende und er flog nach Hause. Paul von der Rallye Control erklärte sich bereit, auf der THETIS als Crewmitglied einzuspringen, denn deren Mannschaft war schon seit den Galápagos arg dezimiert, nachdem es auf der Strecke bis dorthin unter den Seglern starke Spannungen gegeben hatte und zwei oder drei Segler ausgestiegen waren. Mithilfe von Paul gelang es Klaus, dem Skipper und Eigner, die THETIS bis nach Tahiti zu segeln. Von dort aus kam sie noch bis Raiatea, schied dann aber wegen technischer Probleme aus der WorldARC aus, wie ich später in den Daily Logs las.

Am Karfreitag, den 2. April, verließen wir die Marquesas und machten uns mit gutem Wind aus Ost auf den Weg zu den Tuamotus, begleitet von einer großen Schar Delfine. Es waren 20 bis 30 Tiere, die uns, dicht an der Bordwand schwimmend, mit ihrem Spiel ergötzten. Bei herrlichem Segelwetter, verwöhnt von Wind, Sonne und achterlichen Wellen, segelten wir unserem Ziel, dem Atoll Aratika, entgegen.

Nachts, pünktlich zu meiner Wache um 2 Uhr, setzte Regen und Sturm ein. Henning band ein Reff ins Groß und rollte die Genua ein Stück ein. Christian konnte sich noch trocken in die Koje retten. Die Wellen erreichten drei Meter Höhe und der Wind 35 Knoten. Am Morgen war die sonst übliche Katzenwäsche nicht ohne Probleme zu bewerkstelligen. Auch der

Nach all dem Fisch kanns auch mal was Deftiges sein!

Kaffeefilter wollte partout nicht an seinem Platz bleiben. Sonst ging aber das Frühstück ohne größere Schäden über die Bühne. Auch tagsüber hielt der starke Seegang an, und wir beschlossen, nur ein frugales Abendbrot zuzubereiten.

Von Atollen und Lagunen

Wir wollten unbedingt bei Tageslicht auf Aratika ankommen, da in der schmalen Passage, die durchs Riff führt, der Strom mit bis zu 9 Knoten (!) laufen soll. Eventuell würden wir in der Nacht sogar etwas „abbremsen", um nicht vor Sonnenaufgang dort anzukommen. Tatsächlich sahen wir beim ersten Morgenlicht nach drei Tagen wieder Land und standen gegen 8 Uhr an der schmalen Einfahrt in das Aratika Atoll. Nachdem wir sicherheitshalber erst einmal zwecks Besichtigung an der Einfahrt vorbeigesegelt waren, starteten wir zur Durchfahrt. Die Einfahrt ist etwa 20 Meter breit und es herrschte eine starke Strömung. Die Wassertiefe fiel von einer Sekunde auf die andere von 70 Metern auf nur noch 7 Meter. Links und rechts der Passage brandeten die Wellen gegen Felsen und Korallenbänke. Wir hatten die Tuamotus, das gefährliche Archipel, erreicht, gefährlich zum einen wegen der zahllosen Riffe und Untiefen, zum anderen wegen der über 100 Atombomben, die die Franzosen, größtenteils auf Mururoa und Fangataufa, gezündet hatten.

Die DESTINY in einer der Lagunen von Aratika.

Tuamotus: Welch ein Gegensatz zu den bergigen Marquesas. Nähert man sich einem Atoll, so sieht man zunächst von der Insel nichts, es scheint, als wüchsen Palmen aus dem Meer. Erst wenn man sehr nahe ist, sieht man das eigentliche Ufer, das sich ein bis zwei Meter aus dem Wasser erhebt. Die Pässe, wie man die Einfahrten in solche Atolle nennt, sind oft weniger als 100 Meter breit. Erwischt man nicht den Zeitpunkt, wo die Tide kippt und das Wasser zu strömen aufhört, kann es starke Strömung geben, in die Lagune hinein oder oder aus ihr hinaus, je nachdem, ob Ebbe oder Flut herrscht. Je enger der Pass ist, umso stärker ist die Strömung. Im Inneren des Atolls liegt man absolut ruhig, auch wenn der Wind heult, denn es gibt keinen Schwell.

Nach einem erfrischendem Bad und einer gründlichen Wäsche in der Lagune von Aratika, wobei wir auch die Yacht mit einbezogen, und einem kühlen Bier fühlten wir uns wie neu geboren. Wenig später bekamen wir Besuch von einem Inselbewohner, der mit seinem Sohn in einem Dingi erschien. Der Franzose war auf seiner Weltumsegelung mit seiner selbstgebauten Yacht auf dem Atoll hängengeblieben und heiratete eine Polynesierin. Wegen unserer beschränkten Französischkenntnisse war die Kommunikation etwas mühsam. Die Unterhaltung fand teils in Französisch, teils in Englisch und teils in Deutsch statt. Das Ergebnis war, dass wir erst spät am Abend zu unserer Lammkeule mit Röstkartoffeln kamen, dafür aber zu einem Besuch der Insel

Hmmmmmm ...

Ein **Atoll** ist ein ringförmiges Korallenriff, das eine Lagune mit kleineren oder größeren Inseln und Sandbänken umschließt. Das Riff bildet einen Saum von im Allgemeinen schmalen Inseln aus, die nach dem polynesischen Wort für Insel meist als Motu bezeichnet werden. Das Riff besteht aus Kalksteingebilden, die entweder über oder unter Wasser liegen, erzeugt von winzigen Tierchen (Polypen), die den Kalk ausscheiden.
Der Begriff Atoll leitet sich von „atolhu" ab, einem Wort aus der maledivischen Sprache. Atolle kommen ausschließlich in tropischen Gewässern vor, hauptsächlich im Pazifik und im Indischen Ozean.
Die Entstehung von Atollen ist umstritten. Nach neueren Forschungen scheint sich die schon von Charles Darwin vertretene Theorie zu bestätigen, dass den Ausgangspunkt eines Atolls ein Vulkan bildet. Um diesen herum entsteht als Saum ein Korallenriff. Der Vulkan sinkt langsam ab, das Riff wächst aber an der Oberfläche weiter. Nach und nach verschwindet der Vulkan völlig. Wo dieser ursprünglich aus dem Wasser ragte, befindet sich nun die Lagune. Zermahlenes Riffmaterial bleibt auf den höchsten Bereichen liegen und bildet nach und nach Inseln.

am nächsten Tag eingeladen wurden. So abgelegen Aratika auch ist, die modernen Kommunikationsmittel gibt es bereits überall auf der Welt: Ich konnte doch tatsächlich mit meinem Mobiltelefon in Deutschland anrufen!

Am nächsten Morgen stand der Besuch der Insel auf dem Programm. Da die Besucher gestern barfuß gekommen waren, beschlossen wir ebenfalls, auf Schuhe zu verzichten. Nur Sigi tanzte aus der Reihe und nahm in weiser Voraussicht seine Sandalen mit. Da nämlich die Wege auf der Insel mit Bruchstücken von Korallen geschottert sind, war Sigi der einzige, dem schmerzende Füße erspart blieben. Unser Gastgeber erzählte, dass er vor 20 Jahren auf die Insel gekommen sei und sich sein Domizil selbst gebaut hätte, in dem er mit Frau und fünf Kindern – die älteste Tochter ist bereits in Papeete verheiratet – lebt. Energie erhält er aus Windrädern und Solarzellen. Als Trinkwasser sammelt er Regenwasser in einer Zisterne. Seinen Unterhalt verdient er sich mit Bootsreparaturen für die Inselbewohner und mit dem Anbau von Kokospalmen.

Heute hatten Christian und ich Innendienst, das hieß Polster im Salon reinigen, Bücher abstauben und wieder ordentlich im Bücherbord aufstellen. Henning und Sigi machten sich draußen zu schaffen: Henning bohrte Löcher in den Mast und vernietete Stufen bis zur Saling, Sigi bediente die Winsch. Später fuhren wir mit dem Dingi an den vollkommen leeren Sandstrand und wanderten durch den Dschungel bis ans offene Meer. Von hier führte eine „Straße" aus aufgeschichteten Steinen am Meer entlang. Während Henning und Sigi wieder zur Destiny *zurückfuhren, wanderten wir zwei anderen circa 3 Kilometer bis zur Einfahrt in das Atoll. Von dort mussten wir unseren Rückweg durch den Kokospalmenhain suchen, auf die Gefahr hin, von einer Kokosnuss erschlagen zu werden. Beäugt wurden wir dabei von vier angebundenen Schweinen, Menschen trafen wir nicht. In Sichtweite unserer Yacht gaben wir Zeichen, um wieder abgeholt zu werden. Anscheinend schlief jedoch die Besatzung. Christian zog sich aus und wollte zur* Destiny *schwimmen, musste wegen des seichten Wassers jedoch den halben Weg zu Fuß gehen. Aber er konnte die Besatzung schließlich wecken und ich wurde mit dem Dingi abgeholt. Nachmittags lichteten wir den Anker und motorten eine Stunde weiter in westlicher Richtung, um vor einem großen Riff wieder Anker zu werfen. Nach einer Grundreinigung unserer Kojen brechen wir am nächsten Tag zu unserem letzten Ankerplatz auf Aratika auf. Testweise sind wir zunächst einmal durch die zweite Ausfahrt im Westen des Atolls gefahren. Sie ist wesentlich einfacher zu passieren als die im Osten. Morgen werden wir zum nächsten Atoll segeln. Unser Ziel ist Toua, etwa 40 Seemeilen entfernt, noch zum Tuamotu-Archipel gehörend. Zunächst stand aber noch ein Aufstieg in den Mast auf dem Programm. Zuerst ich, dann Sigi und danach Christian kletterten mit Hilfe des Bootsmannsstuhls und der neu angebrachten Stufen bis zur Baumnock [Volle meint die Saling] hoch und genossen von dort eine herrliche Rundumsicht.*

Freitag, 9. April: Wir hatten uns entschlossen, doch noch einen weiteren Tag auf Aratika zu bleiben. Diese Gelegenheit will ich zu einer Beschreibung des Atolls nutzen. Man kann sich die Lagune wie einen großen Salzsee vorstellen, circa 20 Kilometer lang und 18 Kilometer breit. Die Wassertiefe beträgt zwischen 10 und 20 Meter. Dazwischen gibt es unzählige Riffe mit einer Wassertiefe von nur wenigen Zentimetern, aus denen vereinzelt abgestorbene Korallenstöcke über den Wasserspiegel ragen. Nach Aussage unseres Tauchers und Schnorchlers Henning werden die Riffe jeweils von einem großen Barsch, fast einen Meter lang, oder einem Riffhai von circa 1,50 Meter Länge beherrscht. Sie betrachten sich als die Herren des Riffs und wachen darüber, dass kein Konkurrent in ihr Reich eindringt. Übrigens, beide sind sehr neugierig und betrachten Taucher, Schnorchler und Schwimmer interessiert aus zwei bis drei Metern Entfernung. Wenn man aber auf sie zuschwimmt, nehmen sie Reißaus und verschwinden mit einigen eleganten Schwimmzügen und sind – so Henning – gefahrlos.

Rings um die Lagune zieht sich zum offenen Meer hin ein mehrere Meter breites Korallenriff. Zur Mitte des Atolls hin folgt ein Ring von Inseln mit Kokospalmen, etwa 200 Meter breit, immer wieder unterbrochen von seichten Stellen. Dazwischen stehen einzelne Hütten, in denen die Einheimischen wohnen. Die Bewohner leben vom Fischfang, der Zucht von Perlen und den Kokosnüssen. Ein Auto haben wir auch schon entdeckt, das sich auf einem 10 Kilometer langen, mit Korallensplittern beschichteten Weg bewegte. Zur Versorgung der Insulaner kommt zweimal wöchentlich ein zweistrahliges Flugzeug, das auf einer kurzen Betonpiste auf dem schmalen Küstenstreifen startet und landet. Einige der Untiefen in der Lagune sind mit Seezeichen gekennzeichnet, die nachts befeuert sind.

Am nächsten Morgen, pünktlich um 8 Uhr Ortszeit, brachen wir dann auf, um die rund 40 Seemeilen bis zum Atoll Toau, unserem nächsten Ziel, zurückzulegen. Kaum hatten wir die Passage durchs Riff hinter uns, wurden die Segel gesetzt. Mit einer Geschwindigkeit von circa fünf Knoten segelten wir gemütlich in Richtung Toau. Nach den Tagen im Atoll mussten wir uns wieder an die Schaukelei auf See gewöhnen. Mit herrlichem Segelwetter und 10 – 15 Knoten Wind machte es riesigen Spaß. Der einzige Wermutstropfen war, dass wir alle Luken geschlossen halten mussten, da immer wieder Salzwasser an Deck spritzte. Schon gegen 14 Uhr erreichten wir unser Ziel. Dieses Mal konnten wir an einer Boje festmachen, die uns ein Einheimischer zugewiesen hatte. Nachmittags erhielten wir Besuch von Seglern, einem Hamburger und einem Berliner. Sie waren am Vortag angekommen und wollten am nächsten Tag nach Tahiti aufbrechen, um dort ihre Ehefrauen an Bord zu nehmen. Sie berichteten uns, dass wir in der Hütte an Land ein Abendbrot bekommen würden, allerdings erst am folgenden Tag, da der Wirt heute Besuch von Verwandten hatte. Also fabrizierte Sigi Kartoffelsalat mit selbstgeschlagener Mayonnaise und Hühnerwürstchen.

Na, da wird die Mannschaft bald nicht mehr zu bremsen sein.

Der nächste Tag war Sonntag und als wir uns nach dem Frühstück an Bord mit dem Dingi zu einem Besuch an Land aufmachten, kam uns ein Italiener in einem Kajak entgegen. Er ermahnte uns zur Ruhe an Land, denn es sei Gottesdienst und alle Inselbewohner befänden sich in der Kirche. Schon am Strand erwarteten uns zwei große Mischlingshunde und ein Rudel von kleinen Pudeln. Die ganze Horde ließ sich freudig streicheln, nur achtete jeder darauf, dass keiner von den anderen zu viele Streicheleinheiten erhielt. Die zwei Mischlinge sprangen uns voraus und drehten sich immer wieder um, ob wir auch folgten. Am Riff angekommen, sprangen sie ins Wasser und apportierten Korallenstücke, die sie uns brachten. Auf dem Rückweg fanden wir das von dem Italiener empfohlene Restaurant mit den Wirtsleuten, die gerade vom Kirchgang

Essen – eine der wichtigsten Beschäftigungen an Bord.

zurückkamen. Ab 19 Uhr seien sie bereit, uns ein Abendbrot anzubieten. Noch etwas skeptisch machten wir uns am Abend auf den Weg. Sigi und Christian waren argwöhnisch, und aßen vorher den restlichen Kartoffelsalat und Würstchen. Bald stellten sich weitere Gäste ein, die auf dem Atoll Urlaub machten, ein Amerikaner aus Alaska, ein Kanadier, ein Schiffsvercharterer aus Papeete und ein Italiener, der, wie sich herausstellte, schon 13 Jahre lang allein mit seiner Yacht unterwegs war und in dem Restaurant als Gegenleistung für gelegentliche Arbeiten Essen und Trinken bekam. Als Vorspeise gab es Fischhäppchen, rohe Fischfilets verschiedener Fischarten, dazu Sojasoße, Tomaten, Gemüse und Reis. Als Hauptgericht wurden Spaghetti Aglio e Olio gereicht. Eine lebhafte Unterhaltung über Seefahrt, Seeräuber und den Mann im Mast, der Untiefen zu melden hatte, gemischt mit Seemannsgarn, bereicherte die Mahlzeit. Als Sigi schon zahlen wollte, kam noch ein Kuchen, mit Bananen, Ananas und Kokos belegt, auf den Tisch. Die Skeptiker Sigi und Christian bedauerten nun, sich schon auf der DESTINY den Bauch vollgeschlagen zu haben. Am Schluss kostete der Abend nicht mehr als 16 Euro pro Person, dazu erhielten wir noch zwei Kilogramm frischen Fisch mit auf den Heimweg. Noch im Schlaf, wurden wir am nächsten Morgen von einem Nebelhorn geweckt. Der italienische Einhand-Segler auf Weltreise verabschiedete sich mit dem Ziel Papeete. Wir antworteten natürlich mit lautem Hupen aus unseren zwei Nebelhörnern. Nach dem Frühstück machten auch wir uns auf den Weg nach Papeete, wo wir nach unseren Berechnungen am nächsten Mittag ankommen sollten. Die Wirtsleute verabschiedeten uns mit heftigem Winken und wir fuhren durch die uns schon bekannte Ausfahrt wieder aufs offene Meer. Schon am Nachmittag überholten wir die Yacht des Italieners, den wir aber nicht sahen, da die Selbststeueranlage den Kurs hielt und er offensichtlich in der Koje lag und schlief.

Am Dienstag, den 13. April gegen 10 Uhr, sichteten wir aus der Ferne die hohen Berge von Tahiti. Unser Wunsch war es, irgendwo bei Papeete vor Einbruch der Dunkelheit einen Platz zum Ankern zu finden. Da der Wind nachließ und wir noch im Tageslicht ankommen wollten,

> *starteten wir häufiger als sonst den Motor. Gegen 16 Uhr war es dann soweit, wir hatten unser Ziel Tahiti erreicht und ankerten vor der Marina Taina in Punaauia. Damit war der Törn für Christian, Sigi und mich zu Ende. Henning wollte nur noch auf Wolfgang und Ingrid warten, um dann ebenfalls die Heimreise anzutreten.*

Ja, der Törn war für Christian, Sigi und Volle zu Ende, noch nicht aber die Reise, nein, noch lange nicht! Zwar waren sie am Sonntag, den 18. April, mit Gepäck beladen, pünktlich um fünf Uhr zum Einchecken am Flughafen, aber die Air France teilte ihnen mit, der Flug sei wegen des Vulkanausbruchs in Island und wegen Überfüllung des Flughafens von Los Angeles gestrichen. Sie sollten aber ihre Telefonnummern hinterlassen und würden dann telefonisch informiert, wann sie einchecken könnten.

Also fuhren sie mit dem Taxi wieder zurück zum Boot, rissen Henning aus dem Schlaf und schleppten ihr Gepäck zurück an Bord. Am Abend fand reger Telefonverkehr mit der Heimat statt, Informationen über den Ausbruch des Eyjafjallajökull wurden eingeholt und spekuliert, wie und wann man nach Hause kommen könnte.

Am nächsten Tag fuhren sie mit dem Bus nach Papeete, um das Air-France-Büro aufzusuchen. Nach langer Wartezeit, wegen des großen Andrangs, waren sie endlich an der Reihe, erfuhren jedoch nur, dass man nichts Genaueres über den Rückflug wisse. Sie sollten nochmals ihre Handynummern hinterlassen und würden dann telefonisch benachrichtigt. Den Tag darauf wurden sie um 7:30 Uhr vom Lärm eines größeren Flugzeugs geweckt, das vom nahen Flugplatz aus startete. Wieder ging es mit dem Bus nach Papeete zur Air France. Nach der üblichen Wartezeit erfuhren sie zu ihrem großen Erstaunen und Schrecken, dass für sie in dem in der Frühe gestarteten Flugzeug Plätze gebucht gewesen seien. Sie seien aber per Telefon nicht erreichbar gewesen. Das war natürlich glatt gelogen! Weder auf Volles noch auf Hennings Telefon war ein Anruf oder eine Mitteilung eingegangen gewesen. Nachdem sie Krach schlugen und heftig protestierten, wurde schließlich der Chef der örtlichen Air-France-Niederlassung hinzugezogen, der ihnen schließlich anbot, mit der Thai Air zurückzufliegen. Und so geschah es dann auch nach vielem Hin und Her – allein die Odyssee der Heimreise wäre des Lesens wert gewesen, aber diese Erlebnisse würden den Rahmen des Buches sprengen. Wie schreibt Volle am Ende seines Berichts?

> *... So ging eine herrliche und erlebnisreiche Reise zu Ende, dank Ingrid und Wolfgang, die uns ihr Schiff kostenlos zur Verfügung gestellt hatten. Vielen Dank nochmals!*

Tahiti

Die DESTINY liegt nun also in Tahiti, genauer gesagt, am Kai der Marina Taina, wo sie auf Wolfgang und Ingrid wartet. Henning ist noch an Bord, um sie dem Eigner wieder zu übergeben. Dann beginnt auch für ihn die Heimreise.
Nach 25 Stunden Flug treffen Wolfgang und Ingrid am Flughafen von Papeete ein. Die mit Blumen geschmückten polynesischen Schönheiten in der Empfangshalle heißen die Ankömmlinge willkommen, überreichen Blumenkränze und drei Musiker verbreiten Südseestimmung – welch schöner Empfang! Wenn es jetzt noch etwas zu trinken gäbe ... Na ja, auf der DESTINY wird schon noch etwas von dem reichlichen Alkoholvorrat vorhanden sein, den sie auf den Galápagos hinterlassen hatten, und wer sich davon bedient hat, wird unter Garantie Getrunkenes wieder auffüllen, so denken sie.
Die Einreise in Tahiti Nui Mare'are'a (Großes Tahiti des goldenen Dunstes) ist für EU-Bürger völlig unkompliziert, ist es doch französisches Überseedepartement und somit Teil der Europäischen Union. Vor dem Flughafen ist schnell ein Taxi gefunden, schwieriger wird es schon beim Bezahlen. Wer denkt, Tahiti, Teil der EU, also kann man in Euro bezahlen, der irrt. In ganz Französisch-Polynesien gilt eben eine eigene Währung, der CFP, und nur damit wird bezahlt, basta. Zum Glück erwartet Henning die Ankömmlinge trotz der späten Stunde gleich am Eingang der Marina Taina und so kann er das Taxi nicht nur genau bis zur DESTINY hin dirigieren, sondern auch die Taxifahrerin bezahlen.
Endlich etwas trinken! Doch leider ist die Bar im Salon der DESTINY trocken, bis auf den letzten Tropfen geleert. Mit Mühe und Not finden sich gerade noch drei Dosen Bier und nachdem diese ruckzuck geleert sind, kommt zum ersten Mal nach acht Jahren, also seit dem Kauf durch Wolfgang, das Wort „trockengelegt" über dessen Lippen.
In der Marina Taina liegen weitere Yachten der WorldARC: die RONJA, gleich nebenan die WILD TIGRIS und die LADY EV. VI. Der Rest der Flotte versammelt sich an einem langen Ponton mitten in Papeete, direkt neben der breiten Küstenstraße, die Tag und Nacht befahren ist. Wolfgang beschließt deshalb, bis zur Abfahrt in der Marina zu bleiben, auch wenn es an dem zur Lagune offenen Kai durch Wellenschlag vorbeifahrender Boote unruhig ist. Freudig werden Wolfgang und Ingrid am nächsten Morgen von den anwesenden WorldARC-Teilnehmern begrüßt, es gibt gegenseitig viel zu erzählen. Die Crews hatten in den letzten Wochen auf der Etappe von den Galápagos bis Tahiti viele großartige Erlebnisse, besonders die Tuamotus haben es ihnen angetan. Am Eingang der Marina macht ein freundlicher Mann Wolfgang und Ingrid darauf aufmerksam, dass bis zu Carrefour nur fünf Minuten

zu laufen ist. Woher weiß er, dass sie einkaufen wollen? Bei Carrefour gibt es alles: Lebensmittel, Kleidung, Fahrräder, eine Bank und einen Telefonladen. Alles, alles wird angeboten. Die Preise allerdings verschlagen den beiden die Sprache. Sie stellen mit Schrecken fest: Französisch-Polynesien ist ein sehr teures Pflaster. Eine Melone beispielsweise, nicht etwa im Supermarkt, sondern am Straßenrand angeboten, kostet umgerechnet sage und schreibe acht Euro!

Die Bank wirbt mit „Samstag Vormittag geöffnet", prima, da kann man ja gleich Geld wechseln. „Nein", sagt die freundliche junge Dame am Schreibtisch, „Geld wechseln wir nicht, das müssen Sie am Automat rauslassen." Nächste Frage: „Wie heißt denn Ihre Währung?" „CFP", „aha, und was heißt CFP?" … „Das weiß ich nicht." … „Wie ist denn der Umrechnungskurs zum Euro?" … „Da müsste ich im Internet nachsehen." Eine feine Bankangestellte! Also auf zum Geldautomaten: 7.000 CFP, das sind etwa 50 Euro, das ist das Maximum, das der Automat hergibt – na, da kommt man nicht allzu weit! Aber für Getränke und ein wenig Obst reicht es allemal.

Als nächstes machen die beiden mit dem Bus die erste Erkundungsfahrt nach Papeete. Die Bushaltestelle ist gleich gegenüber der Marina, wie bequem. Eine Viertelstunde vergeht, eine weitere Viertelstunde, nichts tut sich, kein Bus kommt. Nach einer dreiviertel Stunde erklärt ein freundlicher Mann, dass die Bushaltestelle nicht mehr bedient wird, die Busse fahren nur noch bis zu Carrefour, aber dort halten die Busse regelmäßig. Die Fahrt geht an kleinen, einfachen Hütten vorbei, mal kommen schmucke Häuschen mit gepflegten Gärten, insgesamt merkt man, und das bestätigt auch eine spätere Inselrundfahrt, dass hierher viele, viele Euro aus der EU fließen.

In Papeete herrscht Leben, obwohl viele der kleinen Läden schon geschlossen sind, weil Samstag ist. Am Steg vor der Uferbefestigung liegen zahlreiche Yachten der WorldARC, auch hier werden Wolfgang und Ingrid wieder freudig begrüßt. Allerdings macht sich großer Nachholbedarf an Schlaf und entsprechend große Müdigkeit bemerkbar, so dass Morpheus sie schon um 8 Uhr abends in seinen Armen hält, sanft gewiegt von den Bewegungen der DESTINY in den Wellen.

Am nächsten Tag, es ist ein Sonntag, sind die beiden schon früh auf und fahren gleich nach dem Frühstück mit dem Bus nach Papeete. Sie kennen sich

Die Flotte in Papeete.

bereits besser aus. Den Bus kann man überall mit Handzeichen stoppen und so können sie sich sogar den kurzen Weg bis zu Carrefour chauffieren lassen. Nach kurzer Fahrt hält der Fahrer jedoch an, stellt den Motor ab und seine Frau, die zum Kassieren mit ihren beiden kleinen Kindern mitfährt, deutet mit Gesten an: fünf Minuten Pause. Der Busfahrer greift nach einem Schlauch, der an der Haltestelle liegt und spritzt nun den Bus außen und innen ab. Und weil er schon dabei ist, werden auch gleich die Kinder geduscht, und schon kann die Fahrt nach Papeete weitergehen.

Im Touristikzentrum buchen Ingrid und Wolfgang für den Mittag eine Rundfahrt über die Insel und entnehmen den ausliegenden Informationsbroschüren Wissenswertes. Tahiti gehört zu den Gesellschaftsinseln, die etwa um 200 vor Christus von Tonga und Samoa aus besiedelt wurden. Zwar hatte Ferdinand Magellan schon 1521 das Tuamotu Atoll entdeckt, aber es dauerte bis 1767, ehe der erste Europäer, Samuel Wallis, seinen Fuß auf die Gesellschaftsinseln setzte. Tahiti ist eine Doppelinsel aus Tahiti Nui (Groß-Tahiti) und Tahiti Iti (Klein-Tahiti), die im Südosten durch einen schmalen Isthmus miteinander verbunden sind. Das Landschaftsbild wird auf beiden Inselteilen von steilen Berggipfeln geprägt, deren höchster auf Tahiti Nui 2.241 Meter aus dem Meer emporragt. Die höchste Erhebung auf Tahiti Iti dagegen ist nur 1.332 Meter hoch. Fließgewässer haben tiefe Täler eingegraben, die von schroffen Felsen begrenzt werden. Das Inselinnere ist mit tropischer Vegetation dicht bewachsen und nur an wenigen Stellen erschlossen, aber völlig unbewohnt. Sämtliche Siedlungen befinden sich in einem schmalen Küstenstreifen rund um die Insel. Entgegen der landläufigen Meinung, gespeist wohl von Schlagern, ist Tahiti nicht mit weißen Sandstränden umgeben. Meist fallen die schroffen Felsen direkt ins Meer ab und die wenigen natürlichen Strände bestehen aus schwarzem, basaltischem Sand. Die gepflegten weißen Strände, mit denen die Hotels auf der Insel werben, sind allesamt von Menschenhand angelegt worden! Pro Jahr driftet Tahiti mit der Pazifischen Platte 12,5 Zentimeter nach Nordwesten und versinkt um 0,25 Millimeter im Meer. Man braucht sich aber bis auf Weiteres keine Sorgen zu machen – beiden Inseln wurde noch eine Lebensdauer von bis zu 70.000 Jahren vorhergesagt.

Vor der Rundfahrt reicht es noch für einen kurzen Blick in die Kathedrale Nôtre Dame. Der Name weckt Erwartungen, doch die Kirche ist mehr als schlicht, ein paar bunte Glasfenster, der einzige Schmuck sind große Blumensträuße. Aber alle Türen der Kirche stehen offen und der Luftzug vermittelt eine angenehme Kühle. Es ist gerade Gottesdienst. In der ersten Reihe sitzen weiß gekleidete Mädchen, vielleicht 10 bis 12 Jahre alt und der Pfarrer steht vor ihnen und erteilt Religionsunterricht. Die übrige Gemeinde – nicht sehr zahlreich – unterhält sich, spielt mit den Kindern, ja, es geht ausgesprochen locker zu.

Die Rundfahrt führt entlang der Westküste nach Süden. Die Berghänge von Punaauia zählen wegen des herrlichen Blicks auf das Meer und die gegenüberliegende Insel Moorea zu den begehrtesten Grundstücken der Insel. Die Villen dort sind beeindruckend. Der erste Stopp findet bei zwei Grotten statt, die allerdings beide durch einen hohen Lattenzaun abgesperrt

Gingerlily.

Strelitzien, so viel man will.

La Rose Porcelaine.

Gefüllter Hibiskus.

sind. Neugierige haben davor eine wackelige Steinpyramide gebaut, wobei man, wenn man sie erklimmt, auch nur zwei Löcher im Fels sieht. Wunderschön ist die Blumenpracht mit vielen, vielen Blüten von Gingerlily, Strelitzien, gefülltem Hibiskus, einfachem Hibiskus, Frangipani und, und, und … leider kennt Ingrid nicht all ihre Namen. In kurzen Abständen stehen am Straßenrand Schilder: „Silence Cult" und gleich darauf folgt eine Kirche. Unzählige katholische Kirchen, ebenso viele evangelische Kirchen, Mormonenkirchen, Baptistenkirchen – hier auf der Insel müssen viele Sünder leben.

Ganz im Süden der Insel beim Jardin Botanique liegt das Musée Gauguin, eine interessante Ausstellung zum Lebensweg und -werk des französischen Künstlers, der einige Jahre auf der Insel gelebt und gearbeitet hat, dann aber, angefeindet von der katholischen Kirche ob seines Lebenswandels, verfolgt von Gläubigern und wegen eines Streits mit der französischen Administration auf die Marquesas Insel Hiva Oa übersiedelte, wo er auch verstarb. Das Museum besitzt eine Vielzahl von Kopien seiner Gemälde, Fotos, Keramiken und Gegenstände aus dem Leben des Künstlers. Interessante Schautafeln erzählen über das Leben Gauguins. Auf der Weiterfahrt sieht man viele kleine Wochenendhäuschen, die Gärten unterscheiden sich von denen der Westküste durch Obst- und Gemüseanbau. Es gibt auch große Tomatenplantagen. Kurz hinter der Landenge, wo die beiden Inseln miteinander verbunden sind, erreicht man die Cascades de Fa'arumai, drei imposante Wasserfälle. Das Wasser stürzt über dicht mit Moosen, Farnen und anderen Kleinpflanzen bewachsene Felswände weit über 100 Meter in die Tiefe, sammelt sich in einem Steinbecken und rauscht steil bergab dem Meer entgegen. Die Ostküste der Insel ist das Paradies der Surfer und Wellenreiter. Zu Hunderten gleiten sie elegant auf langen, hohen Wellen dem Ufer entgegen.

Ein mitreißendes Naturschauspiel bietet der Trou de Souffleur von Arahoho. Bei starker Brandung wird das Meerwasser durch eine Höhle im Felsgestein gepresst und schießt durch kleine Kanäle als Fontäne hoch empor. Es empfiehlt sich, genau darauf zu achten, bis zu welcher Stelle der Boden auf der Zuschauerplattform nass ist!

Die Touristengruppe hat sich bei all den Naturschauspielen zu viel Zeit gelassen, so dass der Reiseleiter die Rundfahrt vorzeitig abbrechen muss. Der Kleinbus bringt Wolfgang und Ingrid zurück zur Marina Taina, wo Freund Sepp, langjähriger Bodenseesegler, schon auf die beiden wartet. Und zusammen mit ihm sind Sigrid, Adelinde (Linde), Ramona und Michael (Micha) eingetroffen – jetzt ist die Crew komplett und die DESTINY kann am 29. April ihre Reise durch Französisch-Polynesien fortsetzen, zu den Inseln Moorea, Huahine, Maupiti und Bora-Bora, Namen, die wie Musik im Ohr klingen.

Traditionelle Tänze in Papeete.

Weiter geht's mit neuer Mannschaft

Strahlender Sonnenschein, eine leichte Brise, Schapps und Staufächer gut aufgefüllt mit Vorräten und die Aussicht auf einen Törn zu den schönsten Gegenden der Gesellschaftsinseln – Herz, was willst du mehr? Eine lange Pazifikdünung bricht sich beidseitig des Passes, durch den die Destiny das offene Meer erreicht. Etliche Surfer nutzen die Wellen und gleiten elegant, auf ihren Brettern balancierend, am Riff vor der Lagune entlang. Die Silhouette der Insel Moorea zeichnet sich deutlich am Horizont ab, sind es doch gerade mal zehn Seemeilen dorthin. Kaum sind die Segel gesetzt, macht es sich der weibliche Teil der Besatzung im Bikini auf dem Vorschiff gemütlich. Eine Viertelstunde lang läuft eine der beiden Maschinen noch mit, dann ist genügend Fahrt im Schiff, auch ohne Motor. Ein Tag hat begonnen, wie er nicht schöner sein könnte.

Riff vor Tahiti Nui.

Die charakteristischen Berge von Moorea.

Von Süden kommend, nähert sich die Destiny Moorea mit seinen hoch aufragenden Bergen. Dem Ufer vorgelagert sind ein großes Riff, dahinter die Lagune und anschließend der Palmenstrand. Genauso stellt man sich die Südsee vor! Entlang dem Riff segelnd hält die Mannschaft Ausschau nach dem Pass, der gut markierten Einfahrt in die Baie de Cook, einer tief eingeschnittenen Bucht im Norden von Moorea, die umso schmaler wird, je weiter man sich dem Scheitel der Bucht nähert. An deren Ende fällt der Anker bei acht Meter Tiefe und schon ist die ganze Crew im angenehm warmen Wasser.

Moorea ist sozusagen die Schwesterinsel von Tahiti. Sie hat die Form eines Herzens mit drei majestätischen Vulkangipfeln, die jeweils bis nahe 900 Meter, der Gipfel in der Mitte sogar 1.200 Meter, aus dem Meer ragen. Moorea wird auch als das „Geschenk der Götter an die Polynesier" bezeichnet, denn sie soll zu den schönsten im Südpazifik gehören. Die ganze Insel wird von einer glasklaren, türkisgrünen Lagune umgeben. Die Bewohner leben in dem flachen Küstenstreifen rund um die Insel. Sie haben sich auf den Anbau von Ananas spezialisiert, weshalb die Insel auch mitunter als Ananasinsel bezeichnet wird. In den letzten Jahren kam der Tourismus als weitere bedeutende Einnahmequelle hinzu. Eine ausgezeichnete Infrastruktur, Hotelanlagen aller Preisklassen und Ausflugsmöglichkeiten mit verschiedenen thematisierten Schwerpunkten und Sehenswürdigkeiten ziehen die Touristen an.

Sepp, ein leidenschaftlicher Hobbykoch, bereitet am Abend ein köstliches Dinner zu: Als Vorspeise gibt es frischen, rohen Tuna mit einem Häubchen Frischkäse, dazu Gurkenraspel mit Ingwer in einer kräftigen Chilisauce, als Hauptgang kurz gebratene Tunafilets (innen rosa) mit Sahnerisotto: Mmmh!!! Leider muss das Dinner im Salon eingenommen werden, denn draußen geht ein kräftiger Tropenschauer nieder. Es gießt wie aus Kübeln, aber nach einer halben Stunde lässt sich schon wieder die Abendsonne sehen.

Früh am nächsten Morgen geht es per Dingi zum nächstgelegenen Ufer. Eigentlich wollte die Mannschaft schnorcheln gehen, aber auf Anhieb findet sich kein geeigneter Schnorchelplatz und so spaziert sie zunächst in das Örtchen Paopao. Dort kommen ihr die ersten knatternden Buggies entgegen, kleine, offene Spielzeugautos mit breiten Reifen. Es wäre doch reizvoll, denken Wolfgang und Ingrid, mal die ganze Insel mit solch einem Buggy zu umrunden. Schnell ist ein Vermieter gefunden und die beiden sausen ab in Richtung Norden. Der Karte nach gibt es verschiedene kleine Orte auf der Insel, aber die Ortschaften gehen ineinander über und man hat den Eindruck, dass es sich um einen einzigen Ort handelt, der sich rund um die Insel zieht. Die Straße ist asphaltiert, ohne Schlaglöcher, ausreichend breit und hat auf beiden Seiten zusätzlich einen Radweg. Stuttgarts Oberbürgermeister könnte sich ein Beispiel daran nehmen! Die Menschen leben in kleinen, einfachen Häuschen mit zum Teil wunderschön gepflegten Gärten. Es sieht alles sehr, sehr sauber aus. Im Norden der Insel, die nur 133 Quadratkilometer groß ist, liegt ein kleiner Flugplatz und, man staune: ein Golfplatz! Auf dem war allerdings niemand zu sehen, der (Originalton Wolfgang) „bei diesem Geschicklichkeitsspiel für Ältere mit Stöckchen auf kleine Kügelchen eingeschlagen" hat. Er ist eben kein Golfer!

Von der Nordspitze der Insel hat man einen herrlichen Blick über die Lagune auf das keine 20 Kilometer entfernte Tahiti. Zu den Hotelanlagen der Insel gehören stets mit Palmstroh gedeckte Wasserbungalows, die wie eine Perlenkette in die Lagune hinausgebaut wurden. Die Insel hat viele kleine Kirchen, wie sie auch schon auf Tahiti zu sehen waren. Gleich bei Paopao ist eine kleine Kapelle mit Wandmalereien, die die heilige Familie im tahitianischen Stil zeigt.

Nachdem schon fast die ganze Insel umfahren ist, führt am Ende der Baie d'Opunohu, der zweiten langen Bucht im Norden der Insel, eine asphaltierte Straße durch üppige Vegetation zu dem jetzt unbewohnten Vallée d'Opunohu. Dieses Tal war in früheren Zeiten stark besiedelt, was durch eine große Anzahl von Überresten alter Kultstätten belegt wird. Mehrere Informationstafeln geben Auskunft über die Bedeutung dieser Anlagen und Siedlungen aus dem 13. Jahrhundert. Weiter geht es entlang an Obst- und Gemüseplantagen ins Innere der Insel und schließlich in Serpentinen zum Aussichtspunkt Belvédère im Zentrum der Insel. Von hier oben hat man einen fantastischen Blick über die beiden malerischen Buchten Baie d'Opunohu und Baie de Cook.

Auch Micha und Linde wollen mit dem Buggy eine Spritztour unternehmen. Wolfgang und Ingrid gehen deshalb zum Strand, wo sie die restliche Crew beim Baden und Schnorcheln vorfinden. Hinein ins warme Nass an diesem sauber angelegten Badeplatz unter Palmen, wo die Korallen bis ins seichte Wasser reichen. Hier gibt es Drückerfische wie den

So stellt man sich die Südsee vor!

Gelbschwanzdrücker, ein fast schwarzer Fisch mit einer orangefarbenen Schwanzflosse und orangefarbenen Längsstreifen am Körper, den Picassodrücker, ein hellbrauner Fisch mit markanter blau-weißer Zeichnung und einem gelben Maul, Doktorfische zuhauf, ebenso Falterfische, darunter den wunderschönen Halfterfisch. Der Körper ist fast ein Quadrat, schwarz-weiß-gelb gestreift, vorn in der Mitte ragt ein kleiner Kopf aus dem Körper und hinten eine kurze Schwanzflosse. Markant ist seine fast 50 Zentimeter lange feine Rückenflosse. Natürlich sieht man auch viele Barsche, Schnapper und Papageienfische. Baden im Aquarium!

Ein Falterfisch.

Vorsicht, giftige Stacheln!

Picassodrücker.

Per Autostopp geht es zurück und der Abend wird in einem einheimischen Lokal mit guter chinesischer Küche und französischem Weißwein abgeschlossen. Danach probiert die Mannschaft, weil sich über der DESTINY ein klarer Nachthimmel mit unendlich vielen Sternen spannt, Wolfgangs elektronischen Sternfinder aus. Dieses Gerät namens SkyScout, in den USA hergestellt von Celestron (www.celestron.com), berechnet automatisch per GPS die Position des Standortes und ist dann in der Lage, wenn man das Okular auf einen Himmelskörper richtet, diesen zu identifizieren. Der SkyScout liefert neben den Namen auch eine Beschreibung: Entfernung, Größe, Lichtstärke, Zugehörigkeit zu einem Sternbild, Bedeutung in der Antike und so weiter. Man kann dem Gerät aber auch die Bezeichnung eines Sterns vorgeben und das Gerät führt den Betrachter dann mittels Lichtsignalen zu dem gesuchten Objekt. Alle sind begeistert und jeder darf sich einen Stern ausgucken.

Tags darauf wird bei der Ausfahrt, neben dem Pass, der durchs Riff führt, erst einmal ein Schnorchelstopp eingelegt, ganz in der Nähe der ASOLARE mit Peter und Mandy an Bord, die dort vor Anker liegen und tauchen wollen. Das nächste Ziel ist die nur 45 Seemeilen entfernte Insel Huahine. Da das Ziel im Tageslicht nicht mehr zu erreichen und die nächtliche Einfahrt in eine Lagune ohne genaue Ortskenntnisse zu gefährlich

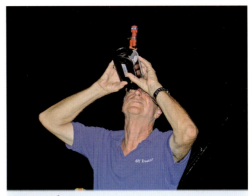
Sterngucker.

ist, wird beschlossen, die Nacht auf See zu verbringen. Das bietet sich schon deshalb an, weil der Wind im Laufe des späten Nachmittags eingeschlafen ist. Also wird der Spinnaker, der bisher die DESTINY mit gemütlicher Fahrt gezogen hat, geborgen und die Mannschaft macht es sich im Cockpit bequem. Ein traumhaft schöner Sonnenuntergang folgt und Ingrid sieht zum ersten Mal einen grünen Blitz, ein Erlebnis, das nur wenigen Seglern im Laufe ihres Lebens vergönnt ist.

Abendflaute in der Südsee.

Könnte heute was werden mit dem grünen Blitz.

> Der **grüne Blitz** ist ein äußerst seltenes Naturphänomen, das man wegen der hohen Luftverschmutzung meist nur noch auf dem offenen Meer, im Hochgebirge und in der Wüste sehen kann. Es entsteht beim Sonnenaufgang oder Sonnenuntergang und ist als grüner Schein für einen Sekundenbruchteil am oberen Rand der Sonne zu sehen. Manchmal erscheint auch ein grüner Blitz, nachdem die Sonne schon untergegangen ist.
>
> Die physikalische Erklärung dafür ist, dass das weiße Licht der Sonne in der Erdatmosphäre wellenlängenabhängig gebrochen und so in Spektralfarben zerlegt wird. Blaues Licht wird stärker gebrochen als grünes und dieses wiederum stärker als gelbes und rotes. Da die Lichtbrechung am Horizont am stärksten ist, wird hier das letzte flache Bogensegment der untergehenden Sonne in seine Spektralfarben aufgespalten. Das Sonnensegment besitzt also einen roten, grünen und blauen Sonnenrand. Die Unterschiede sind allerdings sehr gering und betragen nur etwa ein sechzigstel des sichtbaren Sonnendurchmessers vom roten zum blauen Sonnenrand. Wenn der rote und der gelbe innere Kreis zuerst untergehen, verbleiben nur noch der grüne und blaue Rand oberhalb des Horizonts. Blaues Licht unterliegt aber in der Erdatmosphäre einer starken Streuung und ist in der Sonnenscheibe deswegen kaum mehr sichtbar. Einzig und allein die Farbe Grün (im Lichtspektrum zwischen Gelb und Blau) bleibt meistens übrig und kann für wenige Bruchteile einer Sekunde noch gesehen werden.

Als es gegen sechs Uhr Ortszeit, wie immer in der Nähe des Äquators, zu dunkeln anfängt, begibt sich Sepp in die Kombüse und bereitet das Abendessen vor. Heute gibt es Filetsteaks, das fabelhafte Fleisch haben Sepp und Sigrid bei Carrefour besorgt. Die Steaks und die Beilagen, ebenso wie der in Papeete gekaufte Bordeaux, ein Gedicht, wie bei Sepp nicht anders zu erwarten, aber er macht sich Vorwürfe, dass das Fleisch eine halbe Minute zu lange im Backofen gewesen sei und lässt sich gar nicht mehr beruhigen. Die übrigen Crewmitglieder dagegen genießen das Festessen und sind des Lobes voll. Das tröstet Sepp aber auch nicht und er kann fast die ganze Nacht nicht schlafen ob des vermeintlichen Missgeschicks. Noch tagelang hadert er wegen der Steaks.

Huahine

Als James Cook Huahine zum ersten Mal sah, nannte er sie „Die Schöne". Dieser Name trifft auch heute noch zu: Es ist ein wahres Paradies mit üppiger tropischer Flora. Huahine besteht eigentlich aus zwei Inseln, und der Grund dafür ist der Sage nach, dass in grauer Vorzeit Gott Hiro in einen Sturm geraten war und mit seinem Auslegerkanu so schnell auf die Insel zugeschossen kam, dass er sie in zwei Teile spaltete. Seitdem gibt es Huahine Nui (die Größere, nördlich gelegen) und Huahine Iti (die Kleinere). Von Menschenhand sind beide durch eine Brücke wieder verbunden worden, die allerdings bei Sturm vollkommen überschwemmt wird, so dass beide Inseln dann wieder getrennt existieren.

Auf Huahine findet sich der Beweis dafür, dass die polynesischen Inseln schon vor vielen, vielen Jahren besiedelt waren: Bei Bauarbeiten hat man 1972 unter einer dicken Schlammschicht, perfekt konserviert, die Überreste eines Dorfes gefunden. Diese Fundstelle konnte auf eine Besiedelung im 1. Jahrhundert nach Christus bestimmt werden. Die entdeckte Kultstätte ist eine der Hauptsehenswürdigkeiten der Insel. Eine weitere gibt es ganz im Süden zu Ehren des Gottes Hiro. Die auf Huahine freigelegte Besiedelung zählt zu den am besten erhaltenen Zeugnissen der prähistorischen Vergangenheit Polynesiens. Die Anlage Marae von Maeva galt als Wohnort der Götter. Schautafeln zeigen, dass es hier einst Siegesfeiern gab, die Krönung der Könige, aber auch religiöse Handlungen. Es ist zu vermuten, dass dabei auch Menschen den Göttern geopfert wurden. Nicht nur deshalb sahen sich die auf Huahine aktiven Missionare zu einem besonders emsigen Einsatz verpflichtet. Ihnen war auch der Name der Insel ein Dorn im christlichen Auge. „Hua" bedeutet nämlich Vagina und

Originale Überreste des Marae Res Sous-le-Vent.

Das besterhaltene Marae auf Huahine.

„Hine" steht für Sex, frei übersetzt somit „Sex der Frau". Verschämte halten sich wohl doch besser an James Cooks Name „Die Schöne". Der britische Seefahrer war von der Insel so sehr begeistert, dass er noch zwei Mal hierher zurückkehrte.

Huahine, die Schöne, das bezieht sich nicht nur auf die Insel, sondern auch auf die Bewohner. In der polynesischen Gesellschaft gehören Transvestiten zur Kultur – zur traditionellen wie zur modernen. Bereits im Kindesalter werden manche Jungen zu Mädchen erzogen, ihnen werden Aufgaben zugewiesen, die als weiblich gelten. Dies geschieht häufig zum Teil aus ganz praktischen Gründen, wenn zum Beispiel eine Familie vorwiegend Jungen hat und der Mutter dadurch eine Hilfe im Haushalt und bei der Betreuung der jüngeren Kinder fehlt. In vielen Fällen übernehmen die Jungen dann die Rolle des Mädchens und später der Frau. Sie verkörpern das dritte Geschlecht in der polynesischen Gesellschaft. Manche Jungen kehren während der Pubertät in ihre angeborene Rolle zurück, viele verbleiben in der ihnen anerzogenen. Wolfgang und Ingrid hatten bereits auf Tahiti besonders elegante und gepflegte Frauen gesehen, die sich, zum Beispiel aufgrund des Körperbaues oder wegen der Koteletten an den Schläfen, als Mann entpuppten. Zur Enttäuschung von Wolfgang erwies sich auch die hübsche, junge Frau, mit der er in einem Café in Papeete flirtete, als junger Mann, aber das erkannte er erst, als Ingrid ihn charmant darauf aufmerksam machte.

Mann oder Frau – wer weiß …

Hübscher Empfang.

Entgegen dem Rat der Rallyeleitung, dass die besten Ankerplätze im Westen zu finden sein sollen, läuft die DESTINY auf einhelligen Wunsch der Crew die Insel von Osten her an und liegt nun am äußeren Rand der großen Bucht zwischen den beiden Inseln. Kaum ist der Anker im Wasser, folgt auch schon die gesamte Mannschaft. Auf geht's zum Riff. Hier schwimmen die Segler wie Fische unter Fischen, den Vogel schießt wieder mal Wolfgang ab, denn er hat einen Schwarzspitzen-Riffhai gesehen. Nach dem üblichen fulminanten Abendessen fällt die Crew völlig ermattet in die Kojen. Da das Riff nahebei ist, aktiviert Wolfgang vorsorglich den Ankeralarm im Kartenplotter und tatsächlich reißt kurz vor Mitternacht ein Alarm die Mannschaft aus dem Schlummer. Der Wind hatte gedreht und die Yacht näher

Stundenlang könnte man im Wasser der Lagune von Huahine bleiben.

in Richtung des flachen Bereichs getrieben, was den Tiefenalarm auslöste. Von nun an ist laufend jemand an Deck, um die vom Echolot angezeigte Tiefe zu überwachen.

Schon frühzeitig verlässt die Destiny den herrlichen Ankerplatz und segelt innerhalb des Riffs in der Lagune, in einer Entfernung von 200 oder 300 Metern immer entlang dem menschenleeren Sandstrand, nach Norden und um die Nordspitze von Huahine zur Inselhauptstadt Fare. Hier liegen schon etliche andere Yachten der WorldARC-Flotte vor Anker.

Man gönnt sich ja sonst kaum was!

Beim Landausflug werden wieder wichtige Dinge erledigt, wie Aperitif trinken, Geld umwechseln, Bier trinken, im gut sortierten Supermarkt einkaufen, Bier trinken und so weiter. Später kommt Dieter von der Lady Ev. VI mit Frau, Tochter und „Schwiegerfreund" (eine eigene Wortschöpfung von ihm), auf einen Drink an Bord. Ein ganz vorzügliches Abendessen am Strand von Fare mit Blick aufs Meer und auf die Destiny rundet den herrlichen Tag ab. Die Mannschaft beschließt, einen weiteren Tag auf dem schönen Huahine zu bleiben und mit einem gemieteten Auto eine Inselrundfahrt zu all den Sehenswürdigkeiten, die sie sich aus dem Reiseführer erarbeitet hat, zu unternehmen. Huahine, die Schöne, es stimmt wirklich, gepflegt und sehr, sehr sauber ist die Insel, so eine Art Schweiz im Pazifik. Die Farben der Lagune sind umwerfend, alle Schattierungen von tiefgrün über türkis bis zu einem ganz hellen Blau. Die Menschen sind sehr aufgeschlossen, freundlich und hilfsbereit und es gelingt Ingrid doch noch, ihr Französisch ein wenig aufzupolieren. Im Westen der Insel finden Wolfgang und Ingrid eine Vanillefarm. Eines der Mädchen, das sie herumführt, erzählt ihnen, dass sie bereits kurz in Deutschland war. Ihr Bruder ist in der französischen Armee und sie hat ihn im Elsass besucht. Ganz besonders gut hat ihr beim Besuch in Europa Basel gefallen.

Am 5. Mai verabschiedet sich die Destiny, nicht ohne Bedauern, von Huahine, der „Schönen", und macht sich auf den Weg nach Raiatea. 20 Knoten Ostwind lassen den Katamaran unter Spinnaker zu der nur 16 Seemeilen entfernten Insel fliegen, die, zusammen mit der durch eine nur drei Kilometer breite Wasserstraße getrennten Insel Taha'a, ein beide Inseln umschließendes Riff hat. Mit einer Fläche von circa 200 Quadratkilometern ist Raiatea die zweitgrößte der Gesellschaftsinseln. Die höchste Erhebung ist der Mount Toomaru mit etwas mehr als 1.000 Metern. Die Insel sieht ausgesprochen grün aus. Ziel der Destiny ist die Faaroa-Bucht, wo – erstmals in der Südsee – an einer Muringtonne festgemacht werden kann. Die Bucht hat ihren Namen von dem einzigen Fluss Französisch-Polynesiens, der wenigstens ein Stück weit mit kleineren Booten befahrbar ist.

Vanillepflanzen.

Mademoiselle führt durch die Vanilleplantage.

Flussfahrt mit James

Die gesamte Mannschaft mit Ausnahme von Sepp, der auf der DESTINY bleiben will, macht sich mit dem Dingi auf den Weg, um den Fluss zu erkunden. Die Strömung ist stark und der kleine, 15-PS-starke Johnson muss tüchtig arbeiten. Noch nicht einmal einen Kilometer hat das Dingi zurückgelegt, da sitzt schon der Propeller im Schlick fest. Also, Paddel raus und arbeiten! Auf dem Fluss entgegen kommen im selben Moment ein anderes Boot und ein Einheimischer in einer Pirogue (ein Kanu mit einem Ausleger auf der linken Seite). Elegant dreht James, so heißt der muskulöse Paddler, sein Auslegerboot und zeigt den Weg, wo der Fluss eine für den Motorschaft ausreichende Tiefe hat. Es geht mitten in den Urwald, mal zur linken Seite des Flusses, mal zur rechten,

James zeigt den Weg.

James immer voraus. Am Ufer Mangroven, deren Wurzeln weit in den Fluss hinausreichen, und das Blätterdach über den Köpfen ist zum Anfassen nah. Immer weiter führt James das Dingi den Fluss hinauf, mal muss es eine weite Kurve ausfahren, ein anderes Mal sich genau in der Mitte des Flusses halten, James weiß genau, wo der Fluss ausreichend tief ist. Und James spricht Englisch, also ist die Verständigung mit ihm recht einfach. So fragt er die Dingi-Besatzung nach einer Weile, ob sie nicht Lust hätte, mit ihm zusammen an Land zu gehen – klar hat sie das! Nach kurzer Strecke kommt etwas, was in früheren Zeiten mal ein Anleger war. Das Dingi wird festgebunden und alle, auch James, gehen an Land. Im Gänsemarsch traben sie nun auf dem Trampelpfad,

Durch den Dschungel.

der sich durch Wiesen, Bäume und hohe Tropenpflanzen schlängelt. Mal schlägt James mit seiner Machete Pflanzen ab, die über den Weg ranken, mal geht es durchs Wasser eines kleinen Baches. James erklärt die Pflanzen am Rand. Mit der flachen Hand schlägt er Sigrid eine Art Farnblatt auf den Oberarm, und schon hat sie von den Sporen auf der Unterseite des Blattes ein hübsches, weißes Farntattoo. Alle Früchte der Südsee, die auf Bäumen oder am Boden wachsen, finden die wissbegierigen Touristen unter der kundigen Anleitung von James: Pampelmuse, Limette, Mango, Pandanus, Litschi und natürlich Bananen. Immer wieder nimmt James ein am Baum lehnendes Gerät, das aussieht wie ein Apfelpflücker, zur Hand und holt die besten Früchte vom Baum oder er klettert selbst bis in die Baumkrone, um die roten, reifen Litschi zu pflücken – wie soll das die Gruppe nur tragen? Wie eine Katze klettert er den Stamm einer Kokospalme hinauf und wirft Kokosnüsse herunter, die er dann mit seiner Machete aufschlägt. Allenthalben sieht es aus wie in einem Gartenparadies. Zwischen den Nutzpflanzen wachsen viele in Europa als nicht winterhart geltende Blumen und Sträucher: Bougainvillea, Hibiskus, Geranien, Wandelröschen, Strelitzien, Ingwer – letzterer mit einer Blüte, die ähnlich wie die der Gingerlily aussieht, als wäre sie aus Wachs, deshalb heißt sie hier auch La Rose Porcelaine – ein mächtiger Banyanbaum, ein Feigenbaum, ein indischer Mandelbaum und natürlich viele Frangipani, deren weiße Blüten als Haarschmuck Südseemädchen zieren. Der Nachmittag vergeht wie im Flug, jetzt müssen die Ausflügler aber endlich zurück. Wieder fährt James voraus und alle Untiefen werden problemlos umschifft. Eine Einladung aufs Schiff zum Abendessen nimmt er gern an, aber plötzlich ist er verschwunden.

James mit dem Pflanzentattoo.

Am nackten Stamm hoch.

Es ist schon fast dunkel, als die Dingi-Besatzung an der DESTINY festmacht und einen völlig entnervten Sepp antrifft, der sich wegen der langen Abwesenheit große Sorgen gemacht hat. Er war verzweifelt, da er nicht wusste, wie er seine Bordkameraden erreichen könnte, wie er ihnen Hilfe zukommen lassen könnte, sofern etwas passiert wäre, und überhaupt, was er so ganz allein auf dem Schiff ausrichten könnte … – Ganz großes Versprechen: „Wir gehen nie wieder ohne Funkgerät in die Wildnis! Ehrenwort!!!"

Linde bereitet ein köstliches Abendessen vor – Coq au Vin – und gerade will sich die Mannschaft zum Essen am Tisch niederlassen, da plätschert es plötzlich neben der Destiny im Wasser: James ist da mit einer ganzen Bananenstaude! Er fängt etwas zögerlich an zu essen, Kartoffelgratin hat er wohl noch nie gekostet, aber es schmeckt ihm und auch das Bier ist nach seinem Geschmack. Apropos Bier: Es stammt aus Tahiti, schmeckt fast so gut wie deutsches Bier und als Logo verwendet die Brauerei das Bild einer hübschen, langhaarigen polynesischen Schönheit, im schulterfreien Kleid, mit gesenktem Kopf halb auf der Seite kniend, man könnte meinen, Gauguin habe das Logo entworfen.

Hinano, das beste Bier Französisch-Polynesiens mit dem hübschen Logo.

Langsam beginnt James, von sich und seinem Leben zu erzählen: Er ist 23 Jahre alt, von Beruf Sportlehrer, nicht verheiratet und hat auch keine Kinder. Sein Studium hat er teilweise in Paris absolviert, wo es ihm gar nicht gefallen hat, weil dort alle Menschen so unfreundlich sind. Um sich für die Einladung zum Essen zu revanchieren, was ja überhaupt nicht notwendig wäre, lädt er die Destiny-Crew für den nächsten Tag um 11

Besuch von James.

Uhr zum Taro-Essen ein. Taro ist eine in Polynesien weitverbreitete Knollenpflanze, die einzelne Knolle kann bis zu vier Kilogramm schwer werden. Um 8 Uhr früh will er vorbeikommen, um Ramona mal versuchsweise mit der Pirogue fahren zu lassen. Glücklich zieht er später mit einem DESTINY-T-Shirt und einer DESTINY-Mütze ab. Am nächsten Morgen ist die Besatzung schon früh bereit, aber James kommt nicht. Nach Schwimmen, Frühstücken und Aufräumen erscheint er dann doch plötzlich wieder längsseits und bringt eine Handvoll Vanillestangen mit. Weil der Vormittag schon fortgeschritten ist und die nördlich von Raiatea liegende Insel Taha'a das Tagesziel ist, wird das Taro-Essen abgesagt. Alle verabschieden sich von James, haben aber den Eindruck, dass er etwas enttäuscht zurückpaddelt. Gerade als die DESTINY zum Ablegen fertig ist, erscheint James plötzlich wieder. Seine Mama hat eine ganze Schüssel voll Taro gekocht und ihm mitgegeben. Gekochter Taro sieht aus wie dicke, runde Scheiben aus Schwartenmagen (für den unkundigen Leser: auch Presssack oder Sausack genannte, in Süddeutschland für genießbar gehaltene Wurst) und schmeckt mehlig, eigentlich nach gar nichts. Dazu hat er eine weitere Schüssel voll geraspelter Kokosflocken dabei, die er durch ein Tuch drückt und damit wohlschmeckende Kokosmilch auspresst. Taro, Kokosflocken und süß-saure Chilisauce sind ein leckeres, sehr, sehr sättigendes Essen.

Reichliche Mitbringsel von der Dschungeltour.

Dinner bei Leo

Gegen Mittag verabschiedet sich die Crew endgültig von James, nachdem Ramona bei ihren Versuchen, die Pirogue zu paddeln, ins Wasser gefallen ist. Außerhalb des Riffs geht es in Richtung Norden zur Insel Taha'a und, dort angekommen, in die Toahotu-Bucht. Schon von weitem erkennt man auf dem Dach eines Hauses am Ufer die Schriftzeichen „Hibiskus – VHF 68", aha, das ist das Restaurant Hibiskus, empfohlen von Clubkamerad Hartmut (KH+P Yachtcharter), für den es ein absolutes Muss bei den von ihm veranstalteten Südseetörns ist. Das Restaurant wird von einem älteren Franzosen namens Leo aus Aix-en-Provence betrieben, der schon viele Jahre hier lebt und mit einer Polynesierin verheiratet ist. Zu dem Restaurant gehören einige Muringtonnen, wo die DESTINY festgemacht wird.
Nach einem kurzen Landgang mit Aperitif auf der Terrasse des „Hibiskus" macht sich die Mannschaft fein für ein Dinner bei Leo. An den Bojen vor dem Restaurant liegen zwei Charteryachten: eine namens HONEYMOON mit drei Pärchen aus Italien, die andere mit Franzosen an Bord. Die italienische Crew bleibt unter sich (wegen Honeymoon und so), die Franzosen gehen ebenfalls zu Leo. Der Abend beginnt mit der feierlichen Übergabe des Vereinsstanders der Yachtvereinigung Kormoran e.V. an Leo, dessen Restaurantdecke ebenso wie die Wände dicht an dicht behängt sind mit Landesflaggen und Vereinswimpeln. Sogar die deutsche Reichskriegsflagge hängt dort (und das bei einem Franzosen – die deutsch-französische Freundschaft ist wirklich perfekt!). Im Anschluss daran erfolgt der Eintrag in das inzwischen zehnte oder wievielte Gästebuch von Leo, mit Stempel der „Destiny" und Angabe über die Höhe der von Leo erwünschten Spende. Denn Leo unterhält vor seinem Haus eine im Wasser abgezäunte Schildkrötenklinik, in der verletzte oder erkrankte Schildkröten gepflegt werden.

Leo bietet ein Menü an: Vorspeise Fisch-Carpaccio oder Salat, Hauptgang Marlin mit Reis und Gemüse oder Entrecôte mit Pommes frites und Gemüse, Nachspeise Kokoseis oder Vanilleeis oder Crème brulée.

Chez Leo.

Bitte keine Änderungswünsche, das verkraftet die Küche nicht. Mit den Franzosen sind die Segler von der Destiny die einzigen Gäste, und das in der Hauptsaison – Leo hat wohl schon bessere Zeiten gesehen, vielleicht ist aber zwischenzeitlich auch in der Südsee die Finanzkrise angekommen oder die Aschewolke von Island. Wie dem auch sei, im Logbuch der Destiny findet sich nach dem Restaurantbesuch folgender Eintrag: *Bislang höchster Preis für ein Abendessen der Crew auf dem Törn.* Aber gut geschmeckt hat es trotzdem!

Nach einer ruhigen Nacht mit den üblichen kurzen Schauern fährt die gesamte Mannschaft mit Eric, dem Sohn von Leo, in einem kleinen Motorboot zu einer Perlenfarm in der übernächsten Bucht. Zunächst können die Besucher zuschauen, wie den Austern ein Fremdkörper und zusätzlich eine kleine importierte Perle von der Mississippi-Auster eingesetzt werden. Der Fremdkörper soll die Auster anregen, die fremde Mississippi-Perle mit dem eigenen schwarzen Perlmutt zu überziehen. Dann wird durch die Schale der Auster ein Loch gebohrt, sie kommt in ein kleines Netz und wird mit einem Kabelbinder daran festgezurrt. Etwa 50 präparierte Austern füllen einen geschlossenen Drahtkorb, der wiederum mit anderen Drahtkörben zusammen an einem markierten Platz im Meer versenkt wird. Hier bleibt die Auster nun eineinhalb Jahre, um eine prächtige schwarze Perle zu produzieren. Allerdings wird bereits nach einem halben Jahr kontrolliert, ob die Auster aktiv oder faul ist. Jede zweite ist phlegmatisch – gibt es Parallelen zu Menschen? Das Ergebnis der Arbeit der Austern und ein wenig Nacharbeit durch Menschenhand wird den Besuchern im Schauraum der Perlenfarm gezeigt. Die kurze Wartezeit vertreiben sie sich im Garten des Hauses, wo sie von jungen Hunden freundlich begrüßt werden. Die scharfen Hunde bleiben angeleint im Hintergrund, auffällig ist aber eine Herde Gänse (das waren doch schon im alten Rom die besonders aufmerksamen Wächter!). Endlich bittet Madame alle ins Haus und präsentiert ihren Schatz an Perlen, kleine, große, runde, tropfenförmige, schimmernde, matte, schwarze, grünschwarze, grau-schwarze und, und, und ... Ein Vermögen liegt vor den Besuchern auf dem Tisch, denn die Preise sind gesalzen! Aber weil Sepp und Sigrid bald Hochzeit haben und Ingrid bald Geburtstag, und weil

Perlenzucht.

Nach dem Perlenkauf kann Sigrid leicht strahlen.

man doch auch eine hübsche Erinnerung an die Südsee braucht, ist Madame mit ihren Verkaufsbemühungen erfolgreich. Aber kaum dass sie draußen vor der Tür neue, offenbar zahlungskräftigere Besucher erspäht, komplimentiert sie die gesamte Destiny-Mannschaft, so schnell es geht, hinaus.

An diesem Tag erleben die sieben Segler auf der Destiny etwas, das zeigt, dass bei der Navigation in diesen Gewässern wirklich höchste Vorsicht angeraten ist. Als sie nämlich später in der Lagune zwischen Riff und Ufer unter Genua bei angenehmem Wind nach Norden segeln, sehen sie zu ihrem Erstaunen westlich der Hurepiti-Bucht, wo eine der wenigen Riffdurchfahrten ist, schon in weiter Entfernung einen Katamaran, größer als die Destiny, der merkwürdigerweise auf der Stelle zu stehen scheint. Beim Näherkommen stellt sich heraus, dass der Katamaran sich nicht nur nicht bewegt, sondern sich auch nie mehr bewe-

Hoch und trocken – schade um den schönen Katamaran.

Da kann man nur noch Ausräumen ...

gen wird. Er sitzt nämlich hoch und trocken auf dem Riff, gerade mal 20 Meter neben der Riffdurchfahrt. Die lange Pazifikdünung hat ihn zwischen große Korallenblöcke geschoben und es besteht nicht die geringste Chance, ihn von dort wieder herunterzuziehen, ohne dass er zu einem Wrack wird. Ein trauriges Ende für eine stolze Yacht, die, wie es aussieht, noch ziemlich neu ist.

Die Nacht verbringen die Segler noch in der Lagune im Norden von Taha'a, dem einzigen Atoll übrigens, das innerhalb des Riffs umfahren werden kann, und dann geht es wieder hinaus auf die offene See. Maupiti ist das Ziel des heutigen Tages, wo es nach dem Reiseführer eine kulinarische Besonderheit geben soll: ein im Erdofen gebackenes Schwein. Sepp, der Hobbykoch, ist ganz besonders interessiert an dieser Spezialität und schwärmt schon den ganzen Tag davon. Leider lässt aber der Wind, der den ganzen Tag verlässlich geblasen hat, so dass die Destiny unter Spinnaker mit flotter Fahrt bis in die Nähe von Bora Bora gekommen ist, am Nachmittag nach. Kurz entschlossen wird deshalb, nachdem Maupiti noch nicht einmal am Horizont zu sehen ist, das Tagesziel geändert und Bora Bora unter Motor angesteuert, dessen markante Silhouette schon aus weiter Ferne zu sehen war.

Bora Bora, wir kommen!

Teuer, laut, geschäftig – und dennoch ein Südseetraum: Bora Bora

Die Riffpassage ist nicht einfach zu finden, fehlen doch an beiden Seiten des Fahrwassers die Seezeichen, die ein im Februar über die Insel hinweggefegter Zyklon weggeschwemmt hat. Auch andere Schäden hat er hinterlassen, wie sich der Mannschaft später noch zeigt. Mit Hilfe von GPS, Kartenplotter und der sogenannten Augapfelnavigation ist die Ansteuerung aber kein Problem, zumal die Sicht gut ist und die Korallenbänke unter Wasser klar

Gemütlicher Plausch in der schönsten Lagune der Welt.

zu erkennen sind. Ein Ankerplatz in der Lagune ist schnell gefunden, mit Blick auf die im Wasser stehenden Bungalows des Hilton Hotels, auf palmenbestandene Sandstrände und auf das Riff, an dem sich die lange Dünung des Pazifiks mit Getöse schäumend bricht. Den ganzen nächsten Tag verbringt die Crew hier mit Schwimmen, Schnorcheln und, als Höhepunkt des Nachmittags, mit der Beobachtung von Stachelrochen, die nicht weit entfernt von der DESTINY als Touristenattraktion gefüttert werden. Dutzende dieser Tiere sind es, die sich vom Futter anlocken lassen und im seichten Wasser um die Beine der Touristen schwimmen, übereinander, untereinander, drängelnd und nach dem Futter schnappend. Sie fressen dem jungen Mann, der im Eimer zerkleinerte Fische mitgebracht hat, buchstäblich aus der (behandschuhten) Hand. Nicht verschwiegen werden soll aber auch, dass eine weniger angenehme Aufgabe zu erledigen ist: Ramonas Toilette ist verstopft und Wolfgang und Micha machen sich an die Arbeit, bei über 30 Grad im Schatten, Kanalarbeitern ähnlich, schwitzend, fluchend, nach Frischluft schnappend ob des Gestanks, der einer mittelgroßen Kläranlage würdig wäre. Wie meinte Micha nach getaner Arbeit? „In der schönsten Bucht der Welt ein Klo repariert!" Wenn man annimmt, dass Ingrids Geburtstag am 14. Mai um 0:00 Uhr mitteleuropäischer Sommerzeit beginnt, wo es in Bora Bora erst

Stachelrochen.

12 Uhr am 13. Mai ist, und der Geburtstag um 24 Uhr nach Bora-Bora-Zeit endet, dann kann sie heute 36 Stunden Geburtstag feiern, ausreichend Zeit also für solch ein umwerfendes Ereignis. Nach hiesiger Zeit beginnt die Geburtstagsfeier, die am Abend im Restaurant „Kaina Hut" mit einem exzellenten Abendessen stattfindet, also schon am 13. Mai. Danach kann sie sich ausschlafen und hat immer noch Geburtstag. Viele Glückwünsche gehen ein, aus der Heimat, von den anderen WorldARC-Yachten, auch von Rallye Control – Ingrid ist sehr gerührt. Und dann beginnt ein arbeitsreicher Tag: Heute ist Einkaufen angesagt, Wasser muss gebunkert werden und auch der Dieseltank will wieder aufgefüllt werden.

Für Sepp, Sigrid, Micha, Linde und Ramona geht die schöne Zeit auf der DESTINY zu Ende. Die letzte „Etappe" führt sie vom Ankerplatz beim Restaurant „Bloody Mary" zwei Seemeilen zum neuen Ankerplatz beim Bora Bora Yachtclub. Anderntags findet ein fliegender Wechsel statt, Udo und Anne kommen an Bord und richten sich auf der DESTINY für längere Zeit ein, derweil Wolfgang den Impeller des Generators ersetzt.

Man beachte auch den Hintergrund!

Die Piraten von der DESTINY

Rechtzeitig müssen auch die Vorbereitungen für die heutige Dingi-Fun-Regatta und das anschließende Abendessen getroffen werden, gemeinsam mit den Crews der anderen WorldARC-Yachten, die in der Lagune liegen. Ein Teil der Yachten ist noch unterwegs, weil sie an der Tahiti-Pearl-Regatta von Papeete über Bora Bora nach Raiatea teilnehmen. Der Beitrag der DESTINY zum BBQ ist eine große Schüssel Krautsalat mit Ananas und einer Handvoll Cashewkernen – die Wolfgang alle weggeknabbert hätte, wenn Udo nicht beherzt die Dose gerettet hätte. Und jetzt die Verkleidung für die Fun-Regatta: Mit Streifen aus den großen schwarzen Mülltüten und einer ebensolchen Kopfbedeckung verkleidet sich die Mannschaft als Piraten – natürlich mit angsterweckender Kriegsbemalung. Beim Rennen ist alles erlaubt, außer den Motor zu starten. Wasserbomben werden gebastelt, mit einer kleinen Beimischung von Salatsauce, und aus einem festen Haferflockenbrei werden Wurfgeschosse fabriziert. Dann geht es mit Kriegsgeschrei zum Start. Paul, mit einem aufreizenden Huläröckchen aus Palmwedeln bekleidet, erklärt den Kurs und los gehts. Paul und Suzana springen ins Wasser und Suzana wird zu einem schweren Handikap für die DESTINY-Mannschaft, denn sie hängt sich hinten an das Dingi und bremst enorm. Die Crew

Piratenregatta.

ist mit den Paddeln gegenüber den Dingis mit Rudern ohnehin im Nachteil. Paul sitzt in einem überdimensional großen Autoschlauch und behindert die anderen Dingis so gut er kann – und er kann! Bis er von irgendjemand ins Wasser gekippt wird. Die einheimischen Männer vom Yachtclub haben ein ganzes Kanu voll mit Wasserbomben. Sie werfen und treffen, zielsicher. Mit ihrem Kanu mischen sie die Boote immer wieder neu auf. Das erste Geschoss aus Haferflockenteig ist ein Volltreffer, nur leider trifft es statt den Gegner Wolfgang ins Gesicht. So eine Pleite! Wolfgang und Udo paddeln aus Leibeskräften und Anne und Ingrid werfen die Geschosse – alle Boote sehen aus wie aus einem Saustall, insbesondere das der DESTINY-Mannschaft. Endlich gelingt es, nachdem Ingrid ins Wasser gesprungen war, Suzana loszuwerden – ab mit ihr! Auf das Dingi der KALLIOPE hat keiner aufgepasst, es geht als erstes Boot durchs Ziel. Dann folgt Graham von der EOWYN. Er hatte für sein Dingi einen abenteuerlichen Spinnaker gebastelt – das hat immerhin die Wurfgeschosse abgehalten, und außerdem hat er sich mit Taucherbrille und Schnorchel ausgerüstet. So kann er alle Angreifer abwehren. Das DESTINY-Dingi geht als vorletztes Boot durchs Ziel – trotzdem, es hat einen Riesenspaß gemacht.

Vor dem Abendessen nimmt Paul die Preisverteilung vor: Die Preise Nummer eins bis drei bestehen in der kostenlosen Aufnahme in den Bora Bora Yachtclub und für den Sieger gibt es noch eine Magnumflasche Champagner. Gewertet wird nicht nur der Zieleinlauf, sondern auch die Kreativität, mit der die anderen Teilnehmer behindert wurden sowie die Verkleidung der Crews. Die DESTINY-Mannschaft muss sich mit einem Sonderpreis für die Kostümierung als Piraten begnügen, wird aber ebenfalls in den Bora Bora Yachtclub aufgenommen. Die musikalische Untermalung des Essens bestreiten gekonnt drei Männer vom Yachtclub mit Gitarre und Ukulele. Weitere kommen hinzu, die ebenfalls nach einem Instrument greifen und der letzte der Ankömmlinge erzeugt einen tollen Rhythmus, allein mit zwei Löffeln. Stimmungsvoller Gesang tönt durch die tropisch warme Nacht und der Hit ist natürlich das jedem deutschen Schlagerfan vertraute „Bora Bora in Tahiti hey", einstmals ein polynesisches Volkslied, das zum Schlager in Deutschland wurde, gesungen von Tony Marshall, inzwischen Ehrenbürger von Bora Bora. Die Segler halten

Die DESTINY-Crew wird Ehrenmitglied im Bora Bora Yachtclub.

kräftig im Chor mit, zumindest beim Refrain, und die Musiker müssen ein ums andere Mal eine Zugabe bringen. Bei soviel Stimmung geht natürlich die Flasche Schampus des Siegers drauf und gleich noch eine weitere. Zum Wohl!!

Es ist spät, als die Mannschaft mit dem Dingi zurück zur Destiny fahren will – und keiner weiß mehr so ganz genau, wie es passierte: Anne stürzt rücklings vom Steg ins Dingi und weil sie sich an Udo festgehalten hat, dieser gleich voll auf sie drauf – die beiden gehen noch mit Pfeffer zur Sache!

Einheimische Musiker.

„Paul, du bist schuld, dass wir nicht gewonnen haben!"

Adieu Französisch-Polynesien!

Abschied von Bora Bora, Abschied von Französisch-Polynesien mit dem Versprechen: „Eines Tages werden wir zurückkehren, hier, wo wir so viel Schönes gesehen und erlebt haben." Gewiss, Bora Bora bedeutet Touristenrummel, Geschäfte, hohe Preise und dergleichen mehr. Aber das ändert nichts an der Schönheit der Landschaft, an den schroff aufragenden Vulkanspitzen, an dem satten Grün der dichten Vegetation, an der kristallklaren Lagune, die, je nach Sonnenstand, in immer anderen Farbtönen schimmert. Vor den äußeren Koralleninseln, den Motus, mit ihren langen Sandstränden, scheinen Bungalowdörfer auf Stelzen über dem Wasser zu schweben. Die Luft ist erfüllt vom Duft der in verschwenderischer Pracht blühenden Blumen. Und die Menschen sind, Tourismus hin, Tourismus her, immer noch von einer natürlichen Freundlichkeit und Hilfsbereitschaft. Wenn Ingrid zum Beispiel in einer Bank war, um Geld zu wechseln, so wurde sie stets als Erste bedient, trotz der Schlange vor ihr. Im Supermarkt bot sich gleich, wenn sie sich suchend umschaute, jemand unaufgefordert an und führte sie zu dem gesuchten Artikel. Einer der Musiker aus dem Bora Bora Yachtclub brachte die Mannschaft in seinem Auto, wohin sie wollte, und holte sie pünktlich zur ausgemachten Zeit wieder ab. Als es am letzten Abend auf dem Weg zum Restaurant St. James zu regnen anfing, war er, als ob er es geahnt hätte, plötzlich an ihrer Seite und fuhr sie das letzte Stück, so dass sie trocken das Restaurant erreichte. Schon als die DESTINY im Bora Bora Yachtclub ankam, lag in unmittelbarer Nachbarschaft eine kleine, schon ziemlich ramponierte, unbesetzte Segelyacht an einer der Muringtonnen. Eines Tages erschien ein junges Pärchen mit einem Baby, werkelte auf dem Deck herum und brachte Proviant mit dem Dingi an Bord. Auch dieses Pärchen

ARIANE, eine Bénéteau Cyclades 50.5 aus der Schweiz.

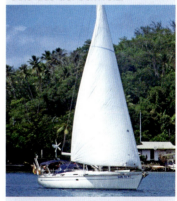

Die LADY EV. VI, eine Bavaria 47.

Die schnelle KALLIOPE III, eine Hanse 531.

verabschiedete sich von Bora Bora, allerdings auf Französisch, denn eines Morgens war es unter Hinterlassung seiner Schulden beim Bora Bora Yachtclub verschwunden. Fast ein Jahr lang hatten die beiden Segler die Gastfreundschaft des Clubs genossen, die Muringtonne benutzt und es als selbstverständlich betrachtet, dass sich die Mitarbeiter des Clubs um die Segelyacht kümmerten, als im Februar ein Zyklon über die Insel brauste. Segler gibt es ...
Heute also geht es weiter, Start zur nächsten Etappe. Inzwischen ist die Crew vollzählig, denn Michi, Sepps Sohn, und die andere Linde, die Schwester von Sepp, sind mit an Bord. Paul zählt über UKW-Funk, Kanal 77, den Countdown und schickt pünktlich um 12:15 Uhr die sechs Yachten der ersten Gruppe auf die Reise nach Suwarrow. Die anderen sind noch in den herrlichen Gewässern der Gesellschaftsinseln; sie werden am 18. Mai folgen. Mit achterlichem Wind um 20 Knoten, in Böen bis zu 30 Knoten, sprintet die DESTINY über die Startlinie. Der obligatorische Ablegeschluck bringt Udo den ersten Verweis ein. Die gesamte Crew trinkt Weißwein, nur Udo trinkt Bier, und was liegt zum Entsetzen von Ingrid im Kühlschrank, den Udo eingeräumt hat: eine einsame Flasche Wein und 50 Dosen Bier! Draußen auf offener See hat der Wind eine gehörige Dünung aufgebaut und die Mägen der neuen Crewmitglieder fangen an zu rebellieren. Jeder hat bekanntlich sein eigenes Rezept gegen die Seekrankheit (Vitamin C oder Ingwer oder, oder...), aber keiner kennt Emesan, weder dass es der Hausarzt empfohlen hat noch die Apotheke. Nach den Erfahrungen von Wolfgang und Ingrid ist es das einzige Mittel, das wirklich hilft – wenn man es rechtzeitig einnimmt! Bei Linde lässt die Seekrankheit nach zwei oder drei Tagen nach, aber der arme Michi leidet darunter, solange er an Bord ist. Wenn er in seiner Koje liegt, ist es für ihn zum Aushalten, aber wehe, er steht auf oder kommt gar in den Salon hoch. So wird Segeln zur Qual!
Mit sieben Knoten Fahrt geht es in die sternenklare Nacht, Maupiti liegt schon achteraus und die anderen fünf Yachten sind bereits außer Sichtweite. Am nächsten Vormittag ist in einer Entfernung von acht Seemeilen das Motu One als flacher Streifen am Horizont zu sehen, eines der unzähligen, winzigen, unbewohnten Atolle im Pazifik. Damit liegt schon ein Viertel der Strecke bis Suwarrow hinter der DESTINY. Auch das Atoll Suwarrow ist unbewohnt. Das Atoll gehört zu den Cook Inseln und misst nur 15 auf 13 Kilometer mit einem Landanteil von lediglich 0,4 Quadratkilometern. Entdeckt wurde das Atoll im Jahr 1814 von der Mannschaft des russischen Schiffs SUVOROV, das dem Atoll seinen Namen gab. Während des Zweiten Weltkrieges war eine der Inseln kurzzeitig bewohnt, aber die Bewohner gaben sie 1942 auf, nachdem ein Hurrikan 14 der damals 22 Inseln zerstörte. Zurück ließen die Bewohner ihre Hühner und Schweine, die verwilderten. 1978 wurde das Atoll von der Verwaltung der Cook Islands zum Nationalpark erklärt und seitdem lebt von April bis Oktober eines jeden Jahres ein Angestellter der Parkverwaltung mit seiner Familie auf der Insel.
Tag und Nacht geht es unter Spinnaker mit flotter Fahrt vorwärts. Michi kämpft mit der Seekrankheit, Linde ist auf dem Weg der Besserung. Wolfgang ist unentwegt dabei, etwas zu

reparieren. Der Generator hat seinen Geist wieder aufgegeben und das bedeutet, dass kein Trinkwasser produziert werden kann, weil der Generator den notwendigen Strom für die Entsalzungsanlage liefert. Also heißt es, sparsam mit dem Trinkwasser zu sein. Das Gleiche gilt fürs Gas, denn in Bora Bora gelang es nicht, die Propangasflaschen wieder aufzufüllen, weil die dortigen Anschlüsse nicht passten.

Nach fünf Tagen auf See nähert sich die Destiny ihrem Ziel, aber es ist absehbar, dass sie es nicht vor Einbruch der Dunkelheit schaffen wird, in die Lagune einzulaufen. Das aber ist wegen der fehlenden Betonnung, der Korallenbänke und der geringen Wassertiefe ein Ding der Unmöglichkeit. Also gilt es, die Fahrt zu drosseln, und zu diesem Zweck werden Spinnaker und Großsegel geborgen. Lediglich die ausgebaumte Genua zieht nun mit gemächlicher Fahrt. Kurz vor Mitternacht passiert die Destiny die Ziellinie vor Suwarrow, nachdem Wolfgang fünf Seemeilen vor dem Ziel, wie vorgeschrieben, Funkkontakt mit der Lady Lisa aufgenommen hatte, um den bevorstehenden Zieldurchgang mitzuteilen. Danach lässt die Mannschaft die Destiny ohne Besegelung treiben, um beim ersten Tageslicht die Einfahrt in die Lagune anzusteuern.

Da der Wind den Katamaran in der Nacht weit nach Nordwesten abgetrieben hatte, heißt es jetzt, einige Seemeilen unter Motor nach Suwarrow zurückzufahren. Glücklicherweise taucht eine andere WorldARC-Yacht auf, die Kalliope, eine Hanse 531, mit einem Tiefgang von sicher zwei Metern. Wo die durchkommt, hat die Destiny mit ihrem Tiefgang von nur 1,35 Meter bestimmt keine Probleme. Also nichts wie hinterher!

Erster und zweiter Sieger

Währenddessen hat Michi, der es trotz Seekrankheit nicht lassen kann, endlich Erfolg beim Angeln: Petri Heil! Es muss ein großer Fisch sein, denn der Zug an der Leine ist enorm. Trotzdem schafft er es, den Fisch in relativ kurzer Zeit ans Schiff zu ziehen. Donnerwetter, es ist ein großer Wahoo (*acanthocybium solanderi*)! Der Fisch kämpft und zappelt, Michi zerrt ihn auf die Heckplattform. Scheinbar geschlagen attackiert der Wahoo Michi mit einem letzten Aufbäumen und reißt ihm mit seinen scharfen Zähnen eine tiefe Fleischwunde unterhalb des Knies ins Bein. Doch Michi gibt nicht auf und schneidet ihm kurzerhand mit dem scharfen Anglermesser die Kehle durch. Der Kampf ist entschieden. Michi geht daraus zwar als Sieger hervor, aber er muss sofort medizinisch versorgt werden, denn der Blutverlust ist groß. Er wird auf den Cockpitboden gelegt und, nachdem die Wunde mit reichlich Jod versehen ist, legt ihm Wolfgang einen provisorischen Verband unter Verwendung von Udos Verbandsvorräten an.

Ein kapitaler Wahoo.

Das schlaue Fischbuch sagt, dass ein gefangener Wahoo leicht zu erkennen ist: Er hat einen langen, schlanken Körper, kräftig leuchtende, zebraähnliche Streifen, weiß und dunkelblau bis schwarz, und ein schmales, lang gezogenes Maul mit rasiermesserscharfen Zähnen. Der Wahoo ist etwa 1,50 Meter lang und wiegt gute 20 Kilogramm. Ein neuer Weltrekord ist das noch nicht, der liegt bei 158 pounds, 8 ounces, aber die Menge an Fischfilet, die der Wahoo liefert, ist riesig, drei große Schüsseln werden voll.

Kaum dass der Anker gefallen ist – zum ersten Mal gibt es keinen Ankerschluck! – ruft Wolfgang die LADY LISA per UKW-Sprechfunk an, denn deren Skipper, Sandro, ist Arzt, übrigens der Fachrichtung Gynäkologie, und der kann Michi sicher fachmännisch helfen. Sandro kommt auch sofort mit seinem Dingi herüber zur DESTINY und kümmert sich um Michi, assistiert von Max. Dankbar für die Hilfe wird die Besatzung der LADY LISA, Sandro, Lisa und Max, zum Abendessen eingeladen. Es gibt natürlich Michis toten Gegner, von Udo lecker in Kokosmilch mit viel Zwiebeln, Limetten und Curry zubereitet. Lisa bringt einen großen Topf mit köstlichem Risotto mit. Es wird ein unterhaltsamer, langer Abend, der aber auch den Vorrat an Weißwein beträchtlich dezimiert. Sandro gibt in seinem drolligen Schweizerdeutsch einen Witz nach dem anderen zum Besten. Kostprobe gefällig?

Der zweite Sieger wird verspeist.

Ein arbeitsloser Gynäkologe geht zur Arbeitsvermittlung. Er ist bereit, jede Tätigkeit anzunehmen und wird deshalb an einen Malerbetrieb vermittelt. Dem Meister ist es recht und er gibt ihn seinem ersten Gesellen zur Ausführung eines Auftrages mit. Abends fragt er den Gesellen: „Wie war der Neue?" „Ganz ausgezeichnet" sagt der Geselle, „wir kamen zur Wohnung, die war verschlossen und niemand zu Hause. Da hat er durch das Schlüsselloch die ganze Wohnung gestrichen!"

Anderntags erkundet die DESTINY-Mannschaft, zusammen mit den Seglern von der ARIANE und der LADY LISA, die Insel. Der Landausflug ist aber enttäuschend. Der alleinige Inselbewohner und „Caretaker", den die Naturschutzbehörde abgestellt hat, ist nicht da, also gibt es auch den begehrten Stempel in den Pass nicht. Gleich am Ufer empfängt die Gruppe eine große Tafel mit Hinweisen, was alles auf der Insel verboten ist, vor allem was nicht weggeworfen werden darf. Dabei ist die Insel voller Unrat und auch das kleine Häuschen des „Caretakers" ist eine Rumpelkammer, wie man sie sich schlimmer nicht vorstellen kann. Er ist offensichtlich Sammler von allem, was es zu sammeln gibt. Und sein Leben auf der Insel ist wohl auch nicht allzu arbeitsreich, denn auf der dicht mit Palmen und anderen Bäumen bewachsenen Insel hängen zwischen den Bäumen viele Hängematten. Der Weg von einer Hängematte zur nächsten beträgt sicher keine fünf Meter. Am Ufer steht ein weiteres Warnschild: „No swimming, no snorkeling: SHARKS!" Und das nicht zu wenige. Als die DESTINY mit dem toten Wahoo an Bord vor Anker gegangen war

Delfine.

und noch eine leichte Blutspur im Kielwasser hatte, folgte ihr ein ganzer Schwarm von Schwarzspitzen-Riffhaien, der sich dann zu einer riesigen Meute ausweitete, als Udo den Wahoo ausnahm und zum Schluss das Grätengerippe mit Kopf und Schwanz ins Meer warf. Es sollen ja ganz liebe Tierlein sein, die den Menschen nicht angreifen, aber das Baden hat keinen Spaß gemacht, nur mal schnell rein und dann wieder raus aus dem Wasser.

Auf Suwarrow lebte zwischen 1952 und 1977 in zeitlichen Abständen, insgesamt 16 Jahre lang, ein neuseeländischer Einsiedler namens Tom Neale, ein ehemaliger Seemann, der über seine Robinsonade ein Buch verfasst hat („An Island to Oneself"). Ihm war bewusst, auf was er sich einließ, als er sich zu dem Leben auf einer Insel entschloss, auf der es nur Korallen und Sandboden gibt. In seinem Buch schrieb er:

> *Ich hatte zwar oft genug bewiesen, dass ich wie die Eingeborenen von dem leben konnte, was eine Insel bot, doch war mir im Laufe der Jahre aufgegangen, wie deprimierend die plötzliche Umstellung auf eine so spartanische Diät sich auf meine Stimmung auszuwirken pflegte. Brotfrucht und Kokosnüsse sind in Abenteuerromanen immer sehr wirkungsvoll, es lässt sich indessen nicht leugnen, dass sie auf die Dauer reichlich eintönig sind.*

Noch heute sind eine Büste von ihm und viele Erinnerungsstücke auf der Insel zu finden. Gelegentlich erhielt er Besuch von Seglern, die ihm Bücher, Werkzeuge und Proviant überließen, auch eine Kurzwellenfunkanlage, so dass er im Notfall mit der Außenwelt in Kontakt treten konnte. Auf seiner ersten Weltumsegelung besuchte Rollo Gebhard den Einsiedler und schloss mit ihm Freundschaft. Im Jahr 1977, auf der zweiten Weltumsegelung, kam Gebhard noch einmal zu einem Besuch nach Suwarrow und traf ihn dort wieder an, kurze Zeit bevor er starb.

Da der Platz zum Ankern in der Lagune knapp und die zweite Gruppe der WorldARC-Yachten bereits auf dem Weg nach Suwarrow ist, beschließt die Crew der DESTINY, am nächsten Tag aufzubrechen. Beim Versuch, den Anker aufzuholen, gibt es Probleme. Der Anker hat sich offenbar in den Korallenstöcken am Grund verfangen und lässt sich trotz vieler Versuche nicht lösen. Die JEANNIUS hatte vor einiger Zeit auf den Marquesas die gleichen Schwierigkeiten und musste schweren Herzens ihren Anker aufgeben. Zum Glück hat Wolfgang seine komplette Tauchausrüstung an Bord und so ist es keine große Sache, den Anker in 22 Meter Tiefe zu befreien.

Tom Neale, der Robinson von Suwarrow.

Nun ist die DESTINY mit Kurs 220 Grad unterwegs in Richtung der Insel Niue, die merkwürdigerweise in keinem der vielen Reiseführer, die an Bord sind, erwähnt wird. Was ist das für eine geheimnisvolle Insel? Ein selbstständiger Ministaat ist es, soviel steht fest, denn in der Sammlung von Landesflaggen, die die DESTINY mit sich führt, befindet sich eine gelbe Flagge mit einem kleinen Union Jack in der linken oberen Ecke. Das soll laut Aufschrift des Flaggenlieferanten also die Flagge von Niue sein.

Nächtliches Spektakel

Der Pfingstmontag sieht die DESTINY bei 20 Knoten Wind aus Ost mit ausgebaumter Genua gut vorankommen. Als der Wind um die Mittagszeit nachlässt, wird der Spinnaker gesetzt. Abends beträgt die Entfernung nur noch 24 Stunden vom Ziel Niue, der Wind bläst nur noch mit 13 Knoten aus Ostnordost. So geht es in die Nacht. Die Wettervorhersage hatte zwar Gewitter und in Gewitternähe Starkwind angesagt, aber die Vorhersage hatte schon die letzten Tage nicht zugetroffen. Nach der üblichen Wacheinteilung begibt sich die Mannschaft in die Kojen. Wolfgang hat die erste Wache. Bei mäßigem Wind zeigt sich am Horizont ein spektakuläres Wetterleuchten, das sich gegen 21:30 Uhr rasch nähert. Leichter Regen setzt ein. Plötzlich um 22 Uhr dreht der Wind schlagartig nach Nordnordwest und frischt auf 25 Knoten auf, wenig später auf 30 Knoten. Jetzt aber sofort runter mit dem Spinnaker! Wolfgang und Udo eilen aufs Vorschiff, natürlich funktioniert die Decksbeleuchtung nicht, wie immer, wenn sie mal gebraucht wird. Und wenn Wolfgang zur Reparatur in den Mast steigt, ist stets alles o.k., dann leuchtet sie ihn hämisch an. Mit dem großen 55-Watt-Halogen-Handstrahler erhellt Ingrid durch das Salonfenster das Vorschiff.

Inzwischen ist ein Squall mit aller Macht über die DESTINY hergefallen. Es schüttet wie aus Kannen und das Meer brodelt. Mit vereinten Kräften, durch den starken Wellengang mehr als einmal auf einem Bein tanzend, ziehen Wolfgang und Udo den Bergeschlauch über den Spinnaker. Das ist Schwerstarbeit, denn der Spinnaker weht in alle Richtungen aus. Der wassergetränkte, schwere Bergeschlauch mit dem darin befindlichen Spinnaker schlägt, vom Wind gebeutelt, wie wild um sich. Die beiden müssen aufpassen, dass sie nicht über Bord gehen. Im Kampf mit dem Riesensegel gerät leider die letzte, noch nicht eingefangene Spinnakerblase über den Bugkorb ins Wasser, läuft sofort voll und wird tonnenschwer. Trotzdem gelingt es Wolfgang und Udo schließlich, den Spinnaker zu bergen und im Netz des Trampolins festzubinden. Danach wird die Genua gesetzt und dann können die beiden klitschnassen Segler im Cockpit zu Atem kommen.

> Eine wirklich treffende Übersetzung des englischen Begriffs **Squall** ins Deutsche gibt es nicht. Am ehesten könnte man Squall mit Schauerböe übersetzen, aber dieser Ausdruck trifft das Wesen eines Squalls nur unzureichend.
> Es sind überfallartige Starkwinde, in aller Regel begleitet von schweren Regenschauern, mit Winddrehungen um bis zu 180 Grad einhergehend, erkennbar am Tag an einer dunkelgrauen Wolke, die fast auf dem Wasser zu liegen scheint, ▶

> inmitten des ansonsten meist heiteren Himmels. Bei Nacht lässt sich ein Squall auf einem Farbradar gut ausmachen, denn die in der Wolke gefangene Feuchtigkeit wird vom Radar erfasst. Liegt eine Yacht in der Zugbahn einer solchen Wolke in tropischen Gegenden, muss man größte Vorsicht walten lassen, will man nicht die Segel riskieren. Später, auf dem Weg von Brasilien in die Karibik, wurde die DESTINY nochmals von einem Squall getroffen. Der zunächst konstante Wind von 20 Knoten stieg schlagartig auf 45 Knoten an, um mehr als 90 Grad drehend.

Während der Nacht klart es wieder auf und am Morgen lacht die Sonne vom Himmel. Mit gleichbleibendem, leichtem Wind aus Norden eilt die DESTINY Niue entgegen. Michi hat endlich wieder Anglerglück: Fast gleichzeitig beginnen an beiden Angeln die Leinen zu surren. Michi eilt zur Steuerbordangel und versucht, den Fisch zum Schiff heranzuziehen, Stück für Stück. Ein prächtiger Mahi Mahi ist es, der um sein Leben kämpft, er zieht und zerrt und springt zappelnd aus dem Wasser. Es nützt ihm nichts. Jetzt ist er schon direkt vor der Heckplattform, Michi greift nach dem Haken, da macht der Mahi Mahi einen letzten kräftigen Satz, der Haken des Köders wird frei. Der Fisch ist gerettet und Michi deprimiert. Zum Trost ist an der Backbordleine noch ein Fisch, ebenfalls ein Mahi Mahi, dem Udo die ganze Zeit über Leine gegeben und den er dann wieder kurz genommen hat, um ihn müde zu machen. Auch er wird Stück um Stück herangezogen, aber auch er kämpft um sein Leben. Schon ist er nahe der Heckplattform, Michi greift zum Haken und schwupp, er hat ihn. Michi strahlt! Ein etwa 75 Zentimeter langer Mahi Mahi, auch Dorade (coryphaena hippurus) genannt, geschätztes Gewicht 15 Kilogramm. Der Mahi Mahi gehört zu den farbenprächtigsten Fischen, normalerweise eine Mischung aus leuchtendem Grün und Blau und aus hell leuchtendem Gelb. Über den ganzen Körper sind kleine schwarze Punkte verteilt. Der Kopf ist gedrungen, es sieht aus, als ob er eine hohe Stirn hat. Dahinter steht punkartig die tiefblaue Rückenflosse, was ihm einen grimmigen Ausdruck verleiht. Das Abendessen ist gesichert!

Petri Heil!

Ein Mini-Staat in der Südsee

Es ist schon dunkel, als die Destiny in Niue ankommt und sich einen Ankerplatz sucht. Die Insel ist flach und rund, ihre Form erinnert an einen Pfannkuchen. Im Gegensatz zu den Inseln in Französisch-Polynesien hat Niue keine vulkanische Vergangenheit, sie ist eine Koralleninsel, die durch Verschiebungen des Untergrundes vor langer Zeit entstanden ist. Die höchste Erhebung beträgt 68 Meter. Rings um die Insel verlaufen vom Wasser tief ausgespülte Felsformationen. Sandstrand sucht man hier vergebens. Der Tidenhub ist nicht allzu groß, er macht nicht mehr als einen Meter aus.

Niue muss man sich etwa so vorstellen wie eine ländliche Gegend in den USA oder Kanada. Kleine, einstöckige Holzhäuser, etwas Garten drum herum mit Rasen, manchmal ein Zaun oder auch eine Hecke. Und jeder kennt jeden. Niue ist der kleinste selbstständige „Staat" auf der Welt und hat nur noch 1.500 Einwohner, etwa 20.000 sind im Laufe der Jahre nach Neuseeland ausgewandert, vor allem natürlich die Jüngeren. Auf der Insel sind hauptsächlich ältere Menschen verblieben, die mit Freude Fremde begrüßen, die dann mit großem Interesse nach Herkunft, Anreise und Weiterreise befragt werden. Von der Versorgung her gesehen ist Niue vollständig von Neuseeland abhängig. Jede Woche freitags kommt ein Flugzeug aus Auckland und einmal im Monat ein Frachtschiff, um die Inselbewohner mit allem Notwendigen, insbesondere natürlich Nahrungsmitteln, zu versorgen. Der letzte Frachter konnte gerade noch rechtzeitig vor einem Unwetter seine Ladung am Kai löschen und wieder ablegen, sonst wären die kleinen Läden, die nichtsdestotrotz „Supermarket" heißen und wie Mini-Mini-Aldis aussehen, leer geblieben. Aber auch so waren die Lücken zwischen den einzelnen Pappkartons groß und von jedem Artikel stand ohnehin bestenfalls ein einziger Karton im Regal. Vor dem „Supermarket" stehen Container, die in aller Ruhe in der Zeit bis zur Ankunft des nächsten Frachtschiffes ausgepackt werden und deren Waren dann mit „heute neu" angepriesen werden.

Wie immer vor der Ankunft in einem fremden Land wird unter der Steuerbordsaling ordnungsgemäß die gelbe Quarantäneflagge (Buchstabe Q des Flaggenalphabets) gesetzt, bis die Einreiseformalitäten erledigen sind. Dafür – und für vieles weitere – ist die Polizei zuständig, hier vertreten durch einen freundlichen und zuvorkommenden Polizeioffizier aus Neuseeland. Ehe sich Wolfgang auf den Weg machen kann, kommt über Funk die Bitte von der Lady Lisa, ihr beim Anlegen an der Muringtonne zu helfen. Eine Schot hat sich nämlich während eines verunglückten Manövers im Propeller verfangen und somit ist sie nicht mehr in der Lage, den Motor zu benutzen. Wolfgang und Udo steigen ins Dingi und warten an der nächsten freien Muringtonne auf die Lady Lisa, die auch schon unter Segeln die Tonne ansteuert. Wolfgang und Udo versuchen, die Yacht die letzten paar Meter mit dem Dingi zu der Tonne zu bugsieren, aber der 15-PS-Außenborder ist nicht in der Lage, die mehr als 20 Tonnen schwere Yacht, eine Amel Super Maramu, zu schieben. Also wird mit zwei langen Leinen eine Verbindung zu der Muringtonne hergestellt und so gelingt es leicht, die LADY LISA dort festzumachen. „Jeden Tag eine gute Tat", meint Wolfgang danach, auf das Motto der Pfadfinder anspielend.

Jetzt kann die Mannschaft, nachdem die Q-Flagge niedergeholt und an deren Stelle die Landesflagge gesetzt ist, geschlossen an Land gehen. Auf Michi warten seine Lebensgefährtin Kathie und sein kleiner Sohn Lukas, die von Nelson, einer Stadt in Neuseeland, wo sie zu Hause sind, zu einem Kurzurlaub herübergeflogen sind. Der erste Gang führt in die Wäscherei. Man sollte nicht glauben, welche Wäscheberge auf einer Yacht, selbst nach kurzer Zeit, anfallen. Die Wäscherei soll nach Angabe von Wolfgang *links* hinter der Kirche sein, nach Aussage von Udo, der sich ebenfalls erkundigt hatte, *vor* der Kirche rechterhand. Von Weitem schon ist ein kleines Häuschen zu sehen mit einem Gartenzaun, vollständig mit Wäsche behängt, und selbst unter einem

Die ganze Familie wieder glücklich vereint.

lang vorgezogenen Dach hängen meterlang Wäschestücke auf der Leine. Das muss die Wäscherei sein! Von den Wachhunden werden die Ankömmlinge freudig begrüßt und als sie einmal ums Haus herumgelaufen sind, kommen aus der Tür zwei dunkle Gestalten mit erstaunten Gesichtern, die große Schwierigkeiten haben, das perfekte Oxford-Englisch der Mannschaft zu verstehen. Aber noch größere Schwierigkeiten hat diese, ihr Maori-Englisch zu interpretieren. Jedenfalls wird bald klar, dass dies hier keinesfalls eine Wäscherei ist, sondern nur die private kleine Wäsche der beiden Männer. Und die Wäscherei soll nun hinter der Kirche rechts sein. Na, wer hat nun recht gehabt? Udo lächelt still vor sich hin – seinem Kapitän darf man nicht widersprechen. Tatsächlich, schon von Weitem – weit ist auf dieser kleinen Insel schon eine Entfernung von ein paar

Leicht zu finden.

Metern – ist das verwaschene Schild (passend für eine Wäscherei) „HINAS Laundry" zu erblicken. Das Häuschen sieht verlassen aus und alles ist verschlossen. Aber am Fenster hängt ein Zettel mit einer Nachricht in englischer Sprache: „Holen unsere Wäsche zwischen 4 und 5 Uhr ab, SY Soundso." Prima, hier können die Taschen und Plastiksäcke voller Wäsche gelassen werden. Dann geht es sofort zum Supermarkt, wegen der Propangasflasche, die aufgefüllt werden muss. Nein, hier kann man keine Gasflaschen auffüllen lassen, dafür gibt es auf Niue, außerhalb des Ortes, eine separate Gasstation. Und es ist selbstverständlich, dass die Besucher von irgendjemand, der gerade vorbeikommt, sofort mit dem Kleinlaster zur Gasstation gefahren werden, wo eine lang dauernde Unterhaltung über dies und das und jenes beginnt, über die Herkunft der Besucher und der Yacht, über die Reise, über das Wetter und, und, und ... Nur leider, auch hier kann die Gasflasche nicht aufgefüllt werden, der Anschluss passt wieder einmal nicht.

Da die Mannschaft der DESTINY zwar über US-Dollar, nicht aber über die hier geltende Währung, nämlich neuseeländische Dollar, verfügt und kein Geldautomat, im Englischen ATM *(automated teller machine)* genannt, vorhanden ist, geht es anschließend zur (einzigen) Bank, wo schon eine Schlange von Menschen steht, diszipliniert, wie in allen angelsächsischen Ländern. *To queue up* ist hier fast eine Leidenschaft – man kann so gemütlich miteinander reden. Mit Barem ausgerüstet, ganz wichtig, der Gang zum Liquor Shop, denn nur am Tag der Einreise und am Tag vor der Abreise darf man zollfrei einkaufen. Wieder zurück beim Supermarkt steht immer noch der freundliche Fahrer bereit – ist doch klar, es würde sich in Europa doch auch jeder die Zeit für Fremde nehmen, oder?

Für den Nachmittag ist Schnorcheln verabredet. Michi, der wegen seiner inzwischen im nahe gelegenen Hospital genähten und verbundenen Wunde am Knie nicht ins Wasser darf, fährt die Crew nach Avatele, wo sie an einer Rampe bequem ins Wasser kann. Zwischen den Korallenbänken bietet sich ein atemberaubender Blick in die Unterwasserwelt mit Massen von bunten Fischen, Süßlippen, Fledermausfischen, Barben, Riffbarschen, mit dem großen und grimmig blickenden Napoleonfisch, Papageienfischen, Schwärmen von Schnappern, unzähligen Arten von Falterfischen, Flötenfischen, Muränen, schwarz-gelb gestreiften Seeschlangen und, und, und – schlichtweg Schnorchlers Traum!

Am Abend ist ein WorldARC-Treffen im Falala-Restaurant angesagt. Das Essen ist preiswert, vor allem im Vergleich zu Französisch-Polynesien, und gut. Die Portionen sind mehr als reichlich. Hier schafft es keiner, seinen Teller leer zu essen. Kein Wunder, dass die Menschen hier so korpulent, um nicht zu sagen, fett sind. Nicht umsonst sagt man: Wenn Du eine Frau aus Niue heiratest, dann hast Du jedes Jahr ein bisschen mehr.

Am Tag darauf geht Wolfgang zum Tauchen, die anderen auf den Markt. Obwohl sie schon gegen 8 Uhr dort sind, ist fast alles abgeräumt. Man sieht nur ältere Menschen, überwiegend Frauen. Jede hat ein kleines Angebot an Gemüse oder Früchten aus eigenem Anbau. Auf einem Tisch liegt eine Handvoll kleiner Tomaten, auf einem anderen fünf Melonen, nebenan sechs Gurken oder zehn (wirklich so viel?) Bananen. Das war's! Noch ein Tisch mit selbst gefertigten Flechtarbeiten, einer mit kleinen Schmuckstücken aus Korallen oder Muscheln und schließlich unterschiedliche Kuchen. Die müssen sein, viel Kuchen macht dick. Von den Frauen werden die Besucher immer wieder in ein Gespräch verwickelt, das Interesse an den Gästen ist groß. Natürlich erzählen die Frauen auch von sich, dass die Kinder in Neuseeland sind, der Mann meist schon verstorben ist und von der großen Einsamkeit,

Jedes Jahr ein bisschen mehr.

die sie umgibt. Trotzdem sind die Frauen nicht verbittert, im Gegenteil, sie machen einen durchaus zufriedenen Eindruck. Das Leben ist eben so, wie es ist. Schließlich löst sich auch das Geheimnis, warum so viele alte Menschen hier sind: Zwei Mal im Monat wird nach Ende des Marktes die Rente ausbezahlt und heute ist Rententag. 250 NZ-Dollar (circa 130 Euro) pro Person. Nein, das Leben in Niue ist nicht gerade üppig!

Udo und Ingrid gehen zu Alafi's „Rent a car". Alles japanische oder koreanische Autos, meist schon sehr betagt. Ein Auto zu mieten ist auf Niue mit viel Papierkram und Formalitäten verbunden. Schließlich bekommen sie den Schlüssel für das Auto ausgehändigt mit der Auflage, sofort zur Polizei zu fahren, um einen Führerschein zu beantragen. Man stelle sich das mal in Deutschland vor: Man fährt mit dem Auto zur Polizei, um einen Führerschein zu holen! Der wäre dann schon wieder weg gewesen.

Wieder Ausfüllen von Formularen, Vorlage des eigenen Führerscheins, was, dieser alte Lappen soll ein gültiger Führerschein sein? Schon das Bild wird nicht akzeptiert. Hier ist ein junges Mädchen abgelichtet, und dann ist der Name auch noch falsch: Auf dem Führerschein steht Gaertner und im Pass Boorberg! Mit einer modernen Standkamera (bitte ganz ernst in die Linse schauen, nicht lachen – wie soll sie dabei ernst bleiben?) wird Ingrid fotografiert. Die Kamera ist mit einem modernen Computer Marke Dell verbunden, schnurr, schnurr, schon spuckt der Drucker eine Karte aus, die wie eine Kreditkarte aussieht, darauf Name und Bild, im Hintergrund ein Foto von Niue, gültig vom 25. Mai 2010 bis 24. Mai 2011. Und Ingrid bekommt, mit zwei spitzen Fingern gereicht, ihren deutschen Führerscheinlappen wieder zurück.

Da es Freitagmittag ist und die DESTINY am Montag in aller Frühe auslaufen will, muss noch ausklariert werden, denn am Wochenende haben, wie überall auf der Welt, die Behörden geschlossen. Die Mannschaft findet sich pünktlich nach der Mittagspause, kurz vor ein Uhr, in der Immigrationsbehörde ein. Alle Türen stehen offen, die Computer sind eingeschaltet – prima, das passt, da wird ja bald jemand zurückkommen. Jeder bedient sich bei den gelben

Abmeldezetteln, füllt sie aus und wartet. Es tut sich nichts. Auf dem Schreibtisch liegen die notwendigen Stempel – sollte man vielleicht die Ausreise im Pass selbst stempeln? Nein, das traut sich die Crew nun doch nicht. Also lieber weiter brav warten. Als sich nach langem Warten wieder nichts tut, geht die Mannschaft vorsichtshalber nach nebenan zur Polizei. Auch hier ist alles offen, aber niemand da. Nach unendlich lang erscheinender Wartezeit erkundigt sie sich im Kaffeehäuschen gegenüber und dort erfährt sie endlich, dass alle Mitarbeiter der verschiedenen Behörden (Polizei, Zoll, Immigration) am Flughafen sind, denn um 14:30 Uhr kommt die wöchentliche Maschine aus Auckland und die Passagiere und die Waren müssen abgefertigt werden. Nach zweieinhalb Stunden Wartezeit erhalten die Segler von der DESTINY endlich ihren Stempel im Pass, jetzt also nur noch zum Zoll. Doch dort ist noch niemand vom Flughafen zurück – wieder warten. Nebenan ist der Liquor Shop, so kann die Zeit wenigstens sinnvoll für Einkäufe genutzt werden.

Ein großer Dank an den Yacht Club Niue und dessen Commodore.

Ein Werbefoto für Admirals Yacht Insurance.

Am Abend ist im Yachtclub ein BBQ angesagt. Es gibt Beef, Fisch und Würstchen vom Grill, dazu verschiedene Salate. Die Würstchen lachen alle an und schon ist eines auf dem Teller. Der Geschmack ist allerdings sehr gewöhnungsbedürftig, denn hier arbeiten Bäcker und Fleischer in Personalunion. Da sind Brötchen drin und Gewürze, viel Fett, ach ja, etwas Fleisch könnte auch darunter sein. Nach dem Essen folgt die feierliche Übergabe des Vereinsstanders an den rührigen Commodore, dann holt einer der Einheimischen seine Ukulele hervor und die Musik beginnt. Wo Musik ist, läuft der ganze Ort zusammen und auf Niue die ganze Inselbevölkerung. Bald ist eine große Schar von Musikanten da. Die Melodien klingen sehr vertraut – ganz anders als zumeist in Französisch-Polynesien – der englische Einfluss ist hier groß und bei vielen der Lieder kann man sogar mitsingen.

Partynacht in Niue

Lassen wir nun Anne zu Wort kommen, die in ihren E-Mails die folgenden Zeilen über die letzten beiden Tage auf Niue an ihre Lieben zu Hause geschrieben hat:

Samstag, 29. Mai 2010: Es ist jetzt morgens um sechs, ich sitze im Cockpit bei Mondlicht und versuche bei sanftem Geschaukel die Tasten zu treffen. Mit der Internetverbindung ist es hier auf Niue so wie mit allem anderen. Es klappt oder es klappt nicht und die meiste Zeit klappt es nicht. Die Menschen leben hier um Jahrzehnte zurückversetzt, sind unglaublich freundlich und offen. Sie lächeln den ganzen Tag und machen einen sehr glücklichen Eindruck, was sich auch auf uns überträgt. Aus dem Schwimmen mit Delfinen wurde leider nichts, sie haben sich nicht blicken lassen. Wir sind dann eben nur geschnorchelt und haben viel gesehen, vor allem Seeschlangen, die schönen schwarz-gelben, jede Menge, Udo wurde es etwas mulmig. Hinterher haben wir erfahren, dass ein Biss tödlich ist!!! Aber hier tauchen und schnorcheln alle und so machen wir uns deswegen keine Gedanken.

Heute planen wir noch eine kurze Inselrundfahrt, wollen die Grotten und die Rockpools besuchen und nochmal baden und schnorcheln. Nachmittags sind hier an Bord noch ein paar Arbeiten zu erledigen, bevor wir abends eine Veranstaltung mit einheimischen Tänzen und Essen besuchen.

Sonntag, 30. Mai 2010: Die gestrige Inselrundfahrt fand leider im strömenden Regen statt. Nach dem Besuch einer Plantage, auf der Nonipflanzen angebaut werden, aus denen der berühmte Nonisaft gewonnen wird, haben wir die Fahrt abgebrochen. Sintflutartiger Regen hat die Straßen mit ihren Schlaglöchern fast unbefahrbar gemacht. Wir fahren in die „Hauptstadt" Alofi mit circa 800 Einwohnern zurück, huschen vom Auto ins Café des Yachtclubs und sind klatschnass! Nachdem der Regen nachgelassen hat, erledigen wir die restlichen Einkäufe. Auf der Destiny *teilt Wolfgang die Arbeiten ein: Linde und ich reinigen die beiden Rümpfe von außen, das heißt wir*

Nonifrucht.

müssen mit einem Küchenschwamm die Algen entfernen. Dafür dürfen wir ins Wasser, halten uns an einer gespannten Leine fest, die Udo immer wieder durchsetzen muss. Ingrid reinigt die beiden Niedergänge von langen grünen Algenschlieren. Dann kümmern sich Udo, Wolfgang und Ingrid um den Spinnaker, der muss getrocknet und neu eingepackt werden, er hatte sich im nächtlichen Sturm komplett verdreht. Es ist ein geselliges Werkeln, im Nu ist es 17 Uhr. Nach einem kurzen Bad im Meer machen wir uns fertig für das abendliche Fest. Schon von Weitem hören wir Musik aus einem offenen Gebäude, das von Kindern und jungen Mädchen den ganzen Tag unter Anleitung einer veritablen Ministerin mit Palmenblättern geschmückt wurde. Die erste Stunde ertönt Musik nur von einem CD-Player. Der „DJ" ist eine imposante Erscheinung, ein Riesenkerl von mindestens 130 Kilo in einem typischen Südseehemd, schwarzer Hose und Flip-Flops. Auf dem Kopf trägt er einen Kranz aus Palmenblättern. Daneben sitzen in Reih und Glied die Musiker und warten auf ihren Einsatz. Noch ein weiterer Riesenkerl mit einem Saiteninstrument ist da, und neben ihm die Sängerin, sie überragt die beiden Männer um Längen, sie ist noch imposanter, in einem bodenlangen geblümten Kleid, ebenfalls mit einem Instrument in der Hand. Ringsrum sitzen Dorfbewohner und warten auf ihren Einsatz. Hinter uns wird in der Zwischenzeit ein Buffet aufgebaut – Speisen, die die Einheimischen den Tag über zu Hause vorbereitet haben, fast so wie auf

DJ auf Niue.

unseren früheren Tennisfêten, nur wesentlich üppiger und feierlicher!!! Wir kommen aus dem Staunen nicht heraus, es ist eine so herzliche Atmosphäre, dass mir fast die Tränen kommen. Die meisten versuchen, uns in ein Gespräch zu verwickeln, sie wollen wissen, woher wir kommen und ob wir ihre Insel schön finden – und ob wir das tun!!! Wir sind etwas traurig, dass wir morgen dieses Paradies verlassen müssen. Nach einem wunderschönen Lied betet eine alte Frau ein langes Gebet, wir verstehen nichts, sie spricht in der Sprache der Polynesier – trotzdem tief beeindruckend! Der Sprecher heißt uns willkommen und eröffnet das Buffet. Ich frage mich, wer das alles essen soll?!? Fünf, sechs riesige Tische, übersät mit Platten und Schüsseln, gefüllt mit Delikatessen. Fischgerichte, Hähnchen, allerlei einheimisches Gemüse (Kochbananen, Tarowurzeln, Süßkartoffeln, Bananenblätter, spinatähnliches Gemüse und so weiter), roher Fisch, eingelegt in Kokosmilch, roher Thunfisch mit Sojasauce und, und, und… Und dann noch Schokoladenkuchen und Obst zum Dessert, alles schmeckt vorzüglich!!!

Das Essen wird unterbrochen von den Tanzdarbietungen einiger Schönheiten aus dem Dorf. Die jungen Mädchen sind alle sehr gut gebaut, wenn auch keine Gazellen, aber sehr hübsch anzusehen! In ihrem hüftlangen schwarzen Haar tragen sie eine rote Hibiskusblüte und ihre dunklen Augen sprechen Bände! Nach der faszinierenden Darbietung ist Damenwahl und die Mädchen fordern unsere Männer zum Tanz auf. Udo und Wolfgang machen sich ganz klein und entgehen leider diesem Vergnügen! Die Musikgruppe spielt ohne Pause, der eine oder andere Dorfbewohner gesellt sich mit seinem Instrument noch dazu oder singt einfach mit, es ist sehr beeindruckend und schön. Gegen zehn sind die meisten müde und wir machen uns auf den Weg zum Schlauchboot. Wir wollen morgen früh raus – beim Absacker auf der DESTINY ist eine leichte Melancholie spürbar.

Die Schönsten von Niue.

Paul und Suzana mit einer Filmschönheit aus Niue.

Im Königreich Tonga

Wie wahr, und nun ist die DESTINY wieder auf hoher See unterwegs und die Mannschaft denkt wehmütig an das wunderschöne Niue und das liebenswerte Völkchen dort. Das nächste Ziel ist nun Vava'u, eine Inselgruppe im Norden des Königreichs Tonga, die Kronjuwelen Tongas, ein Labyrinth von über 50 dicht bewaldeten Inseln, winzigen Inselchen und Atollen mit schneeweißen, feinsandigen Stränden, romantischen Buchten und Lagunen. In Niue ist Michi zurückgeblieben, um sich von Fischattacke und Seekrankheit zu erholen und mit seiner Familie noch ein paar Tage Ferien zu machen, ehe es wieder in das heimatliche Neuseeland zurückgeht. An seiner Stelle ist nun Paul von der Rallyeleitung an Bord, der nicht den Flug am nächsten Freitag nach Tonga abwarten will, sondern es vorzieht, auf der DESTINY mitzufahren. Er ist ein angenehmer Bordkamerad, der, wie jeder andere auch, seine Wachen schiebt, sich nützlich macht und eine Menge an Tipps für Tonga und Fidschi auf Lager hat. Da Paul nur Englisch spricht, wird Englisch zur Pflichtsprache an Bord und das dient der Sprachauffrischung des einen oder anderen.

Paul zu Gast auf der DESTINY.

Die DESTINY rauscht unter angenehmem bis kräftigem Ostwind unter Spinnaker dahin, verfolgt von der LADY EV. VI. Tagsüber lacht die Sonne vom Himmel, nachts funkeln die Sterne am Firmament – ein Seglertraum!!!

Durch den Ave Pulepulekai Channel, einen 11 Kilometer langen, fjordähnlichen Kanal, dessen Uferstreifen türkis schimmern, gelangt die DESTINY am Abend zum schönsten Naturhafen des Pazifiks, dem Puerto del Refugio (Hafen der Zuflucht), einer riesigen Bucht, rundum durch Inseln und Inselchen geschützt. Yachten liegen dort vor Anker wie in Abrahams Schoß. Nach Einbruch der Dunkelheit folgt die LADY EV. VI, die den ganzen Tag über auf Distanz gehalten werden konnte und die nun mittels Lichtsignalen in die Ankerbucht gelotst wird.

Mit dem Eintreffen in Tonga hat die Mannschaft der DESTINY in der Zeitrechnung einen Tag verloren, weil sie die internationale Datumsgrenze überschritten hat. Die liegt eigentlich auf dem 180. Längengrad in Richtung Westen, von Greenwich bei London aus gerechnet.

Tonga liegt, genau betrachtet, noch östlich des 180. Längengrades, aber Tonga zuliebe wurde die Datumsgrenze nach Osten verschoben und somit befindet sich Tonga unmittelbar westlich der Datumsgrenze und begrüßt als erster Staat der Welt jeden neuen Tag, wie jedermann weiß, der in der Silvesternacht den Fernseher einschaltet. Der Kalender muss also um einen vollen Tag vorgestellt werden. Während die DESTINY, weil sie nach Westen segelte, der Greenwich-Zeit oder UTC in zunehmendem Maße hinterher gehinkt ist, ist sie nun dieser Zeit um 12 Stunden voraus.

Tonga besteht aus 170 Inseln, von denen jedoch lediglich 36 ständig bewohnt sind. Das Land hat eine Gesamtfläche von 747 Quadratkilometern (im Vergleich dazu: Deutschland umfasst 357.000 Quadratkilometer), die sich auf eine Meeresfläche von 700.000 Quadratkilometern verteilen. Tonga ist das letzte Königreich der Südsee, gegenwärtig unter der Regierung von König George V. Sein Königreich umfasst drei große Inselgruppen, die Tongatapu-Gruppe ganz im Süden mit der gleichnamigen Hauptinsel und der Hauptstadt Nuku'alofa, weiter nördlich die Ha'apai-Gruppe und schließlich als nördlichste die Vava'u-Gruppe, wo sich die DESTINY gegenwärtig befindet. Schon Kapitän Cook war beeindruckt von der Gastfreundschaft der Einheimischen und taufte dieses Inselreich „Friendly Islands".

Der Zoll kommt in Neia'fu an Bord.

Die WorldARC-Flotte vor Anker in Neia'fu.

Anderntags tuckert die DESTINY einige wenige Seemeilen nach Naia'fu, der „Hauptstadt" von Vava'u und macht dort an der Zollpier fest. Fünf tongaische Beamte kommen wegen der Einreiseformalitäten an Bord, jeder bedankt sich artig für den angebotenen Wein, trinkt Wasser und nimmt die ganze Flasche Wein am Ende der Prozedur in der Aktentasche mit. Die Beamten sind sehr freundlich und zuvorkommend, wie auch das Beispiel der ARIANE zeigt, die ausschließlich mit gestandenen Männern aus der Schweiz besetzt war. Da die Behördenvertreter einen gewissen Bedarf vermuteten, boten sie gleich den Besuch einiger williger „Damen" an. Man schmunzelt natürlich ob solcher Begebenheiten, darf aber bei allen Bedenken nicht vergessen, dass die Bevölkerung von Tonga eben sehr, sehr arm ist.

Anschließend wird die DESTINY in die herrliche Bucht vor Naia'fu verholt und an einer Muringboje festgemacht. Endlich kann die Mannschaft einen Anlegeschluck zu sich nehmen. Diesen überaus wichtigen Seemannsbrauch stört nur Alofi, über den in den Daily Logs von Ingrid folgendes zu lesen ist:

Dinner bei Alofi

Kaum hatten wir an der Boje im Puerto del Refugio vor Neia'fu festgemacht, da war Alofi in seinem Ruderboot schon an unserer Seite. Er bot uns geschnitzte Masken aus ganz hartem Holz an, Schmuck aus Walfischzähnen, frisches Brot zum Frühstück, Wäsche waschen durch seine Tochter, Auffüllen der Gasflaschen, Auffüllen der Pressluftflasche und alles, was an Bord sonst noch so gebraucht wird. Um nicht abgewiesen zu werden, kam er mit seinen überdimensional großen Füßen vorsorglich gleich an Bord. Wir durften uns in seine

Alofi, alter Gauner.

Referenzbücher eintragen – er hatte gleich zwei zur Verfügung – und als ganz besonderen Service bot er uns an, ein Hummeressen zu organisieren. Seine Schilderung klang gut und wir freuten uns auf ein Hummeressen am folgenden Abend. Auch der Preis schien uns nicht überzogen und lag nach Informationen von Restaurants in Neia'fu nur wenig über deren Preisen.

Lisa, Sandro und Max von der LADY LISA erzählten wir von unserem Vorhaben und als Alofi auch ihnen vorschlug, ein Hummeressen zu organisieren, willigten sie ein, sich uns anzuschließen. Wir hatten uns mit Alofi im kleinen Fischerhafen verabredet, wo er auch pünktlich erschien. In ein abenteuerliches Bustaxi gepfercht, brachte er uns zu unser aller Erstaunen nicht in eines der schönen Restaurants, sondern zu sich nach Hause, wo wir zunächst von zwei Schweinen, die sich gerade im Dreck gesuhlt hatten, auf der „Straße" begrüßt wurden. Über eine 50 Zentimeter hohe Barriere, zum Schutz gegen den Besuch der Schweine, kletterten wir, uns gegenseitig haltend, in den glitschigen „Vorgarten". Nein, ein Vorgarten war das nicht, eigentlich nur ein sudeliger Schlamm, es hatte am Vortag kräftig geregnet. Freudig wurden wir dort von den Hunden des Hauses begrüßt. Über eine weitere Barriere ging es ins Haus und hier am Eingang mussten nun die Schuhe bleiben. Nein, sonderlich dreckig war der Boden nicht, aber irgendwie hatte ich das Gefühl, auf dem feuchten Boden nur auf den Außenkanten der Füße laufen zu müssen. Gleich der erste Raum hinter dem Eingang war die Küche, die schon zum Kehrtma-

chen mahnte. Wuselig um uns herum tollten drei oder vier kleine Kinder. Wir folgten jedoch mutig Alofi ins nächste Zimmer, das hauptsächlich durch einen laufenden Fernseher beleuchtet wurde. Die Lamellenfenster waren geöffnet, an deren Rändern große Lappen hingen, die vom Schmutz schwer nach unten gezogen wurden. Aber die offenen Fenster sorgten wenigstens für eine angenehme Durchlüftung und dadurch war es auch nicht so heiß und schwül

Dinner bei Alofi.

im Raum. Längs durch das ganze Zimmer lag ein ehemals weißes Tischtuch auf dem Boden, auf dem unser reichhaltiges Buffet aufgebaut war: drei noch in Folie verpackte riesige Hummer, eine große Schüssel mit gebratenem Fisch, eine mit gebratenen halben Hühnchen und eine mit gebratenem Schweinefleisch. Dazu zwei große Teller mit frittierter Brotfrucht und zwei Schüsseln mit kleinen gelben Stücken in einer grauen Pampe. Um das prachtvolle Buffet lag für jeden von uns ein alter Steinzeugteller – das gute Geschirr stand an der Seite im Regal – sowie je eine Plastikgabel und ein Plastiklöffel. Für die Katzen des Hauses roch das Essen ganz vorzüglich und sie schlichen um die noch mit Plastikfolie abgedeckten Schüsseln.

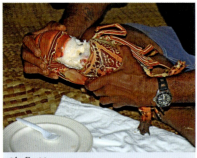

Alofis Hummer.

Alofi forderte uns auf, auf dem Boden Platz zu nehmen. Wohin nur mit den Beinen und erst mit den Füßen, die eben noch im Dreck gesteckt hatten? – Viel Platz war nicht. Und wie soll ein Essen schmecken, wenn man schon die dicht davor aufgebauten schmutzigen Füße nicht riechen mag?

Alofi saß am Kopf der Fußbodentafel, sprach das Tischgebet, nahm den ersten Hummer, brach ihn mit seinen großen, dunklen Händen auseinander (hatte er sie heute schon mal gewaschen? Vor dem Essen jedenfalls nicht!) und pulte das weiße Hummerfleisch in großen Stücken aus der Schale. Wie esse ich wohl so große Brocken, wenn ich nur eine Gabel und einen Löffel habe? Natürlich, ich nehme meine Finger, die eben noch zum Hinsetzen den Fußboden angefasst haben – guten Appetit!

Na, wie geht das am besten?

Die Gäste verspürten Durst, aber zu trinken gab es nur Wasser. Also forderten sie Alofi auf, gegen zusätzliche Bezahlung ein paar Flaschen Bier zu besorgen. Die kamen dann auch nach einiger Zeit, hatten die gleiche Temperatur wie die Luft, also circa 30 Grad, und schmeckten entsprechend. Aber Alofi sorgt für seine Gäste! Er offerierte ihnen Tonga-Bier, wie er es nannte, eine einheimische Spezialität, hergestellt aus Kava-Kava-Pflanzen, eine Köstlichkeit, so Alofi vollmundig. Was nun in einer großen Waschschüssel hereingebracht wurde,

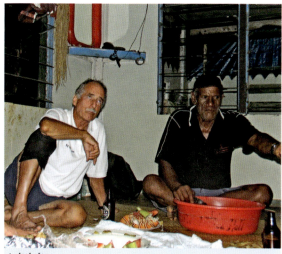

Igittigitt ...

war eine undefinierbare braune Brühe, die Alofi erst mal mit den bloßen Händen umrührte, ehe er seinen Gästen davon anbot. Die aber schüttelten sich innerlich vor Abscheu und rein aus Höflichkeit, um den Gastgeber nicht zu beleidigen, nahmen Wolfgang, Udo und Sandro jeder einen winzigen Schluck aus dem herumgereichten Becher und spülten dann schnell mit dem letzten Rest warmen Bieres nach, um den ekligen Geschmack loszuwerden.

So rechten Appetit hatte keiner. Auf die üppigen Reste des Essens stürzten sich, kaum hatten sich die Gäste erhoben, mit Geschrei die Kinder und die Katzen. Aber es war trotzdem noch so viel in den Schüsseln, dass auch die vielen Erwachsenen, die offenbar zum Haushalt gehörten, sich satt essen konnten.

Nur noch zur Abrundung sei erwähnt, dass es Alofi weder gelang, die Pressluftflasche füllen zu lassen noch die Gasflaschen. Die Wäsche, die zurückkam, konnte man nicht anziehen, so schmutzig war sie immer noch oder wieder, und das versprochene frische Brot zum Frühstück war ein Reinfall. Es war süß und schmeckte nicht.

Das alles hielt Alofi aber nicht ab, uns mit einer Unverfrorenheit auszunehmen, die uns sprachlos machte.

Alofis hungrige Familie.

Ja, das waren die Erlebnisse mit dem Gauner Alofi, nun aber zurück zur Destiny:
Mit der Ankunft der letzten Yachten der WorldARC-Flotte in Neia'fu geht das Gerücht um, jemand von der Destiny habe in Niue heimlich geheiratet. Da die auf der Destiny verbliebene Mannschaft für eine Heirat nicht infrage kommt, kann die Nachricht eigentlich nur den in Niue zurückgelassenen Michi betreffen. Und richtig, wenig später teilt Michi per E-Mail mit, dass er seine Lebensgefährtin Kathie kurz entschlossen in Niue geheiratet habe. Heiraten scheint dort ähnlich unkompliziert und unbürokratisch möglich zu sein wie ein Führerschein!

Hier vor Naia'fu wird die Destiny fast eine Woche lang ankern. Die Crew will sich die Zeit mit Schwimmen, Schnorcheln, Tauchen, Inselrundfahrten, Treffen mit anderen WorldARC-Teilnehmern und manch anderem vertreiben. Schon beim ersten Schnorchelausflug sind prächtige, vielfarbige Korallengärten zu sehen und viele, viele bunte Rifffische. Ein Bootsführer bringt die Schnorchler zu der nur vom Wasser aus zugänglichen,

Swallow's Cave.

etwa 30 Meter hohen Swallow's Cave (Schwalbenhöhle). Auf der Hinfahrt am Morgen hat ein greller Pfiff des Bootsführers in die Höhle hinein Hunderte von Schwalben aufgeschreckt, die aufgeregt über dem Boot kreisen. Jetzt, auf der Rückkehr um die Mittagszeit, strahlt die Sonne durch die kleine Öffnung in die Höhle, das Boot wird vorsichtig hineingefahren und schon fühlt man sich in eine natürliche barocke Kirche versetzt. Unzählige rund geschwungene Stalaktiten hängen von der Decke herab, die, teilweise von der Sonne bestrahlt, eine feierliche Stimmung erzeugen. Oben hat die Höhle eine kleine runde Öffnung, durch die man wegen des starken Bewuchses den Himmel gerade noch erahnen kann.

Pferdewaschanlage.

Kava-Kava-Blätter zum Trocknen.

Am Samstag, den 5. Juni, steht eine Inselrundfahrt mit einem Mietwagen auf dem Programm. Der Ort Neia'fu ist mit circa 6.000 Einwohnern die zweitgrößte Ansiedlung Tongas. Der idyllisch gelegene Ort strahlt mit seinen alten Holzbauten kolonialen Charme aus. Die

Ankerplatz in Vava'u.

Bewohner sind außerordentlich freundlich und die lockere, entspannte Atmosphäre lädt zum Verweilen ein. Neia'fu bietet für Touristen alle notwendigen Einrichtungen: Restaurants, Post, Banken, eine große Markthalle, Supermärkte und viele Geschäfte. Den schönsten Blick auf Naia'fu und die umliegenden Inseln hat man vom 131 Meter hohen Mount Talau, den man auf einer Wanderung durch den Nationalpark erreicht. Die Fahrt führt die Besucher zu dem etwas überdimensionierten Flughafen der Insel, zum Süßwassersee Lake Ano, der fast rundum von einem dicht mit Schilf bewachsenes Sumpfgebiet umgeben ist, sowie zu den Inseln Pangaimotu und Untungake, die über Dämme (in den schlauen Reiseführern stand fälschlicherweise Brücken) mit der Hauptinsel Vava'u verbunden sind. Immer wieder bieten sich fantastische Ausblicke auf die klippenreiche und stark zerklüftete Küstenlandschaft mit den traumhaft schönen Farben der Lagunen, von tiefblau über türkis bis hellgrün, weißen Sandstränden, mit lauschigen Buchten und immer wieder dichter tropischer Vegetation.

Blick vom Mount Talau auf Neia'fu.

Am Sonntagmorgen begibt sich die ganze Schar von WorldARC-Seglern zu der aus dem 19. Jahrhundert stammenden St. Joseph's

Empfang der DESTINY-Crew in Neia'fu.

Cathedral, um am Gottesdienst teilzunehmen. Der eindrucksvolle Kirchenkomplex liegt auf dem Palesi-Hügel und ist schon von Weitem zu sehen. Mehr als 90 Prozent der Bevölkerung von Tonga bekennt sich zum Christentum. Rund Dreiviertel davon sind Methodisten unterschiedlicher Richtungen. Ganz Tonga ist gemäß Verfassung am Sonntag „geschlossen". Alle Betriebe, abgesehen von Hotelrestaurants und -bars müssen sich an dieses Gesetz halten. Es herrscht den ganzen Tag über von Mitternacht bis Mitternacht eine feierliche Stille auf der Insel, nur wenige Autos fahren und man hört allenfalls Kirchenmusik.

Um 10 Uhr strömen die festlich gekleideten Menschen zur Kirche, die bis zum letzten Platz gefüllt ist. Über ihren Feiertagsgewändern tragen Männer wie Frauen einen um die Hüften geschlungenen, bodenlangen Rock aus einer Art Binsenmatte. Weil die Sitzplätze nicht ausreichen, werden zusätzliche Stühle hereingebracht. Die Kinder machen es sich auf dem Fußboden bequem. Die vielen Choräle während des Gottesdienstes werden von einem in den ersten Reihen der Kirche sitzenden gemischten Chor mit hervorragenden Solostimmen oder abwechselnd, mal Männerstimmen, mal Frauenstimmen, gesungen. Der Pfarrer trägt seine etwa halbstündige Predigt völlig ohne Manuskript vor, während er vor

Kirchgang im Festtagsgewand.

der Kirchengemeinde auf und ab geht. Manchmal spricht er die Kirchenbesucher direkt an, manchmal bringt er wohl auch Humorvolles, denn die Gemeinde lacht immer wieder. Nach dem Gottesdienst trifft man sich noch zum Austausch von Neuigkeiten, um dann wieder nach Hause zu verschwinden.

Auch Ingrid und Wolfgang müssen für eine kurze Zeit verschwinden, um wieder zu Hause nach ihrem Büro zu schauen. Sie fliegen mit einer der abenteuerlichsten Maschinen der Chathams Pacific von Neia'fu nach Tongatapu, ganz im Süden von Tonga, wo sie Henning bei einem Zwischenstopp treffen, der von nun an wieder als bezahlter Skipper auf der Destiny amtiert.

Starten oder nicht starten?

Am vorerst letzten Tag des Aufenthalts der Destiny in Neia'fu sitzen Udo und Anne im Restaurant „Aquarium" im Hafen und erledigen die letzten E-Mails mittels WiFi. Die Bilder, die Suzana auf Udos Bitte vor drei Tagen auf die Homepage des World Cruising Clubs stellen ließ, sind leider immer noch nicht zu sehen, na, irgendwann wird es schon klappen! Dafür macht die eigene Homepage (www.destinyroundtheworld.de) Fortschritte, wenn auch deren Bearbeitung zeitraubend ist und Udo manchmal zur Verzweiflung bringt. Bei Milchkaffee und einem kühlen Steinlager vergeht die Zeit viel zu schnell. Dazu trägt auch die Unterhaltung mit Jan von der Ronja bei, der den Wetterbericht für die nächste Woche empfangen hat und mit Udo beratschlagt, was zu tun ist. Der Wetterbericht sagt für Donnerstag nächster Woche einen Sturm mit 30 bis 40 Knoten Windgeschwindigkeit voraus, zwischen Tonga und Fidschi von Nord nach Süd durchziehend. Weil Fidschi sehr teuer sein soll, beschließen die beiden, noch eine Woche in der herrlichen Inselwelt von Tonga zu verbringen.

Der letzte Einkauf auf dem Markt wird getätigt, noch einmal 1.000 tongaische Pa'anga (1 Euro sind ungefähr 2,3 Pa'anga) mit der Visakarte aus dem Geldautomaten gezogen und die große schwarze Tasche mit Wäsche von der Wäscherei abgeholt. Das kostet 115 Pa'anga, für hiesige Verhältnisse recht viel, aber dafür duftet die Wäsche und ist nicht so versaut wie die von Alofi „gewaschene". 96 Pa'anga sind an Muringgebühren für die letzten acht Tage bei Beluga Diving zu zahlen, und dann kann es losgehen.

In der Moorings-Charterbasis hat Udo eine Karte aufgetrieben, die einen guten Überblick über die Vava'u-Inselgruppe vermittelt. In dieser Karte sind alle schönen Ankerbuchten vor den Inseln, die schönsten Schnorchelplätze, Restaurants und Orte, in denen Feste gefeiert werden, eingetragen.

Die Destiny steuert nach Westen, überquert die Untiefe von 8,8 Metern im Nordwesten der Bucht von Neia'fu, von da an geht es nach Südwesten entlang den ausgewaschenen Koralleninseln, die einige Meter hoch und dicht mit Palmen oder anderen Bäumen und Büschen bewachsen sind. Das heutige Ziel ist Kapa, eine Insel, die nur etwa sechs Seemeilen im Süden entfernt ist, mit Korallenriffen und Sandstrand. Gegen 16 Uhr tastet sich der Katamaran langsam durch die Korallenbänke und auf fünf Metern Wassertiefe fällt der Anker. 20 Meter Kette genügen, um sicheren Halt zu haben. Vom Deck aus kann man den eingegrabenen Anker im Sand sehen, so klar ist hier das Wasser!

Fünf Minuten später sind alle mit Schnorchel, Brille und Flossen bewaffnet im Wasser, um seit Langem wieder zu schwimmen. In der Bucht von Neia'fu konnte man das vor lauter

Quallen nicht. Jeden Vormittag trieben Quallen in riesigen Mengen vom Grund hoch, auf den sie sich wohl gegen Abend absinken lassen. Die Lady Lisa hatte das Pech, während sie ihren Generator laufen ließ, eine dieser Quallen zusammen mit dem Kühlwasser anzusaugen. Der arme Sandro hatte tagelang damit zu tun, die klebrigen Reste der Qualle, die seinen Kühlwasserkreislauf verstopft hatten, aus Filter, Rohren, Impeller und Wärmetauscher zu entfernen.

Nach einer Stunde Schnorcheln kommt die Mannschaft wieder herrlich erfrischt aus dem Wasser und dann wird die Kruste der letzten acht Tage abgeseift und abgespült. Alle fühlen sich wie neu geboren! Ein kühles Bier, Campari Soda und Tiroler Gröschtl, von Linde köstlich zubereitet, beenden den Tag, begleitet von einem wunderschönen Sonnenuntergang zwischen den Inseln.

Schon um drei Uhr morgens krähen die ersten Hähne an Land, Udo könnte sie umbringen! Um fünf Uhr ein zweites Mal und um 6:30 Uhr ist die Nachtruhe vorbei. Um 7:30 Uhr geht die Sonne erst auf, man könnte so schön ausschlafen …

Ein reichhaltiges Frühstück ist Grundlage für den heutigen Arbeitstag auf der Destiny. Es müssen etliche Reparaturen ausgeführt werden: Die Batterien sind seit Wochen mit ihrer Kapazität am unteren Limit und müssen dringend geladen werden, um eine Tiefentladung zu verhindern, was zum Ausfall der Batterien führen könnte. Schon gestern tat sich das Ladegerät schwer beim Aufladen der Batterien, heute haben sie sich schon etwas erholt. Nach circa vier Stunden Laden gehen sie in Sättigung über und können jetzt den ganzen Tag über von den Solarpanels langsam gepuffert werden, um vollständig geladen zu werden. Danach muss das Ladekapazitätsinstrument wieder auf Null gesetzt werden, um eine vernünftige Verbrauchsablesung zu gewährleisten. Energie ist auf einem Schiff immer ein Engpass, sie kommt hier halt nicht aus der Steckdose.

Während der Generator läuft, ist genug Strom vorhanden, um den Wassermacher zu starten. Er muss dringend in Betrieb genommen werden, denn ungenutzt oder ungespült darf er nicht länger als drei Wochen sein, sonst besteht Gefahr für die Membrane der Hochdruckpumpe und dann kann es teuer werden. Anfangs schmeckt das Wasser salzig und Henning spült die Entsalzungsanlage kräftig mit Frischwasser. Die Filter sind zugesetzt und werden erneuert. Nach einer halben Stunde Spülung kann mit der Wasserproduktion begonnen werden. 70 Liter Wasser erzeugt der Wassermacher je Stunde, zwei Stunden darf er heute laufen.

Als nächstes ist die vordere Steuerbordtoilette dran. Der Abfluss muss freigemacht werden, welch feine Arbeit! Henning und Udo kommen sich bei dieser Sch…arbeit wie Kanalratten vor. Mit allem, was die Bordmittel hergeben, sei es ein Relingszug, ein Draht, eine Spirale und so weiter versuchen sie, das Rohr von der einen und danach von der anderen Seite zu durchstoßen, aber ohne jeden Erfolg. Sie entschließen sich, das Rohr an der ersten Krümmung aufzuschneiden, aber auch diese Arbeit bleibt erfolglos. Zwar können die beiden eine große Anzahl von zementartig zusammengebackenen Brocken bekannter Herkunft, die sich mit der Zeit im Rohr gebildet haben, entfernen, aber der Abfluss ist trotzdem nicht frei. Jetzt bleibt nichts anderes mehr übrig, als das Rohr zu entsorgen und zu versuchen, bei Moorings in Neia'fu ein neues zu bekommen. Nach dem harten Arbeitstag fährt die ganze Mannschaft mit dem Dingi zu der kleinen Insel Ava. Die Küste fällt steil ins Meer ab und ist von einem kleinen Korallenring umgeben, also besonders gut zum Schnorcheln geeignet. Henning bindet unter Wasser das Dingi an einem Korallenstock fest und gleitet ins Wasser. Die Sonne steht sehr günstig, so dass die Sicht gut ist. Die Crew sieht viele Fische in bunten Farben, auch größere an der Stelle, wo die Korallen tief ins Meer verlaufen und man nach zwei Metern keinen Grund mehr sehen kann. Der Übergang ist beeindruckend, aber auch etwas unheimlich. Nach der Rückkehr zur Destiny genießen alle die tollen Farben in dem seichten Gewässer. Die Ronja, die Dreamcatcher, die Wild Tigris und einige andere WorldARC-Yachten liegen ebenfalls in der Bucht: Die Gruppe ist überall noch vertreten und über Kanal 77 auf UKW werden die Erlebnisse und Erfahrungen ausgetauscht.

Die Hähne wecken die Mannschaft anderntags wieder früh und lassen sie einen farbenprächtigen Sonnenaufgang erleben. Nach dem Frühstück bekommt der Generator einen Ölwechsel, danach wird wieder geschnorchelt und gebadet. Es wird ein fauler Tag mit Lesen, Schwimmen und in der Sonne räkeln. Kochen brauchen die Segler auch nicht, denn heute ist in Falewitahi, dem kleinen Dörfchen auf der an den Ankerplatz angrenzenden Insel, ein Spanferkelfest, das alle besuchen wollen.

Abends geht es mit dem Dingi hinüber zu einem kleinen Anlegesteg. Die Crews der Jeannius und der Ronja sind auch mit von der Partie. In der anbrechenden Dämmerung wandert die Gesellschaft im Licht der Taschenlampen über einen Hügel hinauf an vielen Schweinerotten vorbei und wieder hinunter zum Dorf. Dort erwartet sie schon ein Dorfbewohner und führt sie in eine größere, mit Palmblättern gedeckte Dorfhütte. Vor den hungrigen Seglern breitet sich ein langer, reich gedeckter Tisch aus, an dem auf zwei Bankreihen etwa 25 Personen sitzen. Wo gerade Platz ist, lassen sie sich nieder, nebenan Amerikaner, gegenüber Deutsche und Segler aus anderen Nationen. Die Einheimischen haben sich zurückgezogen und sind mit der Zubereitung der Speisen beschäftigt. In einer Ecke der Hütte sitzen vier alte Männer vor einer Schüssel Kava, dem traditionellen, erdfarbenen Getränk aus gemahlenen Wurzeln, und schlürfen die braune Brühe offenbar mit Genuss. Die Crews halten sich lieber an die mitgebrachten Dosen mit Bier.

Auf den Tischen stehen viele kleine Schalen mit den unterschiedlichsten tongaischen Speisen, Salate aus Gemüse, Fisch, Brotfrüchte, in Blätter eingepackter, geräucherter Fisch und Dinge, die man nicht identifizieren kann. Dann wird das etwa einen halben Meter lange, bereits gegrillte Spanferkel, das zur Dekoration mitten auf dem Tisch stand, in den Nebenraum gebracht und für die rund 30 Gäste aufgeteilt. Der Dorfälteste spricht ein langes Gebet und dann darf mit dem Essen begonnen werden. Zum Glück sitzt die Destiny-Mannschaft ganz vorn und bekommt von dem Fleisch reichlich ab, nur die letzten gucken in die Röhre. Die einzelnen Gerichte schmecken ganz gut, aber eine kulinarische Offenbarung sind sie

> **Kava Kava**
> Bei Kava Kava handelt es sich um das traditionelle Getränk der pazifischen Inselbewohner. Dazu werden frische oder getrocknete Bestandteile der Yaquonapflanze mit Wasser aufgegossen. Meist wird zur Gewinnung der Wurzelstock des Rauschpfeffers (piperis methystici rhizoma) zu einem feinen Pulver zerrieben oder in einem Mörser zerstoßen; manchmal werden auch Pflanzenteile gekaut und in ein Gefäß gespuckt.
> In den traditionellen Gesellschaften Polynesiens, Mikronesiens und auch Melanesiens war und ist der Konsum von Kava in der Regel reine Männersache, auch wenn es in touristisch gut erschlossenen Gebieten auf Tahiti, Fidschi oder Guam bei rein folkloristischen Anlässen männlichen wie weiblichen Gästen angeboten wird.
> Kava spielt eine ähnliche Rolle wie bei uns Bier als Feierabendgetränk zum Entspannen und Lockern von Muskeln. Auch unruhigen Kleinkindern wurde Kava verabreicht, um sie zu beruhigen und besser schlafen zu lassen.
> Die Wirkung ist anfangs eine erheiternde und stimulative Phase, dann eine angenehme Ruhe. Kava wirkt Gedanken anregend und fördert Gespräche. Beim Kauen der Wurzel, aber auch beim Genuss des Getränks kann sich für etwa 10 Minuten eine Taubheit der Zunge und des Mundes einstellen, so ähnlich wie nach der schmerzbetäubenden Spritze eines Zahnarztes. Dies ist jedoch vorübergehend. Ferner wird von vermindertem Sehvermögen, eingeschränkter Reaktionsfähigkeit, Gelbfärbung der Haut und allergischen Reaktionen berichtet.
> Im Jahr 2002 wurde in Deutschland die Zulassung für Arzneimittel mit dem Wirkstoff Kavain, der aus Kava Kava gewonnen wird, aufgrund von Studien zurückgezogen, welche der Droge leberschädigende Wirkungen unterstellen.

nicht. Nach dem Essen tanzt die Tochter des Dorfältesten zu tongaischer Musik. Mittendrin tut es einen Schlag und das Licht ist aus. Die beiden abenteuerlich aufgehängten Glühbirnen haben einen Kurzschluss verursacht. Es wird also improvisiert und eine Leuchtstoffröhre, die ebenfalls an einer improvisierten Kabelverbindung baumelt, in den Raum geschoben, damit der Tanz zu Ende geführt werden kann. Als Anerkennung für die Tanzdarbietung kleben die Gäste dem Mädchen Dollarnoten auf die nassen Oberarme: das ist so Brauch in Tonga. Am nächsten Morgen fährt Henning mit den Crews von der DREAMCATCHER und der RONJA nach Neia'fu, um in die Kirche zu gehen, angesteckt von den begeisterten Berichten der übrigen Bordkameraden über den Besuch des Gottesdienstes am vergangenen Sonntag, über den Gesang der Gemeinde und die Atmosphäre, die während des Gottesdienstes herrschte. Um 10:30 Uhr läuten einladend die Glocken von Falewitahi und Linde und Udo beschließen spontan, an Land zu fahren, um zu hören, ob die kleine Gemeinde auch so gut singen kann wie die in Neia'fu. Und ob: Gleich aus zwei nebeneinanderliegenden Kirchen schallt es ihnen entgegen. Sie gehen in das größere Gebäude, wo 25 Erwachsene und 15 Kinder sitzen, die aus voller Kehle singen. Nicht ganz so schön wie in Neia'fu, aber trotzdem beeindruckend. Am Schluss wird jeder Gottesdienstbesucher vom Pfarrer mit einem Handschlag verabschiedet. Als Udo und Linde die Kirche verlassen, ist der Gottesdienst gegenüber auch schon vorüber und sie laufen durch das Dörfchen zurück zum Dingi. Die recht sauberen Häuschen liegen verstreut neben dem Trampelpfad. Immer wieder begegnen sie freundlichen Bewohnern, die sich und ihre Kinder stolz fotografieren lassen. Die Sonne brennt und die Lagune erstrahlt in den schönsten blauen und grünen Farben.

Kinder in Vava'u.

Die nächsten Tage erkundet die DESTINY weiter das Inselparadies von Vava'u und ankert an vielen kleinen Inseln und Lagunen, zunächst nahe Avalau. Die Fahrt dauert keine Stunde. Am Riff angekommen, tastet die Yacht sich durch die Korallenköpfe vor, bis bei vier oder fünf Metern Wassertiefe der Anker fällt. Ab ins Wasser, aber man muss sehr vorsichtig sein und immer beobachten, wohin die Strömung im Wasser setzt und wie stark sie ist. Hier spürt man deutlich Ebbe und Flut. Der Tidenhub beträgt bis zu 1,3 Meter und Udo musste Linde bereits eine Leine zuwerfen, weil sie es nur noch unter größter Kraftanstrengung gegen die Strömung zurück zur Yacht schaffte. Die Destiny liegt 300 bis 400 Meter hinter dem Riff und man hört die Brandung tosen. Trotz Sonnenscheins weht ein kräftiger Wind

Im Inselparadies von Vava'u.

und dadurch liegt die Destiny recht unruhig im Schwell. Nebenan sind die Wild Tigris, das größte Schiff der Flotte mit 23,27 Metern Länge, die Jeannius, das Schwesterschiff der Destiny, und die Tucanon, eine Lagoon 440, vor Anker gegangen. Die Crew der Wild Tigris ist am Strand der kleinen Insel emsig damit beschäftigt, Holz oder irgendetwas Brennbares für ein Lagerfeuer zu sammeln, das sie heute Abend anzünden will. Gegen 22 Uhr fährt sie an Land und feiert bis Mitternacht zusammen mit der Crew von der Tucanon, hat aber Mühe, das Feuer am Leben zu erhalten. Die Crew der Destiny lässt sich derweil durch die Wellen in den Schlaf wiegen!
Am Tag darauf geht die Sonne wunderschön über der Insel Avalau auf. Der Wind hat etwas gedreht, weht aber immer noch heftig. Alle Yachten haben sich nach Südost ausgerichtet. Wegen des starken Schwells sucht sich die Besatzung der Destiny einen ruhigeren Ankerplatz

in drei Seemeilen Entfernung nahe Nuapapu Langito'o. Heute ist wieder Arbeitstag: Henning wechselt das Öl in beiden Motoren und versucht, den Druckbehälter der Frischwasseranlage zu reparieren. Die Frischwasserpumpe springt dauernd an, weil im Frischwassersystem kein Druck mehr aufgebaut wird. Der Druckwassertank ist an einer Schweißnaht leicht korrodiert. Henning beschichtet das Leck von innen mit Zweikomponentenharz, danach ist wieder „Druck" im System. Nach einem weiteren kurzen Trip in den Süden zur Insel Euakafa geht es zurück nach Neia´fu, wo ausklariert werden muss, bevor die Destiny das Inselparadies von Tonga verlassen kann. Zunächst aber muss am Steg des Restaurants Aquarium der Wassertank aufgefüllt werden, der über 500 Liter fasst. Das wird einige Zeit reichen. Anne und Linde tätigen die ersten Einkäufe für die Weiterfahrt.

Die Wetteraussichten sind nicht gut. Für die Überfahrt werden Tiefdruckgebiete zwischen Tonga und Fidschi gemeldet, die mit mehr als 30 Knoten Wind und hohem Wellengang von Norden nach Süden durchziehen. Es wird zwischen den Crews viel diskutiert, jeder schmiedet Pläne, wann die beste Zeit ist, Tonga zu verlassen. Da noch viel Zeit ist bis zum Treffen in Fidschi, beschließt die Destiny-Crew, noch ein wenig in den tongaischen Gewässern zu verweilen, zusammen mit der Ronja und der Dreamcatcher

Der Tag der Abreise nähert sich und so schön es im Inselreich des Königs von Tonga ist, es wird Zeit für die WorldARC-Truppe aufzubrechen, um den Zeitplan einzuhalten. Die Mannschaft verbringt den gesamten Vormittag mit dem Einkauf für die Weiterfahrt. Henning begibt sich mit Jan und Charles zum Ausklarieren, eine Prozedur, die gute zwei bis drei Stunden in Anspruch nimmt. Anne geht zum Schluss noch einmal los, um die Papiere, die für die Einreise in Fidschi gebraucht werden, im nächstgelegenen Restaurant nach Fidschi zu faxen. Die Einreise in Fidschi ist streng reglementiert, kein Schiff darf dort einlaufen, das nicht mindestens 48 Stunden vorher per Telefax alle Angaben über Schiff und Crew übermittelt hat, so wie das auch in Australien vorgeschrieben ist. Es ist untersagt, einen Hafen anzulaufen, der nicht als Einklarierungshafen angegeben wurde. Die Destiny-Mannschaft beschließt, in Suva im Südosten von Viti Levu einzuklarieren. Es sind etwa 520 Seemeilen bis dorthin. In Oneata, 225 Seemeilen westlich von Tonga, ist ein Zwischenstopp geplant. Die Stimmung an Bord ist gut, die Destiny in gutem Zustand und die Crew bemüht sich, dem von Wolfgang bezahlten Skipper Henning alles recht zu machen. Der benötigte zwei Meter lange Schlauch mit Muffe für die Steuerbordtoilette ließ sich leider bei Moorings nicht auftreiben, in Fidschi soll ein neuer Versuch gestartet werden. Dafür gelingt Henning, was Alofi nicht geschafft hat, nämlich die Reservegasflasche in Neia'fu auffüllen zu lassen. Auf Empfehlung von Paul fuhr er selbst zu der Gasabfüllstation und kam tatsächlich mit voller Ersatzflasche wieder zurück. Die Abfüllung muss wohl abenteuerlich verlaufen sein! Ein Stück Karton mit einem Loch bildete die Verbindung zum Zapfhahn. Durch dieses ließ man das Flüssiggas in die Flasche laufen. Ein Streichholz hätte sicher ein gewaltiges Feuerwerk entfacht, so viel ist dabei in die Umgebung geströmt. Egal, die Ersatzflasche ist wieder voll und der Gasvorrat reicht nun sicherlich, bis Wolfgang einen passenden Adapter mitbringt.

Henning zum zweiten

Leinen los im Hafen von Neia'fu. Wegen des schlechten Wetters zwischen Tonga und Fidschi wird beschlossen, zwei weitere Tage in der Inselwelt von Vava'u zu bleiben, so wie die Ronja und die Dreamcatcher, die bei der Insel Afo vor Anker gehen wollen. Skipper Henning möchte natürlich als erster da sein und nimmt die Abkürzung durch Malafakalava, einer Untiefe von nur ein paar Metern. ER steht am Ruder und schaut mit dem Fernglas, ob irgendwelche Korallenköpfe in der Durchfahrt liegen. Die anderen halten am Bug Ausschau. Mit vier Knoten Geschwindigkeit bewegt er das Schiff durch das hellgrüne Wasser, durch das man die Korallenblöcke unter Wasser erkennen kann. Gott sei dank geht alles gut! Jeder andere wäre außen herum gefahren, um kein Risiko einzugehen. Eine Stunde später kommt Jan mit seiner Ronja, der vernünftigerweise um Kapa herumgefahren ist, und geht in der Nähe vor Anker.

Der nächste Kurs führt in die Blue Lagoon mit gefährlichen Riffen an der Einfahrt, die nur bei gutem Licht zu passieren ist. Die Destiny findet aber einen Weg durch die Riffe und ankert schließlich inmitten der traumhaft schönen Lagune, die von einem Ring unpassierbarer Riffe umschlossen wird, unterbrochen von mehreren kleinen Meeresöffnungen. Die Bucht erstrahlt in einem unbeschreiblichen Farbenspiel aus blauem und türkisgrünem Wasser – Südsee pur!

Nach einem weiteren Ankerstopp in der Lagune bei Hunga verlässt die Destiny endgültig die paradiesischen Gewässer von Vava'u im Königreich Tonga, in dem sie sich nunmehr 20 Tage lang aufgehalten und die schönsten Stellen erkundet hat. Nun gilt es, Abschied zu nehmen vom tongaischen Königreich und seinen freundlichen Menschen. Gegen 8:45 Uhr heißt die Mannschaft den Spinnaker auf bei 17 bis 20 Knoten Wind, das nächste Ziel ist Oneata in einer Distanz von 260 Seemeilen. Um sicher in die Lagune der von Korallenriffen umgebenen Insel einzulaufen, soll Oneata am nächsten Tag noch bei Tageslicht erreicht werden.

Erste Unstimmigkeiten zwischen Skipper und Mannschaft machen sich bemerkbar. Der Skipper braucht offenbar täglich seine Streicheleinheiten, um das Gefühl zu bekommen, er sei der Größte. Anne und Linde nehmen ihn nach wie vor auf die Schippe, ohne dass er es merkt. Zur großen Verärgerung der Mannschaft erklärt der Skipper allerdings, als er am ersten Tag die Nachtwachen einteilt, allen Ernstes, dass es üblich sei, den Skipper von der Wache freizustellen und dass nur die Crew Nachtwachen zu machen habe, er selbst würde schließlich immer auf Stand-by sein. Da platzt Udo fast der Kragen und die Stimmung geht in den Keller. Linde rettet mit psychologischem Fingerspitzengefühl die Situation. In breitestem Schwäbisch sagt sie zu ihm: „i find dees net recht, dass mir alte Weiber Wache schiabet und du jongr Kerle goasch schloafa!" Am Abend wendet Henning sich dann an Linde und meint, als Geburtstagsgeschenk für sie – sie feierte vor kurzem Geburtstag –, würde er sich in die Wachen einreihen. So kann die einzelne Wache von vier auf drei Stunden verkürzt werden, was vor allem in der Nacht eine große Erleichterung ist.

Dass die zwischenmenschlichen Beziehungen einer harten Belastungsprobe ausgesetzt sind, wenn man Wochen oder gar Monate auf einer Yacht, gleichgültig welcher Größe, unterwegs ist, liegt auf der Hand. Ein alter Seglerspruch sagt, und darin liegt viel Weisheit: Jedes Boot wird jede Woche um einen Meter kürzer! Tragödien haben sich an Bord von Yachten schon abgespielt bis hin zu Mord und Totschlag, weil es unter der Besatzung, meist aus nichtigem Anlass, zu Spannungen kam, die eskalierten, und manch langjährige Freundschaft ist schon nach einer Woche Segeln in die Brüche gegangen!

Auch auf der DESTINY trübt sich leider die Stimmung ein. Eingedenk der gescheiterten Versuche von Henning während des Törns von den Galapagos nach Tahiti, per E-Mail mit der Außenwelt zu kommunizieren, hatte Wolfgang, der Eigner der DESTINY, Udo in die Bedienung des Laptops zwecks Empfang und Versand von E-Mails eingewiesen. Dazu muss das Iridium-Satellitentelefon angeschlossen werden, ohne diese Verbindung ist kein E-Mail-Verkehr möglich. Um sicherzustellen, dass das Telefon jederzeit für diesen Zweck einsatzbereit ist, hatte Wolfgang gebeten, das Telefon auch nur für diesen Zweck einzuschalten. Dies empfindet Henning wohl als eine Beschränkung seiner Befugnisse als Skipper. Er schreibt deshalb eine E-Mail folgenden Inhalts an Wolfgang und lässt sie von Udo versenden:

> *Ich habe überhaupt keine Einwände, dass Udo das Emailgeschäft hier an Bord erledigt, doch behalte ich mir als Schiffsführer, und damit Verantwortlicher für Crew und Schiff vor, alle an Bord der DESTINY befindlichen Systeme für die Sicherheit von Crew und Schiff einzusetzen.*

Natürlich ist es völlig unnötig, mit dem Satellitentelefon, das nur für den E-Mail-Verkehr und für nichts anderes bestimmt ist, Tag und Nacht auf Empfang zu bleiben. Wenn ein Notfall auftritt, kann es ja jederzeit benutzt werden, selbstverständlich! Aber für Gespräche mit der Heimat ist es nun einmal nicht gedacht, schon deshalb nicht, weil diese Gespräche sehr teuer sind. Jede Minute kostet 1,50 US-Dollar und Wolfgang hat keine Lust, Gesprächsgebühren mit der Besatzung abzurechnen.

Noch schlechter wird die Stimmung, als Henning den neuen, erst in Tahiti an Bord gebrachten Spinnaker „liefert". Um 8:30 Uhr am 21. Juni wird bei 20 bis 25 Knoten Wind, in Böen bis 28 Knoten, der Spinnaker gesetzt, nachdem die DESTINY in der vergangenen Nacht nur unter Genua und Großsegel gelaufen ist. Nach dem Logbuch, wie Udo später feststellt, bläst es mit 22 bis 25 Knoten. Es ist böig mit Wellen von zwei Metern Höhe, die Sonne scheint. Henning sitzt am Ruder, Anne und Linde liegen in den Kojen und Udo schreibt Berichte. Um 11 Uhr reißt mit einem lauten Knall der Spinnaker und flattert mit großem Getöse im Wind. Aus der Verstärkung am Backbord-Schothorn ist auf einer Länge von 1,20 Meter ein Dreieck herausgerissen. Wie ist das bei 22 bis 25 Knoten Wind möglich? Der Spinnaker war gerade zwei Monate alt und wurde seit Bora Bora höchstens drei Mal eingesetzt. Die Absicht, Oneata bei Tageslicht zu erreichen, kann begraben werden. Und so ist auch die Stimmung an Bord: wie auf einer Beerdigung!

Trotz mehrfacher Aufforderungen Udos, Wolfgang über den Vorfall zu informieren, geschieht von Seiten Hennings nichts, und so bleibt Udo nichts anderes übrig, als selbst eine E-Mail zu schreiben und Wolfgang zu berichten, was passiert ist. Udos E-Mail schließt mit folgenden Worten:

> *Ich kann nicht länger warten, deshalb muss ich petzen, was er [Henning] nicht weiß. Wir haben inzwischen an einen Segelmacher in der Nähe von Musket Cove ein Mail abgesetzt, um zu klären, ob er das reparieren kann. Die Antwort ist noch nicht da! Lieber Wolfgang, es tut mir außerordentlich leid, dass ich Dir das mitteilen muss, zumal das jetzt der vierte Spinnaker auf der Reise ist, der kaputt gegangen ist und Du wirst Dich entsetzlich ärgern. Für uns ist die Situation hier nicht einfach, da Henning sich von niemandem etwas sagen lässt, er kann alles besser und er hat die meiste Erfahrung! Jeder Hinweis auf sorgfältigere Handhabung prallt an ihm ab und es gibt Stress. Mehr dazu, wenn wir uns sehen.*
>
> *Wir fahren seitdem unter Genua und haben deshalb gestern auch nicht mehr bei Tageslicht Oneata erreicht. Wir sind jetzt mit direktem Kurs auf Suva (noch etwa 70 Seemeilen), um dort alles Weitere regeln zu können. Es tut mir leid, Dir so Unerfreuliches berichten zu müssen und ich hoffe, dass sich der Spinnaker vernünftig reparieren lässt. Trotz der Widrigkeiten mit Henning genießen wir jeden Tag auf der* Destiny *und freuen uns, wenn Ihr wieder da seid.*

Bei Position 18°25'S passiert die Destiny den 180. Längengrad. Hier ist der eigentliche geografische Datumssprung, den sich Tonga, Geografie hin oder her, zu eigen gemacht hat. Von nun an werden die Längengrade rückwärts gezählt und bekommen die Bezeichnung E (East). Die Destiny fährt jetzt der Uhrzeit entgegen, das heißt sie ist jetzt 12 Stunden vor UTC. Gegenüber Deutschland bedeutet das einen Zeitunterschied von 10 Stunden. Alle 15 Längengrade muss die Uhr nun eine Stunde zurückgestellt werden, je weiter es nach Westen geht, bis in Südafrika die Zeitverschiebung eingeholt ist und die Uhren die gleiche Zeit wie in Deutschland zeigen.

In Fidschi

Am 23. Juni gegen 1:30 Uhr nachts erreicht die Destiny durch das gut betonnte und mit Leitfeuern ausgestattete Fahrwasser Suva auf Viti Levu und läuft in den Hafen ein. Vor dem Royal Suva Yacht Club fällt der Anker. Henning hat die Einsteuerung nach Ansicht der Besatzung gut gemacht und wird deshalb von allen Seiten seelisch gestreichelt. Am Morgen nimmt Henning über UKW, Kanal 16, Kontakt mit der Harbour Control von Suva auf, um die Einklarierungsaktion zu starten. Die Abfertigung wird auf 15 Uhr zugesagt, aber als Henning die Verletzung eines Crewmitglieds vorschiebt – er hatte sich unter dem Daumennagel irgendetwas eingefangen – kommen drei Beamte, zwei Mann vom Zoll und eine Frau von der Gesundheitsbehörde, mit einem Boot noch am Morgen an Bord und der endlose Papierkrieg beginnt. Das ist nur der Auftakt, die Hauptaktivität wird zwei weitere Stunden an Land in Anspruch nehmen.

Gleich nach Abwicklung der Einreiseformalitäten wendet sich Henning an einen Segelmacher auf der Insel Denarau wegen der Reparatur des Spinnakers. Ja, kommt die Antwort, er kann das Segel reparieren. Da die Voyageur auch im Hafen liegt und wegen Generatorproblemen nach Port Denarau aufbrechen will, nimmt sie auf Bitte der Destiny-Mannschaft den Spinnaker mit und verspricht, dort den Segelmacher aufzusuchen, damit er das Segel abholen und reparieren kann.

Einen Tag später geht die Dreamcatcher hinter der Destiny vor Anker. Henning fährt gleich mit dem Dingi hinüber, um Charles einige Tipps fürs Ankern zu geben. Währenddessen warten Udo und Anne genervt auf seine Rückkehr, weil sie das Dingi brauchen, um zum Yacht Club fahren zu können. Dort wollen sie zwei Karten fürs Internet zu kaufen, um mit den Lieben in der Heimat zu telefonieren. Die beiden Karten kosten 12 Fidschi-Dollar, aber die Internetverbindung funktioniert nicht – wahrscheinlich ist wieder das Netz zusammengebrochen! Udo und Anne geben auf und fahren zusammen mit Linde mit dem Taxi in die Stadt. Sie

Reichliches Angebot.

In Fidschi hat man viiiiel Zeit.

Ein schattiges Plätzchen – es ist heiß.

schlendern über einen fantastischen Gemüsemarkt. Ein solches Angebot an Vegetarischem haben sie noch nie gesehen. Eine Halle – sicher 50 Meter breit und 100 Meter lang – voll mit Verkaufsständen bietet sich dem Auge dar. Salate gibt es in riesigen Bündeln, Kartoffeln, Rüben, Tomaten, Kokosnüsse, Kochbananen und, und, und ... Und natürlich Obst jeder Art in Hülle und Fülle.

Während Henning den restlichen Papierkram erledigt, bummeln Udo, Anne und Linde durch die Straßen. An jeder Ecke Inder, die Hälfte der Bevölkerung scheint indischer Abstammung zu sein. Die Stadt ist voll von Menschen – aber wo ist das Fidschi, das man von Bildern kennt? – hier spürt man nichts davon. Alle sind außerordentlich freundlich und haben viel, viel Zeit. Ein Polizist begrüßt die drei mit Handschlag und weist sie darauf hin, sehr vorsichtig zu sein. Zu einem Foto zusammen mit Linde und Anne ist er schnell bereit und strahlt über das ganze Gesicht. Abends werden alle von Linde zu einem nachträglichen Geburtstagsessen auf ein altes Restaurantschiff eingeladen, das David von der Voyageur empfohlen hatte. Um die Zeit bis zum Abend zu überbrücken und um etwas zu trinken, sucht die Mannschaft der Destiny ein Lokal auf. Sie landet nach längerem Suchen in einer Hotelbar und stellt schnell fest, dass es ein Schwulenlokal ist. Die Drinks sind aber trotzdem gut.

Anderntags geht es noch einmal in die Stadt, um für die nächsten Tage einzukaufen. Ein Supermarkt liegt neben dem anderen, mit reichhaltigem Angebot zu vernünftigen Preisen, nur Milchprodukte und Alkohol sind sehr teuer. Eine Flasche Campari soll gar 70 Euro kosten! Da in jedem Hafen ein- und ausklariert werden

Kleiner Mann in Fidschi.

muss, macht sich Henning erneut auf den Weg zur Hafenbehörde, derweil die Einkäufer zwei Einkaufswagen mit dem „Nötigsten" vollpacken. Das Internet ist leider bescheiden und nur stundenweise zu nutzen und als dann abends an Bord guter Empfang ist, ist es in Good Old Germany schon Nacht und niemand erreichbar.

Am 25. Juni um 10 Uhr verlässt die Destiny Suva. Zuvor stattet die Mannschaft der Chessie mit Jochem und Jutta einen Besuch ab, die gestern Abend, direkt von Papeete kommend, nebenan vor Anker gegangen ist. Alle freuen sich, dass die Chessie, die wegen fehlender Ersatzteile in Panama zurückgeblieben war, jetzt wieder bei der WorldARC-Truppe ist.

Nun ist die Destiny auf dem Weg von Suva mit Ziel Denarau Island. Seit der Spinnaker gerissen ist, muss an dessen Stelle die Genua für Vortrieb sorgen, meistens mit achterlichem Wind. Das geht zwar nicht ganz so schnell, führt aber auch ans Ziel. Mit vier Knoten gleitet das Boot durchs Wasser, keinem ist mehr schlecht, und das tut der Stimmung an Bord gut. Schon eineinhalb Stunden nach dem Auslaufen nachmittags in Suva taucht die Insel Kadavu, die viertgrößte Insel von Fidschi, auf. Die Insel südwestlich von Suva, circa 30 Seemeilen entfernt, eignet sich prima für einen Zwischenstopp. Die Segler genießen die wunderschöne Insel und erfrischen sich mit einem Bad in der herrlichen Korallenwelt. Die Besatzung beschließt, auch den Abend und die Nacht dort zu verbringen. Als am nächsten Morgen der Anker gelichtet ist, brummt die Destiny mit Henning am Ruder auf einen Korallenstock auf und wird am Steuerbordkiel beschädigt. Das musste irgendwann passieren! Aber Henning, unfähig einen Fehler einzugestehen, rechtfertigt sich mit folgender Eintragung im Logbuch:

> *Direkt nach Fahrtaufnahme bei 2 – 3 kn Echolotanzeige vertiefend 6 – 7 m, leichte Grundberührung mit Korallenkopf am Stb-Kiel. Schaden: Gelcoatabplatzer an Kielinnenkante vorne auf ca 20 cm Länge, Laminat nicht beschädigt.*

Was Henning als „Gelcoatabplatzer" bezeichnet, ist in Wirklichkeit ein tiefes Loch im Laminat, das Henning später in Musket Cove, als die Destiny an Land steht, mehr schlecht als recht repariert. Nach Ende der Weltumsegelung lässt Wolfgang die Destiny in St. Lucia gründlich überholen. Dabei stellt sich heraus, dass das Laminat am Kiel mit Wasser vollgesogen ist.

Am 28. Juni geht es bei guter Sicht weiter, so dass die Riffe vor der Westküste von Denarau gefahrlos passiert werden können. So ganz einfach ist das wohl doch nicht, wie die Crew später zu hören bekommt: Sieben Yachten sind innerhalb kurzer Zeit in der Nähe auf Riffe aufgelaufen oder saßen in Denarau im Schlick fest und mussten sechs Stunden warten, um beim nächsten Hochwasser wieder aufzuschwimmen. Soweit bekannt, sind aber alle ohne Schäden davongekommen. Zum Segeln ist das hier nicht unbedingt das geeigneteste Revier, aber die Destiny gelangt bei Hochwasser wohlbehalten durch alle Riffe und Korallenstöcke in den engen Gewässern.

Der Segelmacher in Denarau hält Wort und Henning kann den reparierten Spinnaker, wie telefonisch vereinbart, abholen. 400 Fidschi-Dollar, ungefähr 100 Euro, verlangt der Segelmacher für seine Arbeit. Da kann man nichts sagen, und das gute Stück ist ordentlich instand gesetzt.

Weiter geht die Reise der DESTINY von Denarau zu dem 20 Seemeilen entfernten Musket Cove, einer Insel westlich von Fidschi, wo die Rallyeleitung ein Treffen der WorldARC-Yachten organisiert hat. Bei Hochwasser ist es kein Problem einzulaufen und in den engen Gewässern zurechtzukommen. Muscet Cove ist ein riesiges Touristen-Resort mit eigener Marina, Bungalows, Strandanlagen und Restaurants. Alle WorldARC-Yachten liegen am gleichen Steg, es sind mindestens 20 Schiffe, die hier nebeneinander festgemacht haben. Das ist so ganz anders als bisher, weil man den Steg entlang laufen kann und da sind sie alle, die teilnehmenden Yachten mit ihren Crews – ein schönes Bild. Und es ist auch schön, sich mit allen Teilnehmern mal wieder ausgiebig zu unterhalten. Abends findet das angekündigte WorldARC-Treffen mit einem großartigen Buffet am Strand statt. Die DESTINY-Mannschaft hält natürlich die Tradition ein und erscheint geschlossen im königsblauen DESTINY-T-Shirt. Der Abend wird sehr schön und klingt erst spät nachts aus. In Musket Cove herrscht Tourismus pur, aber auf eine angenehme Weise. Die Bucht ist wunderschön, auch wenn sie bei Niedrigwasser fast trocken fällt, so dass die Schiffe wie in einer ausgebaggerten Rinne liegen. In Muscet Cove verabschieden sich die NOELUNA und die DREAMCATCHER von der Flotte. Die eine ändert den Kurs in Richtung Singapur, wo Matthieu, Marie und ihre Kinder zu Hause sind, und die andere will es, genervt von den vielen Reparaturen, Richtung Neuseeland bis auf Weiteres gemütlicher angehen lassen.

Abendstimmung in Musket Cove.

Musket Cove, Fidschi.

Die DESTINY unter Palmen an Land

Da hier ein längerer Aufenthalt geplant ist und ein Trailer zur Verfügung steht, bestünde die Möglichkeit, die DESTINY aus dem Wasser zu holen und mit einem neuen Unterwasseranstrich zu versehen. Im Augenblick steht ein großer Katamaran an Land, an dem der Besitzer Reparaturen durchführt und einen Unterwasseranstrich aufbringt. Der Trailer wird bei Hochwasser unter das Schiff geschoben und bei Niederwasser hochgezogen. Henning erkundigt sich und meint, die Farbe könnte innerhalb eines Tages beschafft werden und am Freitag wäre der Trailer frei. Udo hat Bedenken wegen der abenteuerlichen Art und Weise, wie die Boote an Land geschafft und wieder zu Wasser gelassen werden, gibt aber nach einem Telefongespräch mit Wolfgang grünes Licht für die Aktion „DESTINY unter Palmen an Land". Um 10 Uhr am Freitag soll der Katamaran in das kleine Becken hinter der dritten Palme gebracht werden. Dort wird dann der an Land stehende Katamaran zu Wasser gelassen und danach die DESTINY auf dem Trailer an Land gezogen. Gesagt, getan: Charles und Rainer helfen bei der Aktion mit, der Meister ist im Wasser, um alles zu managen, und Udo, Anne und Linde befestigen oben, gut abgefendert, das Schiff mit Leinen an den drei senkrechten Stützstangen, die am Slipwagen montiert

Die DESTINY an Land.

sind. Der Trailer wird unter die DESTINY geschoben und schon zieht der Bagger sie aus dem Wasser. Während ein Arbeiter beginnt, mit einem Hochdruckreiniger das Unterwasserschiff zu reinigen, schaut sich die Mannschaft den Rumpf unterhalb der Wasserlinie an. Es sieht alles ganz gut aus, nur die Anoden an den Antriebswellen sind stark korrodiert und müssten eigentlich ersetzt werden, aber Henning meint, dass sie noch bis St. Lucia halten.
Die Mannschaft wohnt die folgenden vier Tage in luftiger Höhe, oben im „Storchennest", das mit einer langen Leiter zugänglich ist. Nachdem der Anstrich aufgetragen und getrocknet ist, wird die DESTINY wieder auf die gleiche abenteuerliche Weise zu Wasser gelassen und alle sind froh, als sie sich auf den Weg zu dem 450 Seemeilen entfernten Vanuatu machen

können, einen Tag nach dem Start der Flotte. Die Wettfahrt findet also dieses Mal ohne die Destiny statt. Eigentlich sollte in Tanna, einer noch weitgehend unberührten, kleinen Insel mit einem sehr aktiven Vulkan, dem heiligen Mount Yasur, ein Zwischenstopp eingelegt werden, aber der Skipper nimmt aus persönlichen Gründen direkten Kurs auf Port Vila in Vanatu, sehr zur Enttäuschung von Udo, Anne und Linde. Die müssen dann später von den anderen WorldARC-Teilnehmern begeisterte Erzählungen über Tanna hören, alle schwärmen von dieser Insel, ja, manche sagen, der Aufenthalt dort wäre der Höhepunkt der ganzen Reise gewesen, und die drei ärgern sich natürlich grün und blau.

Der Thor VI passiert beim Ablegen in Musket Cove ein bemerkenswertes Missgeschick. Die Mannschaft vergisst ihr Dingi auf der anderen Seite des Steges und segelt los, ist schon über die Startlinie, ehe ihr auffällt, dass der Platz am Heck ungewohnt leer aussieht. Oh Schreck, das Dingi fehlt, soll sie wieder umkehren? Nein, über UKW-Funk meldet sie sich bei einer verspätet aufgebrochenen Yacht, die das Dingi auf ihre Bitte hin dann mitnimmt und der Crew der Thor VI auf See übergibt.

Start in Musket Cove.

Wo die Glücklichsten leben

Die DESTINY erwartet mit dem Inselreich Vanuatu das letzte Paradies der unvergesslichen Südsee, geht es doch danach nach Australien. In Port Vila auf Espiritu Santo angekommen, findet die Mannschaft erneut eine reizvolle Insel mit liebenswerter Bevölkerung vor und der dortige Markt stellt sogar noch den von Suva in den Schatten. In einer riesigen Halle werden fast rund um die Uhr frisches Obst und Gemüse angeboten. Die Waren sind liebevoll auf Tischen oder auf dem Boden aufgetürmt und zwischen den Ständen hocken oder schlafen die Händler mit ihren Familien. Im hinteren Teil der Halle befinden sich viele kleine Kochnischen, wo man frisch zubereitete einheimische Speisen bestellen und an einfachen Tischen verzehren kann. Wenige Tage vor der Weiterreise trifft Wolfgang

Festlich herausgeputzt.

Kinder in Vanuatu.

> Nach einer Studie der britischen New Economics Foundation vor einigen Jahren sind die Bewohner von Vanuatu die glücklichsten Menschen auf der Welt, wie man aufgrund von Umfragen herausgefunden hat. Kein Wunder, gibt es doch keine Steuern auf Vanuatu, der Staatshaushalt ist ausgeglichen, die Staatsverschuldung beträgt nur 18,5 Prozent des Brutto-Inlandsproduktes (!), das Klima ist feuchtwarm, so dass auf den größeren Inseln alles im Überfluss wächst. Landwirtschaft, Viehzucht und der Fischfang bilden deshalb die Haupteinnahmequelle der Bevölkerung. Übrigens, die erwähnte Studie kam für Europa zu dem Ergebnis, dass hier die Dänen am glücklichsten sind; die Deutschen landeten weit abgeschlagen.
> Die Inseln von Vanuatu zählen geografisch zu den Neuen Hebriden. Das Territorium erstreckt sich über 1.300 Kilometer des Südpazifiks. Dem Staat gehören 83 Inseln, meist vulkanischen Ursprungs, an, wovon 67 bewohnt sind. Die größte ist Espiritu Santo mit der Hauptstadt Port Vila.
> Die Inseln werden von Melanesiern bevölkert, die im Gegensatz zu den Polynesiern dunkelhäutig und kraushaarig sind. Auch die Melanesier stammen ursprünglich aus Südostasien, ebenso wie die Polynesier, wie neuere Forschungen belegen. Die Theorie von Thor Heyerdahl, der mit seiner Reise auf dem Balsafloß KON-TIKI 1947 beweisen wollte, dass die Polynesier aus Südamerika kamen, ist damit endgültig widerlegt.

in Port Vila ein und übernimmt wieder die Führung der DESTINY. Nach den Vorkommnissen auf der Reise von Tonga nach Vanuatu, über die ihm Udo per E-Mail berichtete, ist ihm der Kragen geplatzt und er verzichtet auf jeden weiteren Einsatz von Henning.

Nach einer interessanten Rundfahrt über die durch und durch grüne Insel, auf der Anne leider ihren Fotoapparat verliert, und einer Abschlussfeier in der Marina wird wieder geplant, was einzukaufen ist, um für die große Strecke von 1.260 Seemeilen bis Australien gerüstet zu sein.

Am 15. Juli findet der Start in der engen Bucht von Port Vila statt, bei dem es beinahe zu mehreren Zusammenstößen kommt. Ausgerechnet Andrew, der Chef des World Cruising Clubs, am Ruder der CRAZY HORSE, der die Strecke bis Mackay (sprich Mäckai) in Australien mitsegelt, verursacht um ein Haar einen Zusammenstoß mit der LADY LISA, die im letzten Moment das Ruder herumreißen und in den Wind gehen kann. Wenn 20 Schiffe unter vollen Segeln über die Startline fahren, geht es halt zur Sache!

Durchs Great Barrier Reef

Die DESTINY segelt als erste der Multihull-Yachten und als dritte Yacht insgesamt unter Vollzeug unbehindert über die Startlinie und erwischt einen guten Raumschotwind, der ihr am Nachmittag erlaubt, ihren blauweißen Spinnaker zu setzen. Volle 24 Stunden bleibt der Spinnaker oben, bis der Wind zunimmt, und die Genua wieder zum Einsatz kommt. Das Wetter verschlechtert sich zusehends, der Wind frischt auf über 30 Knoten auf und Regen setzt ein. Der Starkwind begleitet die DESTINY fast bis zur Hydrographers Passage, der Durchfahrt durch das Great Barrier Reef, vor der sie am Abend des 21. Juli, kurz nach der Überquerung der davor liegenden Ziellinie, steht. Fatalerweise gibt just in diesem Moment der Kartenplotter, der seit sieben Jahren zuverlässig seinen Dienst verrichtet hat, seinen Geist auf und zeigt dem Betrachter nur noch einen schwarzen Bildschirm. Die Situation wird kritisch, als auch noch Starkwind „on the nose" einsetzt und Regen und Gischt von vorn die Sicht fast auf null reduzieren. Wie soll die DESTINY unter diesen Bedingungen freies Wasser auf der anderen Seite des sich schier endlos hinziehenden Riffs erreichen? Und die Riffdurchfahrt erweist sich bei genauerer Betrachtung der Seekarte als Zickzackkurs durch ein Gewirr von Inseln, Inselchen und Klippen, gespickt mit Korallenbänken, teilweise eng, teilweise breit und an die 70 Seemeilen – kein Schreibfehler, 70 Seemeilen! – lang.

Zieht ganz gut!

Wolfgang ruft über UKW-Funk die WorldARC-Flotte an und glücklicherweise meldet sich sofort die LADY LISA, die ein wenig voraus ist. Sie bietet an, in kurzem Abstand vorauszufahren und die DESTINY durch die Hydrographers Passage zu lotsen. Mit großer Erleichterung und Dank wird das Angebot angenommen und so folgt die DESTINY unter Motor der LADY LISA. Wolfgang und Udo wechseln sich jede Stunde am Ruder ab, eingepackt in Ölzeug, darunter ein Anorak, hochgezogen bis zur Nase, an den Füßen Stiefel und auf dem Kopf den Südwester. Immer wieder kommt ein Schwall salziges Wasser an Deck und ergießt sich über den Rudergänger, der nur ein Ziel hat: das Hecklicht der Lady Lisa nicht aus dem Auge zu verlieren. Anne kocht eine Suppe und es tut dem abgelösten Rudergänger nach dem Wachwechsel unendlich gut, wenn er sich im Salon aufwärmen kann und seine heiße Suppe schlürfen darf.

So geht das Stunde um Stunde, die ganze Nacht hindurch. Manchmal ist der Gegenstrom so stark, dass der Rudergänger das Gefühl hat, die Yacht steht, obwohl beide Maschinen mit voller Kraft mit 2.800 Umdrehungen pro Minute (U/min) laufen. Zeitweise sinkt die Geschwindigkeit aufgrund des Gegenstroms auf unter drei Knoten. Wolfgang und Udo, beide nass bis auf die Knochen, sind sich einig, dass diese Nacht die bisher härteste auf dem ganzen Törn ist.

Nach Mitternacht klart es langsam auf, der Regen hat aufgehört, aber immer noch kommen Gischtwolken über den Bug angeflogen. Der Wind bläst mit 30 Knoten aus Westen, also aus der Richtung, wohin der Generalkurs zeigt. Mit dem ersten Tageslicht ist die Passage geschafft, die beiden Yachten setzen Segel und eine wilde Jagd hoch am Wind beginnt. Ein Anliegerkurs nach Mackay bei inzwischen schönstem Sonnenschein und anhaltenden 30 Knoten Wind versöhnt die Segler mit der schrecklichen Nacht in der Hydrographers Passage. Mit knappem Vorsprung erreicht die Lady Lisa um 17:30 Uhr den Hafen von Mackay und lotst die Destiny hinter sich her, die um 18 Uhr an der Zollpier festmacht. Alle sind ein wenig erschöpft, aber wohlauf und glücklich, Australien erreicht zu haben.

Ankunft in Mackay kurz nach Sonnenuntergang.

In Mackay bleibt Rainer mit seiner Sunrise zurück, dessen Rechnung, seinen Törn durch zahlende Gäste an Bord zu finanzieren, nicht aufgegangen ist. Das Interesse, an Bord der Sunrise eine oder mehrere Etappen der WorldARC mitzusegeln, hält sich offenbar in Grenzen. Rainer wollte ursprünglich bis Thailand segeln, will aber nun versuchen, seine Yacht in Australien zu verkaufen. Auch die Liza aus Slowenien, ein schneller Katamaran, verabschiedet sich von der Flotte, um nach Süden zu segeln.

Marina Mackay.

Am 29. Juli wird ausklariert und die komfortable Marina von Mackay verlassen. Damit ist auch Henning, der seine Sachen in der Zwischenzeit von Bord geholt hat, endgültig Geschichte; die Mannschaft darf wieder lachen und die Stimmung ist bestens. Freies Segeln bis Thursday Island an der Nordspitze von Cape York, dem nördlichsten Punkt Australiens, ist angesagt – die Rallyeleitung macht derweil Pause. Bei 10 bis 15 Knoten Wind aus Südost zieht die DESTINY unter Spinnaker gemächlich an der Ostküste Australiens nach Norden zu den Whitsundayinseln. Das Festland verschwindet im Dunst und vor der Mannschaft liegen Tausende von kleinen und kleinsten Inseln, Inselchen und Klippen, die zum Great Barrier Reef, einer World Heritage Area, gehören, das in seiner ganzen Länge von York im äußersten Norden bis zur Gold Coast im Süden reicht und wiederum in zahlreiche Inselgruppen gegliedert ist.

Das Great Barrier Reef gilt als das achte Weltwunder. Über mehr als 2.000 Kilometer erstreckt sich dieses weitläufigste Korallenriffsystem der Erde entlang der australischen Ostküste. Das Riff bildet jedoch keine zusammenhängende Barriere, sondern setzt sich aus fast 3.000 Einzelriffen zusammen, die über 350.000 Quadratkilometer verstreut sind. Am äußeren Rand der Riffkette geht das Meer steil hinab bis auf 2.000 Meter Tiefe. Zwischen Festland und dem Outer Reef erstreckt sich eine Lagune mit Tiefen zwischen 50 und 100 Metern. In der Lagune wiederum befinden sich weitere Riffe sowie unterschiedlich große Inseln. Richtig betrachtet ist das Seegebiet zwischen Küste und Riff mit einer Breite von bis zu 300 Kilometern eigentlich ein vom Pazifik getrenntes Meer, das deshalb zu Recht den Namen Coral Sea (Korallenmeer) trägt.

Von den über 700 Inseln in der Coral Sea sind nur eine Handvoll echte Koralleninseln, die ausschließlich aus gebrochenen Korallen und aus angeschwemmtem Sand bestehen. Die meisten in Festlandnähe aus dem Meer emporragenden Inseln bildeten ursprünglich ein vulkanisch geformtes Gebirge und gehörten zum Festland. Das Ende der letzten Eiszeit vor 30.000 bis 50.000 Jahren führte zum Abschmelzen der Pole, was den Wasserspiegel anhob und das Küstenland überschwemmte.

Das **Great Barrier Reef** ist das größte auf der Welt jemals von lebenden Organismen, nämlich von Abermilliarden winziger Korallenpolypen, geschaffene Bauwerk. Die im Durchschnitt rund 10 Millimeter langen wirbellosen Organismen sondern im Laufe ihres Lebens fortwährend den mit der Nahrung aufgenommenen Kalk ab und formen daraus becherförmige Gehäuse, in denen sie sich tagsüber verstecken. Bei Dunkelheit werden die am „Mund" befindlichen Fangarme ausgestreckt, um das im Wasser schwebende Plankton aufzunehmen. Unter günstigen Bedingungen vermehren sich die Polypen rasch und bilden bald eine Kolonie von vielen Millionen einzelner Korallentierchen. Die Kalkskelette der Tierchen verbinden sich im Laufe der Zeit zu oft bizarr geformten Korallenstöcken. Dem Aussehen nach unterscheidet man Geweih-, Pilz- und Tischkorallen.

In den Whitsundays

Der erste Abschnitt der Reise durch das Korallenmeer führt zu den Whitsunday Islands (auf Deutsch: Pfingstinseln), die aus 74 Inseln bestehen, von denen 17 bewohnt sind. Den Namen haben die Inseln– na, von wem wohl? – von James Cook natürlich, der diese Passage am 4. Juni 1770, einem Pfingstsonntag, durchsegelte. Vorbei geht es an der Sir James Smith Group, die aus zahlreichen Smith Islands besteht (Goldsmith Island, Tinsmith Island, Blacksmith Island und so weiter) und vor Thomas Island, einer unbewohnten Insel, fällt kurz vor 17 Uhr der Anker.

Von März bis September wird das Gebiet der Whitsunday Islands von Buckelwalen zum Kalben besucht. Auf dem Weg von Thomas Island nach Whitsunday Island hat auch die Mannschaft der Destiny das Glück, eine Gruppe von Walen zu beobachten. Mit einer riesigen Wasserfontäne kündigen sie sich an und springen mit ihren mächtigen Leibern vier bis fünf Meter aus dem Wasser, um dann wieder elegant in das Wasser hineinzugleiten, zuletzt die große Schwanzflosse, Fluke genannt. Ein beeindruckender Anblick!

Mit drei Knoten Schiebestrom geht es durch die nur wenige Hundert Meter breite Meerenge zwischen Whitsunday Island und Haslewood Island und in der Whitehaven Bay fällt der Anker der Destiny. Mit dem Dingi setzt die Crew zur Insel über und macht auf Whitehaven Beach einen langen Strandspaziergang. Whitehaven Beach ist ein wunderschöner, langer, weißer Strand wie aus dem Bilderbuch: sechs Kilometer Strand aus Sand, fein wie Pulver und weiß wie Schnee. Das kristallklare, türkisgrüne Wasser ist 24 Grad warm und lädt zum Baden ein. Die Insel ist als Naturschutzgebiet ausgewiesen und erfreulicherweise noch ohne jede Bebauung.

Der Weg nach Norden führt nur wenige Seemeilen weiter zur Hook Island. Die Insel hat zwei sehenswerte Fjorde, den Nara Inlet und den Macona Inlet. Die Reiseführer empfehlen, in den Nara Inlet einzusteuern. Beide Seiten des Fjordes, die bis zu 200 Meter ansteigen, sind dicht bewaldet, dazwischen liegen immer wieder glattgewaschene, riesige Felsbrocken. Das Wasser ist grün, wie in einem Bergsee. Ganz am Ende des Fjordes geht die Destiny vor Anker.

Fein wie Pulver, weiß wie Schnee – der Strand von Whitehaven.

Die Destiny im Nara Inlet, Hook Island.

Kaum ist das Ankermanöver beendet, da landet mit lautem Krächzen ein schneeweißer Kakadu auf dem Achterdeck. Er stolziert über die Solarzellen, den quittegelben Kamm am Hinterkopf zunächst wie einen Fächer ausgebreitet, später dann zu einem schmalen Streif zusammengefaltet. Mit Cashewkernen, die er den Seglern wenig später sogar aus den Fingern pickt, lässt er sich ganz heranlocken. Mit den Krallen eines Fußes hält er die Kerne und Stück um Stück verschwinden sie in seinem Schnabel. Er unterscheidet sofort, ob ihm die Mannschaft Nüsse oder Weißbrotstücke anbietet. Das Weißbrot interessiert ihn nicht im Geringsten.

Die Whitsundays und das parallel verlaufende Festland wurden ursprünglich von den Ngaros bewohnt. Sie sind einer der ältesten Aborigine-Stämme Australiens und galten als exzellente Fischer und Navigatoren. Sie wurden in der Zeit der britischen Kolonisation vertrieben und starben aus. Auf den Inseln haben Ngaros viele Spuren hinterlassen. Nach einem kurzen Fußweg über Stufen aus großen Steinbrocken erreicht man vom Ufer aus einen Höhleneingang. Hier sind in brauner Farbe Zeichnungen an den Höhlenwänden zu sehen: eine Anzahl von Strichen, wie sie ein Sträfling macht, der die Tage zählt, eine Art von Leitern und dann mehrere Zeichnungen, die wie Konstruktionszeichnungen für einen Zeppelin aussehen. Das schlaue Büchlein sagt, dass diese Zeichnungen 9.000(!) Jahre alt sein sollen. Als die Mannschaft zur Destiny zurückkehrt, wartet bereits der Kakadu auf sie; dieses Mal hat er sein Weibchen mitgebracht. Er selbst bleibt auf einem Baumwipfel sitzen und krächzt jämmerlich, während Madame sich füttern lässt, etwas schüchterner natürlich

Nüsse her!

als zuvor das Männchen – wie bei den Menschen –, aber nicht minder hungrig.

Für die DESTINY geht die Fahrt zurück zum Festland nach Airlie Beach, wo Wolfgang und Ingrid die Tochter eines lieben Freundes besuchen wollen. Constanze lebt schon seit 2003 in Australien, ist mit einem Australier liiert und hat seit 13 Monaten den reizenden Lukas. Sie lädt alle zu sich nach Hause ein und so gewinnt die Crew gleich einen Einblick in das tägliche Leben einer australischen Familie. Wie nicht anders zu erwarten, ist das Grundstück nach deutschen Maßstäben sehr groß. Das Haus, eigentlich sind es zwei Häuser, ist eine leichte Holzkonstruktion, auf Stelzen, da es am Hang steht. Im ersten Haus sind der Wohnraum mit einem überdimensional großen Balkon, Küche, Arbeitszimmer und Gästezimmer mit Bad untergebracht und, durch einen kleinen überdachten Gang verbunden, im zweiten Haus Kinderzimmer, Schlafzimmer und Bad. Da ohnehin immer alle Türen offen stehen, ist es gleichgültig, ob die Räume in einem oder in zwei Häusern untergebracht sind. Alle Räume sind sehr großzügig; Australien hat eben viel Platz.

Felszeichnungen der Ngaros – 9.000 Jahre alt!

Abends gehen alle zusammen in einem Restaurant essen und stellen entsetzt eine sehr gewöhnungsbedürftige Esskultur fest: schlichte, kalte Räumlichkeiten, ein ohrenbetäubender Lärm und ein Trubel, der jeden Anflug von Gemütlichkeit zunichte macht.

Von Airlie Beach aus startet die DESTINY am folgenden Tag, nachdem wieder einmal große Wäsche gemacht wurde und das Schiff mit Proviant versorgt worden ist, Richtung Norden. Die erste Nacht verbringt sie in der Queens Bay bei Bowen, eine bei den Australiern sehr beliebte Badebucht. Zu dicht darf man allerdings nicht unter Land gehen, weil dort Netze gegen die im Sommer, das heißt von September bis März, auftretenden Box Jellyfishes (Würfelquallen) gespannt sind. Schon in Airlie Beach sind der Crew am Strand große Warntafeln aufgefallen, die Vorsorge- und Verhaltensmaßnahmen aufzeigen bei Berührung durch diese auch für Menschen gefährlichen Quallen. Zu den Würfelquallen gehören auch die Irukandji als die am meisten gefürchtete Quallenart, deren Gift einen Menschen unter Umständen innerhalb von Minuten töten kann. Deshalb darf in Airlie Beach im Sommer gar nicht im Meer gebadet werden; stattdessen kann aber das direkt am Strand gelegene Freibad benutzt werden – Eintritt frei!

Weiter geht es anderntags gleich nach Sonnenaufgang noch vor dem Frühstück, da der größte Teil der Etappe nach Cairns noch vor der DESTINY liegt und sie spätestens am

Man beachte die Flasche Essig rechts.

18. August in Thursday Island, ganz oben an der Nordspitze von Australien, sein muss. Es ist vorgesehen, die ganze Flotte geschlossen durch die Torres Strait zu schicken. Unterwegs, bei Abbot Point, ragen die mehrere Hundert Meter langen Förderbänder einer riesigen Erzverladestation ins Meer hinaus. Ein großer Frachter wird gerade beladen, zwei weitere liegen wartend auf Reede. Wieder ziehen Wale an der DESTINY vorbei, dieses Mal etwas träge, nur manchmal kann man einen Teil des Rückens sehen, aber immer wieder die hohen Fontänen. Zum Grausen von Anne kommt auch eine große Seeschlange mit einem fast faustgroßen Kopf vorbeigeschwommen. Das heutige Ziel ist Magnetic Island. Auch diese Insel hat ihren Namen von James Cook. Als er auf seiner Entdeckungsreise 1770 diese Insel passierte, stellte er erhebliche Abweichungen an seinem Kompass fest und vermutete erzhaltiges und damit magnetisches Gestein auf der Insel. In Wirklichkeit besteht die Insel jedoch hauptsächlich aus nichtmagnetischem Granit. Heute gibt es auf der Insel den Magnetic Island National Park, der die Touristen ebenfalls magnetisch anzieht, da man hier mit Koalas frühstücken kann und dabei von Kängurus, Emus und anderen endemischen Tieren beäugt wird.

Kohleterminal im Korallenmeer.

In der Coral Sea

Vorbei geht die Reise nach Cairns am Cape Upstart und am Cape Bowling Green. Dann bricht langsam die Nacht herein mit einem majestätischen, klaren Sternenhimmel. Über den dunklen Bergrücken von Cape Cleveland, das voraus liegt, strahlt der von den Lichtern von Townsville hell erleuchtete Himmel und die gesamte Küste entlang sind die Feuer vom Abfackeln des Grubengases der Kohlebergwerke zu sehen. An der Spitze von Cape Cleveland sendet der Leuchtturm alle fünf Sekunden fünf rote Blitze und im Hintergrund erscheint bereits das rote Leuchtfeuer von Magnetic Island. Der Wind ist konstant mit 15 bis 20 Knoten von achtern, der Spinnaker steht ruhig über dem Vorschiff und da keine Wetteränderung zu erwarten ist, entscheidet der Kapitän um 22 Uhr: „Wir segeln durch! Kein Frühstück mit den Koalas!"
Wolfgang, Udo und Ingrid halten in rabenschwarzer Nacht abwechselnd Wache, morgens gegen sechs Uhr kommt Anne als weitere Unterstützung an Deck. Die wenigen Inseln, an denen die DESTINY vorbeikommt, sind unbewohnt und haben keine Feuer. Ansonsten aber ist das Fahrwasser, das im Zickzack nach Norden führt, hervorragend betonnt und befeuert. Allerdings heißt es immer wachsam zu sein, denn ab und zu kommen von vorn und von achtern Schiffe auf. Der Wind bleibt konstant und der Spinnaker zieht gut, bis um die Mittagszeit Dunk Island erreicht wird, eine der letzten Möglichkeiten vor Cairns, noch einmal in einer geschützten Bucht schwimmen zu gehen. Nach dem üblichen Ankerschluck nimmt die Mannschaft – mehr oder minder vorsichtig wegen Krokodilen, Haien und anderen Seeungeheuern – ein Bad. Auf dem Landgang entpuppt sich die Insel als ein Ferien-Resort, das per Schiff oder per Flugzeug erreicht werden kann. Die Anlage ist sehr gepflegt und die Größe der Insel mit einem kilometerlangen Wanderweg und zwei Süßwasserseen bietet den Gästen vielfältige Abwechslung. Wie schon in Airlie Beach baden auch hier die Gäste lieber im Pool als im Meer, denn überall wird vor den giftigen Quallen gewarnt. An den Warnschildern hängen immer zwei Flaschen Essig, die im Notfall sofort über den Verletzten gegossen werden müssen, um ihm überhaupt noch eine Überlebenschance zu geben. Das hilft aber nur, wenn er lediglich geringen Kontakt mit einer Qualle hatte. Haben die Tentakel der Qualle, die bis zu drei Meter lang sein können, einen Menschen vollständig umfasst, tritt der Herztod innerhalb von zwei bis drei Minuten ein. Ingrid hat sich vorsichtshalber in Airlie Beach einen Wetsuit gekauft, der die Überlebenschance immerhin um 75 Prozent erhöhen soll. Der Abend klingt auf der DESTINY aus mit einer herrlichen Quiche von Anne, einer guten Flasche australischem Syrah und den alten Seemannsschwarten von Micha: Junge, komm bald wieder, La Paloma, Blaue Nacht am Hafen und so weiter. – Micha, wir denken an Dich!

Himmel in Flammen im Great Barrier Reef.

Am 5. August geht es schon beim ersten Lichtschimmer um sechs Uhr in der Frühe los, um überhaupt eine Chance zu haben, das circa 80 Seemeilen entfernte Cairns bei Tageslicht zu erreichen, aber der Wind lässt die Segler zunächst völlig im Stich, so dass der „Dieselwind" für Antrieb sorgen muss. Aber irgendwann im Lauf des Tages kommt wieder Wind auf und auf dem letzten Stück bis auf die Höhe von Cairns kann unter Spinnaker gesegelt werden. Auf Anfrage bei der Hafenverwaltung in Cairns wird der Destiny ein Liegeplatz zugesagt, frühestens allerdings für Sonntag oder Montag, so dass die Crew noch eine Nacht vor Fitzroy Island gegenüber von Cairns ankert, ehe es am Morgen die letzten paar Meilen nach Cairns weitergeht. Als gegen Abend ein Fischer mit einem guten Fang von großen Spanish Mackerels vorbeikommt, die von der Crew gebührend bewundert werden, verspricht er ihr einen filetierten Fisch und löst später sein Versprechen tatsächlich ein. Geld will er für die Filets, ausreichend für eine ganze Kompanie, nicht annehmen, aber mit ein paar Dosen Bier zieht er überglücklich ab.
Fitzroy Island ist vor allem für die Kurzausflügler von Cairns ein ideales Schnorchelgebiet und übertrifft bei Weitem die Erwartungen. Ein großartiger Korallengarten mit vielen Weich- und Hartkorallen breitet sich unter Wasser aus. Weichkorallen in hellem Beige erinnern an

einen langhaarigen Schafspelz, der sich sanft im Wind wiegt. Kurze grüne Korallen, die wie aneinandergereihte, halb geöffnete Muscheln aussehen, neigen sich sanft nach der Strömung. Unendlich viele blühende Geweihkorallen recken ihre Äste nach oben. An jedem Ende sitzen kleine weiße Sternchen. Dazwischen sind gelbe, grüne, lila Korallen und große Tischkorallen, so groß, dass eine ganze Familie Platz daran nehmen könnte. Hin und wieder sind große, bis zu einem Meter lange, halb geöffnete, blaugeränderte Mördermuscheln im Korallensand vergraben, die zuklappen, wenn ein Schatten sie trifft. In dem Tentakelwald der Seeanemonen stehen fast bewegungslos die schwarzen Anemonenfische mit ihren drei weißen Streifen rund um den Körper, dem leuchtend gelben Maul und einem ebensolchen Schwanz. Ein wahrer Farbenrausch! Und dann noch all die vielen bunten Fische, ohne jede Scheu. Die Schnorchler werden von ihnen ebenso beäugt, wie sie sie anschauen.

Nach dem Schnorchelausflug geht es hinüber nach Cairns, vor der Einfahrt in den Fluss, an dem die Stadt liegt, durch eine unendlich lange Reihe von Seezeichen hindurch. Nun ankert die DESTINY im Fluss vor der Marlin Marina, weil im Hafen noch kein Platz frei ist. Auf ihrem kurzen Besuch im Marinabüro stellt die Mannschaft fest, dass sich hinter Sandy, mit der schon zwecks Anmeldung von See aus Kontakt aufgenommen worden war, eine reizende, junge Dame verbirgt – bei Wolfgangs Charme somit ein Leichtes, schon für den nächsten Tag einen Liegeplatz in der großzügigen Marina zu bekommen.

Segelpause in Cairns

Bei Starkwind und Sonnenschein verlegt die Besatzung die Destiny in die herrliche Marlin Marina. Im ersten Versuch, ständig seitlichen Böen ausgesetzt, gelingt es, die Yacht zentimetergenau in den Liegeplatz zu steuern. Wolfgang fällt ein Stein vom Herzen, hatte der Hafenmeister doch mit zweifelndem Blick ausdrücklich vor den starken Böen gewarnt. Einige weitere Yachten der WorldARC-Flotte haben bereits festgemacht: die Ciao, die Ariane, die Voyageur, die Lady Ev. VI, die Eowyn und die Thor VI. Es ist ein schönes Gefühl, immer wieder Freunde aus der Schar der Segler, die so langsam zu einer richtigen Familie zusammenwächst, zu treffen.

Cairns ist eine saubere, höchst gepflegte Stadt und offeriert viele Attraktionen in geringer Distanz: natürlich das Great Barrier Reef in einer Entfernung von 60 Kilometern, im Norden den Daintree-Nationalpark, ein ausgedehnter Regenwald, und im Westen die Atherton Tablelands. Außerdem ist Cairns Ausgangspunkt für die Fahrt zum Cape York, dem nördlichsten Punkt des Kontinents. Obwohl Cairns direkt am Meer liegt – mit einer großartigen Marina, modern, mit allen notwendigen sanitären und technischen Einrichtungen bestens versorgt – besitzt die Stadt keinen direkten Strandzugang. Die Strandpromenade, die mit viel Aufwand hergestellt wurde, grenzt bei Ebbe an eine einige hundert Meter breite Schlammebene, auf der Mangroven wachsen. Baden ist also nicht möglich. Außerdem lauern im Fluss Krokodile und das Meerwasser ist hier dunkel wie die Nordsee. Deshalb hat Cairns im Jahr 2003 „The Lagoon" eröffnet, eine tolle Freibadlandschaft mit Grillplätzen aus fest gemauerten Tischen, wo man die mitgebrachte Gasflasche anschließen kann, Umkleidekabinen, Duschen und großzügigen Liegewiesen. Von jedem Schwimmbecken aus hat man den Eindruck, das Wasser gehe direkt ins Meer über. Alles selbstverständlich für jedermann kostenlos!

Auffällig in Cairns ist die überwiegend junge Bevölkerung und die Menge der mehrheitlich asiatischen Besucher. Sandy im Marinabüro hatte gesprächsweise verlauten lassen, dass heute am Samstag in Cairns ein Pferderennen stattfindet – eine Attraktion insbesondere für die jungen Leute, die dann anschließend abends in die Stadt zum Essen gehen. Toll putzen sich vor allem die jungen Mädchen heraus: superkurze Röckchen – also wirklich gerade mal das Nötigste an Stoff –, Schuhe mit Pfennigabsätzen in schwindelerregender Höhe und wahre Kunstgebilde aus Federn, Tüll und Schmuck im Haar. Ascot scheint unausgesprochen das Vorbild zu sein. Welch einen Gegensatz dazu bilden die herumlungernden, in den Parks und am Flussufer campierenden abgerissenen Gestalten der Aborigines, die noch nicht so recht in der Welt der Weißen angekommen zu sein scheinen!

Party auf der DESTINY.

Der 8. August, ein Sonntag, wird für einen Ausflug nach Kuranda, hinauf in den Regenwald, genutzt. Bergauf geht es mit der historischen Kuranda Scenic Railway, für jeden Eisenbahnliebhaber geradezu eine Delikatesse. Als die Bahnlinie Ende des 19. Jahrhunderts erbaut wurde, war sie eine grandiose Herausforderung für die Ingenieure und für die damaligen Arbeiter. Ein Höhenunterschied von knapp 350 Metern wird mit der rund 30 Kilometer langen Strecke überwunden; es geht durch 15 von Hand geschaffene Tunnels, der längste davon 490 Meter. Spektakulär ist eine langgezogene, eiserne Fachwerkbrücke in einer relativ engen Kurve, hoch über dem Abgrund. Vorbei geht es an beängstigenden Schluchten, riesigen Wasserfällen, wo das Wasser über 250 Meter tief hinabstürzt und immer wieder tun sich traumhaft schöne Ausblicke, weit hinab ins Tal und hinaus auf das Korallenmeer, auf Kuranda selbst ist von morgens 10 Uhr bis 4:30 Uhr am

Die historische Eisenbahn nach Kuranda.

Über tiefe Schluchten hinauf nach Kuranda.

Nachmittag fest in der Hand der Touristen, wieder vorwiegend aus dem asiatischen Raum. Neben den mannigfachen Marktständen gibt es drei höchst interessante Besuchermagnete: zunächst das riesige Schmetterlingshaus mit über hundert verschiedenen, zum Teil handtellergroßen, farbenprächtigen Schmetterlingen. Dann die Kuranda-Vogelwelt, Australiens größte Vogelsammlung in einer riesigen Voliere. Kaum dass Wolfgang und Ingrid das Gehege betreten, setzt sich auch schon ein grüner Indian Ringneck Parakeet, etwa so groß wie eine Elster, auf Ingrids rechte Schulter und klettert über den nackten Hals auf ihren Kopf (das ist vielleicht ein Gefühl! Mach bloß kein Sch….!!!). Dem kecken Vogel gefällt ihre Brille und er beginnt, daran herumzuknabbern und sie von der Nase zu ziehen – jetzt reicht es ihr aber! Herrliche farbenprächtige Papageien gibt es zu sehen – immer wieder saust einer am Kopf vorbei – und einen Cassowary, der aussieht wie ein überdimensionaler Truthahn mit einem leuchtend blauen Kamm auf dem Kopf, quittegelbe Vögel, einen großen schwarzen Schwan, grüne, rote und gelbe Zebrafinken, einen völlig schwarzen Kakadu mit roten, langen Schwanzfedern und, und, und … Wenn man nur die deutschen Namen alle wüsste! Die dritte Attraktion ist ein Gehege mit Krokodilen, Schlangen, Kängurus, die man füttern darf, und niedlichen Koalas. Man muss schon Glück haben, eines dieser kleinen, wuschelweichen

Tierchen mit den schwarzen Knopfaugen auf den Arm zu bekommen, schließlich schlafen sie mehr als 18 Stunden am Tag. Koalas sind keine Bären, sie gehören zur Familie der Beuteltiere (was man nicht alles lernt auf dieser Reise, ja, Reisen bildet!). Zurück ins Tal geht die Fahrt über den Regenwald eineinhalb Stunden lang mit der Gondelbahn, wieder mit traumhaften Ausblicken über den Regenwald, auf die Wasserfälle und weit hinaus auf das Great Barrier Reef.

Kuranda.

Zurück auf der DESTINY heißt es heute arbeiten: putzen, reparieren, Ersatzteile besorgen und einkaufen. Nur Linde macht einen Schnorchelausflug zum Great Barrier Reef und atemlos von ihren Erlebnissen kommt sie zurück. Auf der Rückfahrt hat dicht neben dem Ausflugsschiff fast eine Stunde lang ein Wal gespielt. Er ist unter dem Schiff hindurchgetaucht, nebenher geschwommen, gesprungen, hat die mächtige Schwanzflosse gemächlich wieder ins Wasser gleiten lassen und je lauter die Leute auf dem Schiff vor Begeisterung johlten, desto übermütiger wurde er. Zum Schluss hat er sich auf den Rücken gedreht, dem begeisterten Publikum seinen mächtigen weißen Bauch gezeigt, der von vielen Putzerfischen gerade gesäubert wurde, und nach diesem Finale tauchte er ab. Ein grandioses Spektakel und das alles, ohne Eintritt bezahlen zu müssen – ja, das ist für Schwaben natürlich das Tüpfelchen auf dem I !!!

Ein Wallabee (Zwerg-Känguru).

18 Stunden Schlaf am Tag – so bleibt ein Koala fit.

Anderntags machen Wolfgang, Ingrid und Anne ebenfalls einen Ausflug zum Great Barrier Reef, leider regnet es fast den ganzen Tag in Strömen. Aber was soll's, im Wasser werden sie ohnehin nass. Wolfgang geht zum Tauchen und hat das Glück, einen Guide für sich allein zu haben. Anne und Ingrid wollen Schnorcheln, natürlich auch mit Guide, aber der ist schon mit ein paar anderen Schnorchlern weg, noch ehe die ganze Gruppe im Wasser ist. Das Great Barrier Reef ist mit seinen vielfältigen Korallen und mannigfachen Fischen schon beeindruckend, aber wenn die Sonne nicht scheint, leuchten die Korallen nicht so strahlend bunt und wenn hundert Schnorchler im Wasser sind, nehmen die Fische wohl eher Reißaus.

Mrs. Watsons Insel

Bei regnerischem Wetter und kräftigem Wind aus Südost verabschiedet sich die Destiny von Cairns und segelt Richtung Norden. Das Ziel ist Lizard Island, 120 Seemeilen entfernt. Der Wind weht konstant mit etwa 30 Knoten, den ganzen Tag über und auch, als es bei Hope Island mit seinen beiden Leuchtfeuern in die rabenschwarze Nacht geht. Wolfgang und Udo bleiben die ganze Nacht auf Wache, der Rest der Mannschaft hat sich in die Kojen zurückgezogen. Als der Wind auf über 30 Knoten auffrischt, binden sie ein erstes Reff ins Großsegel, wenig später müssen sie zweifach reffen. Das Fahrwasser führt durch enge Passagen der Coral Sea, so dass sorgfältig navigiert werden muss.

Da alle Versuche, den Kartenplotter in Mackay reparieren zu lassen, gescheitert sind, hat sich Udo für seinen Laptop einen GPS-Empfänger besorgt, der zusammen mit der auf dem Laptop gespeicherten Seekarte ein hervorragender Ersatz für den Kartenplotter ist. Udo sitzt am Kartentisch und dirigiert den Rudergänger Wolfgang in dem kreuz und quer verlaufenden Fahrwasser. Die fortlaufend angezeigte Schiffsposition und die Angaben in der elektronischen Seekarte über Wassertiefe, Inseln und Riffe sind für die Navigation in diesen schwierigen Gewässern unentbehrlich. Wie hat es Captain Cook vor 240 Jahren ohne all diese technischen Hilfsmittel nur geschafft, hier durchzukommen? Auf den Tag genau vor 240 Jahren war er auf Lizard Island und hat dort den 700 Meter hohen Berg, der heute Cooks Lookout heißt, bestiegen, der einen prächtigen Rundblick bietet, während seine Endeavour sicher in der geschützten Bucht ankerte.

Morgens um 4 Uhr fällt der Anker der Destiny in den Sand der Mrs. Watson Bay vor Lizard Island und Wolfgang und Udo können sich endlich auch in die Kojen legen. Für Wolfgang heißt es aber, um 9 Uhr schon wieder auf zu sein, denn dann findet der tägliche Roll Call der WorldARC-Flotte statt. In der Bucht vor Lizard Island liegen bereits die Voyageur, die Eowyn und die Thor VI, die einen Tag vor der Destiny Cairns verlassen hatten. Während die ganze Mannschaft bei einem gemütlichen Frühstück sitzt, treibt plötzlich ein leeres Dingi vorbei. Wolfgang und Udo stürzen zum Heck und lassen in aller Eile das eigene Dingi ins Wasser. In Sekundenschnelle ist Wolfgang im Schlauchboot, der Außenborder springt wie gewohnt sofort an und Wolfgang fängt das herrenlose Dingi, das durch den starken Wind schon 200 Meter in Richtung der offenen See abgetrieben war, ein. Triumphierend kommt er zur Destiny zurück. Über UKW-Funk werden nun alle in der Bucht vor Anker liegenden Boote von dem Fang verständigt, aber erst viel später meldet sich die Josephine II. Deren Besatzung, drei junge Australier, hatte noch gar nicht bemerkt, dass sich ihr Dingi selbstständig gemacht hatte. Sie wurden erst von anderen Ankerliegern auf den Rundruf der Destiny aufmerksam gemacht und sind nun glücklich darüber, dass sie ihr Dingi wieder haben. Wolfgang, Ingrid und Linde fahren an Land, tauschen auf der JOSEPHINE II das Dingi gegen eine Flasche Whisky ein, um dann an Land einen Spaziergang über die Insel zu machen. Lizard Island gehört zum australischen Nationalpark und zeigt sich sauber und gepflegt, wie bisher alles, was sie in Australien gesehen haben. Die Wanderwege sind gut ausgeschildert, mit zahlreichen Hinweisen auf Vegetation und Geschichte der Insel, und eine Tafel erzählt die traurige Geschichte der Mrs. Mary Watson.

> 110 Jahre nach James Cook, also im Jahr 1880, kam Mr. Watson mit seiner jungen Frau Mary auf die Insel, um Bêche-de-mer (Seegurken) zu sammeln. Sie wussten nicht, dass die Insel bereits von Aborigines bewohnt war und dass der Platz, wo sie sich niederließen, den Eingeborenen als heilig galt. Als Mr. Watson eines Tages mit einem Partner die Insel zum Seegurken sammeln verließ, blieb Mrs. Watson mit ihrem Baby und zwei chinesischen Dienern zurück. Einer der Diener ging in den Garten – er wurde nie wieder gesehen, aber seinen Zopf fand man Monate später auf dem Festland. Der andere Diener entkam den Angreifern, schwer verwundet durch die Speere der Aborigines, und es gelang ihm, ins schützende Haus zu fliehen. Aus Angst vor einem weiteren Überfall entfloh Mrs. Watson mit dem Baby und dem verletzten Diener in einem großen Bottich, der für die Seegurken gedacht war, über das Meer. Die drei wurden ein Spielball der Wellen und strandeten nach acht Tagen auf einer Insel, die seitdem Watson Island heißt, wo sie verdursteten. Ihre sterblichen Überreste wurden Monate später von den Seeleuten eines vorbeifahrenden Schoners gefunden. Das Tagebuch der Mary Watson mit den dramatischen Schilderungen ihrer letzten Tage ist heute im Museum von Brisbane zu sehen.

Wolfgang, Ingrid und Linde nutzen die letzte Gelegenheit, um in vor Krokodilen sicherem Gewässer zu schnorcheln und werden mit herrlichen, farbenprächtigen Korallen belohnt. Ganz besondere Aufmerksamkeit erwecken die riesigen Mördermuscheln, eine davon mehr als zwei Armlängen groß. Tief unten im Gehäuse lauert der große Mund auf Beute. Wolfgang berührt die Schale kurz mit der Flosse und schnapp, geht die Falle zu – ohne Fang! Am Freitag, dem 13. August – oh je, wenn das nur gut geht! – läuft die DESTINY im ersten Morgengrauen aus, zusammen mit der VOYAGEUR. Tagesziel ist die 80 Seemeilen entfernte Bathurst Bay hinter dem Cape Melville, von den Franzosen so benannt. Ja, richtig, hier waren auch mal die Franzosen auf Entdeckungsfahrt, und wenn nicht Captain Cook so erfolgreich navigiert hätte, würde man in Australien heute vielleicht Französisch sprechen. Der Südwind mit 25 bis 28 Knoten lässt die DESTINY unter Genua zügig vorankommen. Auf Höhe von Howick Island nähert sich mit lauter werdendem Brummen ein tief fliegendes

Flugzeug und kurz danach hört die Crew von der Voyageur, dass es sich um ein Zollflugzeug handelte, das auch den Katamaran mit der Aufschrift Privilège über UKW-Funk auf Kanal 16 gerufen hat – vergeblich, denn die Destiny hat den Kanal 77 eingestellt. Bereits beim Briefing in Mackay waren alle WorldARC-Teilnehmer auf die Kontrollen durch die australischen Behörden per Flugzeug hingewiesen und dringend vor Schmugglern und illegal fischenden indonesischen Schiffen gewarnt worden. Am frühen Nachmittag steht die Destiny vor Cape Melville, die nächste Ankerbucht ist zum Greifen nahe, als der Kapitän entscheidet: „Wir segeln heute die Nacht durch, wir nehmen die äußere Route am Riff entlang." Von dieser Stelle führen zwei Seestraßen durch das Korallenmeer, die beide in nördlicher und in südlicher Richtung befahren werden können (Two-Way-Routes), die eine, relativ schmal, verläuft dicht unter Land und hat viele kleine Inseln und Korallenriffe, die andere ist zwar der längere Weg, aber relativ breit mit wenigen durch Leuchtfeuer gekennzeichneten Riffen.

Weißt du wie viel Sternlein stehen ...?

Die erste Wache am Abend fällt auf Ingrid und sie kann, am Ruder sitzend, die letzten Strahlen, die die bereits untergegangene Sonne noch über den Himmel schickt, genießen. Der westliche Himmel zeigt noch ein pastellfarbenes Blau, während im Osten die dunkle Nacht heraufzieht. Voraus in der Ferne leuchtet alle zwei Sekunden ein roter Blitz auf, das nächste Ziel im Fahrwasser; der Blitz ist an Steuerbord zu lassen. Über Ingrid breitet sich ein prächtiges Sternenzelt aus und sie kann, nun ganz allein an Deck, sich ungestört und in aller Ruhe ihren Betrachtungen des Firmaments hingeben, die sie später in einer E-Mail an die Lieben zuhause festhält und die hier wiedergegeben sind.

*Im Westen ist der Mond als schmale, liegende Sichel zu sehen, trotzdem so hell, dass über das Wasser ein silberner Schimmer leuchtet. Rechts daneben, strahlend hell, die Venus, nach Merkur der zweitnächste Planet, der die Sonne umkreist, vor der Erde, von innen nach außen gesehen. Ist doch leicht zu merken: **M**erkur, **V**enus, **E**rde, **M**ars, **J**upiter, **S**aturn, **U**ranus, **N**eptun, **P**luto – **m**ein **V**ater **e**rklärt **m**ir **j**eden **S**onntag **u**nsere **n**eun **P**laneten.*

Die Venus gilt auch als Zwillingsschwester der Erde, da sie ähnlich groß und schwer ist. Damit enden aber auch schon die Ähnlichkeiten, denn unter der Wolkendecke der Venus liegt eine wahre Hölle mit Temperaturen über dem Schmelzpunkt von Blei. Benannt nach der römischen Göttin der Liebe und Schönheit strahlt die Venus als hellster Planet am Sternenhimmel. Darunter, am Horizont kaum noch zu erkennen, Saturn als sechster um die Sonne kreisender Planet. Er ist der letzte der Planeten, der noch mit bloßem Auge zu sehen ist, bekannt für sein spektakuläres Ringsystem. Bereits 1610 beobachtete Galilei als erster diese Ringe, die aus Milliarden kleiner Eispartikel bestehen – kommt daher wohl das kalte Licht, das er ausstrahlt?

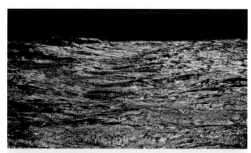
Flüssiges Silber.

Über der Mondsichel steht Spica, der hellste Stern im Sternbild Virgo, der Jungfrau. Der Name stammt von dem lateinischen Wort für „Kornähre". Auf vielen bildlichen Darstellungen der Jungfrau wird der Stern daher als Weizenhalm dargestellt. Vor mir, gerade noch von der Genua freigegeben, der rötlich strahlende Arktur, der hellste Stern am nördlichen Himmel. Er steht in der Nähe des großen und des kleinen Bären und ist der Hauptstern des Sternbildes Bootes. Sein Name kommt von dem alten griechischen Wort Arktouros (Bärenhüter). Arktur ist

25 Mal größer und 180 Mal heller als die Sonne. Während der „Century of Progress"-Messe 1933 in Chicago fingen Astronomen der nahen Yerkes-Sternwarte sein Licht ein. Mit der Energie dieses Lichtes wurde jeden Abend ein Schalter betätigt, der die Messebeleuchtung einschaltete. Über mir als hell leuchtendes Band von Nord nach Süd die Milchstraße, mit so vielen Sternen, dass einzelne gar nicht mehr auszumachen sind. Im Süden am Rand der Milchstraße zeigen Alphacentauris und Betacentauris, daher Zeigersterne genannt, auf das Kreuz des Südens, das in Wirklichkeit gar kein Kreuz ist, sondern die Form einer Raute oder eines Drachens hat.

Kurz bevor die DESTINY den Zwei-Sekunden-Blitz passiert, ist am Horizont schon das nächste Leuchtfeuer zu erkennen: alle drei Sekunden zwei Blitze. Auch dieses Leuchtfeuer ist an Steuerbord zu lassen. Bei Nacht auf Wache gehen einem ganz unwillkürlich viele Gedanken durch den Kopf – nicht nur von Seeungeheuern oder Monstern, wie Stephen von der A LADY meint. Doch schon ist das nächste Blitzfeuer erreicht. Hier ist der Kurs um 10 Grad nach Osten zu ändern und damit ist auch schon Ingrids Wache vorbei; sie hat nun Zeit zum Schlafen bis 6 Uhr in der Frühe.

In der Nacht kommt die DESTINY gut voran. Im Osten macht sich schon ein heller Schimmer der bald aufgehenden Sonne bemerkbar. Das Leuchtfeuer voraus, ein roter Blitz, stammt vom Robin Reef. Jetzt heißt es, eine Halse zu fahren und die Segel nach Steuerbord zu schiften. Plötzlich, wie aus dem Nichts, taucht achtern ein riesiger, leerer Frachter auf, der zum Überholen in dem engen Fahrwasser ansetzt. Nur keine Aufregung! Die DESTINY fährt unter Segel, er unter Motor, somit ist er ausweichpflichtig. Da alle Handelsschiffe, die die Coral Sea befahren, einen Lotsen an Bord haben müssen, wird er sich wohl auskennen. Und tatsächlich, wie auf Kommando, legt der Frachter Ruder nach Backbord, weicht auf eine Nebenstrecke durch die Riffe aus und kehrt dann wieder in das breitere Fahrwasser zurück, jetzt klar voraus. Der Lotse kennt sich aus!

Die Geschwindigkeit aller Wasserfahrzeuge, die im Korallenmeer unterwegs sind, ist aus Sicherheitsgründen auf 10 Knoten begrenzt. Zu Recht, denn das Fahrwasser ist wegen der vielen Untiefen, Riffe, Klippen und Inseln unübersichtlich und stellt navigatorisch an ein großes Schiff hohe Anforderungen. Man erinnere sich nur an die Havarie des chinesischen Tankers, der vor wenigen Jahren im Great Barrier Reef auf ein Riff gelaufen war, ein Unfall, der durch die Weltpresse gegangen ist. Und Peter von der ASOLARE, der sich in Tonga von der Flotte verabschiedet hatte, um in den Süden Australiens zu segeln, hat hier vor zwei Jahren die Vorgängerin der ASOLARE auf ein Riff gesetzt. Er musste mit einem Hubschrauber abgeborgen werden, die schöne Yacht aber war verloren.

Unvermittelt ertönt im Lautsprecher des UKW-Sprechfunkgerätes eine krächzende Stimme: „Sailing yacht, sailing yacht, please come in!". Wolfgang meldet sich und spricht mit dem Lotsen eines weiteren Frachters, der hinter der DESTINY aufkommt, das Überholmanöver ab. Die UTA aus St. Johns geht dicht an Steuerbord vorbei und die Rudergänger winken sich gegenseitig zu. Spannend!! Und schon zeigt sich das nächste Schiff, das gemächlich zum

Überholen ansetzt. Durchs Fernglas kann die Crew erkennen, dass es ein Schlepper ist, der auf einem Floß eine Art Haus transportiert. Wieder meldet sich eine Stimme über UKW-Funk, aber dieses Mal ist es eine weibliche Stimme mit eindeutig schweizerischem Akzent. Im Verlauf des Gesprächs stellt sich heraus, dass der Schubverband Material und Vorrichtungen für den Brückenbau in den Westen Australiens bringt und die Rudergängerin namens Nicki tatsächlich aus der Schweiz. Welch eine Freude für Anne, vor allem, nachdem sich herausstellt, dass Nicki ebenso wie Anne ganz in der Nähe von Bern aufgewachsen ist – die Welt ist doch klein! Eine lange, lange Unterhaltung in Schwyzerdütsch schließt sich an ...

Viel Verkehr im Great Barrier Reef.

Noch bei Tageslicht erreicht die Destiny die Margret Bay hinter Cape Grenville, freudig begrüßt von der Ariane und der Lady Ev. VI, die dort schon vor Anker liegen. Mit Schwimmen ist es leider nichts mehr, auch wenn das warme Wasser zum Baden einlädt, aber die Gefahr durch die Krokodile ist zu groß. Uli, der auf der Lady Ev. VI zu Gast ist, lässt es sich aber doch nicht nehmen, zur Destiny zu schwimmen, um dort einen Drink zu genießen.

Andertags heißt es schon vor Tagesanbruch „Anker auf!" und gegen 6 Uhr läuft die Destiny aus, kurz nach der Ariane und der Lady Ev. VI. Entlang der Halbinsel York geht es unter Spinnaker nach Norden, nahe der Küste, wo gewaltige, schneeweiße Dünen zu sehen sind, nach Kartenangaben bis zu 77 Meter hoch. Von fern sieht das aus wie die Schweizer Alpen im Winter. Unterbrochen werden die Dünen von senkrecht abfallenden roten Bauxitfelsen – ein schönes Farbenspiel mit dem grünen Wasser davor.

Das Tagesziel ist der Escape River, den die Destiny am Nachmittag erreicht, zum Glück sehr früh bei exzellenter Sicht, denn hier sind von den Perlenzüchtern reihenweise Netze ausgelegt und man muss sehr, sehr vorsichtig navigieren. Kaum dass der Anker gefallen ist, noch vor dem Ankerschluck, kommt ein Fischer mit dem Motorboot angebraust, um vor den Krokodilen im Fluss zu warnen. Deren Leibspeise ist ein auch Menschen ganz vorzüglich schmeckender Raubfisch namens Barramundi, der bis zu 100 Kilogramm schwer wird und seine Beute mit dem Maul einsaugt; aber auch der Arm oder das Bein eines Seglers wird von Krokodilen sehr geschätzt. Nicht einmal die große Zehe dürfen die Segler ins Wasser stecken und auch nicht auf der Badeplattform sitzen. Aufregend! Alle halten nach den Krokodilen Ausschau, später als es dunkel wird auch mit Scheinwerfern, aber keines zeigt sich – schade!

Vorsicht, ein Saltie!

In der Torres-Straße

Am nächsten Tag gegen 13 Uhr umrundet die Destiny die Nordspitze der Halbinsel York, den nördlichsten Punkt von Australien. Das muss begossen werden! Von nun an zeigt der Bug nach Westen, zur Insel Prince of Wales, vor der eine rote Boje liegt, die an Backbord passiert werden muss, um nach Thursday Island zu gelangen. Der „Hafen" von Thursday Island besteht nur aus einem Steg, an dem drei oder vier Lotsenboote festgemacht sind, ansonsten liegen ein paar Muringbojen im Wasser, das ist schon alles. Da die Destiny zu den ersten Yachten der WorldARC-Flotte gehört, die eingetroffen sind, kann sie an einer freien Boje festmachen, ein wahres Glück, denn es bläst wie der Teufel!

Die Lady Ev. VI auf dem Weg zur Torres Strait.

Die Torres Strait ist das windreichste Gebiet der gesamten Passatroute und das macht sich sogar auf einem Katamaran bemerkbar, die armen Segler auf den Einrumpfyachten werden hier, selbst wenn sie vor Anker liegen, tüchtig durchgeschaukelt und müssen wohl ihre Getränke aus Schnabeltassen zu sich nehmen. Wer mit dem Dingi an Land will, tut das am besten in Badekleidung, denn wegen des Seegangs sitzt man schon nach kurzer Zeit wie in einer Badewanne und muss emsig Wasser schöpfen.

Auf Freitag, den 19. August, um 12 Uhr ist der Start zur nächsten Wettfahrt festgelegt. Eine Linie vom Anleger am Hafen nach Süden zur gelben Untiefentonne zwischen Thursday Island und Horne Island bildet die Startlinie. Bei 30 bis 40 Knoten Wind aus Südost schickt Suzana 15 Boote der WorldARC-Flotte ins Rennen zu dem 830 Seemeilen entfernten Darwin auf dem australischen Festland. Wenn der Wind günstig ist, kann das Ziel in vier bis fünf Tagen erreicht werden. Einige Yachten der ursprünglich 29 Schiffe zählenden Flotte liegen zur Reparatur noch in Panama, Tahiti oder Vanuatu und einige haben sich verabschiedet, um noch ein oder zwei Jahre in der Südsee zu verweilen, um nach Neuseeland zu segeln oder, wie die Noeluna aus Singapur und die Skylark aus Malaysia, um nach Hause zu segeln. Neu dazugekommen ist aus der WorldARC-Flotte von 2008 - 2009 die Basia, eine Privilège 440, nahezu baugleich mit der Destiny, mit Michael, einem Polen aus Wroclaw (Breslau),

Thursday Island, das von den melanesischen Torres-Strait-Insulanern „Waiben" genannt wird, was wahrscheinlich „trockener Platz" heißt und auf die geringen Süßwasservorkommen hinweist, ist das administrative und kommerzielle Zentrum der Torres Strait. Die Insel hat eine Größe von 3,5 Quadratkilometern und eine Bevölkerung von 2.500 Personen. Auf der Insel befindet sich eines der beiden Hauptquartiere der Torres-Strait-Lotsen, qualifizierte Seeleute, die die Schiffe durch die Meerenge und das Korallenmeer nach Cairns und weiter in den Süden und zurück geleiten. Wichtig sind nach wie vor die Perlmuttindustrie und die Fischerei. Auf einem Spaziergang zum 104 Meter hohen Millman Hill treffen Wolfgang und Ingrid einen Crayfish-Händler, der ihnen bereitwillig seine Becken mit jeweils weit über 100 Plastikboxen zeigt, in jeder Box vier bis fünf dieser Meeresbewohner, die wie bunte Hummer ohne Scheren aussehen, aber etwas kleiner sind. Die gesamte Ware geht nach Hongkong.

Während des Zweiten Weltkrieges war Thursday Island militärisches Hauptquartier der Region für die australischen und amerikanischen Streitkräfte. Infolgedessen wurden die Torres-Strait-Inseln mehrfach von der japanischen Luftwaffe bombardiert, Thursday Island selbst wurde jedoch nie angegriffen, was darauf zurückzuführen ist, dass zahlreiche japanische Perlentaucher ihre letzte Ruhestätte auf der Insel haben. Die Torres-Strait-Inseln sorgten 1975 nochmals für Komplikationen, als Australien Papua-Neuguinea in die Unabhängigkeit entließ und der neue Staat sich die Torres-Strait-Inseln aus ethnischen Gründen einverleiben wollte. Die Insulaner bestanden aber auf ihrer australischen Staatsbürgerschaft, die ihnen seit 1966 zustand.

der jetzt in Kanada lebt, und seiner Familie an Bord. Und seit Fidschi ist auch die DRAMMER mit Hans und Emmy aus Holland mit von der Partie.

Der Wind bläst mit 40 Knoten von achtern und keine Yacht hat mehr Segel gesetzt als die Genua. Plötzlich ein Aufschrei von Linde, die zur LADY LISA hinüber deutet. Dort hängt Max über der Reling, den Kopf schon fast im Wasser und kann sich gerade noch mit den Beinen an der Reling festklammern. Fast wäre er über Bord gegangen! Mit Hilfe seiner Bordkameraden kann er sich glücklicherweise wieder hochziehen.

Start vor Thursday Island bei 35 Knoten Wind.

Die kleine Flotte ist zwischen den Inseln der Torres Strait noch dicht beieinander, doch der starke Wind sorgt dafür, dass sich das Feld bald auseinanderzieht und weit über die

Start vor Thursday Island.

Arafurasee verteilt. Am Abend sind nur noch drei Lichter in der Ferne zu sehen. Im Norden des riesigen Carpentaria-Golfs segelt die Flotte mit Kurs West. Die weitere Fahrt der DESTINY verläuft ohne besondere Ereignisse. Die Stimmung an Bord ist entspannt, der Wind hält nicht ganz das, was er in Thursday Island versprochen hat, aber der Skipper ist dennoch nicht unzufrieden, die meiste Zeit strahlt die Sonne vom Himmel und die Tage vergehen fast so angenehm wie auf einer Kreuzfahrt. Spannender wird es erst, als sich die DESTINY nach dreieinhalb Tagen mit Einbruch der Dunkelheit dem Van-Diemen-Golf nähert, an dessen südlichem Ende Darwin liegt. Ingrid ist auf Wache und sitzt am Ruder. Bald ist wieder Vollmond, aber in kurzen Abständen ziehen Wolken vor den Mond und dann wird die sonst helle Nacht rabenschwarz. Die See ist bewegt, der Wind bläst mit 20 bis 25 Knoten. Steuerbord voraus erscheint ein weißes Blitzlicht, das aber nach der Karte nicht da sein darf. Ingrid kann zählen, soft sie will, der zeitliche Abstand der Blitze ist immer verschieden. Was mag das wohl sein? Bald wird der unregelmäßige Abstand zwischen den Blitzen kürzer und kürzer und schließlich wird aus dem Blitzlicht ein festes, weißes Licht. Nach der Karte gibt es hier keine Leuchtfeuer, es kann sich also nur um ein Schiff handeln. Endlich wird Ingrid klar: Die Bewegungen des Schiffes in der See hatten aus dem festen Licht fern am Horizont scheinbar ein Blitzlicht gemacht – so leicht lässt man sich täuschen! Ganz, ganz langsam nähert sich die DESTINY dem Schiff, auf dem mit dem Fernglas nun auch ein rotes und ein grünes Positionslicht erkennbar sind. Wahrscheinlich handelt es sich um einen Fischkutter im Einsatz.

Weitere Lichter tauchen auf, immer mehr. Sämtliche Fischer Australiens scheinen sich in dieser Nacht vor dem Van-Diemen-Golf versammelt zu haben, um ihrer Arbeit nachzugehen. Als sich auch noch einige Fischerboote der DESTINY mit hoher Fahrt nähern, steigt Ingrids Adrenalinspiegel und sie weckt den Skipper auf, der das Ruder übernimmt. Vor und hinter der DESTINY passiert ein ums andere Mal ein Fischerboot den Kurs der Yacht in so kurzer Entfernung, dass man die an Bord arbeitenden Männer in ihren orangefarbenen Latzhosen hantieren sieht. Nach und nach lässt die DESTINY alle Lichter hinter sich, die in der Dunkelheit achteraus verschwinden. Voraus ist dunkle Nacht, nur die Reflektion des Mondscheins liegt wie ein breites Silberband über dem bewegten Wasser.

Am Morgen des 23. August ist die DESTINY im Van-Diemen-Golf und sieht sich mit zweieinhalb Knoten Gegenstrom konfrontiert. Die TUCANON ist in drei Seemeilen Entfernung auf der anderen Seite des Golfs zu sehen, wo sie rasch vorwärts kommt und offenbar mit dem Strom läuft. Pech! Doch im Laufe des Tages kehrt sich das Bild um: Plötzlich hat die DESTINY mitlaufenden Strom und die Tucanon fällt weiter und weiter zurück. Am Spätnachmittag, als die Destiny schon wieder unter Segeln unterwegs ist, kommt in der Ferne von achtern die Tucanon unter Motor auf, die mit Vollgas an der Destiny vorbeizieht. Die Destiny dagegen lässt es gemütlich angehen und legt den Rest der Strecke bis zum Ziel vor Darwin unter Segeln zurück. Frühmorgens um 3:04:33 Uhr passiert die Destiny die Ziellinie, gefolgt von der Chessie, der sie auf deren Bitte den Weg in die Fanny Bay weist, wo eine halbe Stunde später der Anker fällt.

Alle Teilnehmer der WorldARC sind von der Rallyeleitung schon vorgewarnt worden, aber dennoch überrascht von dem, was sich am Morgen in der Bucht abspielt: Ein Motorboot im Auftrag der australischen Behörden erscheint, geht längsseits und eine Taucherin beginnt, den Rumpf der Destiny zu untersuchen. In jeden Abfluss, sei es der von den Waschbecken, sei es der von den Toiletten, und in jedes Ansaugrohr wird von der Taucherin eine leuchtend rote Desinfektionsflüssigkeit gespritzt und von nun an dürfen die Zu- und Abflussleitungen 12 Stunden lang nicht mehr benutzt werden. Die Mannschaft fragt sich natürlich nicht ganz zu Unrecht, was diese Hygienemaßnahme eigentlich noch soll, wo sich die Destiny doch schon seit Wochen in den australischen Gewässern aufhält!

Nach der „Reinigung" wird die Destiny in die Duck Pond Marina auf der Ostseite von Darwin verlegt, eigentlich keine Marina, sondern ein Fischereihafen außerhalb der Stadt, wo für alle Katamarane und die breiteren Yachten der Flotte Liegeplätze reserviert sind.

Den Aufenthalt in Darwin nutzt die Besatzung der Destiny neben einer Besichtigung der Stadt zu Ausflügen in die nähere und weitere Umgebung. Während Linde sich auf den

Warning!

Weg in den Litchfield-Nationalpark macht und Udo und Anne eine Krokodil-Schau am Fluss besuchen, buchen Wolfgang und Ingrid eine Reise in den Kakadu-Nationalpark, um die Aborigines zu besuchen, die dort wahrscheinlich seit 50.000 Jahren leben, um die markante Landschaft mit großartigen Felsformationen und einer einmaligen Vegetation kennenzulernen und um endlich auch die gefürchteten Leistenkrokodile, Salzwasserkrokodile, die bis zu sechs Meter groß werden können, zu sehen, die Brillenpelikane und die Riesenstörche, die Kängurus und die riesigen Termitenhügel und, und, und ... Der folgende Bericht entstammt Ingrids Tagebuch:

Ausflug in den Kakadu-Nationalpark
Die Fahrt in den Kakadu-Nationalpark war ein großartiges Erlebnis. Wolfgang und ich sind gestern in aller Herrgottsfrühe gestartet, das Taxi war für 6 Uhr bestellt, kam aber nicht. Also mussten wir, jeder mit einer Reisetasche über der Schulter, über den vierspurigen Highway, der aus Darwin hinausführt, zum vierspurigen Highway, der nach Darwin hineinführt, hetzen, was gar nicht so einfach war, denn die Autos kommen, weil Australien Linksverkehr hat, immer aus der falschen Richtung. Einige Taxis sind an uns vorbeigefahren, sie waren aber besetzt. Es dauerte und dauerte, bis endlich ein leeres Taxi tatsächlich hielt. Um diese Uhrzeit sind halt auch in Australien nicht viele Taxis auf der Straße. Der Fahrer war so freundlich und flitzte durch Darwin zum Hotel Esplanade an der Fanny Bay, dem vereinbarten Treffpunkt, wo wir, noch ziemlich ausgepumpt von der Rennerei, eintrafen. Dort fühlten wir uns an die Deutsche Bahn erinnert, denn der Bus hatte eine halbe Stunde Verspätung! Aber dann ging es zügig in einem modernen, sehr bequemen Reisebus über den Stuart Highway Richtung Osten zum etwa 130 Kilometer entfernten Kakadu-Nationalpark. Die Straße ist gut ausgebaut und über Kilometer hinweg schnurgerade. Auffallend sind die großen, überlangen Trucks auf der Straße: eine Zugmaschine mit drei oder vier langen Siloanhängern, für europäische Verhältnisse unvorstellbar! Der Name Kakadu-Park hat übrigens nichts mit dem weißen Kakadu zu tun, sondern stammt von dem Wort „Gagudju" ab, der Bezeichnung für eines der hier ansässigen Aborigine-Völker. Unser erster Stopp war der Ranger Airport in Jaribu, von wo aus wir einen Rundflug über den Nationalpark bis zum angrenzenden Arnhem-Land unternahmen. Die nach dem holländischen Segelschiff „Arnhem", das im 17. Jahrhundert an der Küste anlandete, benannte Region gilt als uraltes Stammland der Aborigines, vermutlich war dieses Gebiet sogar das „Eingangstor" zur Besiedelung des Kontinents vor etwa 45.000 bis 50.000 Jahren.
In einem einmotorigen, achtsitzigen Flugzeug Typ Gippsland G8 Airvan, ein Hochdecker, wo jeder einen Fensterplatz hat, heben wir sanft von der Sandpiste ab und fliegen zunächst über die Ranger-Mine, ein riesiges Loch, in dem die Bagger und LKW, klein wie Ameisen, in Serpentinen um den Außenrand herum bis zum Boden fahren. Hier werden trotz reger Proteste von selbsternannten Natur- und Umweltschützern jährlich 3.000 Tonnen Uranoxid abgebaut. Weiter geht es über grandiose Felsformationen, die Wind und Wetter in Millionen Jahren bizarr

ausgewaschen haben. Die gelben und roten Sandsteinfelsen sehen wie große übereinandergelegte Steinschichten aus. Danach wird das Land wieder flacher, nur hin und wieder taucht in der Ebene ein Felsbrocken auf, und es beginnt ein schier unendliches Flachwassergebiet mit ausgedehnten Sumpfwiesen. Hier haben große Vogelschwärme ihre Heimat. Und kurz vor der Landung können wir auch unser Hotel für diese Nacht aus der Luft sehen, eine kühne, graugrüne Konstruktion aus Stahl und Eisen in der Form eines Krokodils. Deutlich sind am „Leib" Verkleidungen in der Form von Schuppen angebracht und auf beiden Seiten des Kopfes zwei große Dachgauben, die Augen des Tieres. Rechts und links je zwei auf Stelzen stehende, überdachte Ausläufer, die Beine der Echse mit den Krallen. Hier sind die Zugänge zum oberen Stockwerk des Gebäudes. Die Breite des Leibes wird erreicht, indem das Gebäude in der Mitte in zwei langgezogene Halbkreise getrennt wird. Der dadurch entstehende Innenhof ist mit Sträuchern und Bäumen bewachsen und hier ist auch der Pool untergebracht. Aus der Luft sieht das aus wie die Eingeweide der Echse.

Nachdem wir wieder festen Boden unter den Füßen hatten, ging es mit einem kleineren vierradgetriebenen Bus weiter. Die Straßen waren nun schon deutlich schlechter. Wir wurden zu einem Bootsanleger gefahren und die Gruppe bestieg zur „Yellow Water Billabong Cruise", einer Flussfahrt, eine große Barkasse. Das Wort Billabong stammt aus der Sprache der Aborigines und ist die Bezeichnung für Wasserstelle. Ganz langsam glitt das Boot über das Wasser, am Ufer riesige Vogelschwärme. Hin und wieder tauchte der Kopf oder Körper eines Krokodils im Wasser auf, es sah alles so friedlich aus, alle hielten wohl in der schwülwarmen Luft und dem sicher ebenso warmen Wasser Mittagsschlaf. Am besten haben mir die riesigen Schwärme von Whistle-Enten gefallen, immer gleich 100 oder mehr Vögel, etwas kleiner als unsere Enten, dicht gedrängt auf einem Haufen im kärglich vorhandenen Schatten. Wenn unser Bootsführer einmal durch die Finger pfiff, kam ein vielstimmiges Konzert zurück. Mit Ausnahme der schmalen Fahrrinne ist der gesamte Billabong mit zahlreichen Seelilien bedeckt sowie mit Seerosen, deren Blüte aber nicht mit kurzem Stiel auf den Blättern liegt, sondern sich auf einem langen Stiel sanft im Wind wiegt. Und wenn man Glück hat – das hatten wir natürlich! –, kann man die hier nur noch selten anzutreffende Lotosblüte bestaunen. Hoch im Baumwipfel war ein riesiges Jabiru-Nest – der Jabiru sieht aus wie ein großer Storch, viele Reiher, Löffler und Ibisse fliegen am Ufer auf, wenn sich das Boot nähert und das australische Blatthühnchen stakt über die Seerosenblätter davon.

Zurück an Land erreichten wir nach kurzer Fahrt mit dem Bus und einem kleinen Fußmarsch die Felszeichnungen der Aborigines am Nourlangie Rock. Ein mit Holzdielen angelegter Rundweg führt bequem durch die steinerne Kunstgalerie. Nach Schätzung von Experten sollen diese Felsmalereien bis zu 20.000 Jahre alt sein, manche Experten schätzen sie auf bis zu 50.000 Jahre. Diese sogenannte „Röntgenkunst" ist faszinierend. Menschen und Tiere werden in Strichzeichnungen so dargestellt, dass man deutlich das Skelett, die Wirbelsäule und die inneren Organe erkennen kann. Unser Guide erklärte uns wortreich die Zeichnungen, ihre Entstehung und ihre Hintergründe. Für uns ist es sehr erstaunlich, was man selbst in so einfache Strichmännchen

Felszeichnungen im Kakadu-Nationalpark.

hineininterpretieren kann. Hier im Nationalpark fühlen sich die wild lebenden Tiere wohl sicher, denn sie kamen fast zum Streicheln nahe an uns heran, so zum Beispiel ein Wallabeeweibchen mit ihrem nur wenige Tage alten Baby oder ein scheuer Dingo.

Der Bus brachte uns am Nachmittag zu unserem Nachtquartier, dem Krokodilhotel, das den Komfort eines Firstclass-Hotels bietet. Nur kurz aufs Zimmer und dann ab in den erfrischenden Pool. Das Hotel wird zwar von Weißen betrieben, aber es gehört den Aborigines, wie das gesamte Land hier. Die Aborigines sind ganz dunkelhäutige Menschen, alle, ob jung oder alt, haben streichholzdünne lange Beine, an denen man keinerlei Muskulatur erkennen kann. Die Gesichter sehen, schon bei den Kindern, alle alt aus; ein flaches Gesicht und eine gedrungene, wulstige Augenpartie fallen auf. Von den Aborigines wird ganz sicher nie eine „Miss World" kommen. Zum Abendessen war in dem gepflegten Restaurant ein Büffet aufgebaut: frische Salate, warme Vorspeisen, vier verschiedene

Ein Wallabee in freier Wildbahn.

Hauptgänge, Nachtisch, Käse und Obst. Als einer der Hauptgänge wurde auch Kängurufleisch angeboten, was uns natürlich neugierig gemacht hat. Die Fleischscheiben sehen aus wie Rinderfilet und schmecken wie Rehbraten mit eindeutigem Wildgeschmack, großartig, es haben nur die Preiselbeeren gefehlt!

Der Himmel hatte sich über Nacht zugezogen und am nächsten Morgen regnete es in Strömen, falsch, es goss aus Kannen. Zum Glück konnte man im Hotel einfache Regenponchos kaufen. Weiter ging es in einem kleinen vierradgetriebenen Bus, allerdings vorerst mit „angezogener Handbremse", denn wir mussten auf einen weiteren Teilnehmer aus Darwin warten, der gegen 10 Uhr eintreffen sollte. Die Reisegruppen werden hier laufend neu zusammengestellt, denn das Angebot an Sehenswürdigkeiten ist so groß, dass unterschiedlichste Touren angeboten werden. Zunächst machten wir eine Rundfahrt durch den kleinen Ort Jaribu. Hier gibt es eigentlich nichts zu sehen, aber wir hatten ja viel Zeit. Dann fuhren wir weiter zur Ranger-Mine. Aus dem Auto konnte man noch einmal die riesige Ausdehnung der Abraumhalde sehen. Natürlich ist die ganze Anlage durch einen starken Zaun gesichert, nicht zuletzt weil der Abbau von Uran hier im Naturschutzgebiet stark umstritten ist. Der nächste Halt war beim Warradjan Aboriginal Cultural Centre. Eine hochinteressante Einführung in die Entstehung des Gebiets sowie in die Pflanzen- und Tierwelt und in das Leben und die Kultur der hiesigen Eingeborenen folgte mit ausführlichen Erklärungen. So hörten wir zum Beispiel, dass der Savannenbewuchs immer wieder, und zwar schon seit Urzeiten, gezielt abgebrannt wird, damit junge Pflanzen die Möglichkeit haben, nachzuwachsen. Man sah auch deutlich an den Stämmen der Eukalyptusbäume die Brandspuren. Es gibt hier eine Art von Mäusen, die kilometerlange Gänge graben, in die sich viele andere Tiere, insbesondere natürlich Insekten, verkriechen und so das Feuer überleben können. Nun endlich traf der Gast ein, auf den alle gewartet hatten, und, wie es der Zufall so will, es war Max, einer der Mitsegler aus unserer WorldARC-Flotte.

Unser nächstes Ziel war der Ubirr Rock. Von unserem Guide hörten wir nochmals die Verhaltensregeln für den Park: Nur die Wege benutzen, keine Tiere anfassen, keine Früchte oder Zweige abbrechen – Zuwiderhandlungen können mit umgerechnet bis zu 10.000 Euro bestraft werden. Kaum hat unser Guide ausgeredet und wendet sich zum Gehen, bricht sich Max einen kleinen Zweig von einem Strauch, um Mücken abzuwehren. Unser Guide hat es nicht gleich gesehen, doch später hat er Max ganz fürchterlich, wie man so schön sagt, „in den Senkel gestellt". So eine Schimpfkanonade habe ich unter Erwachsenen noch nicht erlebt. Aber so ist eben Max, die Worte gehen zum einen Ohr rein und gleich zum anderen wieder raus. Aber auch bei anderen Menschen soll es so etwas geben.

Ein ausgelegter Rundwanderweg erschließt mit erläuternden Schautafeln ein großartiges Felsenbilderbuch. Hier sind viele, viele Bilder von Krokodilen, Fischen, Schildkröten, Fröschen, Kängurus, Schlangen und anderen Tieren zu bestaunen. Auch Bildnisse von Menschen sind dabei. Menschen sitzend, stehend, jagend oder sich liebend. Diese Bilder sind in wesentlich jüngerer Zeit entstanden, vor etwa 200 bis 300 Jahren. Am Ende des gegenüber dem Vortag etwas anspruchsvolleren Wanderweges – die leichten Sandalen waren nicht die richtige Fuß-

Vorsicht, gefährlich!

bekleidung für den Weg über die Felsen – führte uns unser Guide nach einer fast hochalpinen Kletterei zum Gunwarddehwardde Lookout, einem herrlichen Rundumblick ins weite Land. Die nächste Flussfahrt ist angesagt und hier sollen wir nun endlich die Krokodile hautnah erleben. Während der sogenannten Guluyambi Cultural Cruise auf dem East Alligator River werden wir von einem Aborigine geführt und der weiß wirklich, wo die Krokodile lauern. Der Name Alligator River beruht auf einem biologischen Irrtum, denn der Entdecker des Flusses hielt die hier lebenden Krokodile für Alligatoren (aber mal ganz ehrlich, wer von uns hätte den Unterschied erkannt?). Zuerst geht es den Fluss hinauf zu einer Stromschnelle und hier liegen die riesigen Tiere, Leib an Leib mit weit aufgerissenem Rachen und lassen sich die Fische geradewegs ins Maul hineinspülen. Flussabwärts steuert der Eingeborene zielsicher immer wieder eine Stelle an, wo ein Krokodil den großen Kopf aus dem Wasser hebt oder wo ein Riesentier an Land einen Mittagsschlaf macht. Auch zwei, drei ganz junge Krokodile konnten wir sehen. Eingefasst wird das breite Flusstal durch hohe Sandsteinfelsen, die vom Regen zu bizarren Figuren ausgewaschen sind. Ein mächtiger, großer, runder Felsen zeigt zur einen Seite das Gesicht eines Mannes und zur anderen Seite das Gesicht einer Frau, so scheint es. Hinter der nächsten Flussbiegung steuert das Boot dem Ufer entgegen und der Eingeborene lässt uns aussteigen, um ein markantes Felsplateau zu erklimmen. Ganz vorsichtig schauen wir uns nach allen Seiten um, ob nicht plötzlich ein Krokodil nach uns schnappt. An der Anlagestelle hat unser Führer ein kleines Depot von unterschiedlichen Speeren angelegt und erklärt uns, welche Tiere und welche Fische mit welchem Spieß oder Speer erlegt werden. Dann nimmt er ein kleines Holzstück, auf das er in eine vorgearbeitete Mulde das Ende eines Speeres legt und schleudert damit den Speer wie von einer Abschussrampe weit über 100 Meter in das Gebüsch auf der gegenüberliegenden Seite des Flusses. Unser Beifall war ihm sicher. Nachdem wir alle wieder im Boot sitzen, fährt er zur anderen Seite des Flusses und zieht seinen Speer aus dem Gebüsch am Flussufer.

Unser Ausflug in den Kakadu-Nationalpark neigt sich dem Ende zu. Mit dem großen Reisebus geht es zurück nach Darwin, nicht ohne nochmals am Aussichtspunkt Window of the Wetlands einen Zwischenstopp einzulegen. Hierher zu den Jumping Crocodiles wollen Anne und Udo am folgenden Tag einen Ausflug machen. Mit der Adelaide River Queen fährt man auf dem Adelaide River hoch und die Bootsführer locken mit Fleischbrocken die 800 bis 900 Kilogramm schweren und bis zu sechs Meter langen „Salties" (Salzwasserkrokodile) an das vergitterte Boot heran. Da die Fleischstücke an langen Stangen befestigt

Liebe Tierchen.

sind, die natürlich von den Bootsführern auch noch möglichst hoch gehalten werden, schnellen die Riesenechsen mit weltmeisterlichen Sprüngen aus dem Wasser, um nach den Happen zu schnappen. Unsere eingeborenen Führer haben sich natürlich ganz abfällig über diese Zirkusvorführungen der Weißen geäußert. Der Aussichtspunkt Window of the Wetlands gehörte einst zu einer großen Plantage, auf der über viele Jahre hinweg ziemlich erfolglos die unterschiedlichsten Produkte angebaut wurden. Erst Reis, dann Wein, dann Mais, dann über eine lange Zeit Zuckerrohr. Heute dient das Gelände nur noch der Viehwirtschaft. Und die Büffel scheinen sich auf dem tiefen feuchten Untergrund wohl zu fühlen.

Soweit Ingrids Bericht über die Reise zu den possierlichen Tierchen namens Leistenkrokodile.

Smiley Thomas

Auf den beiden nächsten Etappen von Darwin nach Bali und von Bali zu den Cocos-(Keeling)-Islands übernimmt Thomas, ein langjähriger Bekannter von Wolfgang und, wie er, Katamaran-Fan, die Schiffsführung, da Wolfgang für drei Wochen in Stuttgart seinen Geschäften nachgehen muss. Für Linde ist die Segeltour wie geplant zu Ende und da es nun eng an Bord wird, muss Ingrid auch abreisen. Herwig und Tochter Katharina sowie Rosi und Roger treffen nach und nach ein.

Smiley Thomas,
Skipper von Darwin bis Cocos (Keeling).

Um sechs Uhr früh klingelt der Wecker, die Mannschaft erwartet Thomas, der um 4.30 Uhr am Flughafen ankommen sollte. Um die anderen nicht zu wecken, schleichen Udo und Anne an Deck und sind erstaunt, denn Thomas ist bereits da und grüßt durch die Luke seiner Kajüte mit einem fröhlichen Hallo. Nach einem ausgiebigen Frühstück geht es an die Vorbereitungen für den Schleusenvorgang. Die Fender werden noch einmal kontrolliert und um kurz vor zehn heißt es „Leinen los". Diesmal ist die Destiny allein in der Schleuse, alles verläuft reibungslos. Eine frische Meeresbrise weht – nach der drückenden Hitze im Hafen eine wahre Wohltat!

Fast die gesamte Flotte liegt bereits draußen an den Muringtonnen. Überall sieht man hektisches Treiben an Bord. Reparierte Segel werden aufgeheißt, Wäsche von der Leine genommen, die Leinen klariert und so weiter. Thomas nutzt die Wartezeit, um die Mannschaft ausführlich in punkto Sicherheit, generelles Verhalten an Bord und in Notfällen zu unterweisen. Alkohol ja, aber bitte nicht mehr als ein Bier pro Tag, ansonsten Wasser, mindestens anderthalb Liter am Tag. Udo und Anne schlucken ein wenig, unterscheidet sich doch der erlaubte Alkoholgenuss deutlich von dem, der bisher üblich war. Aber Thomas nimmt seine Aufgabe ernst. Udo denkt sich im Stillen: „Essen wir jetzt noch die 10 Kilogramm Äpfel, die kiloweise eingekauften Möhren, Bananen und Salate und ernähren uns von frisch gefangenem Fisch, dann strotzen wir bei der Ankunft in Bali vor Gesundheit …!"

Um halb zwölf kommt Bewegung in die Flotte, alle kreuzen vor der Startlinie auf und ab und warten auf das Startsignal. Auf der Destiny werden Großsegel und Genua gesetzt, langsam nähert sie sich der Startlinie. Drei, zwei, eins, und los geht's. Thomas flitzt wie ein Wiesel auf der Destiny hin und her, richtet da was, stellt dort was nach. Der Einsatz zahlt sich aus, die Destiny liegt bald ganz vorn und lässt alle hinter sich, einzig die A Lady segelt auf gleicher Höhe. Es geht zügig voran, bis der Wind einschläft und der Katamaran nur noch dahindümpelt. Aber die Crew ist tapfer, hält durch, ohne die Motoren anzulassen und fällt langsam zurück. Zum Abendessen gibt es Hähnchenschenkel in Currysauce, Reis und Salat. Der Seegang nimmt etwas zu, der Appetit einiger Crewmitglieder in gleichem Maße ab. Die Seekrankheit sucht ihre Opfer, Katharina und Rosi kränkeln ein bisschen. Später kehrt Ruhe auf der Destiny ein.

Der Wind weht stetig weniger, so dass in der Nacht doch motort werden muss. Beim morgendlichen Roll Call am Freitag stellt die Mannschaft fest, dass sie mit 13 Motorstunden sehr gut im Rennen liegt, die anderen Yachten haben 18 und mehr Motorstunden. Es geht ein wenig mühsam voran, Thomas kümmert sich unermüdlich um den optimalen Trimm der Segel, doch der Wind lässt die Destiny wie alle anderen Yachten der Flotte im Stich. Dafür klappt es mit der Fischerei umso besser. Dank der Tipps von Emilio von der Kalliope fängt die Crew eine knapp einen Meter lange Königsmakrele. Geschickt zieht Thomas den Fisch auf den Niedergang, gießt ihm den guten Wodka hinter die Kiemen, bis er sich nicht mehr rührt und gibt ihm dann mit einem gekonnten Schnitt den Gnadenstoß. Hurra, das Abendessen ist gerettet! Eine gute halbe Stunde später schon wieder Angelalarm. Herwig zieht einen etwa 60 Zentimeter langen Yellow Tuna aus dem Wasser. Das herrlich zarte Fleisch eignet sich vorzüglich für ein Carpaccio mit Olivenöl und Zitronensaft. Die Makrele wird in dicke Stücke geschnitten, mit Olivenöl mariniert und mit viiiiel Knoblauch, Salz, Pfeffer und Oregano gewürzt. Eine gute halbe Stunde im Backofen gebraten, serviert mit Kartoffeln und einem frischen Salat, ergibt der Fang ein fürstliches Abendessen!

Die Tage vergehen viel zu schnell, über die Hälfte der Strecke ist schon geschafft. Herwig genießt den Törn und gerät jeden Tag mehr ins Schwärmen. Bali rückt immer näher. Eifrig werden Reiseführer gelesen und Pläne geschmiedet. Auf Herwig und Katharina wartet in Bali die Familie, mit der eine Woche gemeinsamer Urlaub geplant ist. Auch Rosi und Roger werden von Bord gehen, sie wollen ebenfalls längere Zeit auf der Insel verbringen.

Am Dienstag, den 7. September, kommt Bali gegen Mittag in Sicht. Auf der Destiny sehen alle der Ankunft mit gemischten Gefühlen entgegen. Zum einen freut sich die Mannschaft auf eine ausgiebige Dusche, auf Familienangehörige, auf Inseltouren und die balinesische Kultur. Aber auf der anderen Seite ist eine leise Melancholie spürbar. Die Crew hat wunderschöne Tage auf der 990 Seemeilen langen Strecke hinter sich, viel zusammen erlebt, viel Spaß gehabt und nun geht die verschworene Gemeinschaft schon wieder auseinander. Die Nacht bricht herein und immer noch sind es 20 Seemeilen bis Bali. Alle bleiben an Deck, alle sind zu aufgeregt zum Schlafen. Da, die Ziellinie – der Zeiger der Uhr rückt unaufhaltsam gen Mitternacht vor … Am Mittwoch, den 8. September um exakt 00:02:32 Uhr, erreicht die Destiny Bali! Es ist geschafft, das Ziel ist heil erreicht! Die Lichter der balinesischen Küste sind gut sichtbar, aber wo ist die Hafeneinfahrt? Über Funk nimmt Thomas Kontakt mit Paul von der Rallyeleitung auf. Der gibt Anweisungen, wie man in der Dunkelheit in den Hafen einläuft. Kein leichtes Unterfangen, sehr genaues Navigieren ist erforderlich. Udo sitzt am PC, mithilfe dessen die Navigation erfolgt, seit der Kartenplotter seinen Geist aufgegeben hat, und Herwig gibt die Daten an Thomas weiter. Thomas steuert hochkonzentriert, Katharina, Rosi, Roger und Anne halten die Augen offen wegen eventueller Hindernisse im Fahrwasser. Kleine Fischerboote kreuzen die schmale Einfahrt, das auf der Karte eingezeichnete Wrack wird umfahren und dann sieht die Mannschaft bereits Paul am Steg stehen. Geschickt steuert Skipper Thomas die DESTINY zum Liegeplatz, wo die Crew von den Freunden von der LADY LISA, der ARIANE und der LADY EV. IV mit großem Hallo empfangen wird. Mit so vielen Helfern ist der Katamaran schnell festgemacht und nach acht Tagen auf See spürt die Crew wieder festen Boden unter den Füßen, ein tolles Gefühl! Nach freudiger Begrüßung und Austausch von Segelerlebnissen verabschieden sich die Helfer und auf der DESTINY fliegt der mittlerweile zum Ritual gehörende Sektkorken in den Nachthimmel von Bali. Heute werden alle gut schlafen, keine Nachtwache, kein Seegang, nur ein paar Mücken. Kurz vor vier kriechen die Letzten in ihre Kojen. Die Mannschaft freut sich auf die kommenden Tage und ist neugierig, was Bali an Erlebnissen für sie bereithält. Nach dem amerikanisch geprägten Australien erwartet die Segler von der WorldARC-Flotte eine völlig andere Welt, die sie in ihren Bann zieht. Immer freundliche, höfliche und ein-

Tempel in Bali.

fache Menschen umgeben sie, die mit ihrer Kultur und Lebensweise tief beeindrucken. Leider sind zu viele Reparaturen am Schiff durchzuführen, um mehr davon aufzunehmen. Da alle Bemühungen fehlschlagen, den Generator reparieren zu lassen und ohne dessen Energie der Wassermacher kein Trinkwasser produzieren kann, müssen 350 Liter Süßwasser in Flaschen und Kanistern gebunkert werden, um für die nächste Etappe von Bali über die Cocos-(Keeling)-Islands und weiter nach Mauritius genügend Trinkwasser an Bord zu haben.

Der Aufenthalt in Bali war leider viel zu kurz und alle sind der Meinung: hier würde man gerne längere Zeit verweilen, um mehr von diesem schönen Land und seinen Menschen kennenzulernen!

Neue Gäste kommen an Bord: Hermann und Silvia, Wolfgangs Segelfreunde vom Bodensee, und Uli, ehemals Miteigner der THETIS, die

Hübscher Empfang in der Bali International Marina.

Die DESTINY-Crew in Bali.

in Raiatea zurückgeblieben ist. Uli hat sich seinen Anteil auszahlen lassen, wollte die Weltumsegelung aber nicht abbrechen und war seither an Bord der LADY EV. VI. Da dort vorübergehend kein Platz mehr für ihn ist, wird er bis Mauritius auf der DESTINY mitsegeln. Auf der Weiterreise nach Cocos zeigt die DESTINY, was in ihr steckt, wenn sie aufmerksam gesegelt wird. Thomas, der von den englischsprachigen WorldARC-Teilnehmern nur „Smiley Thomas" genannt wird, weil er immer ein Lächeln auf den Lippen trägt, scheut keine Mühe, um das Letzte an Geschwindigkeit herauszuholen. Die DESTINY fliegt nach Cocos. Wie auf Schienen gleitet sie durchs Wasser und verkürzt unaufhaltsam den Weg bis zum Ziel, Seemeile um Seemeile. Wieder und wieder hat die Mannschaft Erfolgserlebnisse, wenn sie das tägliche Etmal, also die in den vergangenen 24 Stunden zurückgelegte Distanz, misst. Bei südsüdöstlichem Wind von 12 bis 16 Knoten legt die DESTINY mehr als 180 Seemeilen zurück, und das alles ohne Motoreinsatz. Schon bald kann die Besatzung „Bergfest" feiern, als die Hälfte der 1.100 Seemeilen bis ins Ziel hinter ihr liegt. Zur Feier des Tages gibt es

Start zum Leg 15 von Bali zu den Cocos Islands.

zusätzlich eine Dose Bier – eine einzige für alle! –, die gerecht aufgeteilt wird. Die Crew ist außer sich vor Freude über den zusätzlichen Schluck!

Von wenigen Stunden abgesehen, wo die Genua zum Einsatz kommt, muss der Spinnaker für Vortrieb sorgen und Thomas ist ständig darum bemüht, die optimale Segelstellung zu finden. Die DESTINY segelt an der Spitze des Feldes, zusammen mit der schnellen KALLIOPE. Uli führt seine Bordkameraden in die Geheimnisse des Backgammonspiels ein, Hermann beglückt sie mit urschwäbischem Humor und gekonntem Gesang, Silvia und Anne glänzen mit ihren Kochkünsten und so vergehen die Tage wie im Flug. Die Sonne tut ihr übriges, sie scheint den ganzen Tag und beschert den Seglern strahlend blauen Himmel und ein Meer in den schönsten Blautönen, wie man es nur beim Blauwassersegeln erlebt. Nachts ist es sternenklar und weil sich der Mond bereits um Mitternacht verabschiedet, kann man die Sternenbilder umso besser erkennen. Silvia sieht die erste Sternschnuppe ihres Lebens und ist begeistert. Hat sie auch verdient, nachdem sie die Mannschaft mit Wiener Schnitzel und schwäbischem Kartoffelsalat verwöhnt hat.

Backgammon-Lehrstunde. Was macht die Kippe auf dem Tisch?!

Logistisches

Für alle, die gewohnt sind, an den gefüllten Kühlschrank zu gehen oder die erstaunt feststellen: Wir haben kein Salz, Tee, Brot oder Bier mehr, hier ein Bericht, was so hinter den Kulissen einer „Seefahrt" an Logistik zu bewältigen ist, wenn Aldi oder Obi nicht um die Ecke sind und mittwochs und samstags kein Markt abgehalten wird:
Für die etwa 21 bis 24 Reisetage, mit denen bis Mauritius gerechnet werden muss, und für die sechs Personen (mit unterschiedlichen Geschmäckern!), die während dieser Zeit an Bord sind, veranschlagte Udo nach seinem detaillierten Speiseplan:

10 kg Kartoffeln, 3 kg Mohrrüben, 2 kg Lauch, 3 kg Tomaten, 1 kg Stangensellerie, 3 Köpfe Weißkraut, 2 kg Paprika, 500 g Ingwer, 4 kg Zwiebeln, 3 kg Gurken, 1 kg Zucchini, 1 kg Frühlingszwiebeln;

4 kg Äpfel, 3 Ananas, 1 Wassermelone, 2 Honigmelonen, 1 kg Kiwi, 3 kg Apfelsinen, 4 kg Bananen;
12 Brote, 6 kg Mehl, 5 kg Backmischung, 4 kg Reis, 3 kg Nudeln, 4 kg Spaghetti;

500 Beutel Tee (schwarzer, grüner, Früchtetee), 2 kg Kaffee, 2 Pakete Müsli, 10 Dosen geschälte Tomaten, 8 Dosen Tomatenmark, 2 Flaschen Ketchup, 15 Pakete Sahne, 4 Pakete Nüsse, 6 Pakete Kekse, 4 Pakete Cracker, 1 kg Hartkäse, 1 kg Streichkäse, 30 Becher Joghurt, 4 Beutel Parmesan, 3 kg Butter, 2 kg Margarine, 4 Dosen Pilze, 2 Gläser Senf, Rosinen, Gewürze;

Oliven, Suppen, 6 Dosen mit Obst, 6 Gläser Marmelade, 1 Glas Honig, 72 Eier, Knabberzeug;
2 Flaschen Spüli, 10 Schwammtücher, 3 Pakete Toilettenpapier, 4 Pakete Küchenrollen, Wäscheklammern, Batterien, Köder, Angelschnur, 1 zusätzliche Pütz;

120 Dosen Bier, 10 l Orangensaft, 12 l H-Milch, 30 Dosen Cola, 30 Dosen Sprite, 30 Dosen Tonic Water, 2 Flaschen Sekt, 6 Flaschen Rotwein, 6 Flaschen Weißwein, 1 Flasche Jägermeister, 2 Flaschen Rum, 2 Flaschen Sherry (lieber Thomas, wenn Du das wüsstest, Deine Ermahnungen haben offenbar nicht gefruchtet!!!)

Alles was nicht schon in Bali besorgt werden konnte, musste auf Cocos eingekauft werden, und das hieß, mit Koffern und einer Rolle Mülltüten, mit denen die Koffer wasserdicht eingepackt wurden, per Dingi von Direction Island, einer kleinen unbewohnten Insel, bei Wind und Wetter, bei Seegang und Regen, zwei Seemeilen zwischen Korallenbänken hindurch nach Home Island zu fahren. Die Überfahrt konnte man nur in Badebekleidung bewältigen, bei der Ankunft waren alle jedes Mal pitschenass, auf dem Weg musste das Dingi laufend gelenzt werden. Auf Home Island wurde im kleinen Supermarkt eingekauft, dann ging es zurück. Die Lebensmittel wurden in die Koffer gepackt und mit Mülltüten gegen Spritzwasser, Regen und Gischt geschützt. Mehrerer Fahrten bedurfte es, bis alle Vorräte glücklich auf der Destiny waren. Da auf Home Island nur Mohammedaner leben, mussten Fleisch und alkoholische Getränke von der gegenüberliegenden Insel, West Island, beschafft werden. Dazu fuhr die Crew sieben Seemeilen mit der Fähre nach West Island und von da wieder zurück nach Home Island, um schließlich von Home Island, wo das Dingi am Steg lag, wieder zwei Seemeilen zum Ankerplatz zu fahren. Tja, zu Hause geht's doch etwas bequemer!

Auf einer dieser Fahrten bringt die Crew Thomas zum Flugzeug und holt Wolfgang mit all seinem Gepäck vom kleinen Flughafen auf West Island ab, so dass Wolfgang schon eine Stunde nach seiner Ankunft in Cocos Abenteuer pur erleben darf.

Die Kokosinseln

Touristisch noch fast völlig unberührt, besteht die Inselgruppe aus nur wenigen mit Palmen bestandenen Inseln, genauer gesagt aus zwei Atollen, die sich im Abstand von 24 Kilometern auf den Spitzen von etwa 5.000 Meter hohen, unterseeischen Vulkanen gebildet haben. Das kleinere nördliche Atoll, North Keeling, ist unbewohnt und steht seit 1986 unter Naturschutz, denn hier befindet sich mit mindestens 50.000 nistenden Vögeln eine der größten Brutkolonien von Meeresvögeln im Indischen Ozean. Das südliche Atoll, South Keeling, besteht aus 26 Inselchen, welche eine Lagune mit einem Durchmesser von etwa 9 Kilometern und einer Tiefe von bis zu 20 Metern umschließen.

Auch die DESTINY hat sich verewigt.

Nur zwei sind bewohnt, und zwar West Island mit etwa 150 weißen Einwohnern und Home Island mit ca. 450 indonesisch-stämmigen, muslimischen Bewohnern. Die beiden Bevölkerungsgruppen leben völlig getrennt voneinander.

Die Entdeckung der Inseln wird dem Kapitän der britischen Ostindien-Kompanie William Keeling zugeschrieben. Deshalb heißen sie auch Keeling-Inseln. Politisch gehören die Atolle zu Australien, auch wenn sie gut 2.900 Kilometer vom Mutterland entfernt sind, geografisch sind sie eher dem näher liegenden Sumatra zugehörig. In der Vergangenheit hatten sie wohl eine gewisse strategische Bedeutung, aber heute dürfte diese überholt sein.

> Die **Emden Street** auf West Island erinnert noch an den Kleinen Kreuzer SMS Emden, der hier im Ersten Weltkrieg operierte und eine feindliche Funkstation auf West Island zerstören sollte. Von dem mit überlegenen Waffen ausgerüsteten australischen Kreuzer Sidney entdeckt, wurde die Emden angegriffen und nach einem kurzen Gefecht so stark beschädigt, dass sie von der eigenen Besatzung auf ein Riff bei North Keeling gesetzt und aufgegeben werden musste. Das Landungskorps der Emden, das vor dem Gefecht auf West Island zurückgeblieben war, setzte sich mit einem alten Segelschiff nach Sumatra ab und erreichte später unter abenteuerlichen Bedingungen die Heimat, während der Rest der Besatzung, soweit noch am Leben, in Kriegsgefangenschaft geriet.

Die Versorgung der Bevölkerung erfolgt per Schiff, der Hafen ist jedoch noch eine Baustelle, so dass die Güter ziemlich mühsam auf die kleine Fähre, die zwischen den beiden bewohnten Inseln verkehrt, verladen werden müssen. Immerhin ist ein Flugplatz vorhanden und von Perth gibt es regelmäßige Flüge zu den Cocos Islands über das etwa 1.000 Kilometer entfernte Christmas Island.

West Island (Cocos) – Natur pur.

Wer Ruhe und Abgeschiedenheit sucht, ist hier gut aufgehoben. Es gibt ein kleines Hotel – wir würden es bestenfalls Pension nennen – und eine Bar, die stundenweise geöffnet hat. Auch ein Golfplatz ist vorhanden, der aber nur dann bespielt werden kann, wenn gerade kein Flugzeug landet oder startet, denn er ist Teil des Flugplatzes. Ansonsten findet man herrliche einsame Sandstrände, kristallklares Wasser, freundliche Einwohner und unberührte Natur. Man kann nur hoffen, dass nicht eines Tages ein Tourismus-Manager auf die Idee kommt, das Atoll touristisch zu „entwickeln" – dann wär es vorbei mit der Idylle.

Luft 30 Grad, Wasser 27 Grad.

Die DESTINY-Crew auf West Island (Cocos).

Die Ankerplätze vor dem unbewohnten Direction Island, weit und breit die einzigen, zählen mit zum Schönsten, was man sich unter tropischen Ankerplätzen vorstellen kann. Allerdings heißt es vorsichtig manövrieren, denn die Lagune ist gespickt mit Riffen, zum größten Teil knapp unter der Wasseroberfläche, und Seezeichen oder Fahrwassermarkierungen sucht man vergebens. Für Segler auf dem langen Weg von Australien oder Südostasien nach Afrika sind die Kokosinseln ein willkommener Stopp, um Vorräte zu ergänzen oder mal wieder festen Boden unter den Füßen zu spüren. So erging es auch den Seglern auf der DESTINY und auf den anderen, damals noch 19 Yachten, die im Rahmen der WorldARC-Rallye in 15 Monaten die Welt umrundeten. Solch „massenweiser" Besuch ihrer Inseln ist für die Bewohner von West Island ein Ereignis, weshalb sie das jährliche Dorffest zeitlich so geplant hatten, dass die ganze Schar der Segler teilnehmen konnte. Und was für ein Fest war das! Der eine oder andere wäre sicherlich gerne noch länger auf den Cocos Islands geblieben, aber ein drohender Zyklon im Osten ließ die meisten Yachten vorzeitig aufbrechen, womit die geplante Wettfahrt zwischen den Cocos Islands und Mauritius als eine der 24 Wettfahrten auf dieser Weltumsegelung ausfiel.

Preisverteilung auf Cocos Island.

Sturm, Regen und eine Sanduhr

Am 27. September lichtet die Destiny ihren Anker und macht sich als eine der letzten Yachten auf den Weg. 2.300 Seemeilen liegen vor ihr bis Mauritius. Trotz des aufziehenden schlechten Wetters ist die Stimmung an Bord prächtig und wird auch nicht dadurch getrübt, dass es wenig später anfängt, in Strömen zu regnen. Wind ist auch reichlich vorhanden, es bläst fast ständig mit 30 Knoten (7 Beaufort) oder stärker. Zwei Reffs im Großsegel und die ausgebaumte, ebenfalls gereffte Genua lassen die Destiny dahinrauschen, dass die beiden Kielwasser nur so zischen. Silvia ist für die Kombüse verantwortlich, assistiert von Anne, und da Silvia nicht nur eine gute Schwäbin, sondern auch eine ebenso gute Köchin ist, gibt es so leckere Sachen wie Kässpätzle, Kartoffelsalat, Apfelkuchen und manches andere mehr. Auch die eine oder andere Flasche Wein wird, gemütlich im Salon sitzend, geleert.

Raues Wetter im Indischen Ozean.

Draußen im Cockpit aber ist die Welt nass, windig und unwirtlich. Graue Wolken jagen am Himmel dahin, grauschwarze Wellen von zwei, drei oder manchmal vier Metern Höhe rollen von achtern heran, die Gischt weht von den Wellenkämmen ab und mischt sich mit dem prasselnden Regen. Eine volle Woche lang regnet und stürmt es ununterbrochen und bald ist kein trockener Faden mehr an Bord, zumal die Luken den Sturzbächen vom Himmel und den überkommenden Seen nicht gewachsen sind. Wolfgang erinnert sich eines Spruchs von Clemens Meichle „Wassersport ist nasser Sport", wie wahr, aber er erntet von seinen Mitseglern damit keine große Begeisterung. Die Destiny wird in Sturmböen mit Spitzen über 50 Knoten Windgeschwindigkeit heftig durchgeschaukelt und mit ihr die Mannschaft, was zwar Silvias Magen nicht so gut bekommt, aber auch der hat sich mittlerweile an die Achterbahnfahrt gewöhnt. Überall hängen nasse Jacken, Hosen, triefende Handtücher und ein seemännischer Duft strömt durchs Schiff. Der Seegang wird immer stärker, die Wellen türmen sich teilweise bis weit über die Aufbauten auf, so an die fünf

Alles nass!

Hier kocht der Chef, auch im Ölzeug.

Meter dürften es sein. In der dritten Nacht wird es ganz ungemütlich, die Obst- und Gemüsekisten auf der Backbordseite fallen mit einem lauten Knall herunter und der Inhalt wird großzügig im Rumpf verteilt. Gleichzeitig scheppert es in der Kombüse, die Kaffeekanne geht zu Bruch und zu guter Letzt fliegt die gesamte Bibliothek durch den Salon. Mit der Nachtruhe ist es vorbei.

Während einer der Nachtwachen kann die Mannschaft ein seltenes Naturschauspiel beobachten. Gegen vier klart der Nachthimmel auf, und ein herrliches Sternenzelt mit Mondsichel wird sichtbar, soweit nichts Ungewöhnliches, bis auf einmal ein riesiger Bogen in Weiß erscheint, ein nächtlicher Regenbogen! Ein wunderschöner Anblick, alle sind wie verzaubert.

Endlich, nach gut einer Woche zeigt sich ein paar Stunden lang ein strahlend blauer Himmel mit Sonnenschein, der Wind bläst mit 34 Knoten aus Südsüdost, die vier Meter hohen Wellen schieben von achtern, eine Superstimmung breitet sich an Bord aus. Silvia und Anne freuen sich auf einen geruhsamen Tag, vielleicht ist heute sogar ein Sonnenbad im Trampolin möglich!? Gerade sind die Damen dabei, eine kräftigende Zwischenmahlzeit – Erbsensuppe mit Croutons – zuzubereiten, damit die Mannschaft „a Rua gibt" und sie mit einer guten Unterlage das Bergfest begießen kann, denn um die Mittagszeit wird die Hälfte der Strecke geschafft sein, da beschließt Wolfgang spontan, das Thema „Genua" anzugehen. Seit dem vorigen Tag lässt sich diese nämlich nicht mehr über den Rollmechanismus bedienen. Gesagt, getan, Wolfgang, Hermann, Udo und Uli werden aktiv. Wolfgang muss im Bootsmannstuhl zur 20 Meter hohen Mastspitze hochgezogen werden, um dann von seinem „Ausguck" die Befehle an die bereitstehende Mannschaft zu erteilen. Alles klappt auch soweit, nur kann man Wolfgang kaum mehr verstehen, der Wind und die Geräusche der wogenden See machen eine Verständigung schier unmöglich. Auf dem Vorschiff der DESTINY herrscht hektisches Treiben. Jeder ist irgendwie mit irgendetwas beschäftigt und alle schreien aus Leibeskräften, am meisten Wolfgang aus luftiger Höhe – nur den versteht unten niemand. Also werden Leinen gezogen, es wird gefiert und dicht geholt, die drei auf dem Vordeck geizen nicht mit kreativen Vorschlägen, wie dem Problem beizukommen sei. Wolfgang schreit sich die Lunge aus dem Hals, alle Mann gucken freundlich nach oben und versuchen zu ergründen, was denn der Kapitän wohl meinen könnte. Schlussendlich einigt man sich darauf, die Genua zu bergen und Wolfgang wieder auf das Deck herunterzuholen.

Unten angekommen erklärt Wolfgang, was er denn eigentlich von oben sagen wollte und dass er sich unnötigerweise fast eine halbe Stunde grüne und blaue Flecken hat holen müssen. Silvia und Anne verarzten die Wunden des Kapitäns, versorgen ihn mit Arnika-Globuli und einem kühlen Bier, das Stimmungsbarometer steigt. Die Genua funktioniert wieder, die Erbsensuppe kommt gut an, nur aus dem Sonnenbad im Trampolin wird nun nichts mehr, das Abendessen muss vorbereitet werden…

Schließlich bessert sich das Wetter, das Sturmtief ist durchgezogen, der Regen hört auf und die Sonne zeigt sich länger. Also raus mit den nassen Sachen zum Trocknen und hoch mit dem Spinnaker. Einige Stunden traumhaften Segelns folgen, bis plötzlich eine Böe seitlich einfällt, eine Welle die DESTINY versetzt – und schon ist es geschehen: Der Spinnaker wickelt sich um das Vorstag, die gefürchtete Sanduhr entsteht und natürlich brist es in diesem Moment wieder gewaltig auf. Hermann und Udo ziehen verzweifelt an den Schoten und versuchen, den Spinnaker zu lösen, Wolfgang lässt die Motoren an und dreht die DESTINY im Kreis, aber es hilft alles nichts. Wieder und wieder, nach links und nach rechts wickelt sich der Spinnaker um das Vorstag mit der aufgerollten Genua und die Blase, die der obere Teil des Spinnaker bildet, schlägt knatternd im Wind. Nichts geht mehr! Es bleibt Wolfgang nichts anderes übrig, als sich noch einmal am Großfall in den Masttopp ziehen zu lassen, um das Spinnakerfall zu öffnen – ein Vergnügen besonderer Art bei drei bis vier Meter hohen Wellen. So komfortabel ein Katamaran wie die DESTINY im Wasser liegt, in 20 Metern Höhe über Deck ist es aus mit dem Komfort. Wolfgang hat größte Mühe, sich festzuhalten und wird das eine oder andere Mal durch die ruckartigen und harten Bewegungen im Masttopp losgerissen, dreht freischwebend Pirouetten und knallt dann wieder gegen den Mast. Da der Mast der Destiny 10 Grad nach achtern geneigt ist, kostet es außerdem ungeheure Kraft, sich mit einer Hand festzuhalten und mit der anderen Hand das Spinnakerfall zu lösen. Von unten sieht alles so einfach aus, doch es ist ein kräfteraubender Akt. Der an sich leichte Bootshaken, mit dem er versucht, das Spinnakerfall zu sich heranzuziehen, wird am ausgestreckten Arm kiloschwer und scheint bei jedem Versuch 10 Zentimeter zu kurz zu sein. Immer wenn die Mannschaft auf dem Vorschiff meint, er habe das Fall, kommt eine Welle dazwischen und wirbelt das Fall durch die Luft Endlich ist das Spinnakerfall offen und Wolfgang will wieder herunter, aber der Seegang und das Heulen des Windes übertönen seine Rufe – es versteht ihn keiner an Deck! Erst als er, fast am Verzweifeln, aus Leibeskräften *„runter, runter, ihr Idioten"* brüllt, fühlt sich die Mannschaft angesprochen und versteht, was er meint. Völlig erschöpft, grün und blau geschlagen, blutend und nach Atem ringend liegt er nun an Deck und lässt sich vom weiblichen Teil der Besatzung versorgen. Die Crew ist erleichtert, dass Wolfgang nichts passiert ist, und Hermann, der nie um einen Spruch verlegen ist, meint zu Wolfgang: „Spreche Anerkennung in allerschärfster Form aus!" Alle können durchatmen, fürs erste ist die DESTINY wieder manövrierfähig.

Leider war die Aktion nicht mit Erfolg gekrönt, denn alles Ziehen und Zerren nützt nichts, der Spinnaker hat sich fest um das Vorstag gewickelt und bewegt sich keinen Millimeter nach unten. Als es dunkel wird, stellt die Mannschaft ihre Bemühungen frustriert ein. Sie beschließt, das Großsegel wieder zu setzen und den Spinnaker notgedrungen am Vorstag hängen zu lassen. Nur unter Großsegel geht es in die Nacht, die Genua lässt sich natürlich nicht mehr ausrollen. Keiner schläft richtig gut in dieser Nacht, jeder überlegt: Wie bringen wir den Spi herunter? Während der Nachtwachen geht der Blick immer wieder nach oben: Hält die Spinnakertrompete oder stürzt sie bald ab?

Spinnakerreste.

Glücklicherweise bringt der nächste Morgen Sonnenschein und erneut geht es an die Arbeit. Diesmal lässt sich Hermann am Vorstag entlang hochziehen und, schnipp, schnapp, wird der Spinnaker mit der Schere in kleinen Stücken losgeschnitten – bei jedem Schnitt blutet das Herz des Skippers. Wie ein Klammeraffe hängt Hermann mit den Beinen am Stag, mit dem Lifebelt gesichert, damit es ihn nicht von dem schräg nach oben verlaufenden Stag nach hinten wegreißt. Mühsam schneidet er sich Stück für Stück durch den Spinnaker.

Mehrfach muss er wieder nach unten gelassen werden, um Kräfte für einen erneuten Anlauf zu schöpfen. Stunden dauert diese akrobatische Arbeit und erschöpft lässt sich Hermann danach ins Trampolin fallen, aber es ist geschafft: Die Genua kann wieder ausgerollt werden und endlich macht die DESTINY wieder die gewohnte Geschwindigkeit von guten acht Knoten. Nach einer Ruhepause und dem nötigen Manöverschluck wird auch Hermann „die Anerkennung in allerschärfster Form" ausgesprochen!

Akrobatik am Vorstag.

Das konstant schlechte Wetter in den ersten acht Tagen schränkt nicht nur den Komfort an Bord ein, sondern sorgt auch für Energieprobleme. Die DESTINY ist zwar mit fünf Solarzellen ausgerüstet und jede liefert 80 Watt, so dass bei Sonnenschein für 24 Stunden genügend Energie für Kühlschränke, Autopilot, Navigation und Beleuchtung vorhanden ist. Ist der Himmel aber tagsüber grau, muss von Zeit zu Zeit der Generator die müden Batterien wieder auf Vordermann bringen. Leider hat aber, wie bekannt, der Dieselmotor des Generators kurz vor Bali seinen Geist aufgegeben und ist trotz aller Bemühungen nicht wieder zum Leben zu erwecken. Generatoren scheinen ohnehin das größte Problem auf einer Weltumsegelung zu sein, denn kaum eine Yacht der WorldARC-Rallye blieb vom Ausfall dieses wichtigen Aggregats, gleich welchen Herstellers, verschont. Reihenweise fielen sie aus. Die Skipper hatten ihre liebe Mühe und Not, Ersatz zu finden oder einen Fachmann für die Reparatur aufzutreiben – in tropischen Gegenden ein großes Problem. Die DESTINY ist in solchen Situationen noch einigermaßen gut dran, verfügt sie doch über zwei Antriebsmotoren von je 40 PS, die von Zeit zu Zeit für die Aufladung der Batterien angelassen werden konnten.

Etappenziel Mauritius

Endlich, nach 15 Tagen erreicht die Destiny kurz nach Einbruch der Dunkelheit Port Louis auf Mauritius, wo sie mit großem Hallo von den anderen WorldARC-Teilnehmern empfangen wird. Paul und Suzana, die für die Organisation der WorldARC am Ende einer jeden Etappe zuständigen Mitarbeiter des World Cruising Clubs, stehen in ihren gelben T-Shirts ebenfalls an der Pier und überreichen den obligatorischen Rum-Punch, Blumen und Geschenke des Tourismusministeriums. Wie immer ist alles bestens organisiert, seien es Liegeplätze, Landausflüge und Veranstaltungen. Apropos Liegeplätze: Die Marina, in der die ganze WorldARC-Flotte wochenlang zu Gast ist, gehört dem Hotel Labourdonnais und steht den Seglern für die gesamte Dauer ihres Aufenthalts auf Mauritius kostenlos(!) zur Verfügung. Die am Ende einer jeden Wettfahrt übliche Preisverleihung muss natürlich ausfallen. Was macht's, gibt es doch trotzdem eine gelungene abendliche Veranstaltung auf der Pier der Marina, einige Reden der Offiziellen, ein großartiges Buffet und genügend „Geistiges" aus der lokalen Rumdistellerie. Die hübschen Tänzerinnen in ihren bunten Trachten, die heißen Sega-Rhythmen der einheimischen Musiker und die tropisch warme Nacht sorgen dafür, dass auch an Land die Wogen hochgehen und mancher Segler und manche Seglerin bis in den frühen Morgen hinein feiert.

Ankunft in Mauritius nach einer harten Etappe im Indischen Ozean.

Port Caudan, Mauritius.

Bevor die Besatzung der Destiny das reizvolle Mauritius mit all seinen landschaftlichen Schönheiten, seiner ethnisch gemischten Bevölkerung

Für Unterhaltung ist in Mauritius gesorgt.

Hermann lässt die Puppen tanzen

... und Andreas steht ihm nicht nach.

und den vielen Hindu- und Tamiltempeln erkundet, heißt es, Reparaturen in Angriff zu nehmen. Ein Mechaniker von Volvo Penta ersetzt den gerissenen Bowdenzug der Gangschaltung des Backbord-Motors, Udo und Wolfgang durchstreifen die winzigen Lädchen in den engen Gassen der Altstadt auf der Suche nach neuen Sicherungen für die Solarzellen und es erscheint – hochwillkommen! – Daniel, der dunkelhäutige Diesel-Spezialist, um den Generator in Ordnung zu bringen. Stunde um Stunde werkelt er in dem engen Motorraum, in dem es heiß ist wie in einer Sauna, ölverschmiert, mit den nackten Füßen in einer Pfütze aus Diesel stehend, und immer wieder wird auf Zuruf die Startertaste betätigt – ohne Erfolg. Der Dieselmotor, der den Generator antreibt, will und will nicht anspringen. Der Tag vergeht und frustriert zieht Daniel abends ab. Auch am nächsten Tag werden die Mühen von Daniel nicht mit einem Erfolg belohnt und auch nicht am dritten, es ist zum Verzweifeln! Daniels Boss, der Chefingenieur der Werft, erscheint und schlägt vor, den Generator komplett auszubauen und in seine Werkstatt zu schaffen. Leichter gesagt als getan, denn das Trumm wiegt gute 250 Kilogramm! Mit Hilfe des Großbaums und der Großschot und etlichen Mitarbeitern der Werft gelingt es, das schwergewichtige Teil aus dem Motorraum zu hieven und auf ein Arbeitsboot zu verladen. Tuckernd entschwindet das Boot mitsamt Generator und Werftmannschaft.

Der Tag der Abreise naht, die nächste Wettfahrt, dieses Mal nach Réunion, 200 Seemeilen entfernt, steht an und weit und breit ist vom Generator nichts zu sehen. Also machen sich Hermann und Wolfgang auf den Weg zur Werft. Dort finden sie, um den Generator gruppiert, vier ratlose Mechaniker und einen ebenso ratlosen Chefingenieur, die alle mit ihrem Latein am Ende sind. Der Dieselmotor widersteht hartnäckig allen Bemühungen, ihn zum Laufen zu bringen, da hilft kein Fluchen, Beten oder Schimpfen – ganz sicher haben die Hindu-Geister, die in Mauritius allgegenwärtig sind, ihre Hände im Spiel. Aber, wie es der Zufall so will, ein französischer Segler, dessen Katamaran in der Werft zur Reparatur liegt, hat einen Reserve-Dieselmotor, einen 9-PS-Volvo-Penta an Bord, und nach einigem Feilschen wird man sich handelseinig. Der Motor wechselt gegen einen stattlichen Obolus den Besitzer und der Werftchef verspricht hoch und heilig, den Generator spätestens am Vorabend der Abreise funktionsfähig zurückzubringen und einzubauen.

Und tatsächlich, wenn auch nicht am Abend, so doch frühmorgens um zwei Uhr reißen laute Rufe die Destiny-Crew, die schon längst nicht mehr geglaubt hat, dass der Generator noch kommt, aus dem Schlaf. Das Arbeitsboot ist wieder da und mit ihm nicht nur Daniel, sondern eine ganze Schar Mechaniker, die helfen, den Generator wieder an Bord zu schaffen und ihn dort mit vereinten Kräften einzubauen. Das dauert bis in den späten Vormittag hinein, ehe die Werftmannschaft, mit reichlich Trinkgeld versehen, endlich abziehen kann. Aber der Generator läuft wieder: danke, danke, Daniel!

Die anderen WorldARC-Yachten sind schon Stunden vorher über die Startlinie gegangen, ehe die Destiny endlich ablegen kann. Schade, die Wettfahrt nach Réunion ist verpasst und das kostet die Destiny am Schluss den Gesamtsieg in der Mehrrumpf-Klasse.

Trotz all der zu lösenden technischen Probleme an der Destiny blieb doch noch genügend Zeit, um Mauritius zu erkunden. Mauritius ist bekannt als die Perle des Indischen Ozeans mit wunderbaren Palmenstränden, bunten Fischen am nahen Korallenriff rund um die Insel, gepflegten Golfplätzen und ausgezeichneten Hotels und, was jeden ganz schnell beeindruckt, einer natürlichen Herzlichkeit der Mauritianer. Mauritius entstand durch das Auseinanderbrechen des Urkontinents Gondwana, bei dem sich entlang der Bruchstelle der Indische Ozean bildete. Auf einem unterseeischen Plateau entstanden viele Vulkane und Inseln und verschwanden wieder. Entdeckt wurde Mauritius wahrscheinlich schon um Christi Geburt von den Phöniziern oder den Polynesiern. Wahrscheinlich waren sie die ersten Siedler auf der Insel. Mit Sicherheit waren arabische Seefahrer hier, von denen die Portugiesen Seekarten und Navigation übernahmen. Nacheinander kamen Portugiesen, Holländer, deren Namensgebung nach Maurits von Oranje, neben vielem anderen, bis heute Bestand hat, Franzosen und am Schluss Engländer, die Mauritius schließlich 1968 in die Unabhängigkeit entließen.

Obwohl auf Mauritius vier völlig verschiedene Volksgruppen aufeinandertreffen, gibt es kaum eine Vermischung zwischen ihnen. 70 Prozent der Einwohner von Mauritius sind indischer Abstammung. Dadurch sind sie als größte Gruppe das prägende Bild auf der Insel. Auffallend sind die bunten Saris der Frauen und Mädchen, eine bunte, enge Beinbekleidung und ein gleichfarbiger Überhang. Das kulturelle Leben und die kreolische Sprache der hier lebenden Menschen sind vom Französischen geprägt, wenngleich die englische Kolonialmacht weit länger dauerte. Die beiden wichtigsten Zeitungen auf der Insel erscheinen in französischer Sprache, obwohl seit über einem Jahrhundert Englisch die Amtssprache auf der Insel ist. Das einzig Auffällige aus der Zeit der englischen Herrschaft ist der Linksverkehr. Einige Tage nach Ankunft der Destiny in Mauritius kommt Ingrid, die einen günstigen Flug erwischt und kurz entschlossen gebucht hat, beladen mit Ersatzteilen auf der Insel an. Gleich am ersten Tag geht sie mit Anne und Silvia zum Einkaufen, denn die Vorräte auf der Destiny sind völlig aufgebraucht. Der moderne Supermarkt „Jumbo" ist durchaus mit einem solchen

Caudan Waterfront.

zu Hause vergleichbar. Die Regale sind voll und sauber aufgeräumt, insbesondere die bunten Obsttische verleiten zum reichhaltigen Einkauf. Kaum zurück, nutzt sie die Gelegenheit, um mit Wolfgang und Udo in die Altstadt zum Einkauf von Elektroersatzteilen zu gehen. Gleich hinter der supermodernen Caudan-Waterfront-Einkaufszeile, dem Ausflugsziel der Einheimischen am Wochenende – die Segler leben hier wie auf einem Präsentierteller, die Schaulustigen pilgern in einer endlosen Schlange vorbei – erreicht man durch eine Unterführung unter der breiten Verkehrsstraße die alten Häuserzeilen mit Markthalle, vielen winzigen Geschäften und einem Straßenmarkt. Hier herrschen orientalisches Leben und Geschäftigkeit.

Gleich im ersten Laden finden die drei ein vielfältiges Angebot. All die Waren liegen vom Boden bis zur Decke übereinander getürmt, mal verpackt, mal unverpackt. Aber der Ladenbesitzer weiß genau, wo er nachschauen muss, um wenigstens etwas Ähnliches zu dem zu finden, was Udo ihm radebrechend schildert oder aufzeichnet. Aber genau das, was Udo braucht, hat er eben nicht. Auf zum nächsten Geschäft, das nun völlig anders aussieht. Bei Cadinouche sind alle Teile in einem deckenhohen Regal, bestehend aus lauter kleinen Schubladen, untergebracht. Auch hier zieht der Verkäufer zielsicher gleich die richtige Schublade heraus und Udo wird endlich fündig. Zwei winzige Schalterchen, ein paar Steckerchen und Käbelchen und Udos Herz lacht wieder.

Auch die Presse nimmt Notiz von der WorldARC.

Der sehenswerte Eingang zum Jardin Pamplemousse.

Im Jardin Pamplemousse.

Zufrieden geht es zurück in Richtung Yacht, doch zunächst noch in die Markthalle. Frisches Obst, knackiger Salat, der immer wieder mit kaltem Wasser besprüht wird, damit er frisch bleibt, Kräuter, Rettiche und Gurken sind so ansprechend und liebevoll aufgebaut, dass man einfach nicht daran vorbeigehen kann. Auch die Zwiebel- und Kartoffelberge laden zum Mitnehmen ein. Wolfgang, Ingrid und Udo sind schon schwer beladen, rechts und links trägt jeder ein paar Plastiktüten in der Hand. Nun noch der Straßenmarkt, wo Wolfgang dringend benötigte neue Sandalen einkauft, aber mehr können sie nun wirklich nicht mehr tragen.

Für den Samstag hat die Mannschaft mit Rashid, dem Taxifahrer, eine Fahrt über die Insel vereinbart. Frühmorgens starten alle in zwei Taxis nach Norden Richtung Pamplemousses, wo es einen großen botanischen Garten gibt. Schon das 30 bis 35 Meter lange schmiedeeiserne Eingangstor ist imposant. Kein anderer botanischer Garten der Welt bietet so viele Arten tropischer Pflanzen wie dieser. Insbesondere die Pflanzenzucht ist einmalig. Von hier aus werden botanische Gärten in der ganzen Welt mit Samen und Pflanzen beliefert. Wunderschön sind die alten, Schatten spendenden Feigenbäume, deren kantige Baumstämme, selbst wenn die ganze Crew eine Kette gebildet hätte, nicht zu umfassen gewesen wären. Die langstieligen Lotosblüten wiegen zwischen den großen Blättern im Wind und die Seerosen in einem gesonderten Becken haben riesengroße, runde Blätter, deren Ränder wie ein Tablett nach oben gebogen sind.

Rashid drängt, es ist noch so viel anzusehen. Zurück geht's nach Port Louis, französische Vorstellungen über Stadtplanung machen sich bemerkbar, alle Teile der Insel sind von der Hauptstadt aus erreichbar, Querverbindungen dagegen unterentwickelt. Als die Gruppe an einem großen Tamiltempel vorbeikommt, hält Rashid an. Das Gebäude ist nach drei Seiten hin offen, oben auf dem Dach sitzen große menschliche Figuren oder Tierfiguren mit menschlichen Gesichtern, die verschiedenen Götter. Am Eingang lehnt aufrecht ein überlebensgroßer Löwe; auch innen sind in Nischen reich geschmückte Götterstatuen aufgebaut mit blinkenden Lichtergirlanden, oben am Fries eine endlose Kette von Elefanten. Beim Betreten des Tempels müssen alle die Schuhe ausziehen. Vor den Stuhlreihen sind ein paar Männer damit beschäftigt, mit gefärbten Reiskörnern ein großes Blumenornament herzustellen – nein, fotografiert werden darf das nicht. Neben dem Tempel sitzen in einem offenen Raum einige Frauen in ihren bunten Saris und bereiten das Essen für das bevorstehende Fest vor, riesige Kübel mit Kartoffeln und Gurken, große Tabletts mit klein geschnittenem Knoblauch. Alle Frauen haben freundlich lächelnde Gesichter und unterhalten sich bereitwillig mit den Fremden. Sie sehen so unbeschwert und zufrieden aus. Ist es der Glaube, der ihnen diese Leichtigkeit gibt? Morgens, wenn sie aus dem Haus gehen, opfern sie ihren Göttern in einem kleinen Tempelchen, das vor jedem Haus steht. Sie geben Reis, Früchte und anderes, und die Götter nehmen ihnen dafür all ihre Sorgen ab. Und wenn sie abends wieder heimkommen, stellen sie fest, dass ihre gütigen Götter ihnen von den Opfergaben sogar etwas übrig gelassen haben, das sie dann

Der Tamiltempel bei Port Louis.

Im Tamiltempel.

Festtagsvorbereitungen im Tamiltempel.

selbst verzehren können: ein schöner und vor allem praktischer Glaube!
Rashid drängt wieder, es ist ja noch so viel anzuschauen und schließlich muss ja zwischendurch auch immer wieder bei einem Textilgeschäft Halt gemacht werden. Rashid erklärt ganz offen, dass keiner etwas kaufen muss, er bekommt seine Provision auch dann, wenn seine Touristen nur durch das Geschäft laufen.

Nun geht es durch das große Viertel der Muslime hinauf zur Zitadelle. Das Fort Adelaide thront auf einem Aussichtsberg mitten in der Stadt. Das Fort war von den Engländern kurz nach der Eroberung der Insel erbaut worden. Beeindruckend ist der 360-Grad-Rundblick über die Stadt. Im Süden liegen bis zu 800 Meter hohe Berge und zu deren Füßen die Stadt mit ihrem Hafen. Direkt unter dem Hügel ist die Pferderennbahn, wo heute ein Pferderennen stattfindet, zu dem jetzt schon eine nicht enden wollende Blechlawine anrollt. Die Pferderennbahn war von den Engländern, kurz nachdem sie die Verwaltung auf der Insel übernommen hatten, errichtet worden. Es war der Versuch der bis dahin noch wenigen englischen Siedler, das Vertrauen und die Kooperationsbereitschaft der französischen Oberschicht auf der Insel zu gewinnen. Schon das erste Pferderennen war ein voller Erfolg. Alles was Rang und Namen hatte, gleich ob Engländer oder Franzose, kam. Bis heute finden die von Mai bis November wöchentlich abgehaltenen Pferderennen großen Anklang bei der High Society wie bei den einfachen Leuten. Und so ist Mauritius die einzige ehemalige britische Kolonie, wo nicht Rugby oder Kricket zum Nationalsport wurde.

Rashid drängt erneut, noch sooooo viele Sehenswürdigkeiten warten auf seine Fahrgäste. Dieses Mal fährt er sie nicht zu einem Textilgeschäft, sondern zu einem der unzähligen Modellschiffbauer auf der Insel. Er hat ein exquisites Geschäft ausgesucht. Viele bis zu zwei Meter lange und hohe Modelle sind hier ausgestellt, alles mit viel Mühe und Fingerspitzengefühl aus Teakholz naturgetreu nachgebaut, nur eben im Miniaturformat. Auch in die Werkstatt darf die Gruppe einen Blick werfen, wo Männer mit feingliedrigen Fingern Millimeterarbeit verrichten. Beim Verlassen des Geschäfts erzählt Rashid, dass nicht weit von hier, nur wenige Meter zu laufen, ein Hindufeiertag begangen wird und dass die ganze Gruppe zum Essen eingeladen ist. Zuerst werfen alle einen Blick in den Gebetsraum im ersten Stock, natürlich erst, nachdem die Schuhe ausgezogen sind. Die wichtigsten Götter des Hinduismus sind dort an den Wänden aufgereiht, die vielarmigen Shiva, Vishnu und Brahma, der blauhäutige Krishna und der elefantenköpfige Ganesh, alle mit Blumen und Kränzen hübsch geschmückt. Zu ebener Erde befindet sich die Festtagstafel, wo Männer, Frauen und Kinder an langen Tischen von Bananenblättern riesige Berge an Reisgerichten vertilgen. Und im Untergeschoss bereiten einige Frauen weiteres Essen vor. Handflächengroße Teigfladen werden in Fett ausgebacken, auf ein Stück festes Papier gelegt, darauf kommt noch eine Kelle voll Currybohnen, fertig, guten Appetit! Und es schmeckt tatsächlich köstlich! Weiter, weiter, Rashid drängt, es gilt, zum größten Heiligtum der Hindus auf der Insel aufzubrechen, einer 30 bis 35 Meter hohen vergoldeten Statue des Hindugottes Shiva am Grand Bassin. Vorbei an dem größten Trinkwasserspeicher von Mauritius, dem Mare aux Vacoas, führt eine moderne vierspurige Straße, auf der alljährlich am Tag des Neumonds im Monat Phalunga (etwa Februar bis März), wenn das Maha Shivaratree, ein nicht nur bei den Hindus wichtiger Feiertag, stattfindet, Zehntausende zum Heiligtum pilgern. Drei Tage dauert die Prozession, angeführt vom Premierminister, zum Grand Bassin mit seinen vielen Tempeln und den Stufen, die ins Wasser führen. Die Gläubigen beten zu den Göt-

Statue des Hindugottes Shiva.

Der affenköpfige Hindugott Manuman.

tern, bringen ihnen Opfer dar und meditieren. Nach dem Glauben der Hindus führen die hier abgehaltenen Meditationen zu einer Vereinigung von Mensch und Göttern, denn das Wasser im Grand Bassin ist Wasser des Ganges. Vor vielen Jahrtausenden bereiste Gott Shiva mit seinem Blumenschiff die Welt, denn er wollte seiner Frau Parvati die schönsten Stellen der Erde zeigen. Bei der etwas holprigen Landung auf Mauritius schwappten einige Tropfen Gangeswasser, das er an Bord mitführte, über; sie flossen in einem Vulkankrater zusammen und das Grand Bassin entstand. Der Ganges bat Gott Shiva zwar, das Wasser zurückzuschöpfen, da es sonst nutzlos auf einer entfernten Insel verbleiben würde, aber Gott Shiva prophezeite, dass einmal Menschen vom Ganges diese Insel besiedeln würden und jedes Jahr, wie am Ganges, zum Grand Bassin pilgern würden, um sich mit dem heiligen Wasser zu waschen und Gott Shiva Geschenke darzubringen – viele tausend Jahre später hat sich diese Prophezeihung bewahrheitet.

Jetzt drängt Rashid wirklich massiv, die Gruppe muss vor 5 Uhr den Eingang zu den Wasserfällen passiert haben, danach könne sie sich wieder Zeit lassen. Ab 5 Uhr ist der Eingang geschlossen, aber raus kommt man auch noch danach. Alle Teilnehmer ersteigen eine Anhöhe gegenüber den Wasserfällen, wo das Wasser einige Hundert Meter tief in den Krater stürzt. Da es schon auf den Abend zugeht, kreisen die ersten großen Fledermäuse über den Köpfen der Besucher.

Nun noch schnell im letzten Tageslicht zu den Terres des Couleurs, der farbigen Erde von Chamarel. Das ist ein vegetationsloses, hügeliges Gebiet mit Erde in verschiedenen Farben, von fast schwarz über ocker bis gelb, manchmal etwas rötlich schimmernd, manchmal bläulich. Bisher gibt es keine wissenschaftlich einwandfreie

Ein Naturwunder – Erde in sieben Farben.

Erklärung dieses Phänomens, wahrscheinlich handelt es sich um eine Beimischung zur Erde von unterschiedlich oxydierten Metallen.

Rashid hat sein volles Programm endlich absolviert und bringt seine müde Fracht – nicht ohne vorher nochmals bei einem weiteren Textilgeschäft Halt gemacht zu haben – zur Caudan Waterfront Marina in Port Louis zurück.

Wie gesagt, die ganze Flotte ist bereits gestartet, als sich die infolge der Reparaturen aufgehaltene DESTINY endlich auf den Weg nach dem nur 140 Seemeilen entfernten Réunion machen kann. Ingrid und Silvia sind nach Hause geflogen und ein neues Crewmitglied, Andreas, ein weiterer Bodenseesegler, ist eingetroffen, um zum ersten Mal Blauwassersegeln zu erleben. Er plant, bis Kapstadt an Bord zu bleiben. Die kurze Distanz bis nach Réunion ist in weniger als einem Tag bei gutem Wind und schönem Wetter zurückgelegt. In Le Port auf Réunion liegt bereits die gesamte WorldARC-Flotte. Kaum angekommen, verbreitet der Rundfunk eine Tsunami-Warnung, ausgelöst von einem Seebeben westlich von Sumatra und die Gedanken von Wolfgang und Udo gehen zurück zu den Galápagos, wo sie bereits Erfahrungen mit einem Tsunami gemacht haben. Der Tsunami bleibt aber folgenlos für Réunion; im Hafen von Le Port ist nichts von ihm zu bemerken.

Am 27. Oktober verlässt die DESTINY Réunion, einige Tage vor der Flotte, da Wolfgang mit Freunden in Kapstadt für den 18. November verabredet ist, natürlich nicht, ohne sich auf der Insel umgesehen zu haben. Réunion ist stark französisch geprägt und weniger ursprünglich als Mauritius, auch wenn es einen noch aktiven Vulkan, den Piton de la Fournaise, gibt, dessen erkaltete Lavaströme sich auf breiter Bahn bis zum Meer hinziehen, wodurch Réunion um ein paar Quadratkilometer größer wurde. Der letzte Ausbruch liegt erst drei Jahre zurück und die von der Lava zerstörten Straßen sind in der Zwischenzeit neu gebaut worden. Der Abschied von Réunion ist gleichzeitig ein Abschied von den Maskarenen, zu denen Mauritius, Rodriguez und Réunion zählen, der letzten Inselgruppe auf diesem Törn rund um die Welt, denn erst mit dem Eintreffen in der Karibik geht die Inselhüpferei wieder weiter.

The Best Yacht Club of the World

1.370 Seemeilen liegen vor der DESTINY bis zum Ziel in Südafrika, der Stadt Richards Bay in der Provinz KwaZulu-Natal, 900 Seemeilen nördlich von Kapstadt.
Anfangs ist der Wind schwach und die See ruhig. Die DESTINY kommt nur mit fünf bis sechs Knoten voran, zumal der Wind sich unschlüssig ist, aus welcher Richtung er dauerhaft blasen will. Später pendelt er sich auf Süd bis Südwest ein, also etwa die Richtung, in die die DESTINY segeln will. Zeitweise ist deshalb mühsames Aufkreuzen nötig und erschwerend macht sich Gegenstrom mit bis zu drei Knoten bemerkbar. Alles in allem sind die Etmale daher bescheiden, das schlechteste liegt bei 119 Seemeilen.
Die Rallyeleitung hatte empfohlen, einen Punkt 100 Seemeilen südlich von Madagaskar anzusteuern, einerseits um den zahlreichen Fischern rund um Madagaskar auszuweichen, andererseits aber auch wegen der Wetterbedingungen, so ähnlich, wie das auch Jimmy Cornell in seinem Buch „Segelrouten der Welt" empfiehlt. Hier heißt es:

> *„In der Regel wird empfohlen, die Südspitze von Madagaskar in einem Abstand von etwa 150 Seemeilen zu passieren, da das Wetter in Inselnähe oft unbeständig ist. So kann man beim Durchziehen einer Front mit Gegenwind problemlos beidrehen. Durch diesen Kurs kann man auch den Bereich mit angeblich monströsen Wellen über dem verlängerten Kontinentalsockel von Madagaskar meiden. Ein weiterer Grund für den großen Abstand zu Madagaskar liegt darin, dass sich der Südäquatorialstrom dort teilt, zur einen Hälfte in den Agulhasstrom eingeht und zur anderen Hälfte in die Straße von Mosambik setzt. Schon mehrere Boote sind durch den Nordarm der Strömung nach Norden versetzt worden, weil sie, in der Hoffnung, durch den Agulhasstrom einen kräftigen Schub nach Süden zu erhalten, zu früh an die afrikanische Küste herangingen ... Das Wetter in dem gesamten Bereich zwischen Madagaskar und dem Kap der Guten Hoffnung wird durch Frontensysteme beherrscht, die dadurch entstehen, dass antarktische Tiefdruckgebiete nach Osten ziehen. Das Heranziehen einer Kaltfront kündigt sich meistens durch eine allmähliche Veränderung am Himmel an, und von Westen her ziehen Zirruswolken auf. Ihnen folgen dichte Kumulusbänke, wobei der Wind langsam von SE auf NW rückdreht und dabei auffrischt. Nach einer kurzen Pause setzt ein SW-Sturm ein, dessen Stärke und Dauer von der Art und dem Ausmaß der Front abhängt. Wenn der Wind bei Durchzug einer Front von SE oder NE auf SW dreht, kann es im Agulhasstrom besonders auf der 100-Faden-Linie [185 Meter] gefährlich werden. Dann nimmt man am besten sofort Kurs auf die Küste, da die Wellen in dem flacheren Wasser kleiner sind. Man kann jedoch auch versuchen, weiter auf See in tieferem Wasser zu bleiben und die Küste erst kurz vor dem Ziel anzulaufen."*

Nach einer nassen Nacht südlich von Madagaskar.

Stark gerefft bei sieben Windstärken.

Diesen Empfehlungen folgend segelt die Destiny nicht den in Anbetracht des Windes optimalen Kurs nach Richards Bay und verliert deshalb nochmals etwas Zeit, so dass sie für die Strecke neuneinhalb Tage braucht. Aber die Stimmung ist gut und der Himmel zeigt tags überwiegend Sonnenschein, so dass es ein entspanntes Segeln ist. Nur in der letzten Nacht vor der Ankunft in Richards Bay wird es ungemütlich. Starke Gewitter und Regen setzen ein und das Logbuch verzeichnet zwischen 16 Uhr am 4. November und 3 Uhr am nächsten Morgen Sturm mit einer Windgeschwindigkeit von bis zu 56 Knoten (11 Beaufort). Das Großsegel ist längst ganz geborgen und die Destiny läuft nur noch unter stark gereffter Genua. Da sie achterlichen Wind hat und einen leichten mitlaufenden Strom, kommt sie trotzdem mit bis zu 8,5 Knoten Geschwindigkeit vorwärts.

Am Abend des 5. November läuft die Destiny in die Marina des Zululand Yacht Club in Richards Bay ein, wo sie auf das Herzlichste empfangen wird. Einige Jugendliche helfen sofort beim Festmachen und der Commodore des Yachtclubs überreicht eine Flasche Sekt mit den bescheidenen Worten: „Welcome at Zuland Yacht Club, the best yacht club of the world!" Ob der Zululand Yacht Club wirklich der beste Yachtclub auf der Welt ist, mag zweifelhaft sein. Dass er aber der gastfreundlichste Club war, den die Destiny auf ihrer Weltumsegelung kennenlernte, das steht fest. Der Club verfügt über ein sehr schönes, gut gesichertes und bewachtes Clubgelände mit ordentlichen, sauberen sanitären Einrichtungen, einem Restaurant, einer Bar, einem Swimmingpool, zahlreichen Grillplätzen, einer Trailerschräge, mit deren Hilfe auch größere Yachten aus dem Wasser geholt werden können, einem Shop für Seglerbedarf und etlichen Reparaturmöglichkeiten. Am wichtigsten aber ist die ausgeprägte Freundlichkeit und Hilfsbereitschaft der Clubmit-

Herzlicher Empfang in Richards Bay.

Der Zululand Yacht Club, Richards Bay.

glieder und Mitarbeiter. Die Besatzungen der Destiny und aller anderen WorldARC-Yachten fühlten sich dort ausgesprochen wohl und gut aufgehoben. Mithilfe des Commodore gelingt es, am Flugplatz einen Mietwagen aufzutreiben und so kann die Destiny-Crew die nähere und weitere Umgebung erkunden. Richards Bay wurde Ende des 19. Jahrhunderts als kleiner Fischerhafen gegründet, ist aber mittlerweile zum größten Hafen Südafrikas avanciert. 1976 entstand ein Tiefseehafen, der die Stadt schnell wachsen ließ. Einer der ganz besonderen Superlative ist dabei das Kohleterminal, das größte des Landes. Die Stadt Richards Bay mit ihren 300.000 Einwohnern selbst bietet wenig Attraktionen, ist aber trotz der großen Industrieanlagen sauber und gepflegt. Als Höhepunkt des Aufenthalts in Richards Bay unternimmt die Destiny-Crew einen Ausflug zur Hluhluwe-Umfolozi Game Reserve. Dieser älteste Nationalpark Südafrikas liegt einige Autostunden von Richards Bay entfernt und man hat auf der Fahrt dorthin und zurück einen ganz guten Einblick in das Leben der Einheimischen auf dem Lande. Links und rechts der Straße findet man verstreut kleine Häuser und Hütten in bunten Farben, teilweise auch noch graubraune, runde Lehmhütten,

Im Umfolozi-Nationalpark.

die erahnen lassen, dass die Bevölkerung ganz gewiss nicht wohlhabend ist. Der Nationalpark hat eine Fläche von 960 Quadratkilometern, zumeist hügeliges Gelände mit dichter Vegetation, und bietet Lebensraum für viele Säugetiere, Vögel, Reptilien und Amphibien. Die Big Five sind natürlich auch zu sehen, also Elefanten, Nashörner, Büffel, Löwen und Leoparden, jedenfalls wenn man Glück hat. Außerdem gibt es Geparde, Kudus, Giraffen, Nyalas, Antilopen, Wildschweine und noch viele

Im Umfolozi-Nationalpark.

andere Tierarten. Bis auf Löwen sieht die Crew der Destiny alle diese Tiere und ist begeistert. Zu Ehren der WorldARC veranstaltet der Zululand Yacht Club, nachdem die letzten Teilnehmer eingetroffen sind, eine Party, bei der es nach einigen Reden und der Preisverteilung für die letzte Wettfahrt einen Auftritt junger schwarzer Tänzerinnen und Tänzer gibt, die mit akrobatischen Darbietungen ihre Gelenkigkeit unter Beweis stellen, angefeuert von heißer südafrikanischer Musik. Das Fest geht weiter mit einem Essen und anschließendem Tanz, wo die Seemannsbeine sich mal wieder austoben können. Danach folgt das in Südafrika so beliebte Kirschkernspucken. Wer den Kirschkern am weitesten spucken kann, hat gewonnen und erhält einen Preis. Moe von der Tucanon ist ein heißer Anwärter auf den Sieg, nur noch ein Gegner, ein Segler des Zululand Yacht Club, kann mithalten. Der tritt nun an, holt tief Luft, bläst die Backen auf, spuckt, was er spucken kann und weit hinaus fliegt der Kirschkern, mit ihm aber auch das komplette Gebiss des Wettbewerbers – und die Zuschauer lachen sich fast kaputt!

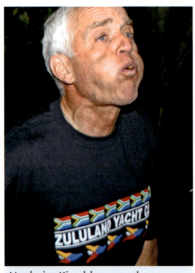

Urs beim Kirschkernspuck-Wettbewerb.

Leider kommt für Andreas vorzeitig der Abschied von Südafrika, denn schlechte Nachrichten aus der Heimat erreichen ihn. Sein Vater ist unerwartet ins Krankenhaus eingeliefert worden und nun hält es Andreas verständlicherweise nicht mehr in Richards Bay. Er nimmt das nächste Flugzeug nach Hause. Jetzt besteht die Destiny-Besatzung nur noch aus Wolfgang, Udo, Anne und Hermann. Freies Segeln bis Kapstadt ist angesagt, nicht aber ohne gründliche Einweisung durch erfahrene südafrikanische Segler, die die Teilnehmer der WorldARC auf die Besonderheiten des Reviers aufmerksam machen. Und dieses Revier hat es wirklich in sich! Schuld daran ist der Agulhasstrom aus Norden, der mit vier bis sechs Knoten in Richtung Süden setzt, am stärksten in Landnähe innerhalb einer Tiefenlinie von etwa 100 bis 200 Metern. Genau entgegengesetzt bläst in aller Regel der Wind, nämlich aus Süden oder Südwesten, der, aus der Antarktis kommend, ungehindert über das Meer pfeift, so dass sich bei entsprechender Wetterlage enorme Wellen aufbauen können, die schon große Kriegsschiffe verschlungen haben. Am gefährlichsten ist die Wild Coast, die ihren Namen nicht zu Unrecht trägt, man muss also warten, bis man ein geeignetes Wetterfenster erwischt, das für wenigstens zwei Tage Wind aus nördlicher oder östlicher Richtung verspricht, um in dieser Zeit die Wild Coast hinter sich zu bringen.

Wolfgang zieht es zu seinen Freunden nach Kapstadt und deshalb gibt er, sofort als die Wetterlage passend erscheint, das Signal zum Aufbruch. Der Wind bläst zwar mit 30 bis 35 Knoten Geschwindigkeit, aber die Richtung stimmt: Ostsüdost, zumindest Durban müsste zu machen sein, auch wenn Wolfgang von dem Skipper der Tucanon für „crazy" erklärt wird. Am 11. November legt die Destiny in Richards Bay ab und passiert am Nachmittag die riesigen Wellenbrecher an der Einfahrt zum Industriehafen. Anfangs läuft alles sehr gut, das Großsegel ist zweimal gerefft und der Wind lässt sogar nach, je mehr es auf den Abend zugeht. In weniger als 30 Metern Entfernung ist ein großer Wal zu sehen. Probleme bereitet nur die Rettungsluke in der Kombüse, die trotz aller Versuche, sie abzudichten, Wasser eindringen lässt. Immer wieder muss eimerweise gelenzt werden. Um drei Uhr morgens dreht der Wind schlagartig auf Südwest und bläst mit 40 bis 45 Knoten direkt von vorn. Segeln ist nun unmöglich und beide Maschinen werden angelassen. Die See türmt sich höher und höher, die Destiny kämpft gegen die Wellen, Gischt weht der Mannschaft ins Gesicht und die Fahrt sinkt auf drei Knoten. Nur noch wenige Seemeilen sind es bis Durban, aber es wird ein langer Kampf, bis die Destiny glücklich die Wellenbrecher an der Einsteuerung von Durban passieren kann und von Durban Port Control die Erlaubnis zum Einlaufen erhält.

Kaum hat die Crew die Destiny in der Durban Marina gegenüber dem Royal Natal Yacht Club festgemacht und den Hafenkapitän aufgesucht, da wird sie schon von fürsorglichen einheimischen Seglern gewarnt. Erst vor zwei Tagen ist ein Tourist am helllichten Tag wenige Schritte vom Hafen entfernt erstochen worden und es wird dringend geraten, niemals in der Nacht das eingezäunte und bewachte Marinagelände zu verlassen. Auch am Tag ist es sicherer, in einer Gruppe die Marina zu verlassen. Schmuck, Fotoapparate, Videokameras sind ohnehin tabu, selbst den Weg zum nächsten Supermarkt legt man, auch wenn dieser nur ein paar 100 Meter entfernt ist, sicherheitshalber mit dem Taxi zurück.

In Südafrika muss unverständlicherweise in jedem Hafen neu einklariert werden, selbst wenn man in einem anderen südafrikanischen Hafen ausklariert hat. Es bleibt also nichts anderes übrig, als die übliche Prozedur – Zoll, Einwanderungsbehörde, Polizei und dann wieder Zoll – hinter sich zu bringen, wofür ein halber Tag einkalkuliert werden kann.

Der Liegeplatz der DESTINY in unmittelbarer Nähe der breiten Allee, die am Hafen vorbeiführt, hat durchaus seinen Reiz, wenn auch nicht wegen Schönheit oder Sauberkeit. Des Nachts wimmelt es von dunkelhäutigen Schönen und lautstark werden die Preise für die Dienstleistungen der Damen ausgehandelt. Wegen der Diskussionen, die häufig in Streit und lautes Geschrei ausarten, ist die Nachtruhe nicht ganz ungestört.

Wolfgang ist von Freunden aus Deutschland, die in Südafrika selbstlos arme einheimische Kinder unterstützen, damit sie eine vernünftige Schul- und Berufsausbildung bekommen („Students for a Better Life"), zu einer Veranstaltung nach Kapstadt eingeladen, aber es ist absehbar, dass die DESTINY es bis zu dem vorgesehenen Termin nicht nach Kapstadt schaffen wird. Es muss also ein Skipper her, der die Führung der DESTINY ab Port Elizabeth übernimmt. Wolfgang hat schon einige Empfehlungen aus Richards Bay und lernt daraufhin in Durban Dave kennen, der ihm als erfahrener Segler mit guten Kenntnissen des Reviers empfohlen wurde und der gern bereit ist, gegen entsprechende Bezahlung mitzukommen. Um die DESTINY kennenzulernen, steigt er gleich in Durban zu.

Nach zwei Tagen Aufenthalt in Durban geht es also weiter und keiner ist traurig, diese Stadt zu verlassen. Das erste Ziel heißt East London und von dort aus soll es dann nach Port Elizabeth gehen. Es mag ja durchaus schöne Gegenden in Durban geben, aber was die Crew der DESTINY von dieser Stadt gesehen hat, war eher abstoßend. Auch die beiden mittlerweile eingetroffenen WorldARC-Yachten LADY LISA und BASIA – von der BASIA wird noch die Rede sein – machen sich bald wieder auf den Weg und schenken sich die mühsame Prozedur des Einklarierens.

Jeder, auch Dave mit seinen Revierkenntnissen, ist verblüfft, dass vom Agulhasstrom nichts zu spüren ist, nachdem die DESTINY Durban in der Frühe des 14. November verlassen hat. Ganz im Gegenteil, statt des erwarteten Stroms aus Norden setzt ein Gegenstrom von Süden mit zwei Knoten die Fahrt der DESTINY merklich herab. Das Meer ist ruhig, der Wind schwach, der Himmel bedeckt und die Motoren brummen, also ganz und gar nicht das, was die Crew erwartet hat. Immer weiter geht es hinaus auf die offene See, aber immer noch ist vom Agulhasstrom nichts zu bemerken. Erst gegen Abend, in einer Entfernung von 76 Seemeilen von Durban, setzt langsam ein leichter Schiebestrom ein, endlich, endlich können die Maschinen ausgeschaltet werden.

Die Wild Coast, also die Strecke von Durban bis East London, gilt unter den südafrikanischen Seglern als gefährlich, weil hier schon etliche Yachten und Schiffe verlorengingen, so auch 1782 das berühmte Schatzschiff GROSVENOR der East India Company. Auf einer Distanz von 250 Seemeilen gibt es keinerlei Häfen, Ankerbuchten oder andere Möglichkeiten, Schutz zu suchen, wenn Wind und Strom gegeneinander stehen und Wellen von bis zu 20 Metern Höhe aufbauen. Auch für ein anderes Phänomen ist die Wild Coast bekannt, nämlich den sogenannten Whirlpool. Das ist eine verharmlosende Bezeichnung für riesige Strudel, die sich dort bilden können. Die BASIA geriet in die Nähe eines solchen Whirlpools und berichtete später, dass sich seitlich neben der Yacht ein trichterförmiges Loch mit einem

Durchmesser von an die 50 Metern auftat, dessen Wände spiralförmig nach unten verliefen. Wehe, wenn eine Yacht einem solchen Whirlpool zu nahe kommt!

Unter südafrikanischen Seglern ist es, wie Dave erklärt, Brauch, am Mbashi Point, der Mündung des Mbashi River, etwa in der Mitte der Wild Coast, dem Mbashi-Monster ein Opfer in flüssiger Form zu bringen, wenn es einem Boot gnädig war. Natürlich schließt sich auch die Mannschaft der DESTINY diesem Brauch an und opfert einiges aus ihren alkoholischen Beständen. Was Wolfgang, Hermann, Udo und Anne für einen lustigen Gag halten, bedeutet für Dave wohl doch etwas mehr. Wie sich immer deutlicher zeigt, ist Dave zutiefst abergläubisch. So schnauzt er Hermann eines Tages in todernstem Ton an, als dieser vergnügt pfeifend am Ruder sitzt, und verbietet ihm auf der Stelle, jemals wieder an Bord zu pfeifen. Er droht gar, die DESTINY zu verlassen, wenn die Mannschaft gegen sein Verbot verstößt und pfeift oder singt.

Ein Opfer für das Mbashi-Monster.
Auch Dave ist froh, dass das Monster friedlich war.

Gegen Mitternacht frischt der Wind auf, programmgemäß weht er aus Nordost und bleibt konstant, bis die Destiny am folgenden Abend in East London einläuft und vor Anker geht, ganz in der Nähe einiger anderer WorldARC-Yachten. Das Opfer an das Mbashi-Monster hat sich gelohnt!

Nach einer weiteren Etappe von 135 Seemeilen erreicht die Destiny Port Elizabeth am Morgen des 17. November. Schon der Empfang durch Port Control über UKW-Funk, als die Yacht die Wellenbrecher an der Hafeneinfahrt passiert, steht ganz im Gegensatz zu dem freundlichen Ton, mit der die Destiny ansonsten in Südafrika begrüßt wird. Barsch krächzt die Stimme aus dem Lautsprecher und fragt nach dem Grund, weshalb die Yacht in den Hafen von Port Elizabeth einlaufen will. Erst die Antwort, dass ein Crewwechsel stattfindet, veranlasst die Hafenbehörde, der Destiny das Einlaufen zu erlauben.

An einem der Stege des Algoa Yacht Clubs hat Dave schon von Durban aus telefonisch einen Liegeplatz reservieren lassen, aber der erweist sich als so baufällig, dass er schon beim ersten kräftigen Windstoß oder im Wellengang abzubrechen droht. Die Destiny wird deshalb in den Fischerhafen verholt, wo bereits die Wild Tigris neben einem Fischerboot festgemacht hat. Es ist gerade noch Platz für die Destiny, die an der Wild Tigris längsseits geht und mit großem Hallo von Casey, Heidi, Sean und Sophia begrüßt werden.

So schön die Strände bei Port Elizabeth und so vielfältig die Touristenattraktionen in und um die Stadt sind, die Marina des Yachtclubs ist in einem maroden Zustand. Vergammelte Stege, ungepflegte Boote, alles schmutzig, weil der Wasserverbrauch streng begrenzt ist, und dazu ist die Luft erfüllt von schwarzem Staub, der von der Kohleverladung herrührt, wie Udo erklärt. Der Staub setzt sich im Rigg und in den Segeln, auf Deck und im Cockpit der Destiny fest und macht aus der schönen weißen Yacht eine Art Kohlentender. Kein Wunder, dass die Mannschaft beschließt, noch am selben Tag wieder auszulaufen, nachdem Wolfgang per Flugzeug nach Kapstadt abgereist ist und Silvia, die eigentlich dort auf die Destiny warten wollte, kurzentschlossen einen Flug nach Port Elizabeth genommen hat, an Bord ist. Um 15:45 Uhr verlässt die Destiny Port Elizabeth und will sich auf den Weg Richtung Kapstadt machen, aber der Wind, der auf Südsüdost gedreht hat und mit 40 Knoten bläst, macht das Vorwärtskommen schwierig, wenn nicht unmöglich. Es wird deshalb beschlossen umzukehren, wieder in der Algoa Marina neben der Wild Tigris festzumachen und auf besseres Wetter zu warten.

Am 19. November sind die Wetterbedingungen so gut, dass man die Strecke nach Kapstadt in Angriff nehmen könnte, aber es ist unglücklicherweise ein Freitag, und freitags läuft Dave natürlich nicht aus. Also kann es erst am folgenden Tag weitergehen. Wechselnde Winde begleiten die Destiny, häufig muss auch motort werden, die Etmale sind bescheiden. Zum Auftanken wird Mossel Bay angelaufen, ohne sich lange dort aufzuhalten, denn es liegen immer noch mehr als 200 Seemeilen bis Kapstadt vor der Destiny. Das vorübergehend freundliche Wetter verschlechtert sich, nachdem Kap Agulhas, der südlichste Punkt Afrikas, wo der Indische Ozean und der Atlantik aufeinandertreffen, passiert ist, und der

Wind nimmt auf Sturmstärke zu. Die letzten Seemeilen bis Kapstadt muss die Destiny unter dreifach gerefftem Großsegel und dreifach gereffter Genua zurücklegen, der Sturm aus Südsüdwest bläst mit an die 50 Knoten und so geht es am Kap der Guten Hoffnung vorbei, das einstmals – nicht zu Unrecht – Kap der Stürme hieß. Die letzten Seemeilen werden zu einem harten Stück Arbeit, ehe die Einfahrt in den Hafen von Kapstadt erreicht ist. Für die Destiny ist ein Liegeplatz in der V&A (Victoria and Alfred) Marina reserviert, aber es ist unmöglich, bei dem herrschenden Sturm in die Marina einzulaufen. Die Mannschaft beschließt deshalb, vor der Marina an einem freien Platz anzulegen, was nach drei vergeblichen Versuchen kurz nach Mitternacht gelingt. Die letzten Seemeilen auf dem Weg nach Kapstadt waren eine Herausforderung, die der Crew alles abverlangte. Der Korken, der knallend aus der Sektflasche in den Himmel steigt, nachdem die Destiny festgemacht ist, fliegt dieses Mal ganz besonders hoch!

Nach und nach treffen die anderen WorldARC-Yachten in Hout Bay, 20 Kilometer außerhalb des Zentrums von Kapstadt, ein. Auch sie haben mit dem Sturm zu kämpfen und die eine oder andere Yacht hat Probleme, die Marina in Hout Bay zu erreichen. Bei 72 Knoten Windgeschwindigkeit schafft es die Brown Eyed Girl nicht mehr, gegen den Sturm anzukommen und die Chessie verliert ihr Ruder. Beide Yachten müssen von den inzwischen

Der erste Teil der Flotte in der Hout Bay Marina bei Kapstadt.

Die V&A Marina mitten in Kapstadt.

alarmierten Seerettungskräften in die Marina geschleppt werden. Dort ist es aber auch nicht sehr komfortabel. Zwar hält eine Mole den schlimmsten Seegang ab, aber dennoch laufen bei Süd- oder Südweststurm die Wellen in der nach Südwesten offenen Bucht zusammen und fast ungebremst in die Marina. Die Schwimmstege schwingen dann meterhoch auf und nieder, schwanken nach links und nach rechts, und manchmal kann man nur noch kriechend zu seiner Yacht gelangen, wenn überhaupt. Einer der Teilnehmer der WorldARC, der zu Besuch auf einer anderen Yacht war, musste sogar dort übernachten, weil es ihm zu gefährlich erschien, zu seiner Yacht zurückzukehren. Die Hafenführer warnen eindringlich davor, die Marina bei Süd- oder Südweststurm für einen längeren Aufenthalt zu nutzen. Aus diesem Grund hatte Wolfgang mit Hilfe seiner Freunde einen Liegeplatz in der V&A Marina mitten im Zentrum von Kapstadt ergattert, in unmittelbarer Nachbarschaft der Victoria and Alfred Waterfront mit ihren zahlreichen Touristenattraktionen, die teuerste Marina der Welt, so schien es ihm. Dort, so meinte er, sei die DESTINY sicherer aufgehoben, weil rundum hohe Apartmenthäuser und ein Hotel stehen, die die Marina vor Starkwind schützen. Was er aber nicht wissen konnte, war, dass Kapstadt eine Phase wiederkehrender Stürme, wie seit zehn Jahren nicht mehr, erlebte. Tag und Nacht pfiff der Wind, aus der Antarktis kommend, über das Land. Eines nachts sogar so stark, dass in der V&A Marina der Steg, an dem die DESTINY lag, brach. Nur dank des beherzten Eingreifens von Udo und Hermann konnten Schäden an der DESTINY verhindert werden.

Nachdem Dave sein großzügig bemessenes Skipperhonorar in Empfang genommen hatte, reiste er wieder ab. Wolfgang und Ingrid, Udo und Anne sowie Hermann und Silvia begannen nun, Kapstadt und Umgebung zu erkunden und die landschaftlichen Schönheiten der Gegend zu genießen. Bis Anfang Januar ist nun Weihnachtspause und die Teilnehmer der WorldARC begeben sich auf Reisen in Südafrika, machen Safaris oder fliegen zum Weihnachtsfest nach Hause.

Die Hanse-Segler vom Bodensee in Kapstadt.

Allein **Kapstadt**, eine Großstadt mit fünf Millionen Einwohnern, wäre schon einen längeren Aufenthalt in Südafrika wert. Kapstadt und die Kap-Provinz (Western Cape Province) liegen im südwestlichsten Teil Südafrikas, begrenzt vom Atlantik im Westen und vom Indischen Ozean im Osten. Von den 11 offiziellen Landessprachen Südafrikas werden in der Western Cape Province drei als Muttersprache gesprochen: Afrikaans von 55 Prozent der Bevölkerung, Xhosa mit den merkwürdigen Klick- oder Schnalzlauten von 24 Prozent und Englisch von 19 Prozent. Die vierte, allerdings inoffizielle Sprache am Kap ist bereits Deutsch aufgrund der vielen Auswanderer, die sich in Südafrikas schönster Ecke angesiedelt haben. Die Western ▶

Cape Province ist die abwechslungsreichste und attraktivste Provinz Südafrikas. Und das nicht zuletzt, weil ihre Hauptstadt eine der schönsten Städte der Welt sein soll, dank der landschaftlich einmaligen Lage mit dem Tafelberg im Hintergrund und der großen Meeresbucht davor.

Kapstadt ist die älteste Siedlung im Land. Der älteste Teil der Stadt und das Zentrum liegen zwischen Tafelberg, Signal Hill und Tafelbucht, wo einstmals im 17. Jahrhundert die ersten europäischen Siedler landeten. Eine spektakuläre Bergkette – vor allem bei nachmittäglichem Sonnenstand – beginnt am Tafelberg über die Twelve Apostles (Zwölf Apostel) bis hin zum Cape Point, dem Kap der Guten Hoffnung. Die Vororte von Kapstadt am Atlantik liegen auf einem engen und steilen Küstenstreifen. Im Osten von Kapstadt erstrecken sich, umrahmt von Wäldern, die ausgedehnten Weinanbaugebiete mit den alten Siedlungen; am bekanntesten davon ist Stellenbosch. Den exzellenten Wein aus Südafrika haben wir übrigens einem Strafgefangenen zu verdanken. Der junge Kaufmann Jan van Riebeek zog es 1652 vor, anstelle eines Gefängnisaufenthaltes in Holland ins damals noch recht unwirtliche Südafrika geschickt zu werden.

Für die Niederländisch-Ostindische Kompanie sollte er dort eine Versorgungsstation einrichten, damit deren Schiffe auf halbem Weg nach Indien Station machen konnten. Er erkannte bald, dass das mediterrane Klima mit feuchten, frostfreien Wintern und langen, gleichmäßig heißen Sommern ideal für den Weinbau sein musste. Sein Problem war nur: Wie kommt ein Strafgefangener in Südafrika an Rebpflanzen? Es gelang ihm aber, den Rat der Herren in Amsterdam davon zu überzeugen, dass Wein den großen Vorteil bietet, an Bord länger genießbar zu bleiben als Wasser. Sie stimmten zu und verschifften eine Ladung Rebpflanzen. Die in Erde und Leinensäckchen eingenähten Zweige wurden von den Matrosen zu liebevoll gepflegt, indem sie sie nicht nur feucht hielten, sondern geradezu – wohl auch noch mit Seewasser – ertränkten. Jedenfalls waren die zarten Reben bei ihrer Ankunft in Südafrika bereits verrottet. Aber irgendwie muss Riebeek es dann doch geschafft haben. Er pflanzte die Reben, vermutlich französischer Herkunft, mit Hilfe von Gärtnern, die ebenso wenig Ahnung vom Weinbau hatten wie er selbst, und trotzdem überlebten die Weinreben ihn und seine Helfer.

Ein Brillenpinguin am Cape Point.

Ein erster Ausflug von Wolfgang und Ingrid führt an Kirstenbosch vorbei nach Muizenberg. Anwa, der Fahrer, erweist sich als kundiger Fremdenführer. In Simon's Town trinken sie Kaffee, kaufen ein bemaltes Straußenei und fahren zu den Brillenpinguinen, die außerhalb des Ortes zu Dutzenden am Meeresufer zu finden sind. Am Rand der Straße tummelt sich eine Schar Paviane, Boobies oder Tschakmas genannt, denen man aber besser nicht zu nahe kommt, denn sie setzen ihre scharfen Zähne ein, wenn es darum geht,

Nahrung zu ergattern, Junge zu verteidigen oder wenn sie sich in die Enge getrieben fühlen. Weiter geht die Fahrt über hügelige Straßen zum Naturschutzgebiet Cape Point. Ein Fußweg führt hinauf auf die Hügelspitze, von der man einen großartigen Ausblick auf die lang gestreckte Halbinsel hat, an deren südwestlichem Ende das von Vasco da Gama so genannte Kap der Guten Hoffnung ist. Auf der Rückfahrt trottet eine kleine Gruppe von Pavianen am Straßenrand, darunter ein Muttertier, das ein totes Baby an der Hand hat, wahrscheinlich von einem Auto angefahren. Der Anblick ist so traurig, dass es Ingrid fast das Herz bricht. Schließlich geht es an langen Sandstränden zurück, die zum Baden einladen, aber nur etwas für Abgehärtete sind, denn der Atlantik ist hier sehr kalt und erreicht selbst im südafrikanischen Sommer kaum mehr als 16 Grad Wassertemperatur.

Am Kap der Guten Hoffnung.

Der südlichste Punkt Afrikas – Kap Agulhas.

Ein weiterer, diesmal zweitägiger Ausflug führt die ganze Mannschaft der DESTINY, Wolfgang und Ingrid, Udo und Anne sowie Hermann und Silvia, über die Garden Route. Wieder ist Anwa der Tour Guide und chauffiert die Gruppe mit seinem Kleinbus. Zunächst geht der Trip zum Kap Agulhas, dann nach Swellendam, Heidelberg und schließlich nach Knysna. Auf dem Rückweg bieten sich immer wieder herrliche Ausblicke über das Land und als letzter Höhepunkt wird das Elephant Sanctuary besucht, ein Tierpark mit zahlreichen Elefanten, die sich gerne von den Besuchern füttern lassen.

Hier muss man durch, wenn man in die Marina von Knysna will.

Im Elephant Sanctuary.

Von Afrika nach Südamerika

Am 8. Januar 2011 versammeln sich die noch teilnehmenden 19 WorldARC-Yachten in der Bucht vor Hout Bay zur nächsten 1.700 Seemeilen langen Wettfahrt nach St. Helena. Die holländische DRAMMER mit Hans und Emmy verlässt die Flotte und bleibt in Südafrika. Um 12 Uhr ist der Start bei zwischenzeitlich klarer, kühler Luft und mäßigem Wind, nachdem morgens in Kapstadt noch dichter Nebel geherrscht hatte. Die DESTINY geht als eine der ersten Yachten über die Startlinie. Ein brauchbarer Südwest mit vier bis fünf Windstärken lässt den Katamaran bei Sonnenschein flott marschieren. An Bord sind nun als Skipperin Ingrid, ihr Ehemann Fritz, ohne den sie nicht auf der DESTINY das Kommando übernehmen wollte, Christian, der schon die Strecke von den Galapagos bis Tahiti mitgesegelt war und Silvia und Hermann, die ursprünglich nur für drei Wochen an Bord kommen wollten und nun schon den vierten Monat die DESTINY ihr Zuhause nennen.

Start der DESTINY vor Kapstadt.

Im Südatlantik weht der Südost-Passat gleichmäßig das ganze Jahr über, tropische Stürme kommen nicht vor. Das Logbuch verzeichnet dementsprechend für die knapp 11 Tage, die die DESTINY bis St. Helena braucht, fast durchgängig schönes Wetter und konstanten Wind zwischen 15 und 29 Knoten aus südlichen und östlichen Richtungen, also ideale Segelbedingungen. Großsegel und Genua sorgen während der ganzen Fahrt von Südafrika bis St. Helena ununterbrochen für den Vortrieb, ohne dass auch nur ein einziger Segelwechsel notwendig wäre. Die aufregendsten Ereignisse und Höhepunkte des Tages sind offenbar die Mahlzeiten, die mit außergewöhnlicher Präzision im Logbuch vermerkt werden, abgesehen davon, dass fleißig geangelt wird und sich häufig Anglerglück einstellt, sei es, dass ein Mahi Mahi, auch Dorade genannt, oder ein Thunfisch gefangen wird.

Mit der Technik der DESTINY kommt die Mannschaft weniger gut zurecht. Aus unerklärlichen Gründen fällt die Batteriespannung häufig unter die 11,7 Volt, ab der die Batterien spätestens wieder geladen werden müssen. Offenbar stimmt etwas mit den fünf Solarzellen nicht, die normalerweise, jedenfalls bei Sonnenschein, ausreichen, um die Batterien 24 Stunden lang mit Strom zu versorgen. Obwohl die Destiny nur von Hand gesteuert wird, um Strom zu sparen, muss häufig der Generator in Betrieb genommen werden. Dies ist umso verwunderlicher, als Wolfgang in Mauritius vier neue Servicebatterien installieren ließ (später in Brasilien stellt sich heraus, dass die Batterien allesamt im Eimer sind, wohl weil sie zu oft tiefentladen wurden).

Auch schafft es die Crew nicht, die Entsalzungsanlage in Gang zu setzen. Beim zweiten Versuch schließt Hermann irrtümlich den Hahn des Kühlwasseraustritts, was natürlich zur Folge hat, dass der Kühlwasserschlauch durch den Überdruck platzt, als Hermann den Wassermacher in Betrieb nehmen will. Zur Strafe kriegt er, im Steuerbord-Motorraum sitzend, eine ordentliche Dusche ab. Ansonsten aber ist an Bord der Destiny alles in Ordnung, wie man Ingrids E-Mail vom 17. Januar entnehmen kann:

> *Der Wind ist deutlich ruhiger geworden und die Etmale entsprechend geringer. Wir segeln seit Tagen Schmetterling bei steigender Außentemperatur, auch das Meer hat inzwischen 26 Grad. Drei Mahi Mahi haben wir bislang gefangen. Stimmung und Essen an Bord prima. Die* Destiny *lässt sich gut handhaben und der Generator läuft brav. Die Notluke an StB leckt, ist wohl ein bekanntes Problem, und wird regelmäßig trocken gelegt. Die Stromkapazität macht uns trotz neuer Batterien nachdenklich. Irgendwie passt das System nicht zusammen oder birgt einen Fehler, da die Spannung viel zu schnell nachlässt. Wir versuchen aber zurechtzukommen. Den Autopilot nutzen wir selten und gehen sportlich Ruder per Hand. Soweit die News vom tintenblauen Atlantik.*

Und später schreibt Silvia, nachdem die Destiny am 18. Januar an einer Muringtonne vor Jamestown festgemacht hat:

> *Wir vermissen den Winter gar nicht, gewöhnen uns gerade an die steigenden Temperaturen. Vorgestern machten Hermann und Christian den Aufstieg an der Jakobsleiter* [eine hügelwärts von Jamestown nach Half Tree Hollow führende Treppe mit 699 Stufen], *wobei ersterer nach 340 Stufen umkehrte und letzterer 699 Stufen rauf und runter schaffte. Gestern besichtigten wir die Insel und ich denke, hier eine Grabstätte wäre auch was für uns, würde sich bestimmt bezahlt machen – unsere Erben hätten keine Kosten. Am Ende unserer Fahrt liefen Christian und Fritz die Treppe runter, wobei unser sportlicher Fritz Christian überholte. Ich nehme aber an, dass es nur der Bierdurst war, der sie so antrieb. Abends war dann das WorldARC-Treffen an Land und es war sehr schön (sehr viel Fleisch wurde gegrillt), trotzdem sind wir bald zurück zur* Destiny. *Ihr könnt Euch nicht vorstellen, wie wir an den Seilen, wie die Affen, in das Wassertaxi turnen müssen, es ist jedes Mal eine Herausforderung durch die Brandung. Hermann hat alles gefilmt. Nun, es geht langsam zu Ende und wir werden heute Abend auslaufen.*

Gut angekommen in St. Helena.

St. Helena

Wenn man sich St. Helena nähert, kann man gut verstehen, warum die Engländer diese Insel seinerzeit als Verbannungsort für Napoleon auswählten: Die winzige Insel inmitten des weiten Ozeans ist 1.900 Kilometer von Afrika und 3.400 Kilometer von Südamerika entfernt und sie gleicht einer natürlichen Festung. Kahle, schroffe Klippen steigen aus dem Meer empor und machen eine sichere Landung nur an einer einzigen Stelle möglich, in der James Bay. Allerdings sind auch hier wegen des Tidenhubs und des unentwegten Schwells des Atlantiks keine Hafenanlagen vorhanden. Die Boote ankern in der Bucht und deren Mannschaften werden mit Wassertaxis an Land gebracht – sportlicher Einsatz ist Voraussetzung.

Zwar hatte die Regierung in London vor einiger Zeit den Bewohnern der Insel einen Flughafen versprochen, der bis 2010 fertiggestellt sein sollte, aber finanzielle Schwierigkeiten führten dazu, dass das Projekt auf Eis gelegt wurde. Somit leben die Bewohner von St. Helena weiterhin auf einer sterbenden Insel, denn St. Helena entvölkert sich schnell. In den 80er-Jahren des vorigen Jahrhunderts wurden noch rund 7.000 Einwohner gezählt, im Jahr 2000 waren es nur noch 5.000; mittlerweile liegt die Zahl bei 4.000, wobei der Anteil der unter Fünfzehnjährigen und der über Fünfzigjährigen überproportional groß ist. Die arbeitende Bevölkerung verlässt St. Helena. Die Hauptursache für diesen Schwund sind die düsteren wirtschaftlichen Aussichten. 60 Prozent der Erwerbstätigen auf der Insel arbeiten für die Inselverwaltung, weitere 20 Prozent für Staatsbetriebe. ▶

Exporte aus St. Helena in nennenswerter Höhe gibt es nicht. Zwar wurde in den 40er- und 50er-Jahren des vorigen Jahrhunderts in weiten Regionen Flachs angebaut und zu Seilen verarbeitet. Nachdem sich aber auf den Weltmärkten billigere synthetische Seile durchgesetzt haben, ist dieser Exportzweig eingeschlafen. Solange St. Helena jenseits aller regulären Schiffsrouten liegt und kein Flughafen auf der Insel vorhanden ist, wird sich auch der Tourismus schwerlich durchsetzen.

St. Helena hat eine Fläche von 122 Quadratkilometern, die höchste Erhebung ist der Diana's Peak mit 823 Metern. Eine weitere Erhebung mit einer Höhe von 741 Metern, der Mount Halley, ist nach dem britischen Astronomen Edmund Halley (Halley'scher Komet) benannt, der auf der Insel die Bewegungen der Planeten Venus und Merkur beobachtete (die beiden Planeten, die zwischen Erde und Sonne liegen: Wer erinnert sich noch? Mein Vater erklärt mir ...). Hauptstadt der Insel ist Jamestown mit etwa 700 Einwohnern, größter Ort ist allerdings ihr Vorort Half Tree Hollow mit rund 900 Einwohnern.

St. Helena hatte aufgrund seiner Abgeschiedenheit und seiner Steilküsten nie eine indigene Bevölkerung und blieb bis in das 16. Jahrhundert unbewohnt. Erst 1502 kam der Portugiese João da Nova Castella auf die Insel und gab ihr den Namen der Mutter Kaiser Konstantins, die an diesem Tag Namenstag hatte. Als die Portugiesen weitersegelten, ließen sie ihre Kranken auf der Insel zurück, gründeten aber keine dauerhafte Siedlung. Die Existenz der Insel blieb geheim, um ihre strategische Bedeutung zu sichern, konnte man sich doch auf dem langen Weg nach Südostasien mit Trinkwasser und frischen Früchten versorgen. Als die ersten Engländer 100 Jahre später ihren Fuß auf die Insel setzten, gaben die Portugiesen die Insel auf.

Der berühmteste Bewohner der Insel, Napoleon Bonaparte, wurde von den Engländern im Oktober 1815 auf die Insel deportiert und residierte bis zu seinem Tod am 5. Mai 1821 in Longwood. Zu dieser Zeit war St. Helena in aller Munde. Ganz Europa war begierig zu wissen, wie es dem gescheiterten Kaiser der Franzosen im Exil erging. Napoleon und sein Hofstaat, circa 30 Personen (Gesellschafter, Leibarzt, Kämmerer, Hofmeister, Diener, Koch, Barbier und so weiter) führten ein stilvolles Leben im Longwood House, dem großzügigen Sommersitz eines vermögenden britischen Offiziers. Zum Abendessen bei Kerzenlicht erschienen Napoleon, seine Gesellschafter und etwaige Besucher mit ihren Damen in Galauniform beziehungsweise Abendkleid, die Dienerschaft servierte in Livree, und alle Regeln des Protokolls wurden strikt eingehalten. Trotzdem wirkte St. Helena auf Napoleon wie ein Gefängnis, hatten die Engländer doch ihr militärisches Aufgebot massiv erhöht, damit Napoleon nicht fliehen oder von außen befreit werden konnte. Napoleon wurde auf St. Helena in einem schlichten Grab zwischen zwei Trauerbirken beigesetzt und es hieß, Napoleon selbst habe sich diesen Ort als letzte Ruhestätte ausgesucht. Trotzdem wurden Napoleons sterbliche Überreste 1840 nach Frankreich überführt und in Paris feierlich unter der mächtigen Barockkuppel des Invalidendoms bestattet.

Noch ein Bewohner der Insel sei erwähnt: der St. Helena Regenpfeifer. Ein Vogel, der nur kurz auffliegen kann und sich bei seiner Flucht vor Feinden eher auf seine zwei wieselflinken, schwarzen Beinchen verlässt. Diese Vogelart gibt es weltweit nur auf St. Helena.

Noch einmal 1.900 Seemeilen liegen vor der Destiny, als sie am Abend des 21. Januar in St. Helena ablegt. Der Deutsche Wetterdienst hatte für die nächsten Tage günstige Windverhältnisse vorhergesagt – Südsüdost oder Südost mit vier bis fünf Beaufort. Wiederum genügen Großsegel und Genua, um die ganze Strecke bis Salvador da Bahia in Brasilien zurückzulegen, von einigen wenigen Stunden abgesehen, wo der Spinnaker gesetzt wird. Lange segelt die Destiny Seite an Seite mit der Lady Ev. VI und der Thor VI und schafft anfangs Etmale von 191, 185 und 172 Seemeilen, später, als der Wind schwächer wird, muss sich die Mannschaft mit Etmalen zwischen 120 und 150 Seemeilen begnügen.

In St. Helena hatte die Mannschaft den Dieseltank per Tankboot gefüllt und den Wassertank mittels Kanistern, nachdem sie es schon auf dem Weg nach St. Helena nicht geschafft hatte, den Wassermacher in Gang zu setzen. Die Crew lernt nun Wasser zu sparen!

Die Destiny liegt an der Spitze des Feldes der WorldARC-Yachten und die Crew kämpft, um ihre vierte Position zu halten. Jeder an Bord geht aufmerksam Ruder, wenn er Ruderwache hat. In der Frühe des 29. Januar reißt die Dirk (und der mit Wucht auf das Bimini herabdonnernde Großbaum verbiegt, wie sich später herausstellt, das Biminigestänge). Niemand an Bord hat eine Erklärung dafür, auch nicht nach der Ankunft in Salvador da Bahia, als Wolfgang wissen will, wie das passiert ist. Keiner war's! Der Bruch der Dirk ist umso erstaunlicher, als die Dirk in Mauritius noch eine Last von 250 Kilogramm getragen hat, als der Generator aus- und wieder eingebaut werden musste.

Am 1. Februar ist Silvia ab 4 Uhr morgens allein auf Wache und erlebt gegen 5:40 Uhr eine Himmelserscheinung, die sie später, noch ganz aufgeregt, so beschreibt: Im Westen, wo der Himmel noch dunkel ist, taucht urplötzlich ein helles, weißes Licht auf, das größer und größer wird und minutenlang mit einer Helligkeit strahlt, als ob die Sonne aufgegangen wäre. Dann wird das Licht schwächer und schwächer und verschwindet schließlich ganz. Die Mannschaft rätselt und findet so recht keine Erklärung für die Lichterscheinung, zumal Silvia einen völlig nüchternen Eindruck macht und die Vermutung, es könnte vielleicht eine Sternschnuppe gewesen sein, heftig bestritten. Aber was war es dann? War es eine Supernova? Oder eine göttliche Lichtgestalt? Oder gar ein Ufo? Ja, das könnte es gewesen sein, meint Wolfgang später spöttisch, und das Ufo hatte sicher schon zwei Tage zuvor mit einem Laserstrahl die Dirk durchgeschnitten, womit dann auch eine Erklärung für den geheimnisvollen und anders nicht zu erklärenden Bruch der Dirk gefunden wäre.

Am späten Nachmittag des 3. Februar kommt die brasilianische Küste in Sicht und am Abend werden die Konturen von Salvador da Bahia mit den unzähligen Hochhäusern sichtbar. 25 Minuten nach Mitternacht passiert die Destiny die Ziellinie und legt eine halbe Stunde später

Auf dem Weg nach Recife.

Salvador da Bahia ist erreicht.

Dieses Fort schützte einst Salvador da Bahia.

nach 1.982 Seemeilen am Steg des Terminal Nautico fest, genau gegenüber der Altstadt von Salvador da Bahia. Ingrid und Fritz verabschieden sich hier einige Tage später von der Mannschaft der Destiny, nachdem zunächst Johann (genannt Hans) und etwas später dann Wolfgang und Ingrid eingetroffen sind. Sie gehen zurück auf ihre Pico, mit der sie entlang der brasilianischen Küste Richtung Süden segeln wollen.

Gegenüber der Destiny auf der anderen Seite des Stegs liegt die Kalythea, eine Segelyacht des Typs Endurance 37. An Bord sind Peter und Elke, zwei ältere Segler aus Deutschland, die zum ersten Mal den Sprung über den Atlantik gewagt haben. Sie kommen ab und zu gerne auf die Destiny, um einen gemütlichen Plausch zu machen und Erfahrungen auszutauschen. Von Brasilien aus wollen sie wieder zurück auf die Kanaren, aber nicht etwa über die Karibik, sondern auf eher direktem Weg, mit einem Zwischenstopp auf den Kapverdischen Inseln. „Da müsst Ihr aber eine lange Strecke hoch am Wind segeln, ist das wirklich machbar?" fragt Wolfgang zweifelnd. „Denkt dran, Gentlemen don´t sail upwinds." Aber Peter ist sich sicher: „Das geht, das haben andere auch schon gemacht, keine Bange." Einige Monate später, als

Ingrid zu Hause in einem Segelmagazin blättert, fällt ihr Blick auf einen Artikel unter der Überschrift „Die letzte Reise der Kalythea". Sie stutzt, betrachtet die Fotos und weiß jetzt, dass Peter und Elke es nicht auf die Kanaren geschafft haben, noch nicht einmal bis zu den Kapverden sind sie gekommen. Schlechtes Wetter, viele Squalls und Wind aus Ost erschwerten das Vorwärtskommen, so dass häufig die Maschine mithelfen musste. Bald war der Dieselvorrat nahezu aufgebraucht und die beiden nahmen, 500 Seemeilen vor den Kapverden, über die SAR-Leitstelle Münster Kontakt mit der Großschifffahrt auf. Beim Versuch, Treibstoff zu übernehmen, kollidierte die KALYTHEA mit dem Tanker SONANGOL NAMIBE. Ein paar Beschädigungen am Heck waren kein großes Unglück, aber ein Leck im Bugbereich erwies sich im Laufe der Zeit als kritisch. Der Wassereinbruch war irgendwann nicht mehr zu beherrschen und so entschlossen sich Peter und Elke, die Yacht aufzugeben und Notalarm mit ihrem EPIRB auszulösen. Ein norwegischer Frachter nahm sie wenig später auf und setzte sie in Brasilien an Land.

Der Aufzug in die Oberstadt.

In der Altstadt von Salvador da Bahia.

Auf dem Pelourinho.

Salvador da Bahia ist nach Rio de Janeiro und São Paulo die drittgrößte Stadt Brasiliens und die Bevölkerung ist überwiegend dunkelhäutig, denn die Mehrheit besteht aus Nachkommen der ehemaligen Sklaven aus Afrika. In den anderen Teilen Brasiliens machen die Schwarzen nur knapp 7 Prozent aus. Die Arbeit auf den Plantagen war Schwerstarbeit, für die die Indios als untauglich galten. Aber auch die schwarzen Sklaven sollen die harte Arbeit im Durchschnitt nur neun Jahre ausgehalten haben. Auch wenn die Sklaverei seit vielen Jahrzehnten Geschichte ist, die Benachteiligung der Schwarzen hat sich bis heute gehalten. Die religiöse und kulturelle Tradition dieser Bevölkerungsgruppe ist allerdings auch ungebrochen. Die Sklavenvorfahren mussten einst, ob sie wollten oder nicht, den Glauben ihrer neuen Herren annehmen. Daneben haben sie aber ihre eigenen Kulthandlungen weiter gepflegt, nur zur Tarnung erhielt jeder ihrer Götter den Namen eines katholischen Heiligen. In ihren Tänzen und in ihrer Musik kommt noch heute ihre überlieferte Tradition zum Ausdruck.

Zur Erhaltung der Kirchen scheint genügend Geld vorhanden zu sein.

Salvador da Bahia ist auf mehreren Ebenen einer Bergkette erbaut, welche die Stadt in eine Unterstadt auf Meereshöhe und eine 70 Meter höher liegende Oberstadt unterteilen. Um von einem Teil der Stadt in den anderen zu gelangen, benutzt man am besten einen Aufzug namens Lacerda, direkt gegenüber dem Hafen, in einem rechteckigen, 100 Meter hohen Turm, der auf Höhe der Oberstadt über einen kompakten Steg mit dem Boden verbunden ist. Während unten am Meer die meisten Häuser in einem äußerst desolaten Zustand sind, sieht es oben am Pelourinho (sprich Pelaurinjo) weitgehend gepflegt aus.

Der Pelourinho, auf Deutsch Pranger, war früher der Sklavenmarkt von Salvador. Hier wurden die Sklaven gekauft und verkauft, hier wurden sie ausgepeitscht und hier steht die Kirche vom Rosenkranz der Schwarzen, die einzige Kirche, in der die Schwarzen dem Gottesdienst beiwohnen durften. Im letzten Jahrhundert zog dieser Platz Künstler aller Bereiche an: Musiker, Maler, Dichter und nicht zuletzt auch Filmschaffende. So ist der Pelourinho heute ein kulturelles Zentrum und jeden Abend dicht bevölkert, nicht nur von den Einheimischen, sondern auch von den vielen Touristen, für die dort oben unzählige Restaurants und Bars eröffnet wurden. Heute ist der Pelourinho Weltkulturerbe der UNESCO. Da Hermann und Silvia sich in der Stadt schon gründlich umgesehen haben, bleiben sie an Bord der DESTINY, als Wolfgang, Ingrid und Hans eine Stadtrundfahrt mit dem Bus unternehmen. Nach dem Fahrplan hätte die Bustour um 10 Uhr am Mercado Modelo, direkt gegenüber dem Hafen, beginnen sollen. Aber in Brasilien ist doch nicht alles so einfach, wie man sich das vorstellt, zum einen, weil die Einwohner nur Portugiesisch sprechen und zum anderen, weil hier jeder alle Zeit der Welt hat. Der Bus fährt heute, so stellt sich heraus, erst um 11 Uhr los. Eine kleine korpulente Brasilianerin erkennt sofort die Situation und schleppt die drei in das nahe gelegene

Die DESTINY-Crew, wie man sie noch nicht kennt, mit Anita.

Restaurant und dort in die hinterste Ecke, eben wo ihr Revier ist, wo sie bedienen darf. Anita, so heißt sie, spricht überraschenderweise fließend Englisch, ist Kellnerin im Restaurant, verkauft nebenher Bootstouren, Busrundfahrten, Schnorchel- und Tauchausflüge und, was sich noch als sehr nützlich erweisen wird, Anita weiß sich und anderen immer zu helfen.

Schon am gestrigen Abend hatte sich gezeigt, dass die Batterien in Kürze ihr Leben aushauchen würden. Obwohl den ganzen Tag die Sonne schien und die Solarzellen für genügend Ladestrom gesorgt hatten, waren die Batterien am Abend so schwach, dass der Generator gestartet werden musste. Strom aus der Steckdose am Steg war zwar verfügbar, nützte aber nichts, weil das Ladegerät an Bord der Destiny mit 50 Hertz arbeitet, in Brasilien aber der Strom eine Frequenz von 60 Hertz hat, wie in manch anderem Land. Am Morgen waren vier der fünf Servicebatterien leer und tot und nicht mehr zum Leben zu erwecken – aus, Schluss, vorbei! Also marschieren Wolfgang, Ingrid und Hans zu Anita an den kleinen Stand, wo sie ihre Touren anbietet, und schildern ihr das Problem. Sofort wird Anita aktiv: sie rennt über die Straße zur Tankstelle, verhandelt, kommt zurück: „Come on, ich weiß ein Geschäft, wo ihr die Batterien kaufen könnt." Dann läuft Anita mit den dreien zu einem Bootszubehörgeschäft – nur leider, Batterien haben sie nicht, aber immerhin eine Adresse, wo man eventuell Batterien passender Größe und Kapazität kaufen kann. Anita rennt wieder los, handelt mit einem Taxifahrer den Preis aus für die Fahrt in die Rua Vasco da Gama und zurück. Der Taxifahrer setzt ein missmutiges Gesicht auf, fährt aber doch nach Anitas Anweisungen kreuz und quer durch Salvador, hin und her, rauf und runter, in eine Straße, die schon nach Motorenöl zu riechen scheint. Hunderte kleine Geschäfte, die alle etwas anbieten, was mit Auto oder Motor zu tun hat. Vor einem der Geschäfte hält das Taxi. Hinter der Verkaufstheke stehen vier Männer und zwei Frauen, die nichts tun, absolut nichts. Sie reden noch nicht einmal miteinander, sie stehen nur da und dösen vor sich hin. Vor der Theke und oben drauf sind Batterien unterschiedlicher Größe aufgebaut. Die Augen des Skippers fangen an zu leuchten und wieder tritt Anita in Aktion. Wolfgang hatte ihr die technischen Daten aufgeschrieben und Anita spricht über Batterien und Preise, als wenn sie nie etwas anderes getan hätte. Zwei passende Batterien hat der Händler, zwei weitere kann er eventuell besorgen, jede soll 320 Reais kosten, ungefähr 160 Euro. Der Skipper ist glücklich und will den Kauf perfekt machen, doch Anita nimmt ihn bei der Hand. Sie hat zwischenzeitlich den Taxifahrer losgeschickt, um nach einem weiteren Geschäft zu suchen, wo es Batterien gibt, und soeben kommt er strahlend zurück – gefunden. Anita beendet also die Kaufverhandlungen und es geht zum nächsten Laden. Dort stehen drei Männer hinter der Theke, und sie tun auch nicht

Anita.

mehr als die im anderen Laden. Hier aber sind nun tatsächlich vier brauchbare Batterien vorhanden, nur: Anita ist mit dem Preis nicht einverstanden. Erst als sie die Batterien auf 300 Reais je Stück heruntergehandelt hat, erklärt sie ihr Einverständnis zum Kauf. Aber, aber die Abmessungen der Batterien könnten zum Problem werden. Also muss der Händler dem Taxi in seinem Auto zum Hafen folgen. Ein Glück, denn die erste Batterie passt zwar in die Box, die zweite aber ist zu groß. Doch der schlaue Händler hat von jeder Größe vier Batterien mitgebracht und nun ist die Destiny wieder ausreichend versorgt. Anita ist glücklich und geht in das Restaurant, wo sie eigentlich den Vormittag über hätte bedienen müssen. Doch sie soll nicht umsonst auf ihren Verdienst verzichtet haben: Heute Abend gehen wir mit ihr zusammen Essen und dann wird sie auch ein großzügiges Trinkgeld bekommen. So ist Brasilien!

Am Sonntag, den 27. Februar, trifft abends Thomas als letztes Crewmitglied ein. Wolfgang und Ingrid fahren mit dem Bus zum Flughafen, um ihn abzuholen. Bus fahren ist in Brasilien ein Erlebnis. Die beiden lieben es, schnell zu fahren, aber hier stellt sie jeder Busfahrer in den Schatten – und das Stoßstange an Stoßstange. Natürlich gibt es feste Haltestellen, aber man hat den Eindruck, dass der Fahrer, beispielsweise auf jeder Fahrt zum Einkaufszentrum, eine andere Route gefahren ist. Also sollte man den Schaffner vor Antritt der Fahrt fragen, ob der Bus auch zu dem gewünschten Ziel fährt. Für umgerechnet 1,25 Euro kann man den ganzen Tag über Bus fahren, vorausgesetzt, man unterbricht die Fahrt nicht.

Die Fahrt zum Flughafen dauert fast eine Stunde und da am Sonntagabend auf den Straßen nicht viel los ist, kann der Fahrer nach Belieben das Gaspedal durchdrücken – Aufstehen während der Fahrt ist lebensgefährlich. Auf einer der Fahrten auf dem Rückweg vom Einkaufszentrum wurde eine korpulente Frau mittleren Alters in einer rasant angesteuerten Kurve – wutsch! – vom Sitz geschleudert. Da lag sie nun auf dem Boden, die Ärmste, inmitten ihrer Einkaufstüten und -taschen und konnte sich während der Fahrt nicht mehr aufrichten. An jeder Haltestelle auf der Fahrt zum Flughafen denken Wolfgang und Ingrid: Hier möchte ich nicht aussteigen. Überall trostlose, zerfallene Häuser, schmutzige Straßen und mitunter Menschen, die aussehen, als ob man sich vor ihnen fürchten muss. Im Pelourinho, dem kulturellen Zentrum von Salvador, stehen an jeder Straßenecke zwei Polizisten, und wenn man sich in eine der engen Gassen hineintraut, folgen sie den neugierigen Besuchern, bis diese dann irgendwann darauf aufmerksam gemacht werden, dass man doch bitte zur eigenen Sicherheit umkehren möge. Der Taxifahrer wählt für die Rückfahrt vom Flughafen zum Terminal Nautico eine ganz andere Strecke als der Busfahrer: eine achtspurige Autobahn, rechts und links davon neue Hochhäuser mit moderner Architektur, kleine Parks, alles sauber und proper – so gegensätzlich ist Salvador da Bahia.

Endlich wieder Mobilfunk!

Karneval in Brasilien

Gegenwärtig tummeln sich in Salvador besonders viele Touristen, denn in der nächsten Woche beginnt der Karneval. Jeden Abend üben die vielen Sambakapellen, meistens Trommler, für den großen Auftritt in den Straßen von Salvador, der am letzten Donnerstag vor Aschermittwoch beginnt. Erfahrungsgemäß strömen ein bis zwei Millionen Menschen durch die Straßen; der Weg für den Umzug in der Unterstadt ist 18 Kilometer lang. Bereits jetzt werden entlang der Straßenzüge Tribünen für das große Ereignis aufgebaut.

An einem der Abende, als die Destiny-Mannschaft auf dem Rückweg von einem Restaurantbesuch über den Pelourinho schlendert, wird sie von der Musik einer Sambatruppe angezogen. Grün-gelb gekleidet machen die zumeist weiblichen Musiker temperamentvolle Musik, davor eine reizende Sambatänzerin. Immer wieder gesellt sich ein Tänzer oder eine Tänzerin aus dem Publikum dazu. Der Dirigent, der selbst mehrere Instrumente spielt, verteilt Süßigkeiten und Spielsachen an die Kinder. In einer Pause kommt die Destiny-Crew mit einem der Musiker ins Gespräch und zum großen Erstaunen stellt sich heraus: Die Musiker, die mit ihren heißen Samba-Rhythmen den Umstehenden einheizen, sind Deutsche aus Bamberg, junge Leute, die sich mit einer Reise nach Brasilien und mit ihrer Teilnahme an den Karnevalsumzügen einen Traum erfüllen.

Vor dem Start am Montag fährt die nunmehr komplette Besatzung der Destiny noch einmal im rasanten Elevador Lacerda zum Pelourinho hoch, damit Thomas auch noch einen kurzen Eindruck von der Stadt gewinnen kann. Der Aufzug transportiert jeden Tag 50.000 Passagiere von der Unterstadt in die Oberstadt und umgekehrt. Dieses Mal hat die Gruppe das Glück, dass die Franziskanerkirche und das Kloster zur Besichtigung offen sind. Die Franziskanerkirche besitzt eine der größten Sammlungen von Blaufliesengemälden, sogenannten Azulejos, die in Portugal hergestellt wurden und ein Geschenk des Königs sein sollen, allerdings, so ganz genau weiß man das auch wieder nicht. Die Fliesen

Die Franziskanerkirche in Salvador da Bahia.

Protz as Protz can – die Goldkirche.

im oberen Stockwerk stellen Jagdszenen, Schiffe und Schlachten dar, die im unteren Stockwerk geben Gemälde des flämischen Malers Otto van Veen wieder und sind mit den beigefügten Versen von Horaz eine Art Sittenlehre in Bilderform. Die Kirche São Francisco, erbaut im Barockstil, ist im Inneren ganz mit vergoldeten Holzschnitzereien ausgekleidet, was dem Innenraum das Aussehen einer aus purem Gold erbauten Kirche verleiht. Wunderschön sind die Schnitzereien der Chorempore und der Sakristei aus fast schwarzem Jacarandaholz.

Vom Franziskanerkloster führt der Weg bergauf, bergab auf holprigem Kopfsteinpflaster zum Karmeliterkloster, das heute ein Firstclass-Hotel beherbergt. An der Bar im Klostergang schnell eine Caipirinha

Totonho.

Totonhos Meisterwerk – inzwischen Eigentum von Wolfgang und Ingrid.

zur Erfrischung, und weiter geht's zum Atelier von Totonho. Seine Landschaftsmalereien mit Vögeln, Wäldern und Flüssen haben es Wolfgang und Ingrid angetan, ganz besonders das Bild, an dem er gerade arbeitet. Es ist schon für die beiden reserviert und sobald es fertig ist, will ihnen sein Sohn ein Foto davon per E-Mail schicken – sie sind sich aber jetzt schon ziemlich sicher, dass sie es kaufen werden (mittlerweile hängt es tatsächlich in ihrem Haus). Als eine der letzten WorldARC-Yachten verlässt die Destiny am Nachmittag des 28. Februar Salvador da Bahia. Bis auf die Thor VI, deren Vorstag auf dem Weg von St. Helena nach Brasilien gebrochen ist und die auf Ersatzteile wartet, sind alle anderen Yachten entweder schon auf dem Weg nach Recife oder liegen irgendwo in der riesigen Bucht westlich von Salvador vor Anker. Bei schönstem Wetter rundet die Destiny den markanten Leuchtturm von Farrol und strebt dem offenen Meer zu. Der Wind lässt leider zu wünschen übrig, er ist schwach und bläst, wenn überhaupt, aus Nordost, also genau aus der Richtung, in der das Ziel Recife liegt. Der Eintrag im Logbuch um 22 Uhr zeigt die Unzufriedenheit des Skippers: „Verdammte Kreuzerei, kommen nicht richtig vorwärts – dazu noch 0,8 Knoten Gegenstrom!"

Wieder einmal müssen abwechselnd die Steuerbordmaschine und die Backbordmaschine für den Antrieb sorgen, wenn es, wie so oft auf dem 400 Seemeilen langen Weg nach Recife, gegen den weiterhin schwachen und unbeständigen Wind geht und der Brasilstrom das seinige dazu tut, dass die Fahrt unter Segeln auf ein Minimum schrumpft. Die Mannschaft übt sich in Geduld. Auch mit 5,5 Knoten Fahrt kommt man irgendwann ans Ziel. Immerhin, die Sonne scheint und in der Nacht funkeln die Sterne. Kälte, Schnee, Politik und Wahlschlamassel in Baden-Württemberg sind weit, weit weg und die Mannschaft freut sich auf den Karneval in Recife.

Endlich, nach vollen vier Tagen, erscheinen vor der Destiny die Hochhäuser von Recife und entlang einem schier unendlich langen Wellenbrecher steuert die Yacht in die Marina des Cabanga Iate Clube, die nur bei Hochwasser angelaufen werden kann, ein. Der Tidenhub ist so groß, dass nicht nur die Fahrrinne zur Marina, sondern auch die Marina selbst bei Niederwasser teilweise trocken fällt. Da der Frischwasseraustausch mit dem offenen Meer sich in Grenzen hält und Recife von einem Fluss durchzogen wird, in den wohl einiges an Abwässern gelangt, macht sich in der Marina bei Niederwasser ein wenig angenehmer Geruch bemerkbar, ganz

Die Skyline von Recife.

Kuriose Säulen an der Einfahrt nach Recife.

abgesehen von dem Müll, der sich auf der verbleibenden Wasserfläche sammelt.

Mike von der EOWYN hat beim Einlaufen der Yacht in die Marina das Pech, dass er, in die Sonne blickend, ein Kitzeln in der Nase und einen unwiderstehlichen Drang zu Niesen verspürt. *Ha-ha-haaaatschi!!* bricht es heftig aus ihm heraus und in weitem Bogen fliegt seine Brücke mit den drei Zähnen, die er sich in Australien hat anfertigen lassen, nachdem ihm wegen starker Schmerzen drei der Plagegeister gezogen werden mussten, in das schwarzbraune, schlammige, schmutzige Hafenwasser – oh, welche Freude! Mike lässt es sich aber natürlich nicht nehmen, beim nächsten Niederwasser im Schlick zu wühlen und tatsächlich, er findet seine teure Brücke wieder, gottlob, nach mehrfacher Spülung lacht Mike jetzt wieder mit einer vollständigen Perlenkette schönster Zähne!

Ansonsten aber ist der Cabanga Iate Clube ein schönes Plätzchen mit einem großen Swimmingpool, einem Restaurant und ordentlichen sanitären Einrichtungen, wo es sich die Crew der DESTINY einige Tage lang gut gehen lässt. Morgens eine Runde Schwimmen, dann in der nahe gelegenen City einkaufen, am Nachmittag ein Plausch mit den anderen WorldARC-Teilnehmern bei einer oder auch zwei Caipirinhas, abends ein Essen entweder in der Marina oder in einem nahe gelegenen Restaurant auf der anderen Seite des Flusses – so lässt sich die Wartezeit auf den beginnenden Karneval aushalten. Aber auch die Schattenseiten sind nicht zu übersehen: Überquert man den Fluss auf der Brücke, dann fällt unwillkürlich der Blick auf die darunter befindlichen armseligen Hütten am Flussufer, wo Kinder im Dreck spielen, wo Männer im schmutzigen Flusswasser stehend fischen und wo es stinkt, dass man sich die Nase zuhalten möchte. Man wird eindringlich daran erinnert, dass der Großteil der Bevölkerung trotz des wirtschaftlichen Aufschwungs, der sich wohl eher im Süden abspielt, immer noch in

Im Cabanga Iate Cube.

Armut lebt. Kein Wunder, dass die Kriminalität hoch ist und man gut daran tut, vorsichtig zu sein, vor allem wenn man allein unterwegs ist oder des Nachts. Apropos Kriminalität: Als Wolfgang in Grenada versuchte, mithilfe einer Kreditkarte Geld aus einem Automaten zu ziehen, wollte dieser partout nichts ausspucken. Auch ein Versuch mit seiner zweiten Kreditkarte scheiterte. Erst ein Anruf bei der Bank klärte ihn darüber auf, dass mehrfach von dubiosen Unternehmen in Brasilien, Tobago und USA versucht worden war, Geld von seinem Konto abzuziehen. Weil seine Kreditkarten schon beim ersten Versuch gesperrt worden waren, blieben die Gaunereien erfolglos. Weniger Glück hatten Anna von der BASIA und Irene von der TUCANON. Im einen Falle fielen den Gaunern 3.000 US-Dollar in die Hände, im anderen 15.000 US-Dollar.

Höhepunkte des Aufenthalts in Brasilien sind natürlich die Karnevalsumzüge in Recife und Olinda, einer kleinen Stadt gleich nördlich von Recife. Sicher denkt jeder dabei an junge, wohlgebaute, halbnackte Brasilianerinnen mit einer farbigen Straußenfeder am Po – aber das ist der Karneval in Rio de Janeiro mit den Auftritten der ersten Liga der Sambaschulen im eigens dafür erbauten Sambodrómo, einem nur für die Karnevalsveranstaltungen von dem berühmten Architekten Oscar Niemeyer entworfenen Stadion mit Tribünen, besonderen Logen für die feinere Gesellschaft und recht hohen Eintrittspreisen. Wie im Fußball gibt es in Rio drei unterschiedliche Ligen von Sambaschulen mit unentwegtem Kampf um den Aufstieg und gegen den Abstieg. Und wie im Fußball geht es dabei um sehr, sehr viel Geld, um Eintrittsgelder, Kostümverkäufe und natürlich Übertragungs- und Werberechte. An den beiden Haupttagen ziehen im Sambodrómo 3.000 bis 6.000 Sambaschulen durch, das sind fast 100.000 Menschen, eine farbenprächtige Schau mit den unterschiedlichsten fantasievollen Kostümen.

Die größte Karnevalsbühne der Welt jedoch sind die Straßen und Plätze von Salvador da Bahia. Zwei bis drei Millionen Menschen feiern und tanzen hier eine ganze Woche lang

Auf zum Karneval nach Olinda.

nach der Musik der Ungetüme von Lautsprecherwagen, den „trios eléctricos". Das sind etwa 10 Meter lange und drei Meter hohe verkleidete Lastwagen, auf denen sich eine Tribüne befindet, wo die Kapelle ihre heißen Rhythmen spielt in trommelfellzerfetzender Lautstärke. 18 Kilometer lang ist der Umzug in Salvador. Am Aschermittwoch wird dann der Schlüssel von König Momo wieder an die Stadt zurückgegeben, aber mit dem Ende des Karnevals nimmt man es nicht so ganz genau.

Den längsten Karneval südlich des Äquators jedoch feiert man in Recife, nämlich bis zum Ende des Monats. Auch hier gibt es die dröhnenden Lautsprecherwagen. Und immer wenn einer von ihnen naht, verfallen die umstehenden Brasilianer in Ekstase und beginnen mit allen Gliedern zu zucken. Den Lautsprecherwagen folgen stets größere Gruppen von Menschen in den verrücktesten Kostümen. Im Jahr 1995 wurde der Bloco Galo da Madrugada (der Umzug am Samstag), als er eine Gefolgschaft von einer Million Menschen hatte, ins Guinnessbuch der Rekorde eingetragen. Im Gegensatz zu Rio ist der Karneval in Recife ein echtes Volksfest, so etwa wie in Mainz oder Köln. Ganz Recife ist auf den Beinen, die meisten mehr oder weniger originell verkleidet, oft ganze Gruppen in gleichen Kostümen, man muss ja erkennen können, wohin man gehört. Wegen der Hitze wird viel getrunken, und nicht nur Wasser. Bier scheint das Volksnahrungsmittel Nummer eins an den Karnevalstagen zu sein!

Die Vorstellungen von den schlanken, gut gebauten Brasilianerinnen muss man leider sehr schnell über Bord werfen – Gestalten sind dort zu sehen ... Fürsorglich wie sie ist, gibt die Stadtverwaltung gratis „Camisinhas" („Hemdchen") aus – na, was das wohl ist? Auch Hans, Thomas, Wolfgang und Hermann werden damit von Helfern der Stadtverwaltung versorgt und fühlen sich nun bestens ausgerüstet. Um die Mittagzeit aber stellen sich erste Ermüdungserscheinungen ein und die Gruppe von der DESTINY beschließt den Karnevalsausflug mit einem Spaziergang durch die Altstadt von Recife, ohne dass die „Camisinhas" zum Einsatz kommen.

In dem nur wenige Kilometer nördlich von Recife gelegenen Städtchen Olinda wird noch ein ursprünglicher, volkstümlicher Karneval gefeiert. Hier schieben sich Hunderte von Grüppchen mit kleinen Musikkapellen durch die Straßen, aber ohne Lautsprecherwagen, denn es geht in den engen Gassen auf holprigem Kopfsteinpflaster steil bergauf und bergab. Eine Besonderheit sind hier die Riesenpuppen, die im Umzug mitgetragen werden, ein Umzug, von dem man selbst Teil wird, ob man will oder nicht. Mitten in Olinda war für die Segler von der WorldARC in einem Gebäude mit Innenhof die erste Anlaufstation. Hier wurden sie mit Essen und Getränken versorgt, eine Kapelle spielte laut zum Tanz auf und, ganz wichtig, es gab eine Toilette. Schon in Recife hatten sich alle gefragt, wo wohl bloß die vielen Menschen hingehen, wenn sie mal müssen. Es gab zwar immer wieder mal ein paar Häuschen, wie man sie von den Baustellen her kennt (Toi!Toi!), aber für Millionen von trinkfreudigen Menschen ist das natürlich viel zu wenig, wie der durchdringende Gestank allenthalben bewies.

Straßenkarneval in Olinda.

In Recife verlassen zuerst Thomas und kurz danach Hermann und Silvia die Destiny und reisen in die Heimat, im Gepäck den voluminösen Pokal, den die Destiny für ihren Etappensieg in der Multihull-Klasse auf der Strecke Kapstadt – St. Helena errungen hat. Jetzt sind nur noch Wolfgang, Ingrid und Hans an Bord. Auf dem Weg von Recife, wo die Destiny am 10. März ablegt und als zweite Yacht über die Startlinie geht, nach Grenada, der letzten Wettfahrt, gerät sie bald in die ITCZ (Intertropical Convergence Zone), was frei ins Deutsche übersetzt etwa heißt: Regen, Regen, Regen, unterbrochen von Gewittern und Squalls, und das volle fünf Tage lang. Erwartungsgemäß wird die Strecke zum Cabo São Roque, dem östlichsten Punkt Brasiliens, zu einem harten Stück Arbeit; wie oft die Segel gerefft und wieder ausgerefft werden, ist kaum noch zu zählen. Die erste Nacht ist noch nicht richtig angebrochen, da kommt schon von der Eowyn über UKW-Funk eine Squallwarnung, und tatsächlich, wenige Minuten später fällt ein Squall mit mehr als 40 Knoten Windgeschwindigkeit über die Destiny her. Hastig wird das Großsegel gerefft und dabei zerschlägt die im Wind peitschende Fockschot die Brille auf des Skippers Nase.

Einfahrt in die Cabanga Marina verpasst!

Auf dem Weg nach Grenada.

Ingrid fühlt sich wieder einmal vom Leben ungerecht behandelt. In der staubtrockenen Sahara, so klagt sie, regnet es niemals, und

Ein Squall naht.

hier, wo rundherum nichts anderes als Wasser ist, regnet es 24 Stunden am Tag – mindestens! Und auf den Wind aus Nordost, den man so gut gebrauchen könnte, wenn es nach Runden des Cabo São Roque Richtung Nordwest geht, kann man pfeifen, wenn man erst einmal tagelang nach Nordost segeln muss. Kaum aber ist das Kap umrundet und der Kurs könnte jetzt nach Nordwest abgesteckt werden – ach, wie schön wäre jetzt Nordostwind! – nein, da ändert auch der Wind seine Richtung und bläst seitdem aus Nordwest on the nose, wie die Engländer zu sagen pflegen. Dazu kommt noch ein Gegenstrom von ein bis eineinhalb Knoten. Das Aufkreuzen ist mühsam und während die anderen Schiffe bereits enorme Motorstunden haben – Ocean Jasper über 35 Stunden, A Lady und Brown Eyed Girl je 21 Stunden, Chessie 19 Stunden – bleibt der Kapitän hart: „Wir sind in einer Regatta, wir segeln!!!" Zum Glück ist es nicht kalt, nur in der Nacht ein wenig frisch.

Trotz allem, die Nächte sind wunderschön, wenn von Zeit zu Zeit der Vollmond scheint und wenn nicht gerade, wie in der letzten Nacht, natürlich ausgerechnet während Ingrids Wache, halbstündlich ein Squall für Aufregung sorgt. Auf der gestrigen Hundewache morgens um fünf Uhr zeigte sich der Himmel bewölkt, im Westen schimmerten ein paar Wolken, silbern vom Mond erleuchtet. Plötzlich hoben sich dort die Wolken und gaben einen feuerroten Ball frei, fast so groß wie die Sonne, der langsam im nachtschwarzen Meer versank. Ein gigantisches Schauspiel, atemberaubend schön.

Wunderschön ist es auch, auf der von Mondlicht durchfluteten „Terrasse", sprich Cockpit, der Destiny zu sitzen, ringsum das schwarze Meer, nur von hinten der breite Silberstreifen des Mondlichtes über dem Wasser, das gleichmäßige Rauschen des Kielwassers im Ohr, ein Glas gekühlten Weißwein in der Hand – das ist Lebensgenuss! Bei dem vorübergehend angeheuerten Skipper Thomas in Hamburg sträubt sich bei dieser Beschreibung sicherlich jedes einzelne noch verbliebene Haar auf seinem Kopf – ja, lieber Thomas, mit Cola Zero wirst Du diesen Genuss nicht empfinden können.

Am 15. März überquert die Destiny morgens den Äquator von Süden nach Norden und Hans, der den Äquator zum ersten Mal auf dem Seeweg passiert, erhält seine Äquatortaufe. Allerdings hat es Neptun außerordentlich gnädig mit „Narzissus vom Korallengarten" gemeint, denn ausgerechnet an diesem Tag ist morgens kein einziger fliegender Fisch an Deck und so bleibt ihm eine der schönen, ihm zugedachten Aufgaben erspart.

Mayday, Mayday

Am folgenden Tag sitzt Wolfgang frühmorgens am Kartentisch, kontrolliert die eingegangenen E-Mails und findet darunter eine dringende Nachricht von der Eowyn: Die Basia, der mit der Destiny nahezu baugleiche Katamaran, hatte um fünf Uhr morgens eine Kollision mit einem unbekannten Schiff, das sich in der Dunkelheit davongemacht hat. Die Schäden an Bord der Basia sind groß: Der Mast ist gebrochen und mit dem gesamten Rigg über Bord gegangen, auf dem Vorschiff ist alles zerstört und im Rumpf ist ein Loch, so dass die Basia Wasser macht. Sofort wendet die Destiny und motort zurück zu dem Havaristen, der in einer Entfernung von 21 Seemeilen auf Position 01°34,12´N 043°26,6´W in der See treibt. Als die Destiny an der angegebenen Position eintrifft, sind dort schon die Eowyn und die Tucanon angekommen. Die Basia bietet einen traurigen Anblick, aber die gesamte Mannschaft, Michael, Basia und Anna sind glücklicherweise unverletzt geblieben. Die Tucanon hat bereits ihr Dingi zu Wasser gelassen, was nicht ganz einfach war, weil die See eineinhalb Meter hoch ging. Als erstes wurde das Loch im Rumpf der Basia mit Unterwasser-Epoxid abgedichtet und nun überlegen die Segler gemeinsam über UKW-Funk, wie man der Basia weiter helfen könnte. Graham hat bereits die Rallyeleitung, Andrew vom World Cruising Club und vorsorglich das MRCC in Falmouth verständigt. Nachdem die Basia schwimmfähig bleibt und kaum noch Wasser eindringt, wird beratschlagt, wohin die Basia am besten zwecks Reparatur, und sei dies auch nur eine provisorische, fährt. Zwar sind die Küsten von Surinam, Guyana und Brasilien nicht mehr als 150 oder 250 Seemeilen entfernt, aber die dortigen Reparaturmöglichkeiten erscheinen ungewiss. Glücklicherweise haben sich in der Zwischenzeit auch die Ariane und die Jeannius über Funk gemeldet, die im Laufe des Tages bei dem havarierten Boot eintreffen werden, und sie können, eben-

Die Basia nach der Havarie.

Dieseltransport zur Basia.

so wie die DESTINY, Dieselvorräte entbehren. Es wird also der Entschluss gefasst, die BASIA nach Tobago oder, besser noch, nach Grenada zu bringen, wo am ehesten die Möglichkeit besteht, sie zu reparieren.

Mit dem Beiboot der TUCANON kommen nun Mike, Bev und Moe zur DESTINY, um fünf Reservekanister mit je 20 Liter Diesel zu übernehmen und zur BASIA zu bringen, bei dem herrschenden Seegang ein abenteuerliches Unterfangen, aber es geht alles gut. Kaum ist der letzte Kanister an Bord der BASIA, erreicht die Crew der DESTINY auch schon eine E-Mail: *We love you!* Da weitere Hilfe von der DESTINY nicht mehr benötigt wird und die EOWYN und die TUCANON sicherheitshalber in der Nähe der BASIA bleiben wollen, nimmt die DESTINY ihren Kurs in Richtung Grenada wieder auf, bleibt aber in ständigem Funkkontakt mit Graham für den Fall, dass doch noch einmal Hilfe gebraucht wird. Aber die Meldungen von der BASIA zeigen, dass sie unter Motor bei sparsamstem Treibstoffverbrauch mit fünf Knoten Fahrt gut vorankommt.

Die letzten Tage auf dem Weg nach Grenada bescheren der DESTINY zwischendurch herrlichen Ostnordost-Wind und eine günstige Strömung, so dass sie mit fast zehn Knoten über das Wasser flitzt und einmal ein Etmal von 199 Seemeilen erreicht. Wolfgang ärgert sich über die fehlende Seemeile und außerdem ist ihm mal wieder ein Fisch von der Angel gesprungen, kurz bevor er ihn an Deck ziehen konnte. Jetzt grollt der Kapitän und hat sich in seine Koje verzogen. Dann wieder ein Tag mit wechselnden Winden, der eine schwächer, der andere stärker, Strom von vorn und der Katamaran quält sich mit gerade mal sechs Knoten Fahrt in Richtung Ziel.

Eines Tages setzt sich ein kleiner Tölpel auf die Solarpaneele und fängt an, sich ausgiebig zu putzen und sein Gefieder zu fetten. Anders als die beiden Kakadus im Great Barrier Reef hat er kein Interesse an Nüssen; auch Brot verschmäht er. Dann fliegt er eine Runde um die DESTINY, setzt sich Backbord hinten auf die Reling und beginnt, sich von neuem zu putzen. In der Nacht legt er einfach mit langem Hals seinen Kopf nach hinten zwischen die Flügel und schläft. Am Vormittag wieder Putzen, und dann plagt ihn wohl der Hunger und er fängt an jämmerlich zu rufen: Mama, Hunger! und sperrt seinen Schnabel weit auf. Aber keine

Ein gefiederter Passagier.

Mama kommt, dabei hat er sich doch nicht vom Platz weg bewegt, ist doch artig sitzen geblieben – so was! Leider findet die Crew heute Morgen wieder keinen fliegenden Fisch an Deck und Rosinen mag der kleine Tölpel nicht. Also macht er sich nach 24 Stunden kostenlosem Transport grußlos davon.

Menschliches und Allzumenschliches von der WorldARC-Familie

Viele lustige oder zu Herzen gehende Geschichten bleiben den Teilnehmern unvergesslich, so die von Jim und Annie. Jim von der OCEAN JASPER war in Mackay in Australien auf der Suche nach Ersatzteilen in ein Geschäft geraten, wo er Annie, die Besitzerin des Ladens, kennenlernte. Es war wohl Liebe auf den ersten Blick, denn auf der Weiterreise wurde Jims Sehnsucht nach Annie immer größer und schließlich flog Jim von Kapstadt aus über die Weihnachtstage zurück nach Australien. Und Annie wollte ihren Jim nun nicht mehr allein auf dem Ozean lassen, flog nach Kapstadt und segelt seitdem auf der OCEAN JASPER mit. In St. Helena wurde Verlobung gefeiert und auf Mayreau in der Karibik soll die Hochzeit sein. Annie hat in Recife bereits ihr Hochzeitskleid gekauft und jeder durfte natürlich nur die Verpackung sehen, Segler sind ja bekanntlich abergläubisch!

Und noch etwas fürs Herz: Simon von der ARIANE, ein Riese von 1,95 Meter Länge, verliebte sich in Recife in eine kleine Brasilianerin, die er dort kennengelernt hatte, weniger als 1,50 Meter groß. Beide lebten während des Aufenthalts in Recife zusammen auf der ARIANE. Platz war genug da, denn Urs, ein anderes Crewmitglied, hatte seine Lebensgefährtin Maja per Flugzeug nach Recife kommen lassen und beide logierten im Hotel. Und obwohl Simon soeben erst zur Crew der ARIANE gestoßen war und dem Skipper versprochen hatte, bis Spanien an Bord zu bleiben, entschied er spontan zur großen Enttäuschung und zum Ärger seiner Bordkameraden: „Ich bleibe in Brasilien, erst wird geheiratet und dann geht es per Flugzeug zurück in die Schweiz!"

Die letzten Tage auf dem Weg nach Grenada vergehen ohne besondere Vorkommnisse und die Mannschaft der DESTINY lässt es geruhsam angehen, nachdem die Wettfahrt wegen der Havarie der BASIA zumindest für die Katamarane ausfällt. Am 23. März kommt an Backbord in einer Entfernung von gut 30 Seemeilen Tobago in Sicht und die Etappe von Recife nach Grenada nähert sich ihrem Ende. Wie immer schafft es die DESTINY nicht, noch im Tageslicht einzulaufen, es ist wie verhext! Aber Paul lotst die Yacht mit

Entspannung vor dem nächsten Squall.

einem Schlauchboot und Lichtsignalen durch die in der Nacht schwierige Einfahrt in die Port Louis Marina in St. George's auf Grenada, wo die Crew von Suzana herzlich begrüßt wird. 2.105 Seemeilen liegen seit Recife im Kielwasser der DESTINY und der Skipper ist stolz auf seine kleine Mannschaft, die sich trotz schlechten Wetters, Strom und ungünstiger Winde nicht hat unterkriegen lassen und die niemals ihre gute Laune verlor.

Grenada voraus.

Herzlicher Empfang der DESTINY in Grenada.

Die Port Louis Marina ist eine wahre Fünf-Sterne-Marina, so etwas Luxuriöses hat selbst Wolfgang auf seinen vielen Törns noch nicht erlebt. Überhaupt war der Aufenthalt auf Grenada etwas Besonderes. Man hat den Eindruck, dass die Leute sehr gut wissen, dass sie vom Tourismus leben: Die Insel ist sauber, die Menschen sind außerordentlich freundlich und sehr hilfsbereit, man fühlt sich zu jeder Zeit sicher und Mitarbeiter der Grenada Marine, die Reparaturen an der DESTINY durchführten, waren ausnahmslos kompetent. Zum ersten Mal seit langer, langer Zeit funktioniert die gesamte Elektrik und Elektronik wieder. Die Kosten für die Reparaturarbeiten halten sich im Rahmen und waren auf jeden Fall geringer als die in Mauritius und in Südafrika, und sie waren obendrein erfolgreich.

Empfehlenswert ist auch die unter deutscher Leitung stehende Tauchbasis in der Prickley Bay. Wie selbstverständlich holte Sabine mit ihrem Auto die Crew der DESTINY und auch andere Tauch- oder Schnorchelinteressierte in der Marina ab und brachte sie abends wieder zurück, und weil nicht alle zugleich im Auto Platz hatten, fuhr sie eben zwei Mal. Sie besorgte ein Vesper für die Mittagspause und ihre Restaurantempfehlung war ein Volltreffer: Patrick's Homestyle Cooking, ein kleines Lokal, direkt bei der Marina, wo es keine Speisekarte gibt, dafür aber ein sehr schmackhaftes 14-Gänge-Menü. Jeder Gang wird in einer Schüssel oder auf einer Platte serviert und jeder bedient sich davon. Den Anfang bildet die überall in der Karibik anzutreffende, sehr schmackhafte Callaloo-Cremesuppe, die etwa wie Spinat schmeckt, nicht ganz so herb, eher leicht süßlich, auf jeden Fall köstlich! Der Abschluss, also sozusagen Gang 15, war ein selbstgebrannter Kräuterschnaps – nur von harten Männern genießbar!

St. George's, die Hauptstadt des kleinen Inselstaats Grenada, soll nach den Reiseführern die reizvollste Stadt der gesamten Karibik sein. Die Häuser um den Industriehafen sind im alten

Kolonialstil erbaut und leuchten in zarten Pastelltönen, rosa, blau und gelb. Rundum in den Bergen stehen in gepflegten Gärten die Häuser mit den hier üblichen roten und blauen Wellblechdächern wie Farbtupfer im satten Grün. Ein besonderes Dankeschön verdienen die Stadtplaner, die festlegten, dass kein Haus höher sein darf als eine ausgewachsene Palme. Der Spaziergang über den pittoresken Markt ist insbesondere ein Erlebnis für die Nase: Ein Duftgemisch aus Zimt, Nelken und Muskat erwartet den Besucher. Kein Wunder, dass Grenada, nach Indonesien der zweitgrößte Muskatlieferant der Welt, als „The Spice Island" bekannt ist.

Paul und Suzana halten die in Grenada angekommenen WorldARC-Segler über die BASIA und die sie begleitenden Yachten, die EOWYN, die TUCANON und die JEANNIUS auf dem Laufenden. Der Vorrat an Diesel reicht der BASIA, um bis nach Grenada zu kommen und nach einigen Tagen nähert sie sich am frühen Morgen St. George's. Fünf Dingis machen sich auf den Weg, um die Ankömmlinge gebührend zu begrüßen, alle mit Nebelhörnern, Trillerpfeifen und anderen Lärminstrumenten ausgerüstet. Jubelnd werden die vier Yachten in der Bucht vor St. George's empfangen und in die Marina begleitet. Das ist ein Hallo und eine Wiedersehensfreude und manch eine Träne fließt! Alle sind glücklich, dass die BASIA es bis Grenada geschafft hat und dass die Mannschaft nun wieder unter den WorldARC-Teilnehmern ist. Am 1. April nimmt die um ein Drittel

Die BASIA und ihre Begleiter kommen.

Empfang der BASIA in Grenada.

geschrumpfte Mannschaft der DESTINY, bestehend nur noch aus dem Skipper Wolfgang und der Crew in Gestalt von Ingrid, von dem wunderschönen Grenada und der ebenso schönen Port Louis Marina in St. George's Abschied. In kleinen Etappen geht es nun nach Norden, dem Ziel der fünfzehnmonatigen Reise, St. Lucia, entgegen. Der erste Stopp ist schon nach 30 Seemeilen in der Tyrell Bay auf der Insel Carriacou. Die DESTINY bleibt dort nur eine Nacht – zum Glück, denn in der darauffolgenden Nacht beginnt bei aufkommendem Wind der Anker einer nicht zur WorldARC-Flotte gehörenden Yacht zu slippen, die Yacht geht auf Drift und fängt mit ihrem Anker andere Anker und Ankerketten ein, was

Abendstimmung in der Karibik.

die daran hängenden Yachten zu einem Päckchen verschnürt. In der Nacht und bei Wind ist es nicht einfach, die Ketten voneinander zu lösen, ganz abgesehen von den Schäden, die an den Yachten entstehen. Und, wie so üblich, wenn es ums Bezahlen geht: Keiner war schuld an der Misere.

Vorbei zieht die DESTINY bei Sonnenschein und achterlichem Wind an der Postkarteninsel Sandy Island, nur ein paar Quadratmeter groß, acht Palmen, unten mit saftig grünem Bewuchs, ringsum leuchtend weißem Sand und einem aufgespannten Sonnenschirm. Wer kennt Sandy Island nicht von Fotos und Postkarten? Nach 11 Seemeilen öffnet sich die große, von Korallenbänken geschützte Bucht vor Clifton Harbour auf Union Island, ebenso wie Carriacou zum Staat St. Vincent and the Grenadines gehörend. Hier muss einklariert werden, nachdem sich die Mannschaft der DESTINY diese Prozedur auf Carriacou geschenkt hat. Während des Wochenendes sind Zoll und Immigration geschlossen, alles „very british" in Erinnerung an längst vergangene Kolonialzeiten, aber auf dem nahe gelegenen Flugplatz ist das Einklarieren kein Problem: Freundlich, schnell und kostenlos geht der behördliche Akt über die Bühne!

Die übliche Einklarierungsprozedur in jedem Mini-Staat der Karibik.

Hochzeit auf Mayreau

Dafür wird etwas anderes, das Wolfgang und Ingrid schon tagelang vor sich herschieben, zu einem immer drängenderen Problem: „Was schenken wir Jim und Annie zur Hochzeit am 5. April auf Mayreau?" Am Sonntag ist für dieses Problem keine Lösung in Sicht: Alles geschlossen, selbst die Kioske. Nur Obst und Gemüse wird am Straßenrand verkauft, wie überall verlockend farbenfreudig. Am Montag trifft sich fast die gesamte Flotte beim „Artic Kiosk" von Jean aus Perpignan, um nach einem Hochzeitsgeschenk zu suchen – alle haben sie das gleiche Problem! Jean hat schöne Schälchen aus halbierten Kokosnüssen, Calabash genannt, sogar in Annies Lieblingsfarbe rot bemalt, aber das ist zu fantasielos. Also marschieren Wolfgang und Ingrid zum Trans-Ocean-Stützpunkt, vielleicht ist dort ist etwas zu finden,

Besuch von der BROWN EYED GIRL.

denn die Stützpunktleiterin beschäftigt sich mit Kunst und Malerei. Tatsächlich finden sie dort etwas, was sich als Volltreffer erweist: Auf einer Holzscheibe mit einem Durchmesser von 60 Zentimetern ist die kleine, hübsche Steinkirche von Mayreau eingebrannt vor dem Hintergrund der Tobago Cays, in leuchtenden Farben gemalt. Das Wasser schimmert grün, türkis, hellblau, azurblau bis zum fast schwarzen Blau – unglaublich, aber es ist wirklich so wie in der Natur. Mit diesem wunderschönen Geschenk in der Hand können die beiden nun gelassen den Feierlichkeiten entgegensehen. 14 Boote der World-ARC-Flotte, alle über die Toppen geflaggt, versammeln sich anderntags in der Saline Bay in Mayreau, nur drei Seemeilen nördlich von Union Island. Mayreau war bis ins 17. Jahrhundert hinein im Besitz einer französischen Familie. Der französische Einfluss ist noch erkennbar und erklärt auch, weshalb 90 Prozent der Inselbewohner römisch-katholisch sind, im Gegensatz zu den Bewohnern der übrigen Grenadinen. Die Insel hat keine Quellen und frisches Wasser gibt es nur vom Himmel. Der französische Dominikanerpfarrer Dionne erbaute nicht nur die reizvolle kleine Kirche oben auf dem Berg, er war es auch, der die Bewohner mit einer Regenwasserzisterne versorgte, an die die Häuser der Insel angeschlossen sind.

Für 14 Uhr ist die Trauung von Jim und Annie in der Kirche auf dem Hügel angesetzt. Ein Beiboot nach dem anderen fährt zu dem urigen Anleger am Strand: Rostige Eisendalben und ebensolche Stützen tragen den Steg mit unregelmäßigen Brettern am Boden, dazwischen große und kleine Lücken und immer wieder ragt ein großer rostiger Nagel heraus – niemand denkt sich etwas dabei, schließlich sind alle, zumeist festlich gekleidet, froh gestimmt in Erwartung der Dinge, die da kommen sollen. Die Inseln der Grenadinen sind klein und relativ hoch. Auch auf Mayreau steigen die Straßen sehr steil bergan. Ingrid schätzt die Steigung auf 50 Prozent, Wolfgang widerspricht, so was gibt es nicht, haha, und bietet 30 Prozent an – wie dem auch sei, auf jeden Fall geht es sehr, sehr steil hügelaufwärts bei brennender Sonne. Zum Glück ist auf halbem Weg in Dennis' Hideaway an der Bar ein Zwischenstopp möglich. Nach einem Glas Sekt oder auch zweien werden die Beine merklich schwerer. Oben auf der Hügelspitze von der kleinen Kirche bietet sich den Hochzeitsgästen ein überwältigender Blick auf die Tobago Cays.

Die festlich geschmückte Kirche füllt sich vollständig mit WorldARC-Teilnehmern, der katholische Pfarrer ist auch schon anwesend und Jim, barfuß, im weißen Tuchanzug, tritt unruhig wartend von einem Bein aufs andere. Und dann kommen sie (fast pünktlich): voran Blumenkind Eline von der CHESSIE, dann die strahlende Braut, barfuß in einem rosapastellfarbenen, langen Kleid, geführt von Matt von der CRAZY HORSE, gefolgt von den Brautjungfern Jutta (CHESSIE) und Rosemary (CRAZY HORSE), beide barfuß, aber gleich gekleidet, mit Blumen im Haar. Die Zeremonie kann beginnen und sie ist heiter und fröhlich.

Hochzeit von Jim und Annie auf Mayreau.

Der sympathische katholische Pfarrer hat sich in seiner kurzen Predigt ganz der lockeren Stimmung der WorldARC-Teilnehmer angepasst. Dann geben sich Jim und Annie unter dem Beifall der Segler das Ja-Wort und bei Bev, die jetzt auf der Jeannius zu Gast ist, fließen die Tränen. Beim Verlassen der Kirche fliegen die Reiskörner und weiße Luftballons steigen in den Himmel. Die vielen plötzlich anwesenden Inselkinder freuen sich über jeden Luftballon, den sie erhaschen können.

Bergab ist natürlich wieder in einer der vielen Bars Zwischenstation und bei Dennis' Hideaway steigt die Hochzeitsparty, die ohne Unterbrechung um 18 Uhr in Jochems Geburtstagsparty übergeht: karibisches Barbecue! Sekt, Wein, Bier und auch eisgekühltes Wasser fließen reichlich. Alle sind ausgelassen, tanzen, trinken und freuen sich des Lebens. „Hey Mon, no problem! Movin´ to the riddem, Whalin´ with the funky beat, dancing thru de nite, chillin´ in de dazz, soakin´ up de rays, jamming my life away! No one cares, Mon, cause that's the Caribbean Way!!"

Casey tritt irgendwann den Heimweg an, doch schon nach ein paar Metern dreht er auf dem Absatz um und zieht eine Übernachtung im Hotel dem Weg zur Yacht vor. Wolfgang und Ingrid gehören mit zu den ersten, die sich danach auf den Heimweg machen: Wo war doch gleich der Anleger? So genau weiß das keiner mehr und es ist stockdunkle Nacht. Ach ja, da drüben, aber quer zum Strand ist eine Mauer, unsichtbar, natürlich fallen sie drüber und in den weichen Sand. Sie tasten sich weiter; der Mond als schmale Sichel gibt nur wenig Licht, aber der Steg zeichnet sich gegen das Wasser ab. Sie stolpern über die losen Bretter des Steges, treten in die unterschiedlich großen Lücken und schaffen es nur mit der Hilfe von drei jungen Inselbewohnern, ins Dingi zu gelangen. Nie wieder Alkohol! Mit einer kleinen Taschenlampe leuchten die freundlichen Helfer, von denen in der Dunkelheit nur das Weiße in den Augen zu erkennen ist, helfen Skipper und Crew ins Beiboot, entwirren die Leinen der vielen Dingis, und als sich das Schloss der Bootssicherung nicht öffnen lässt, bieten sie sogar an, die beiden zur Destiny zu fahren. Aber alles klappt dann doch noch und später in der Nacht hört man, eins nach dem anderen, weitere Beiboote zu den Yachten zurückfahren, dazu immer wieder die Rufe „oh my god, oh my god".

Rolling Home

Am nächsten Morgen, noch mit schwerem Kopf, wird der Anker der Destiny aufgeholt und unter Motor, das Dingi im Schlepp, die Nordspitze von Mayreau gerundet. Von da aus geht es mit Kurs 123 Grad in Richtung der vier kleinen Inseln der Tobago Cays, um dann zwischen Petit Rameau und Petit Bateau in die Lagune zu gelangen. Es muss Intuition gewesen sein, dass Wolfgang sich irgendwann mal umdreht, den Blick gedankenverloren übers Heck schweifen lässt und plötzlich, er kann es gar nicht fassen, bemerkt: Oh Schreck, das Dingi ist weg! Wie konnte denn das passieren? In weiter Ferne schwimmt es achteraus, gerade noch zu sehen. Wolfgang wendet sofort die Destiny und kurze Zeit danach ist der Ausreißer wieder eingefangen – Glück gehabt! Die Schleppleine war durchgescheuert und irgendwann dem Zug des nachgeschleppten Dingis nicht mehr gewachsen.

Wenig später liegt die Destiny, an einer Muringtonne festgemacht, in den Tobago Cays, einem Nationalpark, sicher wie in Abrahams Schoß, sanft schaukelnd im kristallklaren Wasser. Das ist wirklich Schönheit pur, Karibik wie aus dem Bilderbuch, gewiss der schönste Fleck in den Grenadinen, geschützt von vier kleinen, unbewohnten, palmenbestandenen Inseln, und, zum Atlantik hin, durch das Horse Shoe Reef, ein weites Riff in Form eines Hufeisens. In der Ferne sind die sich bläulich gegen den Himmel abhebenden Konturen von Canouan, Union Island, Bequia (sprich Bekwei) und Mustique zu sehen, davor das tiefblaue, mit Schaumkronen gesprenkelte Meer und am Riff die unentwegt mit Donnergetöse anrollenden weißen Brecher des Atlantiks. Die Schönheit setzt sich unter Wasser fort in der faszinierenden Zauberwelt der bunten Korallen. Die lichtdurchfluteten Korallengärten sind voller Leben: Schildkröten in allen Größen rupfen am Grund Seegras, Koffer- und Kugelfische schweben durchs Wasser, blaugrün gefärbte Papageienfische knabbern hörbar an den Korallen, Schwärme von Riffbarschen ziehen vorbei und Stachelrochen kreisen im flachen Wasser um den Schnorchler. Beim Festmachen an der Boje helfen bereitwillig die Boys in ihren wendigen, kleinen, bunt angemalten Motorbooten. Einer der Helfer, der sich Kojak nennt, verspricht, um 17 Uhr einen gegrillten Hummer vorbeizubringen und zum Beweis, dass er frisch ist, lässt er ihn an seiner ausgestreckten Hand zappeln.

Naja, man gönnt sich ja sonst nichts.

Pünktlich zur ausgemachten Uhrzeit erscheint er wieder mit einer Platte, darauf der halbierte Hummer, garniert mit Tomaten und allerlei Kräutern. Zusammen mit einer Flasche gekühltem Weißwein ist das ein Hochgenuss, dem kein noch so raffiniertes Menü im feinsten Restaurant gleichkommt. Die kleine Mannschaft der Destiny fühlt sich wie im Paradies.

Der nächste Tag sieht die Destiny schon früh bei schönstem Sonnenschein und gutem Wind auf dem Weg nach Bequia, der Lieblingsinsel von Wolfgang und Ingrid in der Karibik. Viele Erinnerungen an frühere Törns hängen daran, an vergnügte Abende in der berühmten Frangipani Bar, an Rundfahrten über die Insel, an Schnorchelausflüge, an den atemberaubenden Blick vom höchsten Punkt Bequias auf die Admiralty Bay und an die freundlichen Menschen, die sich jederzeit gern auf ein Gespräch mit den Fremden einlassen. Bequia ist die fröhlichste Insel der Grenadinen mit bunten Lokalen und Bars, wo abends zu Livemusik barfuß am Strand getanzt wird, mit langen weißen Stränden, üppiger tropischer Vegetation und einem farbenfrohen Hauptort, Port Elizabeth, malerisch an der traumhaften Admiralty Bay gelegen.

Die Reise um die Welt nähert sich langsam ihrem Ende. Nur noch 55 Seemeilen sind es bis zur Südspitze von St. Lucia und diese Strecke soll in einem Tag bewältigt werden. Die Crew der Destiny will die Insel St. Vincent ohne Aufenthalt passieren, denn in der Wallilabou Bay auf St. Vincent, übrigens einer der Drehorte des Films „Fluch der Karibik", hat sie einst

Die Admiralty Bay in Bequia.

schlechte Erfahrungen gemacht, als sich die Boys darum stritten, der Destiny beim Anlegen helfen zu dürfen. Das ging so weit, dass am Schluss die Messer gezogen wurden. Auf solche Erlebnisse verzichtet die Mannschaft gerne. Also verlässt die Destiny in aller Herrgottsfrühe am nächsten Tag das schöne Bequia, nachdem schon am Vorabend ausklariert worden war. Das Wetter hat sich leider verschlechtert und der anfangs brauchbare, von Osten wehende Wind dreht nach den ersten 20 Seemeilen auf Nord, genau in die Richtung, in die die Destiny will. Es bleibt also nichts anderes übrig, als gegen Wind und Wellen zu motoren. Eine üble Stampferei beginnt. Während die Segelyachten, die von Norden kommen, mit achterlichem Wind der Destiny entgegenrauschen, quält diese sich mühsam vorwärts. Es wird Abend, bis sich die Bucht zwischen den Pitons an der Südspitze von St. Lucia vor den Augen der Crew öffnet. Die Pitons sind die Wahrzeichen von St. Lucia, die beiden Vulkankegel

Die Pitons von St. Lucia sind erreicht.

namens Gros Piton und Petit Piton, die die Anse des Pitons einschließen und 700 Meter steil aus dem Meer aufragen, und die dafür verantwortlich sind, dass immer wieder Fallwinde in Sturmstärke in die Bucht herabsausen. Zum Glück gibt es sichere Muringtonnen, denn Ankern ist wegen der großen Wassertiefe fast unmöglich. Das kostet zwar ein paar US-Dollar, die spätabends von den Marine Rangers kassiert werden, aber die Ausgabe ist allemal ihr Geld wert, denn die ganze Nacht pfeifen die Böen aus unterschiedlichen Richtungen auf die Destiny herab. Der Katamaran dreht sich, mal in die eine Richtung, mal in die andere Richtung, zieht und zerrt an der Leine, die mit dem Bojenstein, einem schweren Betonklotz am Grund, verbunden ist, dass einem angst und bange wird, und ab und zu prasselt ein Regenschauer herab, dass man meinen könnte, die Welt ginge unter. Am Morgen, als die Mannschaft ablegen will, zeigt sich, dass die Festmacherleinen, die an die Leine der Muring geknotet sind, sich so verdreht und verwickelt haben, dass sie sich nicht lösen lassen. Wolfgang muss ins Wasser und nach einer halben Stunde harter Arbeit, während der er öfters in Versuchung geriet, zum Messer zu greifen und die Leinen durchzuschneiden, ist die Destiny endlich wieder frei.

Nur noch 11 Seemeilen sind es bis zum Treffpunkt der WorldARC-Yachten in der Marigot Bay, jener traumhaften, tief eingeschnittenen Bucht, die einem jeden als das meistfotografierte Objekt in der ganzen Karibik bekannt ist: Sie war die Kulisse mehrerer Hollywoodfilme und hier versteckte sich einst Lord Nelson mit seiner Flotte vor der draußen vorbeiziehenden

Wer kennt sie nicht, die Marigot Bay.

französischen Armada. In diese Traumbucht laufen nach und nach die verbliebenen 16 Yachten der Teilnehmer ein. Ein weiteres Boot, die A LADY von Stephen aus Irland, eine 56 Fuß große Oyster, ist in Grenada geblieben, um an der dortigen Oyster-Regatta teilzunehmen. Die Besatzungen sind schon in Feierlaune, denn das Ziel der fünfzehnmonatigen Reise um die Welt liegt sozusagen vor der Haustür und eine ganze Reihe von Veranstaltungen zum Abschluss der WorldARC 2010 - 2011 sind angesagt. Auch die Crew der verunglückten BASIA ist per Flugzeug eingetroffen und quartiert sich für die allerletzte „Etappe" von ganzen zehn Seemeilen auf der DESTINY ein. Sie sind herzlich eingeladene Gäste von Wolfgang und Ingrid, um wenigstens den Zieldurchgang auf einer Segelyacht, die fast identisch ist mit ihrer BASIA, zu erleben und mit den 16 Mannschaften, die die Rallye um die Welt beenden, zu

Die Marigot Bay, letzter Treffpunkt der Flotte vor dem Ziel.

Die BASIA-Crew zu Gast auf der DESTINY.

feiern, so traurig es auch für sie ist, ihre stark beschädigte Yacht in einer Werft in Grenada zurücklassen zu müssen und nicht einmal zu wissen, ob sie überhaupt noch repariert werden kann oder als Totalschaden abgeschrieben werden muss.

Eine Flottenparade zum Abschluss der WorldARC.

Die Eowyn führt die Parade an.

So herausgeputzt lässt es sich feiern!

Auf zur Parade der WorldARC-Flotte.

Jim und Annie, just married, sowie Bob und Maggie auf der Ocean Jasper.

Auch auf der Brown Eyed Girl strahlt man.

Am 16. April 2011, nach 15 Monaten und 10 Tagen, zieht der Konvoi von WorldARC-Yachten, eine im Kielwasser der anderen, längs der Küste von St. Lucia in Richtung Rodney Bay, über die Toppen geflaggt, die blau-weiß-rote WorldARC-Flagge gehisst und mit Luftballons geschmückt. Voraus fährt die Eowyn, das kleinste Boot der Flotte, und dahinter, der Größe nach geordnet, die anderen 15 Yachten, begleitet von vielen Zuschauerbooten. Im Hafen von Castries dreht die Flotte eine Runde und dann, nach über 24.000 Seemeilen, wird die „finishing line" in der Rodney Bay unter dem Jubel der Zuschauer und der Besatzungen überquert. Die Destiny hat es geschafft, die Welt unter Segeln zu umrunden. Ein paar technische und zwischenmenschliche Probleme gab es, aber was ist das schon im Vergleich zu der schier unglaublichen Fülle von Eindrücken, die die Segler gewonnen haben, zu den vielen interessanten Ländern, die die Flotte besucht hat und zu den Begegnungen mit den vielen Menschen, die die Crews tief beeindruckt haben. Wie sagt es doch so treffend Stephen von der A Lady?

„Als wir uns zu der Reise um die Welt mit der Segelyacht entschieden, hatten wir keine Vorstellung, was uns erwarten würde. Aber jetzt sagen wir: Das war das größte Erlebnis unseres ganzen Lebens!"

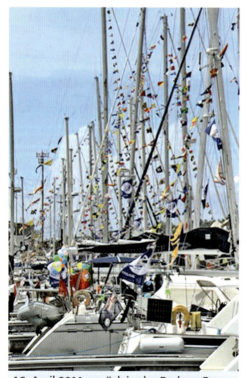

16. April 2011, zurück in der Rodney Bay.

In Feierlaune.

Feierlicher Abschluss mit Bev und Bob.

Zum letzten Mal über die Toppen geflaggt.

Auf Wiedersehen!

CRUISING SPECIAL REPORT

Essential equipment

What do you really need for a world cruise? The items that make life on board safer or more practical seem to be the answer.

Everyone we talked to specifically advocated AIS.

"Why would you have a boat worth hundreds of thousands and not spend hundreds on this equipment?" asks Rui Soares, and he observes that it was one of the few yachts in the rally without AIS that had been damaged and nearly sunk in a collision with a ship (see panel, right).

"One small thing with AIS is very important: because it shows the name of a vessel you can call by name and be 99 per cent sure they will answer you and recognise you. If you don't know their name, probably they won't answer."

"An AIS transponder as well as a receiver is absolutely essential," says John Greenwood. "Ships have been really helpful [about altering course] when we've called them and we have had some friendly conversations because of it."

Graham Payne singled out the Echopilot as a useful addition to the inventory. "It's one of those toys that's like magic, especially for under £500. You can see shoals ahead and it was great at seeing coral reefs."

For Joseph Metz, two stand-out pieces of equipment were a PRO watermaker that cost over $5,000, but could produce 200lt of water an hour – "fantastic kit," he enthuses – and his Rocna anchor. "Everything they say about the Rocna is true; it really bites and you have to back down on it very slowly. All round the world the only time it dragged was in Tonga when we were anchored on a very steep drop-off."

Several other skippers said that a good RIB was a must, as some of the anchorages can be a long way from shore, and that it's worth the stowage hassle even if it has to be lashed on deck on passage.

"And get a really decent electric dinghy pump and a spare," advises John Greenwood.

Struck by a ship

The benefits of being in a rally were clearly demonstrated in March when the Privilege 445 *Basia* collided with a ship off the north coast of Brazil while on passage to Grenada. On board were the skipper, Polish Canadian Michael Neumann, his wife Basia and medical student daughter Anna.

The collision happened in the early hours of the morning. It seems *Basia* thought the ship had taken avoiding action. It seems significant that *Basia* was one of the few yachts in the World ARC fleet that did not have AIS – see left.

The ship struck one of *Basia's* bows and dismasted her. The Neumanns reportedly first used an explosive cutter, which did not work, and then cut the rigging with a hacksaw. They managed this in around 30 minutes, but not before the mast had holed the other hull just below the waterline.

The incident happened some time before the rally's daily morning chat show and as soon as others were aware of the situation, four yachts diverted to help. The crews of catamarans *Tucanon*, *Jeannius* and *Destiny* and HR40 *Eowyn* came to help. Mike Birch from *Eowyn* was able to fill the hole with underwater epoxy, which held all the way to Grenada.

With three other World ARC yachts in close escort, *Basia* motored over 1,300 miles to Grenada. A relay of other rally yachts was set up to transfer fuel – over 550lt was ferried to them over a nine-day period.

The yacht was assessed in Grenada and first reports were that the hulls had twisted in the impact and the bill for rebuilding and rerigging the boat might come to as much as US$400,000.

The Neumann family were unable to complete the final miles of their round the world voyage in *Basia*, but the whole family were invited on board German skipper Wolfgang Boorberg's catamaran for the passage north to Saint Lucia and the final celebrations.

Bericht der Yachting World, Juli 2011.

Dieses Buch soll nicht schließen, ohne der Organisation der WorldARC 2010 - 2011 durch den World Cruising Club zu danken, vor allem Paul, Suzana, Nick und Andrew, aber auch den Seglern von allen anderen teilnehmenden Yachten, denen die Mannschaft der Destiny auch weiterhin in Freundschaft verbunden bleibt.

Many Thanks to the WorldARC crew!

Farewell!

Danke, Paul.

Danke, Suzana.

Danke, Nick.

Danke, Andrew.

Kleines Glossar seemännischer Ausdrücke

Achteraus: hinter dem Schiff
Achterlich: aus Richtung von hinten
Achterlicher Wind: Wind von hinten
Achtern: hinten
Affenfaust: dicker Knoten zur Beschwerung am Ende einer Leine
Ankerlieger: Yacht vor Anker
Ankerlicht: Rundumlicht im Masttopp
Anluven: Kursänderung, damit das Schiff spitzer (dichter) am Wind segelt
Auffieren: Lose geben
Aufheißen: nach oben ziehen
Aufschießen: mit der Yacht in den Wind gehen, um sie zu stoppen
Ausklarieren: Abfertigung einer Yacht vor dem Auslaufen bei den Behörden
Autopilot: siehe Selbststeuerung

Backbord: linke Seite der Yacht in Fahrtrichtung
Backskiste: abschließbarer Stauraum im Cockpit
Baum (auch Großbaum genannt): am Mast befestigte Spiere aus Holz, Aluminium oder Karbon, an der das Unterliek des Großsegels befestigt ist
Beaufort: Windstärkentabelle nach Admiral Beaufort von 0 – 12
Beiboot (auch Dingi genannt): kleines mitgeführtes Boot, um an Land zu kommen, wenn die Yacht vor Anker liegt
Betonnung: Fahrwasser- und Untiefenkennzeichen

Bimini: Sonnenschutz über dem Cockpit
Boje: Schwimmkörper zur Abgrenzung von Fischereizonen, Schwimmzonen etc.
Bootsmannstuhl: Sitzbrett, um jemanden am Mast hochzuziehen
Bojengeschirr: Boje mit Verankerung am Meeresgrund, bestehend aus Boje, Ankerstein, Kette und/oder Tau
Breitengrad: parallel zum Äquator verlaufende imaginäre Kreise, die in Graden und Minuten nach Norden und nach Süden angegeben werden
Bruttoregistertonne: Raummaß für die Vermessung von Schiffen (= 2,83168 cbm)
Bug: vorderer Teil des Schiffes
Bugkorb: Fester Seezaun am Bug
Bugspriet (Klüverbaum): fest mit dem Rumpf verbundene starke Spiere, die über den Bug hinausragt
Bullenstander: Leine von der Nock des Baums nach vorne, um ein unbeabsichtigtes schlagartiges Übergehen des Baums auf die andere Seite zu verhindern
Bunkern: Übernahme von Vorräten, Trinkwasser oder Treibstoff

Cockpit: offener Platz mit Sitzbänken auf Deck
Code Zero: übergroßes Vorsegel, das frei fliegend, also ohne Befestigung am Vorstag, auf Halbwind- und Raumschotkursen gefahren wird
Crew: Besatzung auf einer Yacht

Davit: Kranvorrichtung für Dingis
Dichtholen (holen): an einer Leine etwas dichter ziehen
Dingi: siehe Beiboot
Dirk: Leine vom Masttopp zur Baumnock, um das Herabfallen des Baums ins Cockpit zu verhindern, wenn kein Großsegel gesetzt ist
Doldrums: Kalmen oder Kalmengürtel, windarme Gebiete
Driften: auf dem Wasser treiben
Dümpeln: leichte Bewegung einer Yacht im Wellenrhythmus

Echolot: Wassertiefenmessinstrument
Einklarieren: Anmeldung einer Yacht und deren Besatzung nach dem Einlaufen bei den Behörden
EPIRB: Seenotfunkboje
Etmal: zurückgelegte Distanz in Seemeilen innerhalb von 24 Stunden

Fahrtmesser: Geschwindigkeitsanzeige, auch Speedometer (englisch) genannt
Fall: Leine zum Aufheißen oder Fieren eines Segels
Fender: weicher luftgefüllter Plastikkörper zum Schutz der Bordwand
Festmachen: Befestigung einer Yacht mittels Leinen am Kai, an Pfählen, an Bojen oder anderen Schiffen
Festmacher: Leinen zum Festmachen einer Yacht
Fieren: Lose auf eine Leine geben
Flaggengala: Schmücken der Takelage mit aneinandergereihten Signalflaggen (über die Toppen flaggen)
Fluke: Schwanzflosse des Wals
Fock: Vorsegel

Fockschot: Leine zum Bedienen der Fock oder Genua
Fuß: englisches Längenmaß 0,3048 Meter lang

Gallone: englisches (4,5459 Liter) und amerikanisches (3,7853 Liter) Hohlmaß
Generator: Stromerzeuger
Gennaker: übergroßes Vorsegel, das frei fliegend, also ohne Befestigung am Vorstag, auf Halbwind- und Raumschotkursen gefahren wird
Genua: großes Vorsegel, größer als die Fock
Gezeiten: Wechsel von Ebbe und Flut
GFK: glasfaserverstärkter Kunststoff (Bootsbaumaterial)
GMT: Greenwich Mean Time, Ortszeit in Greenwich (Längengrad 0)
GPS: Satelliten-Navigationssystem
Großbaum: siehe Baum
Großschot: untersetzte Leine zum Bedienen des Großsegels
Großsegel: Segel, das am (Groß-)Mast und am (Groß-)Baum befestigt ist
Grüner Blitz: seltenes Naturphänomen bei Sonnenuntergang

Hahnepot: zwei oder mehr fächerförmig angeordnete Leinen, einlaufend in ein einzelnes Tau oder eine Kette
Halber Wind: Wind von der Seite
Hals: vordere untere Ecke eines Segels
Halsen: die Yacht dreht mit dem Heck durch den Wind
Handikap: Ausgleichsformel für unterschiedlich schnelle Yachten, wenn Regatten gesegelt werden
Heck: hinterer Teil einer Yacht

Heckanker: soll in Zusammenarbeit mit dem Buganker das Schwojen (Kreisen) einer Yacht verhindern
Heißen: siehe Aufheißen
Hochwasser: höchster Wasserstand während einer normalen Tide
Hurrikan: tropischer Wirbelsturm

Kai: Uferbefestigung zum Anlegen von Schiffen
Kajüte: Wohnzimmer auf einer Yacht
Kalmengürtel: siehe Doldrums
Kartenplotter: Gerät, das die Position der Yacht auf einer elektronischen Seekarte anzeigt
Katamaran: Doppelrumpfboot
Klampe: Vorrichtung zum Belegen (fixieren) von Leinen an Bord
Klüverbaum: siehe Bugspriet
Knoten: 1. Geschwindigkeitsmaß (1 kn = 1,85201 km je Stunde), 2. Verschlingung von Leinen
Koje: Bett unter Deck
Kollision: Zusammenstoß
Kombüse: Küche an Bord
Kompass: Instrument zur Bestimmung der Himmelsrichtung
Kopf: oberster Teil des Segels
Krängen: seitliches Neigen eines Schiffsrumpfes
Kreuz des Südens: markantes Sternbild, die Südrichtung anzeigend
Kreuzen (Aufkreuzen): Zickzackkurs in Richtung des Windes
Kurs: Fahrtrichtung der Yacht
Kurzwelle: Funkbereich von 3 MHz bis 30 MHz (englische Abkürzung: HF)
Kurzwellenfunk: Kommunikation mittels Kurzwelle

Längengrad: imaginäre Linien rund um den Erdball vom Nordpol zum Südpol
Längsseits: das Liegen einer Yacht parallel zu einem anderen Schiff
Lazy Jack: Leinen zwischen Mast und Baum zum einfachen Bergen des Großsegels
Lazy Bag: Persenning zum Einpacken des Großsegels, am Baum befestigt
Leck: Undichtigkeit
Lee: dem Wind abgekehrte Seite der Yacht
Leine: Tauwerk jeder Art unter einem Zoll (2,5 cm) Dicke
Lenzen: Leeren, Leerpumpen
Lenzpumpe: Pumpe zum Lenzen
Leuchtfeuer: Lichter an der Küste und in Fahrwassern
Leuchttonne: schwimmende Tonne mit Leuchtfeuer
Leuchtturm: Turm an Land oder im Wasser mit Leuchtfeuer
Liek: Kanten des Segels
Log, Logge: Instrument zum Messen der Fahrtgeschwindigkeit
Logbuch: Schiffstagebuch
Lose geben: siehe Fieren
Loten: die Wassertiefe messen
Lotse: Schiffsführer in schwierigen Fahrwassern
Luke: verschließbare Öffnungen (Fenster) im Deck und in der Bordwand
Luv: dem Wind zugekehrte Seite der Yacht

Marina: Yachthafen
Masttopp: oberster Teil des Mastes
Mayday: Notruf in der Schifffahrt und der Luftfahrt
Mehrrumpfboot: Katamaran, Trimaran
Meridian: siehe Längengrad
Mole: Damm zum Schutz eines Hafens

MRCC: Maritime Rescue and Coordination Center, Rettungsleitstelle für die Schifffahrt
Muring (Mooring): am Meeresgrund verankerte Festmacherboje

Nationale: Landesflagge
Niedrigwasser: niedrigster Wasserstand einer normalen Tide
Nipptide: Tide mit dem geringsten Hub
Nock: Ende des (Groß-)Baums oder der Saling

Ölzeug: Schlechtwetterbekleidung
Orkan: Sturm der höchsten Windstärke

Päckchen: längsseits aneinander festgemachte Schiffe
Palstek: häufig gebrauchter seemännischer Knoten (www.palstek.de)
Pantry: Kombüse
Passat: ganzjähriger beständiger Wind in tropischen und subtropischen Breiten
Patenthalse: unbeabsichtigte Halse
Peilung: Winkelmessung zur Richtungsbestimmung
Persenning: Boots- oder Segelabdeckung aus beschichtetem Stoff
Pirogue: Einbaum, teilweise mit Ausleger
Platt vor dem Laken: Segeln mit Wind genau von achtern
Polarstern (Nordstern): Stern in der Verlängerung der Erdachse über den Nordpol
Position: aktueller Schiffsort nach Länge und Breite
Positionslichter: Laternen zur Erkennung von Schiffen
Quarantäne: Zeitraum bis zum ersten Landgang auf Anordnung der Behörden
Quarantäneflagge: gelbe Flagge, Buchstabe Q des Flaggenalphabets
Querab: im rechten Winkel zur Mittschiffslinie

Raumen: Winddrehung nach achtern
Raumer Wind: Windrichtung zwischen querab und achtern, ermöglicht Raumschotskurs
Red Ensign: Union Jack auf rotem Grund; Handelsflagge Großbritanniens, auch auf Yachten zu finden
Reffen: die Segelfläche verkleinern
Registrierung: Eintragung in einem Schiffs- oder Yachtregister
Reling: Geländer an Deck
Rettungsinsel: automatisch aufblasbares überdachtes Schlauchboot für den Seenotfall
Rettungsring, Rettungsboje: Schwimmkörper zum Tragen eines Menschen im Wasser
Riff: Untiefe in Küstennähe, auch über dem Wasser
Rigg: siehe Takelage
Ruder: Unterwasservorrichtung zur Steuerung der Yacht
Ruderrad: Lenkrad
Rufzeichen: Funkkennung eines Schiffes, bestehend aus Buchstaben und Zahlen

Saling: Spreize am Mast, die die Wanten nach außen drückt
SAR (Search and Rescue): international tätige Such- und Rettungsdienste für Notfälle in der Luft- und Seefahrt
Schäkel: verschließbarer Metallbügel zur Verbindung von Leinen, Ketten, Drähten

Schapp: Schrank, Stauraum unter Deck
Schifffahrtsstraße: Wasserstraße für Schiffe
Schiffszertifikat: Dokument zum Nachweis der Registrierung
Schiften: das/die Segel von einer Seite auf die andere bringen
Schleppnetz: Fischernetz, von einem Trawler oder mehreren Schiffen gezogen
Schot: Leine zum Bedienen eines Segels
Schothorn: achterliche untere Ecke des Segels
Schralen: Drehen des Windes nach vorn
Schwell: Dünung oder Wellen, die die Yacht schaukeln lassen
Schwojen: Drehen der Yacht vor Anker oder an einer Boje durch Wind oder Strom
Seebeben: Erdbeben unter der Meeresoberfläche (Tsunami)
Seegang: Bewegung der Wasseroberfläche
Seekarte: kartografische Darstellung eines See- oder Küstengebietes mit Breiten- und Längengraden
Seemannsgarn: fantasievolle Geschichten von Seeleuten
Seemeile: Entfernungsmaß (1.852,01 Meter)
Selbststeuerung (Autopilot): Anlage zum automatischen Einhalten eines Kurses
Sextant: Gerät zum Messen des Winkels zwischen einem Gestirn und dem Horizont
Skipper: Schiffsführer
Slup, Sloop: Einmastige Segelyacht
Smeerreep: Leine zum Reffen des Großsegels
Smutje: Schiffskoch
Speedometer: siehe Log

Spinnaker: halbkugelförmiges, zumeist buntes Vorwindsegel
Spiere: Rundholz jeder Art, auch aus Aluminium, GFK oder Karbon; Beispiele: (Groß-)Baum, Bugspriet
Spring: von achtern nach vorn bzw. von vorn nach achtern verlaufende Festmacherleine
Springflut: besonders hohe Flut infolge der Stellung von Sonne und Mond
Springtide: Tide, die den höchsten Wasserstand verursacht
Stabkarten: Seekarten der Polynesier aus diagonal verlaufenden Stäben, die die Strömungen und Windrichtungen darstellen, besetzt mit Muscheln für Atolle, Inseln und Riffe
Stag: Drahtseile, die vom Masttopp zum Bug und zum Heck verlaufen, den Mast sichern und zum Trimmen eingesetzt werden können
Stander: Clubflagge
Steuerbord: rechte Seite der Yacht in Fahrtrichtung
Strom, Strömung: Bewegung von Wasser in einer Richtung
Südwester: wasserdichte Kopfbedeckung

Taifun: tropischer Wirbelsturm in Südostasien
Takelage: Masten, Wanten und Stagen
Tau: Seil aus Kunst- oder Naturfasern oder Draht
Terminal: Endbeschlag an Drahttauwerk
Tide: siehe Gezeiten
Tiefgang: Schiffsmaß, gemessen von der Wasserlinie bis zur Unterkante des Kiels
Tonne: Schwimmkörper zur Kennzeichnung des Fahrwassers oder von Untiefen

Topp: Mastspitze
Topplicht: siehe Ankerlicht
Toppnant: Fall zum Fixieren des Spinnakerbaums
Tornado: Wirbelsturm in den USA
Traveller: Laufschiene, auf der die Stellung der Großschot einstellbar ist
Treibnetz: schwimmendes Fischernetz
Trimaran: Yacht mit drei Rümpfen
Trimmen (Segel trimmen): Segelstellung für den optimalen Vortrieb verändern
Trosse: starke Leine
Tsunami: durch ein Seebeben entstandene Flutwelle

Über die Toppen flaggen: siehe Flaggengala
UKW-Funk: Kommunikation über eine UKW-Seefunkanlage (englische Abkürzung für UKW: VHF)
Union Jack: Nationalflagge Großbritanniens
Unterliek: untere Kante des Segels
UTC: Universal Time Coordinated; Weltzeit, identisch mit Greenwich Mean Time

Verdrängung: Schiffsgewicht (= Wassermenge, die das schwimmende Schiff verdrängt)
Vollzeug: Maximum an gesetzten Segeln
Vor dem Wind: Segeln mit Wind von hinten
Vorliek: vordere Kante des Segels
Vorsegel: vorderes Segel, am Vorstag befestigt
Vorstag: Drahtseil vom Bug zum Masttopp
Wache: Dienstzeit an Deck; Dauer bei der Marine 4 Stunden

Want: Drahtseile, die vom Mast zu den Seitendecks verlaufen und den Mast aufrecht halten
Wantenspanner: Spannschraube zum Durchsetzen der Wanten
Wasserlinie: konstruktive Linie, bis zu der die Yacht im Wasser liegen soll
Wasserstag: Kette oder Drahtseil, mit dem der Bugspriet nach unten gehalten wird, um der Zugkraft von oben entgegenzuwirken
Webleinstek: seemännischer Knoten
Wegerecht: Vorfahrt gegenüber anderen Schiffen
Wende: mit dem Bug durch den Wind gehen
Wetterkarte: grafische Darstellung des Wettergeschehens
Winsch: trommelförmige Winde zum Dichtholen von Schoten und Fallen
Windmesser: Instrument zum Messen der Windgeschwindigkeit
Windstärke: nach der Beaufort-Skala 0 (kein Wind) bis 12 (stärkster Sturm)
Wurfleinenknoten: siehe Affenfaust

Yacht: Sport- und Freizeitboot
Yardstick: Handikap, um die Leistung unterschiedlich schneller Yachten auf Regatten zu bewerten

Zweirumpfboot: siehe Katamaran
Zyklon: tropischer Wirbelsturm im Indischen Ozean

Fotonachweis:

– mit besten Dank
für all die schönen Bilder!

Seite	Text	Fotograf
	Umschlagbild	Andreas
	WorldARC Route Map	WARC
	WorldARC Logo	WARC
9	Glücklich zurück in der Rodney Bay, St. Lucia	WARC
10	DESTINY Stempel	Ingrid
11	Die DESTINY 2003 in kroatischen Gewässern	Ingrid
12	Letzte Riggkontrolle vor dem Start über den Atlantik	Ingrid
13	Bereit zum Auslaufen in Puerto Calero, Lanzarote	Ingrid
14	Ein Tief jagt das andere und bringt Wind, mehr als genug	Udo
15	Die Innenansicht der DESTINY	Privilège
19	Die DESTINY vor dem Start in der Rodney Bay	WARC
20	Start der WorldARC 2010 - 2011 in St. Lucia	Udo
21	Sieben Windstärken im Karibischen Meer	Lady Lisa
21	Begegnung mit der LADY LISA auf hoher See	Udo
24	Im San-Blas-Archipel	Udo
25	Mola-Verkäuferinnen	Udo
26	Vor Anker in den San-Blas-Inseln	Udo
27	Chichime Island, erster Treffpunkt der WorldARC-Flotte.	WARC
28	Pot Luck Party	WARC
29	Ein kleiner Schuss Rum darf nicht fehlen	Udo
31	Vor Anker im Paradies	Udo
39	Einfahrt in die Gatún-Schleuse	Udo
40	Im Päckchen in der Gatún-Schleuse	Sunrise
41	Unter Motor durch den Gatún-See, 27 Meter über dem Meeresspiegel	Sunrise
41	Viel Verkehr auf dem Panamakanal	Udo
42	Helfer in der Pedro-Miguel-Schleuse	Ingrid
42	Abwärts geht's in der Miraflores-Schleuse	Web cam
43	Das Tor zum Pazifik öffnet sich	Ingrid
44	Puente de las Americas	WARC
46	Der Sitz der panamaischen Regierung	Udo
47	Das alte Herz von Panama	WARC
48	Modernes Panama, nicht anders als jede andere Millionenstadt auf der Welt	Ingrid
48	Mehr blieb nicht übrig von den Bauten der Spanier, als die Piraten um Henry Morgan in die Stadt einfielen	Ingrid

49	Im Parque Natural Metropolitano, dem Urwald direkt vor der Haustür	Ingrid
49	Schwere Lasten auf den Rücken der Termiten	Ingrid
53	Ricueldo und seine neuen Freunde	Udo
54	Musikalischer Empfang durch die Emberá-Indianer	Udo
55	Na, ist das ein Angebot?	Ingrid
56	Ricueldo und seine Familie	Udo
58	Abendstimmung bei Contadora	Udo
59	Am Ankerplatz vor Contadora	Udo
66	Schöner Fang – ein Mahi-Mahi (Dorade oder Goldmakrele)	Ingrid
72	Neptun erscheint mit Meerjungfrau	Udo
73	Rumpelstilzchen von der Torresstraße	Ingrid
74	Schwere Prüfungen hat Neptun auferlegt	Udo
74	Nur gereinigt darf es über den Äquator gehen	Udo
76	Genau auf der Äquatorlinie bei Quito	Ingrid
77	Der Pululahuakrater	Ingrid
77	Der Palacio Arzobispal in Quito	Ingrid
78	Wer könnte da wohl widerstehen?	Ingrid
78	Ein Bild wäre ja auch kein schlechtes Souvenir	Ingrid
79	Die Kirche der Compania de Jesús	Ingrid
80	Rosen im Überfluss aus Ecuador	Ingrid
80	Markt in Otavalo	Ingrid
80	Nachfahrin der Inka	Ingrid
80	Traditionelle Webkunst der Indianer	Ingrid
81	Sonntagsbraten der Indianer: Cuicui (gesprochen Kwikwi) oder Meerschweinchen	Udo
81	Carlos und seine Veronica	Udo
82	Häuser, Häuser, Häuser – auf 2.850 Metern Höhe	Ingrid
83	Höher geht's nicht mehr – 4.800 Meter!	Ingrid
83	Man trägt Hut	Ingrid
84	Der Pailon del Diablo (Teufelstopf) bei Baños	Ingrid
86	Der Chimborazo – 6.310 Meter hoch	Ingrid
86	Buntes Treiben auf dem Indianermarkt in Alausí	Udo
87	Ingapirca – die einzigen Ruinen der Inka in Ecuador	Udo
88	Die Kuppeln der neuen Kathedrale in Cuenca	Ingrid
89	Mal was anderes als immer nur Kirchen – die hängenden Häuser von Cuenca	Ingrid
90	Ein echter Panamahut kommt aus Ecuador	Ingrid
92	Start vor Salinas zu den Galápagos	WARC
95	Auf dem Weg zu den Galápagos	Ingrid
97	Faulheit lass nach – Seelöwe in San Cristóbal	Udo
98	Wer sein Haus auf dem Rücken trägt, dem kann der Regen nichts anhaben	Udo
98	Also jetzt reicht es aber mit dem Regen	Udo
99	Sieht gefährlich aus und ist doch so harmlos	WARC
99	Muntere Seelöwenkinder	Ingrid
100	Ein Anfang fürs Frühstück ist gemacht	Ingrid
101	Kicker Rock	WARC

101	Kicker Rock	WARC
103	Happy Hour – da darf die Destiny-Crew nicht fehlen!	WARC
103	Happy Hour – da darf die Destiny-Crew nicht fehlen!	WARC
104	Schlafzimmer der Seelöwen	Udo
104	Ach, sind wir müde …	Udo
104	Die Dreamcatcher, eine Hallberg Rassy mit großen technischen Problemen	Ingrid
105	Esther Fuente, charmanter Guide in Puerto Ayora	Udo
106	Nur schön langsam und keine Hektik	Ingrid
107	Es gibt doch nichts Schöneres als im Schlamm zu liegen	Ingrid
109	In gespannter Erwartung der Tsunami-Welle	Ingrid
109	Puerto Ayora wird evakuiert	WARC
113	Ein Mini-Drachen	Volle
115	Blaufußtölpel gibt es nur auf den Galápagos	WARC
115	Die Bank gehört mir!	WARC
116	Die beiden kleinsten – Eowyn und Thor VI	Ingrid
116	Die Lady Lisa aus der Schweiz	Udo
119	Grand Filou, eine der ganz schnellen Yachten	Udo
120	Eine der Schönsten, die A Lady, eine Oyster	Ingrid
120	Die Crazy Horse, eine der schnellen Sundeer 60	Ingrid
122	Nach dem großen Schlag – die Destiny hat die Marquesas erreicht	WARC
123	Paul Gauguin, wer denn sonst	Volle
124	Siamesische Zwillinge – in Polynesien!	A Lady
124	Steinstatue in Marae Takii	WARC
126	Nach all dem Fisch kanns auch mal was Deftiges sein!	Volle
127	Die Destiny in einer der Lagunen von Aratika	Volle
128	Hmmmmmm …	Volle
130	Na, da wird die Mannschaft bald nicht mehr zu bremsen sein	Volle
131	Essen – eine der wichtigsten Beschäftigungen an Bord	Volle
134	Die Flotte in Papeete	Ingrid
136	Gingerlily	Ingrid
136	Strelitzien, so viel man will	Ingrid
136	La Rose Porcelaine	Ingrid
136	Gefüllter Hibiskus	Ingrid
137	Traditionelle Tänze in Papeete	WARC
138	Riff vor Tahiti Nui	Micha
138	Die charakteristischen Berge von Moorea	Micha
140	So stellt man sich die Südsee vor	Micha
141	Picassodrücker	Micha
141	Ein Falterfisch	Micha
141	Vorsicht, giftige Stacheln!	Tucanon
141	Sterngucker	Micha
142	Abendflaute in der Südsee	Micha
142	Könnte heute was werden mit dem grünen Blitz	Micha
144	Das besterhaltene Marae auf Huaine	Ingrid
144	Originale Überreste des Marae Res Sous-le-Vent	Ingrid
145	Mann oder Frau – wer weiß …	Micha

145	Hübscher Empfang	Micha
146	Stundenlang könnte man im Wasser der Lagune von Huahine bleiben	Ingrid
146	Stundenlang könnte man im Wasser der Lagune von Huahine bleiben	Micha
146	Man gönnt sich ja sonst kaum was	Micha
147	Mademoiselle führt durch die Vanilleplantage	Ingrid
147	Vanillepflanzen	Ingrid
148	James zeigt den Weg	Ingrid
148	Durch den Dschungel	Micha
149	James mit Pflanzentattoo	Ingrid
149	Am nackten Stamm hoch	Micha
150	Hinano, das beste Bier Französisch-Polynesiens mit dem hübschen Logo	Volle
150	Besuch von James	Ingrid
151	Reichliche Mitbringsel von der Dschungeltour	Ingrid
152	Chez Leo	Micha
153	Perlenzucht	Micha
153	Nach dem Perlenkauf kann Sigrid leicht strahlen	Micha
154	Da kann man nur noch Ausräumen …	Micha
154	Hoch und trocken – schade um den schönen Katamaran	Wolfgang
155	Bora Bora, wir kommen!	Micha
156	Gemütlicher Plausch in der schönsten Lagune der Welt	Micha
157	Stachelrochen	Micha
157	Man beachte auch den Hintergrund!	Micha
158	Piratenregatta	WARC
159	Die Destiny-Crew wird Ehrenmitglied im Bora Bora Yachtclub	WARC
160	Einheimische Musiker	Udo
160	„Paul, du bist schuld, dass wir nicht gewonnen haben!"	Udo
161	Die Lady Ev VI, eine Bavaria 47	Ingrid
161	Ariane, eine Bénéteau Cyclades 50.5 aus der Schweiz	
161	Die schnelle Kalliope III, eine Hanse 531	
164	Ein kapitaler Wahoo	Ingrid
165	Der zweite Sieger wird verspeist	Udo
165	Delfine	WARC
166	Tom Neale, der Robinson von Suwarrow	Udo
169	Petri Heil!	Linde
171	Die ganze Familie wieder glücklich vereint	Ingrid
171	Leicht zu finden	Ingrid
173	Jedes Jahr ein bisschen mehr	Udo
174	Ein großer Dank an den Yacht Club Niue und dessen Commodore	WARC
174	Ein Werbefoto für Admirals Yacht Insurance	WARC
176	Nonifrucht	Udo
177	DJ auf Niue	WARC
178	Die Schönsten von Niue	Udo
178	Paul und Suzana mit einer Filmschönheit aus Niue	Udo
179	Paul zu Gast auf der Destiny	Udo

180	Der Zoll kommt in Neia'fu an Bord	Ingrid
180	Die WorldARC-Flotte vor Anker in Neia'fu	Ingrid
181	Alofi, alter Gauner	Udo
182	Dinner bei Alofi	Linde
182	Alofis Hummer	Udo
182	Na, wie geht das am Besten?	Udo
183	Igittigitt …	Udo
183	Alofis hungrige Familie	Linde
184	Swallow's Cave	Linde
184	Kava-Kava-Blätter zum Trocknen	Udo
184	Pferdewaschanlage	Udo
185	Ankerplatz in Vava'u	Udo
185	Blick vom Mount Talau auf Neia'fu	Udo
186	Empfang der Destiny-Crew in Neia'fu	Linde
187	Kirchgang im Festtagsgewand	Udo
192	Kinder in Vava'u	Linde
192	Kinder in Vava'u	Linde
192	Kinder in Vava'u	Linde
193	Im Inselparadies von Vava'u	Udo
198	Reichliches Angebot	Udo
199	Auf Fidschi hat man viiiel Zeit	Udo
199	Ein schattiges Plätzchen – es ist heiß	Udo
199	Kleiner Mann auf Fidschi	Linde
201	Abendstimmung in Musket Cove	WARC
201	Musket Cove, Fidschi	Linde
202	Die Destiny an Land	Udo
203	Start in Musket Cove	Udo
204	Kinder in Vanuatu	Udo
204	Festlich herausgeputzt	Udo
204	Kinder in Vanuatu	Ariane
206	Zieht ganz gut!	Ingrid
207	Ankunft in Mackay kurz nach Sonnenuntergang	WARC
207	Marina Mackay	Ingrid
209	Fein wie Pulver, weiß wie Schnee – der Strand von Whitehaven	Ingrid
210	Die Destiny im Nara Inlet, Hook Island	Udo
210	Nüsse her!	Udo
210	Nüsse her!	Ingrid
211	Felszeichnungen der Ngaros – 9.000 Jahre alt!	Ingrid
212	Man beachte die Flasche Essig rechts	Udo
212	Kohleterminal im Korallenmeer	Udo
214	Himmel in Flammen im Great Barrier Reef	Udo
217	Party auf der Destiny	Udo
217	Die historische Eisenbahn nach Kuranda	Linde
218	Über tiefe Schluchten hinauf nach Kuranda	Udo
219	Kuranda	Udo
219	Wallabee (Zwerg-Känguru)	Udo
219	18 Stunden Schlaf am Tag – so bleibt ein Koala fit	Udo

223	Flüssiges Silber	Udo
225	Viel Verkehr im Great Barrier Reef	Ingrid
225	Vorsicht, ein Saltie!	WARC
226	Die Lady Ev VI auf dem Weg zur Torres Strait	Udo
227	Start vor Thursday Island bei 35 Knoten Wind	Udo
228	Start vor Thursday Island	WARC
229	Warning!	Udo
229	Warning!	WARC
232	Felszeichnungen im Kakadu Nationalpark	Ingrid
232	Ein Wallabee in freier Wildbahn	Ingrid
234	Vorsicht, gefährlich!	Linde
235	Liebe Tierchen	Udo
236	Smiley Thomas, Skipper von Darwin bis Cocos (Keeling)	Udo
238	Tempel in Bali	Udo
239	Hübscher Empfang in der Bali International Marina	Udo
239	Die Destiny-Crew in Bali	Udo
240	Start zum Leg 15 von Bali zu den Cocos Islands	Udo
240	Backgammon-Lehrstunde. Was macht die Kippe auf dem Tisch?	Udo
243	Auch die Destiny hat sich verewigt	Udo
244	West Island (Cocos) – Natur pur	Udo
244	Luft 30 Grad, Wasser 27 Grad	Udo
245	Die Destiny-Crew auf West Island (Cocos)	Udo
245	Preisverteilung auf Cocos Island	Udo
246	Raues Wetter im Indischen Ozean	Udo
247	Alles nass!	Udo
247	Hier kocht der Chef, auch im Ölzeug	Udo
249	Spinnakerreste	Udo
249	Akrobatik am Vorstag	Udo
251	Ankunft in Mauritius nach einer harten Etappe im Indischen Ozean	Udo
251	Port Caudan, Mauritius	Udo
252	Für Unterhaltung ist in Mauritius gesorgt	WARC
252	Hermann lässt die Puppen tanzen	Udo
252	… und Andreas steht ihm nicht nach	Udo
254	Caudan Waterfront	WARC
255	Auch die Presse nimmt Notiz von der WorldARC	Wolfgang
256	Der sehenswerte Eingang zum Jardin Pamplemousse	Ingrid
256	Im Jardin Pamplemousse	Ingrid
256	Im Jardin Pamplemousse	Udo
257	Der Tamiltempel bei Port Louis	WARC
257	Im Tamiltempel	Udo
257	Festvorbereitungem im Tamiltempel	Ariane
259	Statue des Hindugottes Shiva	Ariane
259	Der affenköpfige Hindugott Manuman	WARC
260	Ein Naturwunder – Erde in sieben Farben	WARC
262	Nach einer nassen Nacht südlich von Madagaskar	Udo
262	Stark gerefft bei sieben Windstärken	Lady Lisa

263	Herzlicher Empfang in Richards Bay	Udo
263	Der Zululand Yacht Club in Richards Bay	Udo
263	Im Umfolozi Nationalpark	Ariane
264	Im Umfolozi Nationalpark	WARC
264	Im Umfolozi Nationalpark	WARC
264	Urs beim Kirschkernspuck-Wettbewerb	WARC
267	Ein Opfer für das Mbashi-Monster. Auch Dave ist froh, dass das Monster friedlich war	Udo
267	Ein Opfer für das Mbashi-Monster. Auch Dave ist froh, dass das Monster friedlich war	Udo
269	Der erste Teil der Flotte in Hout Bay Marina bei Kapstadt	Udo
270	Die V&A Marina mitten in Kapstadt	Ingrid
271	Die Hanse-Segler vom Bodensee in Kapstadt	Udo
272	Ein Brillenpinguin am Cape Point	Udo
273	Am Kap der Guten Hoffnung	Udo
273	Der südlichste Punkt Afrikas – Kap Agulhas	Udo
274	Hier muss man durch, wenn man in die Marina von Knysna will	Udo
274	Im Elephant Sanctuary	Udo
275	Start der DESTINY vor Kapstadt	Udo
277	Gut angekommen in St. Helena	WARC
279	Auf dem Weg nach Recife	Wolfgang
280	Salvador da Bahia ist erreicht	Ingrid
280	Dieses Fort schützte einst Salvador da Bahia	WARC
281	Der Aufzug in die Oberstadt	Ingrid
281	In der Altstadt von Salvador da Bahia	Ingrid
281	Auf dem Pelourinho	WARC
282	Zur Erhaltung der Kirchen scheint genügend Geld vorhanden zu sein	Ingrid
282	Die DESTINY-Crew, wie man sie noch nicht kennt, mit Anita	Ingrid
283	Anita	Ingrid
284	Endlich wieder Mobilfunk!	Wolfgang
285	Die Franziskanerkirche in Salvador da Bahia	Ariane
286	Protz as Protz can – Die Goldkirche	Ariane
286	Totonho	Nathan Fox
286	Totonhos Meisterwerk – inzwischen Eigentum von Wolfgang und Ingrid	Ingrid
287	Die Skyline von Recife	Ingrid
288	Kuriose Säulen an der Einfahrt nach Recife	Ingrid
288	Im Cabanga late Club	Ingrid
289	Auf zum Karneval in Olinda	WARC
291	Straßenkarneval in Olinda	Ingrid
291	Straßenkarneval in Olinda	WARC
291	Straßenkarneval in Olinda	Ingrid
291	Straßenkarneval in Olinda	Ingrid
291	Straßenkarneval in Olinda	Ingrid
291	Straßenkarneval in Olinda	Ingrid
292	Einfahrt in in Cabanga Marina verpasst!	A Lady

292	Auf dem Weg nach Grenada	Wolfgang
292	Ein Squall naht	Hans
294	Die Basia nach der Havarie	Wolfgang
294	Dieseltransport zur Basia	Wolfgang
295	Ein gefiederter Passagier	Hans
296	Entspannung vor dem nächsten Squall	Wolfgang
297	Grenada voraus	Ingrid
297	Herzlicher Empfang der Destiny in Grenada	Hans
298	Die Basia und ihre Begleiter kommen	WARC
298	Empfang der Basia in Grenada	WARC
299	Abendstimmung in der Karibik	Ingrid
299	Die übliche Einklarierungsprozedur in jedem Mini-Staat der Karibik	Ingrid
300	Besuch von der Brown Eyed Girl	Ingrid
301	Hochzeit von Jim und Annie auf Mayreau	Ingrid
303	Naja, man gönnt sich ja sonst nichts	Ingrid
304	Die Admiralty Bay in Bequia	Ariane
305	Die Pitons von St. Lucia sind erreicht	Ingrid
306	Wer kennt sie nicht, die Marigot Bay	Ingrid
306	Die Marigot Bay, letzter Treffpunkt der Flotte vor dem Ziel	WARC
307	Die Basia-Crew zu Gast auf der Destiny	WARC
307	Eine Flottenparade zum Abschluss der WorldARC	WARC
308	Auf zur Parade der WorldARC-Flotte	Tucanon
308	So herausgeputzt lässt sich leicht feiern	WARC
308	Die Eowyn führt die Parade an	WARC
309	Auch auf der Brown Eyed Girl strahlt man	WARC
309	Jim und Annie, just married, sowie Bob und Maggie auf der Ocean Jasper	WARC
310	In Feierlaune	Ingrid
310	16. April 2011, zurück in der Rodney Bay	WARC
310	Feierlicher Abschluss mit Bev und Bob	WARC
311	Zum letzten Mal über die Toppen geflaggt	WARC
311	Auf Wiedersehen	WARC
312	Bericht in der Yachting World, Juli 2011	Wolfgang
313	Danke Paul	WARC
313	Danke Suzana	WARC
313	Danke Nick	WARC
313	Danke Andrew	WARC
313	Many Thanks to the WorldARC crew!	WARC
313	Farewell!	WARC

Quellennachweis:

DUMONT Richtig Reisen - Südsee, Australien, Mauritius, Kapstadt & Kap-Provinz, Brasilien

Nelles Guide - Südsee, Australien, Südafrika

Polyglott on tour - Mauritius Réunion

National Geographic Traveler - Panama

REISE KNOW-HOW - Panama

Dorling Kindersley Top 10 - Kapstadt

Wikipedia